C.-O. BUNGE

Le Droit, c'est la Force

Théorie scientifique du Droit et de la Morale

TRADUIT DE L'ESPAGNOL
par ÉMILE DESPLANQUE

Le Droit et l'éthique. — Théories et écoles de l'éthique. — Théories et écoles du Droit, de l'État et de la Société. — Théorie scientifique du Droit. — Théorie scientifique de l'État et de la Législation. — Evolution du Droit. — Avenir du Droit. — Avenir de l'éthique.

Schleicher Frères

LE DROIT, C'EST LA FORCE

BIBLIOTHÈQUE DE PHILOSOPHIE PRATIQUE
PUBLIÉE SOUS LA DIRECTION DE ALFRED COSTES

C.-O. BUNGE
Professeur aux Universités de Buenos-Ayres et de La Plata

Le Droit, c'est la Force

Théorie scientifique du Droit et de la Morale

> « Le droit, c'est la force. La coutume et la loi sont la systématisation objective de la force. Le criterium juridique en est la systématisation subjective. »
>
> « La morale est la généralisation du droit. L'éthique, qui comprend le droit et la morale, est l'ensemble critique de la systématisation objective et subjective de la force. »

TRADUIT DE L'ESPAGNOL
Par EMILE DESPLANQUE
Bibliothécaire de la ville de Lille

PARIS
LIBRAIRIE SCHLEICHER FRÈRES
8, RUE MONSIEUR-LE-PRINCE, 8

Tous droits réservés

PRÉFACE DU TRADUCTEUR

L'ouvrage, dont nous donnons ici la première traduction française, a été publié primitivement à Buenos-Aires, en espagnol. Il a été réimprimé trois fois dans cette langue, sans que son succès en soit épuisé. Ces premières éditions sont intitulées : *Le Droit. Essai d'une théorie scientifique de l'éthique, spécialement sous sa phase juridique.* (El Derecho. Ensayo de una teoria científica de la etica, especialmente en su fase juridica). Et c'est aussi sous ce titre qu'il a été traduit en italien par le Dr Mario Pertusio (Turin, Bocca frères, 1909, 8°). Notre traduction porte un titre plus expressif, choisi d'accord avec l'auteur. Augmentée de plusieurs paragraphes, établie sur un texte revu et remanié par M. Bunge lui-même, elle représente fidèlement sa pensée définitive, et spécialement sa pensée, telle qu'il veut la communiquer au public français.

**

Le professeur Carlos-Octavio Bunge n'est pas un inconnu en France. Ses *Principes de psychologie individuelle et sociale* y ont paru chez Alcan (1903, 8°). Les autres ouvrages de pédagogie et de sociologie : *l'Education de la femme* (Buenos-Aires, 1904), *Le Fédéralisme argentin* (Buenos-Aires, 1897), *Notre Amérique, essai de psychologie sociale* (Buenos-Aires, 1905), et surtout le traité de l'*Education*, dont la 4e édition en 3 vol. in-8° date de 1907, sont connus et appréciés à Paris. Plus ignorées en France, les œuvres littéraires de M. Bunge attestent chez lui un véritable tempérament d'écrivain. En dehors de son labeur scientifique, il a composé en effet un roman, *La Novela de la sangre* (Le Roman du sang) et de nombreuses nouvelles, parmi lesquelles on cite, comme

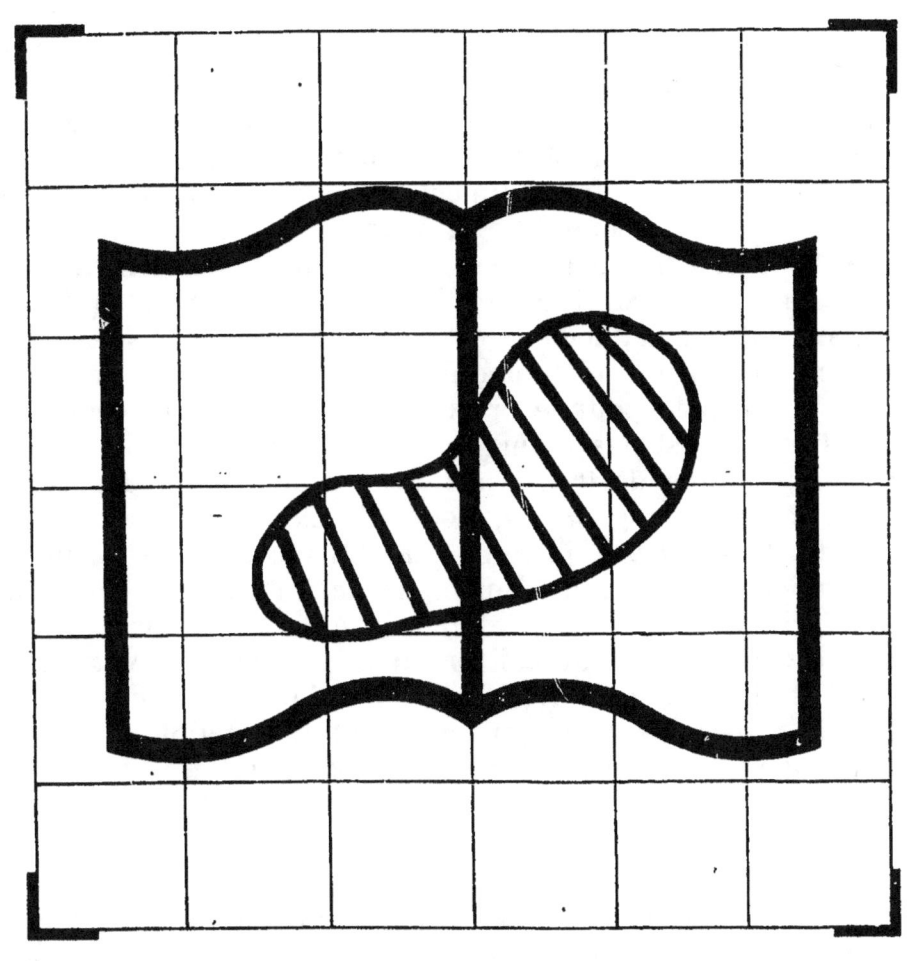

les mieux venues, *El capitan Perez* et *El ultimo Grande de España*. Son genre rappelle, sans imitation servile, celui de Gustave Kahn et de Conan Doyle. Une grande facilité de style, de la verve toujours et — parfois — une ironie discrète, un *humour* légèrement amer et sarcastique constituent sa manière. Joignez y une très remarquable netteté dans la pensée, une sensibilité exquise volontairement refoulée et prenant la forme de sentiments altruistes très développés, et vous aurez l'essentiel de la mentalité de M. Bunge.

Très vivant, très personnel, il se manifeste tel qu'il est dans toutes ses œuvres. Il ne se dédouble pas suivant qu'il est juriste, littérateur, sociologue ou artiste. En cela, il est bien moderne et surtout bien américain et l'on comprend sa prédilection marquée pour le président Roosevelt. L'extension de son travail n'est pas moins notable que son intensité. Il n'a qu'un peu plus de trente ans, et il occupe avec distinction deux chaires magistrales, celle d'*Introduction générale à l'étude du droit* à l'Université de Buenos-Ayres et celle de *Sociologie juridique* à l'Université de La Plata. Il collabore aux principales revues sud-américaines. Journaliste, conférencier, homme d'action, il prend sa part aux luttes sociales et politiques de son pays. Sorti d'une famille d'hommes d'état, il possède sur le gouvernement des notions positives dont manquent trop souvent les sociologues.

**
* **

En tant que penseur, M. Bunge occupe une position à part, qui peut paraître singulière aux Européens et spécialement aux Français habitués à ranger chaque auteur dans le cadre rigide de classifications préétablies. A proprement parler, il n'appartient à aucune école philosophique ni politique. Si on tient à le définir par rapport à ces écoles, on ne peut guère procéder que par négations. Il n'est pas spiritualiste, ni matérialiste, idéaliste ni positiviste : il n'est pas clérical ni libre-penseur, monarchiste ni républicain, démocrate ni socialiste, ni anarchiste. Et cependant, insistons sur ce point, il n'est ni sceptique, ni éclectique.

En effet, il croit en la science et en son unité. Il proclame qu'elle doit être faite, en sociologie et en philosophie comme en tout, non de la combinaison, dosée d'après un critérium personnel, des portions de vérité acquises dans le passé, mais de la connaissance présente des phénomènes. Sa base, dans toutes ses affirmations, c'est l'état actuel de nos informations scientifiques. La science existe et doit embrasser tout ce qui est connaissable ; mais elle n'en est pas moins relative et transitoire. Il revient volontiers sur cette pensée et dit que si les grands philosophes d'autrefois, si Kant, par exemple, avaient eu à leur disposition les données scientifiques que nous possédons, leurs doctrines auraient été bien différentes.

Cette discipline intellectuelle, essentiellement scientifique et réaliste, doit faire de M. Bunge un adversaire des constructions rationalistes et métaphysiques *à priori*. Sa dialectique très pénétrante les relève et les combat partout où il les trouve, même dans les théories, soi-disant affranchies de toute métaphysique, comme celles du matérialisme, du socialisme et du positivisme comtiste. Ces paralogismes, — ces *amphibolies* selon l'expression de Kant, — lui paraissent sans excuses. En revanche, tous les faits, aussi bien les faits psychiques que les faits physiques, demandent à être analysés, et il s'embarrasse peu des cas où cette analyse nous conduit à des contradictions *logiques*. Il admet ainsi des *entités* comme l'âme sociale ; il reconnaît la valeur des religions, malgré leur origine anthropomorphique. L'opposition entre le réel et le rationnel lui est absolument indifférente. Il n'y a de socialement vrai que ce qui s'adapte aux conditions de la vie.

Or, la vie est complexe ; la science, qui l'exprime, doit donc l'être aussi. Cette notion de la complexité de la science tend de plus en plus à se répandre ; elle est admise dans le domaine des sciences physiques, où l'explication simpliste des phénomènes est progressivement rejetée. Elle est familière à M. Bunge, et il s'efforce de s'en servir pour donner plus de clarté à l'étude des faits sociaux. De là procède son dédain pour les systèmes absolus et les doctrines étroites et fermées ; de là aussi résultent ses tentatives de rapprochement entre des théories opposées en apparence. On y verrait bien à tort, soit un goût pour le paradoxe, soit la tendance d'un esprit modéré et conservateur en quête de solutions moyennes. En pareil cas, ce qui détermine M. Bunge c'est la prise en considération de facteurs inconnus ou négligés ; c'est le fait de reconnaître les phénomènes comme plus complexes qu'on ne l'avait cru jusqu'ici. Pour prendre une comparaison, nous pourrions dire qu'il en est des problèmes sociologiques comme des questions politiques et financières, qui après avoir été locales, puis européennes, sont devenues mondiales : les éléments nouveaux introduits de la sorte dans le débat ont annulé bien des antagonismes qui semblaient irréductibles...

*
* *

Ainsi le droit ne peut être étudié en dehors de l'éthique, dont il constitue une phase, comme la morale ; et l'éthique elle-même doit être considérée en relation avec l'histoire, la psychologie expérimentale et surtout avec la biologie. Cette dernière science est pour M. Bunge l'élément mal connu qui renouvelle l'explication de l'éthique et en particulier du droit. L'idée d'appliquer la biologie à la sociologie ne lui appartient pas en propre ; mais ce qui lui est personnel, ce qui constitue sa légitime originalité, c'est la manière de procéder à cette application. Avant lui, qu'elle fût faite directement ou indirectement, elle se réduisait à une analogie, quand ce n'était pas à une métaphore. On disait : le droit, la morale, la société, l'Etat sont des organismes, des surorganismes, si l'on veut, il faut donc les étudier *comme* des organismes. Ou encore : l'homme est un être organisé, son développement social est donc *semblable* à celui des êtres organisés qui lui ressemblent le plus. Pour M. Bunge, ces assimilations, bien que très utiles, ne sont pas scientifiquement exactes. C'est dans les lois de la vie, ou plutôt dans la vie elle-même, dans son fonctionnement au plus bas degré de l'échelle des êtres, qu'il faut chercher le principe des phénomènes sociaux. Dans les réactions primordiales de la matière organique réside l'origine du droit.

La nature du droit n'est pas moins étroitement liée que son origine aux lois biologiques. Elles imposent à l'homme de tous les temps, des conditions de vie qui sont propres à son genre zoologique. Elles lui donnent, en particulier, une aptitude excessive, à se spécifier, à former des espèces distinctes extrêmement nombreuses. En faisant intervenir ces facteurs biologiques en combinaison avec les facteurs historiques et économiques, M. Bunge jette les bases d'une nouvelle philosophie de l'histoire, qui complète heureusement le matérialisme historique, et il arrive aussi à tracer l'esquisse d'une éthique purement scientifique.

*
* *

Le droit, c'est la force ! Cette phrase qui forme le titre actuel de l'ouvrage de M. Bunge, lui servait primitivement d'épigraphe. C'est une véritable trouvaille de l'auteur. Nous l'avons mise en vedette parce qu'elle résume admirablement ses idées sur l'origine et la nature du droit.

Le droit, c'est la force ! C'est-à-dire que le droit est né de la force, qu'il y a toujours identité entre le droit et la force. « Le droit, c'est cette extériorisation de la vie qu'on appelle généralement la force. Le droit est fils de la force... La coutume est la répétition séculaire des réactions de la force, et de la coutume naît le droit. La morale n'est que la généralisation du droit ; l'éthique est formée de l'ensemble de la coutume, du droit et de la morale. La loi est la systématisation objective du droit et la conscience juridique, sa systématisation subjective. »

Quelle qu'heureuse que soit la formule prise pour titre de notre traduction, elle pourrait cependant provoquer quelques malentendus qu'il convient de dissiper.

Ainsi, l'on pourrait croire que ce livre n'est relatif qu'à l'origine et à la nature du droit. Il a au contraire pour sujet la théorie générale du droit sous sa forme la plus complète ; et c'est la première fois, remarquons-le, que cette matière est traitée, en dehors de toute préoccupation métaphysique, d'après un critérium exclusivement scientifique et positif.

Une autre équivoque pourrait naître dans certains esprits. Ils se figureraient bien à tort, en lisant le mot force, qu'il s'agit d'une consécration de la violence, de la justification de la force individuelle. Ils penseraient que les doctrines de M. Bunge se rapprochent de celles de « l'égoïsme pur », professées par Max Stirner et Nietzsche, que sa tendance voisine avec celle de l'anarchie. Il s'explique dans son ouvrage, à ce sujet, dans un sens tout à fait opposé. Il enseigne une « théorie psychique » de la société, qui est basée sur les sentiments et les idées sociales. Son droit, comme sa morale, ont un caractère absolument social.

La formule si expressive le Droit c'est la Force ! a surtout été inspirée à M. Bunge par le désir de bien se séparer du rationalisme philosophique. Il signifie seulement que le droit n'est pas une production de la raison humaine, ainsi que le prétendaient les humanistes. « Le droit, dit-il, est dans un certain sens antérieur à la raison. La raison, c'est-à-dire la conscience subjective du droit serait plutôt un surproduit du droit. Le droit, qui naît de la force subjective ou organique des individus s'exerce aujourd'hui par la force sociale, c'est-à-dire par l'Etat. »

Ces explications suffisent, espérons-le, à préciser la portée et le caractère de l'œuvre de M. Bunge.

E. D.,

INTRODUCTION

LE DROIT ET L'ÉTHIQUE

Je ne crois pas que l'on puisse étudier scientifiquement le droit, autrement que comme une forme ou phase de l'éthique, phase tout à fait capitale, il est vrai. Ce mot « éthique » s'emploie dans trois sens, analogues et connexes : 1° Dans le langage courant et dans les dictionnaires, il est synonyme de « morale ». 2° Ailleurs, et surtout dans le vocabulaire des sciences sociales, l' « éthique » signifie l'étude ou la « science de la morale », ou encore l'étude des « mœurs et coutumes » d'après un critérium plus ou moins moral. 3° Certains auteurs établissent que les règles de conduite volontaire dans l'humanité peuvent être étudiées sous deux aspects ou phases : la phase de la morale, faite de généralisations et de préceptes, et la phase du droit, qui spécialise plus ou moins et qui est politique et coercitive. D'autres auteurs différencient plus catégoriquement encore, dans ces règles, trois ordres de phénomènes et d'études s'y rattachant respectivement : l'usage, le droit, la morale. L'éthique serait alors le *terme générique et compréhensif* qui embrasserait toute la matière soit aux deux points de vue de la morale et du droit, soit aux trois points de vue de l'usage, du droit et de la morale.

Cette troisième acception n'a pas encore acquis droit de cité dans les dictionnaires usuels : elle me paraît cependant la plus technique et la plus adéquate. Elle tend à unir, dans leur origine et leur essence, les deux phases de la morale et du droit, ou les trois phases de l'usage, de la morale et du droit ; elle facilite la véritable solution positive des discussions stériles concernant le domaine des études sur ces matières et l'antériorité de la morale par rapport au droit, et elle satisfait, par conséquent, un besoin de la terminologie des sciences sociales. La pratique, peut-on dire, la consacre actuellement, puisque, sous l'étiquette d' « éthique », les auteurs modernes s'occupent en général des usages et des fondements scientifiques de la morale et du droit, et qu'en revanche, sous la rubrique de « morale » ils traitent seulement des faits et des principes moraux, à l'exclusion des vues théoriques sur le droit. Il est à noter, en outre, que cette troisième acception est parfaitement d'accord avec l'étymologie du mot (éthique vient du grec *èthos*, manière d'être, mœurs, caractère) et que les anciens philosophes grecs en ont aussi fait usage dans un sens générique et compréhensif. Ils se représentaient la justice comme une des vertus ou parties de l'éthique, et ils faisaient dériver de l'éthique le droit pratique, la législation, la politique. Le terme « morale », qui est d'origine latine (de *mos*, usage) a été employé par les écrivains latins et scolastiques, pour exprimer un point de vue distinct du point de vue juridique, bien que toujours générique ; et aujourd'hui, on en fait régulièrement et bien à tort usage, comme si la morale était en quelque sorte autonome et même étrangère au droit.

Décidé à me servir du mot « éthique » dans la troisième acception que j'ai signalée, j'en viens à définir plus explicitement son concept. — Si l'on entend par définir exprimer par une formule l'objet ou la nature de ce que l'on définit, toute « définition » est par elle-même une tautologie. Toute définition est un cercle d'idées vicieux, une équation dialectique sans fin, une répétition ou une traduction de termes plus ou moins synonymes ou équivalents. D'une façon absolue, du fait de la relativité de notre intelligence humaine, rien n'est susceptible d'être défini. Mais, du moins, tout est susceptible d'être décrit, avec plus ou moins de précision, relativement à d'autres termes donnés, c'est-à-dire, également descriptibles... Par suite, une définition exacte est toujours une définition relative : c'est l'unique définition possible. Cette description peut parfois se réduire à peu de mots suffisamment clairs et expressifs. Pour qu'une définition courte ait quelque valeur scientifique, il faut donc la considérer tout pleinement et uniment comme une synthèse descriptive se référant à des éléments déjà connus et étudiés. C'est pourquoi les vraies définitions scientifiques devraient se trouver non en tête mais à la fin des exposés et des traités auxquels ils se rapportent. Et jamais cette observation n'est plus exacte que lorsqu'il s'agit de phénomènes et de sciences aussi vastes et aussi complexes que ce que l'on entend usuellement et savamment par éthique.

Toutefois, il convient souvent de commencer un exposé ou un traité par une simple définition : c'est le cas des mathématiques, où l'on énonce le théorème avant de le démontrer. Cette définition a alors pour objet de préciser autant que possible la nomenclature du phénomène ou de la science que l'on va étudier, afin que le lecteur connaisse d'avance, ou présume tout au moins, la portée que l'auteur donne à son thème et la signification qu'il attribue aux principaux termes dont il se sert. Bien que commencer de cette manière ne soit pas d'une méthode strictement scientifique, ni même très logique et très réalisable, il y a lieu, en certains cas, de définir d'emblée la matière, pour éviter des équivoques et des incertitudes. Dans un traité d'éthique (même en considérant l'éthique spécialement au point de vue du droit) il y a autant de convenance que d'utilité à le faire, parce que l'on comprend sous ce mot un ensemble très étendu de phénomènes sociaux et une série de conceptions philosophiques qui leur correspondent.

En débutant, nous savons déjà que l'on entend sous le nom générique d'éthique tous les concepts moraux, juridiques et politiques, toutes les idées qui se rapportent au bien et au mal, au juste et à l'injuste, au licite et à l'illicite. L'éthique est ainsi, par suite, un phénomène social ayant un caractère psychologique bien marqué, puisqu'on peut le synthétiser dans le critérium qui juge les actes humains et les qualifie de bons ou de mauvais, de justes ou d'injustes, de licites ou d'illicites. C'est un fait indiscutable que tout homme et toute société possèdent, d'une façon plus ou moins vague et définie, et soit dans un sens, soit dans un autre, ce fonds ou élément critique, sans lequel jamais on n'a observé l'existence de l'homme et de la société. Nous nous trouvons ainsi en présence d'un fait : l'*éthique-phénomène*.

L'homme a toujours cherché, dans sa vie historique, l'explication ou la théorie des phénomènes qu'il observe. L'éthique-phénomène n'a pas pu échapper à cette loi constante qui pousse l'intelligence humaine à l'observation et à la spéculation. Elle a inspiré une suite de doctrines et d'écoles qui l'expliquent avec plus ou moins d'inexactitude ou de vérité ; ces écoles et ces doctrines ont constitué, chacune en leur temps, la philosophie ou science de l'éthique. Il existe de la sorte une *éthique-science* corrélative à l'éthique-phénomène. Le langage ne vient pas à notre aide pour exprimer, d'une manière distincte, l'un et l'autre de ces concepts, celui du phénomène et celui de la science respective ; le mot « morale », en effet, que l'on pourrait substituer au vocable « éthique », quand il s'agit des règles pratiques, n'est pas aussi compréhensif que ce dernier, et, en outre, il embrasse à la fois, à certains égards, et le phénomène et ses préceptes théoriques, et même presque toujours sa théorie scientifique.

La conception dualiste de l'éthique, comme phénomène et comme science correspondante, n'est pas, d'autre part, une difficulté insurmontable, un obstacle irréductible, si l'on tient toujours compte des deux aspects ou formes qu'elle comprend. Sous ce rapport, on reconnaît généralement que l'éthique, phénomène et science, forment deux parties, l'une *normative*, l'autre explicative. L'éthique-phénomène, c'est les règles en elles-mêmes ; l'éthique-science, c'est l'explication de ces règles. Et cette explication peut s'appliquer aux causes et à la nature des *règles particulières* d'un système éthique donné, ou à la théorie scientifique des *facteurs généraux* des règles de toutes les éthiques quelles qu'elles soient.

En fait, il y a toujours à distinguer une éthique *pratique*, dans les *mœurs et usages*, et une *éthique théorique*, dans les préceptes. L'éthique résultant des mœurs et usages, et même l'éthique résultant des préceptes particuliers appartiennent plutôt à l'éthique-phénomène. L'éthique-science ne donne pas de préceptes et ne conseille pas de mœurs ni d'usages : elle explique scientifiquement les facteurs et les éléments des mœurs et usages et des préceptes. En d'autres termes, il existe une *éthique-art*, à la fois théorique et pratique, et une *éthique-science* du phénomène *éthique-art*, qui est purement théorique, quoique positive et expérimentale.

On peut donc dire que l'éthique-phénomène comprend deux parties : les règles elles-mêmes et l'explication particulière de chaque règle. L'éthique-science ne s'occupe pas tant de la partie des préceptes et de leur explication en particulier que de la théorie générale ou des éléments scientifiques généraux.

L'éthique-phénomène est ainsi normativo-explicative ; l'éthique-science, purement explicative, et faite à un point de vue universel. Il est clair que la partie explicativo-préceptive est intimement liée à l'éthique-science ; mais elle ne la constitue pas. La théorie morale d'Aristote, par exemple, est préceptive et explicative, sans représenter, par rapport à nos connaissances actuelles, une véritable science de l'éthique ; elle est à peine une métaphysique morale. A un degré de plus en arrière, la religion grecque nous offre une autre éthique normativo-explicative ; et sa partie explicative, en raison du polythéisme de la religion naturelle des Hellènes, constitue encore moins que l'éthique d'Aristote une véritable éthique-science. Cependant, dans toute conception théorico-pratique de l'éthique, la partie théorique, si elle ne constitue un véritable concept scientifique est pourtant ce qui s'en rapproche le plus, en raison de sa forme et de sa fin. On pourrait concréter, d'une façon graphique, l'idée que je me fais du dualisme historique et même essentiel de l'éthique, par le schéma suivant :

ÉTHIQUE-PHÉNOMÈNE		ÉTHIQUE-SCIENCE
Règles pratiques	Explication des règles	Théorie générale

En résumé, l'éthique est, suivant la façon dont on la considère, soit le phénomène d'un *critérium* plus ou moins relatif et constant servant à qualifier les actes humains, soit la science qui étudie ce phénomène. L'imperfection du langage fait que ce terme « éthique » se rapporte indistinctement à la science et à son contenu. Cette confusion première de la science et de son contenu peut et doit être évitée, à condition de se rappeler toujours les deux points de vue où l'on peut placer l'éthique : le point de vue normatif, pratique et théorico-pratique et le point de vue purement philosophique et scientifique. En quelque sorte, le point de vue normatif est essentiellement *historique* ; le point de vue scientifique est plutôt physiologique et psychologique, c'est-à-dire *biologique*.

*
* *

Les usages et la langue des peuples sont arrivés à distinguer ou à classer les règles et les principes éthiques en deux grandes catégories : les *règles morales* et les *règles juridiques*, la morale et le droit. Cette distinction d'origine usuelle et dialectique, porte fréquemment les philosophes et les juristes à étudier la morale et le droit, comme des phénomènes distincts et, d'une certaine façon et en certaines circonstances, comme opposés même, sinon en antagonisme.

Nous verrons, au cours de cet ouvrage, que cette opposition et cet antagonisme n'existent pas et n'ont jamais existé ; nous verrons que la morale et le droit ne sont que les aspects, les phases d'un seul et unique phénomène, l'éthique ! Dans l'histoire des peuples, tout système de morale renferme un système de droit ; tout système de droit renferme un système de morale. Il est donc faux,

b

anti-historique, anti-sociologique, anti-scientifique, il est contraire à la réalité des faits, d'employer la méthode ou le procédé si souvent usité et d'étudier la morale séparée du droit, le droit séparé de la morale.

C'est dans la jurisprudence que cette erreur fondamentale a certainement produit le plus de théories fallacieuses et incomplètes. Rien de plus fréquent que l'oubli, chez les grandes écoles juridiques, du phénomène corrélatif et plus générique de la morale, source et mère première de l'éthique ou tout au moins, sa forme la plus vaste et la plus générique. De là vient que les « théories générales » du droit, quand elles ne sont pas purement verbales et rationalistes, sont à l'ordinaire, si vagues et si incomplètes. D'un autre côté, l'ignorance ou le mépris de la jurisprudence a porté, à l'occasion, les moralistes à bâtir des théories équivoques et même erronées... Contrairement à ces précédents, j'estime qu'aucune théorie de l'éthique, ou bien de la morale ou du droit ne peut être complètement et réellement scientifique, si elle n'embrasse pas le phénomène sous ses deux phases connexes et réciproques.

On identifie vulgairement l'éthique à la morale. Cette identification vulgaire, et non savante, s'explique par ce fait que par le terme de morale on entend toujours les principes les plus étendus et les plus généraux de l'éthique. Mais l'éthique est quelque chose de plus que la morale ; c'est la morale et le droit. La confusion de la morale et de l'éthique s'explique, ici, parce que, d'une certaine façon, la morale, qui est plus générique, embrasse aussi bien le droit, que l'on peut considérer comme un « minimum de morale » et qui est, à tous égards, « un minimum d'éthique ».

Il est arrivé que ce minimum, pour des raisons que

nous étudierons, nous présente, par rapport à l'éthique générale ou à la morale, un maximum très surabondant de littérature, de lois, et de branches particulières. Tandis que l'éthique pratique se réduit à quelques règles, un peu vagues et abstraites, le droit se développe dans d'interminables séries de règles concrètes et précises.

On pourrait comparer l'éthique à une superbe déesse qui aurait conçu et mis au monde deux enfants jumeaux et mortels : une fille toujours vierge, la morale, qui est son vrai portrait, et un garçon, le droit, qui est un robuste et innocent géant, dix fois plus grand que son auteur et cent fois plus prolifique. Il en est venu à rivaliser avec sa divine mère, à la surpasser même en apparence, et à obscurcir sa belle et modeste sœur. Ses multiples manifestations et ses productions dans la législation et la spéculation juridique sont arrivés à lui donner une fausse prééminence, eu égard à son principe et à son origine. Mais, malgré ses proportions et sa fécondité, la véritable science doit aujourd'hui réduire ses apparences exubérantes à ce principe et à cette origine. C'est-à-dire qu'elle doit étudier le droit-phénomène comme une *forme* de l'éthique-phénomène. Cette forme, si elle n'est pas la première et la plus générique, est la plus importante et la plus concrète dans toute organisation sociale. Les règles pratiques du droit et leur explication théorique, ou jurisprudence, ne peuvent être expliquées qu'en les mettant en relation avec le phénomène général de l'éthique ; et elles donnent, à leur tour, des données que rien ne peut remplacer, pour édifier la véritable théorie de l'éthique-science. Il est donc absurde de séparer, par un procédé dialectique et abstrait, les deux parties, en quelque façon indivises, de ce qui apparaît et se présente comme un tout harmonique et organique dans la nature et dans l'histoire. Chez chaque homme et chez chaque peuple, l'éthique, — comprenant la morale et le droit, ou, mieux encore, les usages, le droit et la morale — est *une et unique*.

Par suite, en appliquant le concept, développé plus haut à propos de la théorie et de la pratique de l'éthique, à ses trois formes ou phases — les usages, le droit et la morale, je trace le tableau suivant :

ÉTHIQUE	Usages (règles particulières).		
	Droit	le droit-phénomène	Règles particulières. Théories particulières des règles.
		le droit-science	*Théorie générale du droit.*
	Morale	la morale-phénomène	Règles particulières. Théories particulières des règles.
		la morale-science	*Théorie générale de la morale.*

Dans ce tableau, les incises *théorie générale du droit* et *théorie générale de la morale* correspondent à la science de l'éthique, c'est-à-dire à cette branche d'études qui a pour objet la description des phénomènes de la conduite sociale des hommes, et l'explication de leurs facteurs et de leurs rapports, de leurs causes et de leurs effets. La science du droit n'est ainsi qu'une partie de la science de l'éthique.

**

L'objet primordial, sinon unique, de cet ouvrage est d'étudier le phénomène de l'éthique, sous sa phase juridique, positivement et expérimentalement, *comme un phénomène naturel*, comme on étudie la chaleur ou l'électricité, et cela en vue de constituer une vraie science du droit. L'idée n'est sûrement pas nouvelle. Dès que la philosophie se fût séparée de la religion, les premiers philosophes grecs des diverses écoles se proposèrent de formuler une « science des mœurs », en les considérant à un point de vue moral et non strictement juridique. Ils se heurtèrent à deux obstacles, à deux grandes et insurmontables difficultés : 1° l'ignorance des véritables éléments scientifiques de l'éthique, tels que l'histoire et la psychologie positive ; 2° le désir intime, plus ou moins explicite ou dissimulé, d'établir et de fixer les meilleures règles éthiques pour leur pays et leur temps. Ces deux difficultés de la construction d'une véritable science éthique et juridique font généralement des anciens philosophes ce que j'appellerais des espèces de thaumaturges ou de prophètes laïques. Leurs théories sont ainsi, à la fois, normatives et explicatives, et presque au même degré que les conceptions théologiques et religieuses. Le même défaut persiste, d'une façon générale, chez tous les auteurs, peut-on dire, jusqu'à l'époque présente. Les moralistes ne sont pas de véritables esprits scientifiques, des témoins impartiaux, des observateurs méthodiques. C'est pour cela, à mon avis, que les ouvrages d'éthique, de droit et de morale, toujours plus ou moins pratiques ou théorico-pratiques, sont plutôt des manifestations de l'éthique-phénomène que de la science positive de l'éthique.

Le phénomène de l'éthique se produit et se manifeste dans les religions, l'histoire, la philosophie, la politique ; mais l'étude de ses principes scientifiques repose plutôt sur les sciences physiques-naturelles et sur la sociologie. Or, les moralistes, surtout les anciens, sont moins des hommes de science et des sociologues que des historiens, des philosophes, des écrivains politiques. De là, cette très curieuse anomalie que leurs œuvres, d'Hippocrate à Guyau sont des *phénomènes objectifs* à étudier et non de véritables études scientifiques. Cas étrange de confusion de l'objet de la science et de la science elle-même ; cas étrange et unique dans l'ensemble des connaissances cultivées par l'humanité ! Cette confusion est précisément la cause principale du caractère diffus et ambigu qu'ont encore aujourd'hui encore les livres écrits sur cette matière. Pour y obvier, il nous faut distinguer nettement les éléments phénomènaux des principes ou des interprétations scientifiques. A cet égard, je dois déclarer sans plus tarder, qu'à mon avis, en règle générale, tous les juristes et moralistes peuvent jusqu'à maintenant être inclus dans les manifestations phénoménales de l'éthique.

Par ces manifestations multiples, le phénomène social suprême de l'éthique est donc très vaste. Si vaste que ses racines et ses éléments, en raison de leur variété et de leur complexité, peuvent et doivent être expliquées par de nombreuses sciences. Sans grande exagération, je crois que l'on peut affirmer que *toutes les sciences physiques-naturelles et sociales*, toutes les sciences qui ne sont pas abstraites comme les mathématiques, nous présentent des connaissances indispensables pour l'explication du phénomène de l'éthique. En un mot, il faut chercher le phénomène chez les moralistes et les auteurs qui ont écrit sur ce genre de science, et la science elle-même, chez les écrivains qui n'ont pas étudié la matière directement et substantivement. Cette double affirmation, qui paraît un paradoxe, s'explique, pour sa première partie, par le caractère pratique, — ouvert ou dissimulé — des philosophes moralistes, et, pour sa seconde, par la variété et la complexité de l'éthique-phénomène, qui embrasse des éléments physiques et psychiques rentrant dans tous les ordres d'études réalistes.

Après avoir établi le fait général de la confusion de

l'objet de la science et de la science elle-même chez la plupart des moralistes et des juristes, il me paraît opportun, pour éclairer la question, de reconnaître que cette confusion est beaucoup plus complète chez les idéalistes que chez les utilitaristes.

Suivant les cas et les auteurs, elle a des degrés et des façons divers. Chez Hobbes et Bentham, il y a comme une nébuleuse différenciation entre l'éthique-fait et l'éthique-science. Cette différenciation, ou tout au moins, le double concept de la relativité de l'éthique-phénomène et du faux caractère absolu d'une prétendue éthique-science se rencontre sous une forme mieux définie encore dans les doctrines de l'égoïsme pur de Max Stirner et de Nietzsche, et surtout dans l'amoralité des sophistes grecs du vi^e siècle. Mais c'est chez les auteurs scientifiques modernes, qui se sont, pour ainsi dire, occupés accessoirement de l'éthique, c'est surtout chez Darwin, Hæckel, Spencer, Wundt et Höffding, que la confusion dont j'ai parlé se trouve presque détruite, à tel point que l'on peut dire que c'est de leurs observations et de leurs conceptions que sortira la future science de l'éthique. Wundt nous présente un cas curieux : dans son traité de « psychologie », il nous donne de solides fondements scientifiques pour édifier une théorie de l'éthique ; et, en revanche, dans son traité d' « éthique », il mélange et confond sans cesse avec les principes scientifiques, la donnée historique ou le concept pratique et personnel de l'éthique-phénomène.

*
* *

La confusion entre l'éthique-phénomène ou éthique théorico-pratique, c'est-à-dire l'éthique historique et sensible, et son étude scientifique, ou éthique-science a eu ce résultat que les auteurs exposent à la fois et arbitrairement, et les motifs et les éléments scientifiques de la morale, et les doctrines et les systèmes antérieurs et contemporains, et aussi leurs propres idées à ce sujet. Ils n'étudient pas l'éthique comme un phénomène naturel ; ils l'observent au travers de toutes les théories qu'on en a faites et qu'on peut en faire. Leurs ouvrages sont comme l'exposition systématique des conceptions des autres, qu'ils se hâtent d'exagérer et de réfuter. Ils mêlent donc les exposés historiques et littéraires de leurs prédécesseurs, aux analyses et aux spéculations qui leur sont propres. Ils ne présentent pas le phénomène tel qu'il est, mais ils le décrivent plutôt d'après les diverses écoles, les théories et les auteurs, en exposant d'une façon diffuse le concept qu'ils estiment vrai en même temps que tous ceux qu'ils qualifient de faux...

Ce n'est pas ainsi que l'on procède dans les sciences naturelles. Prenez, par exemple, un traité de physiologie. Vous y trouverez décrites, à leur place, les fonctions de la vie humaine, ingénument, crument, comme l'auteur les a étudiées, observées et comprises, sans qu'il se réfère à chaque paragraphe aux concepts erronés des physiologistes antérieurs, sans qu'il s'attarde à exposer et à combattre les vieilles théories animistes et vitalistes... Tout au plus consacrera-t-il une introduction, ou un court passage préliminaire à ces intéressantes considérations rétrospectives. Mais il s'efforcera, autant que possible de ne pas mêler l'histoire de la science dont il s'occupe avec l'exposé des connaissances actuelles sur cette science. C'est une méthode, à mon sens, que l'on pourrait très bien adopter pour les sciences sociales. Que l'auteur rappelle, s'il le veut, les théories et les conceptions qu'il juge les plus importantes, depuis Aristote jusqu'à Wundt ; ce sera l'objet d'un prologue, ou d'un chapitre rétrospectif ; et c'est là qu'il lui convient de rendre justice aux grands penseurs qui ont contribué à la construction qu'il édifie. Mais dans le corps de l'ouvrage, pour qu'il n'y ait pas de confusion pour les lecteurs, et pour que les phénomènes soient nettement présentés, le mieux est qu'il ne se trouve ni histoire ni critique. Je pense que la science du XXe siècle offre au sociologue assez d'éléments pour lui permettre d'exposer les phénomènes sociaux comme de purs et simples phénomènes naturels. Il n'y a plus besoin maintenant, comme jadis, de suppléer au manque de données et de connaissances positives par une vaste érudition, plus ou moins hermétique. Dans les sciences sociales aussi, la valeur des faits doit aujourd'hui se substituer au prestige des noms propres. La base inébranlable de ces sciences n'est pas l'érudition philologique, c'est l'information scientifique. De même que le physiologiste actuel ne cite plus continuellement Hippocrate, Galien et Bichat, le sociologue de nos jours peut laisser Platon, Hobbes et Kant dans le chapitre glorieux des précurseurs et des antécédents historiques, sans méconnaître cependant l'énorme service rendu aux idées par leurs spéculations, plus ou moins originales et géniales, et les inappréciables éléments qu'ils ont contribué, en première ligne, à fournir à la formation des constructions modernes. L'architecte, qui élève un magnifique palais de marbre, de porphyre et d'albâtre, n'inscrit pas sur chaque pierre le nom de la carrière d'où elle a été tirée.

Enfin, l'objet de cet ouvrage est d'exposer une théorie scientifique du droit. Pour y arriver et puisque je considère le droit comme une forme ou phase de l'éthique, je me vois obligé à développer la théorie la plus générique de celle-ci, mais toujours de préférence au point de vue juridique. Conformément aux idées exposées dans cette introduction, j'ai tracé le plan et les divisions de mon œuvre de la façon suivante :

Dans le *Livre Ier*, intitulé *Doctrines et écoles de l'éthique*, j'esquisse les principaux concepts transcendentaux adoptés à cet égard par les peuples de race blanche. Et je considère l'évolution chronologique de ces concepts, dans les deux cycles généraux qui sont naturellement séparés par l'idée chrétienne : éthique de la culture antique, éthique de la culture moderne.

Le *Livre II* traite des *Doctrines et des écoles du droit*, mises en rapport avec les théories respectives de l'éthique à chaque époque. Je classe ces doctrines et ces écoles juridiques en trois groupes : les métaphysiques, les semi-positives ou empiriques, les positives. Et je m'attarde principalement sur les positives — école historique, école économique et école biologique — parce qu'elles me fournissent des données indispensables pour bâtir ma théorie scientifique de l'éthique et surtout du droit.

C'est de cette *Théorie du droit* que je m'occupe dans le *Livre III*. Les deux précédents m'ont servi à exposer l'éthique-phénomène et le droit-phénomène, considérés dans leurs diverses doctrines : ici, je laisse de côté les doctrines et j'essaie d'exposer une science de l'éthique et du droit. J'utilise pour cela les données que me procure l'information scientifique si vaste et si admirable de notre époque, et en particulier la théorie de l'évolution ou de la descendance, la théorie économique de l'histoire et les nouvelles théories sociologiques relatives à l'évolution de la vie collective.

Ma théorie scientifique de l'éthique et du droit ainsi édifiée, le *Livre IV*, qui a pour titre *Théorie de l'Etat et de législation*, fait connaître la vraie nature de l'organisation politique et des lois. Il étudie les formes et les aspects divers du droit, soit qu'on l'envisage dans la théorie et la spéculation, soit dans la pratique législative et coercitive.

Il me reste encore à expliquer le phénomène du développement historique non plus des doctrines et des écoles de l'éthique et du droit, mais du droit et de l'éthique considérés comme règles et systèmes objectifs. Aussi, ai-je consacré le *Livre V* et dernier à *l'Evolution de l'éthique et du droit* ; et il s'y trouve, d'une certaine façon, à ce qu'il me semble, un concept original et tout nouveau de l'histoire et de la politique. Il repose sur les découvertes modernes en matière scientifique, spécialement en biologie. C'est pourquoi, toute ma conception du droit et, en général, de l'éthique, peut être résumée en une seule phrase : le droit, c'est la vie ! l'éthique, c'est la vie !

LE DROIT, C'EST LA FORCE

LIVRE PREMIER
Théories et écoles de l'éthique.

CHAPITRE PREMIER
CLASSIFICATION DES THÉORIES ET DES ÉCOLES DE L'ÉTHIQUE

§ 1. — La tendance spéculative et la tendance positive dans le développement de la philosophie. — § 2. Le positivisme moderne et les connaissances scientifiques. — § 3. La tendance perfectionniste et la tendance eudémonique dans les théories de l'éthique. — § 4. Classification des théories et des écoles de l'éthique.

BACON, *Novum Organum*. — A. COMTE, *Cours de philosophie positive*. — J. STUART MILL, *Système de Logique déductive et inductive* (trad. française). — H. SPENCER, *Premiers principes* (trad. française). — W. WUNDT, *Logik Grundrissen der Psychologie*.

§ I.

La tendance spéculative et la tendance positive dans le développement de la philosophie.

Dès l'aube de la pensée philosophique, il s'est révélé chez les hommes et chez les peuples, deux tendances distinctes et en quelque sorte contraires : la *spéculation* et *l'observation*. Ces deux tendances de l'intelligence humaine que l'on peut regarder comme typiques, se sont manifestées dans les théories et les écoles les plus variées, à l'occasion d'expliquer les phénomènes de la nature et de la société. Les langues étaient à peine fixées, leur vocabulaire commençait à peine à s'enrichir que les poètes et les penseurs essayèrent d'extérioriser leurs sensations et leurs idées et traduisirent en mots et en formules leurs concepts de l'univers. Chacun, suivant son milieu et son tempérament propre, pencha soit vers une représentation idéaliste, soit vers une représentation expérimentale. C'est pourquoi l'on peut dire que toutes les méthodes et tous les procédés employés dans les sciences, spécialement dans les sciences sociales, sont susceptibles d'être classés en deux catégories : *la tendance spéculative, et la tendance positive*. Avec la tendance spéculative, l'imagination prédomine sur l'observation, et les systèmes ainsi construits sont le produit de procédés déductifs plutôt qu'inductifs ; on y pose des concepts ou des principes généraux et absolus, d'où découlent des vérités particulières. Ainsi, l'axiome que « l'homme a droit à la liberté » a pour résultat que « l'esclavage est contraire au droit ». Avec la tendance positive, l'observation prédomine sur l'imagination ; on procède en induisant des faits ou phénomènes partiels, le principe général, qui, en conséquence, leur est toujours relatif. On va de ce qui peut être connu par l'expérience à ce qui est inconnu ; du simple et du particulier, à ce qui est compliqué et général.

L'ignorance, propre à l'humanité pendant la période préhistorique et durant les temps antiques, laissait le champ libre à l'imagination des poètes et des mystiques primitifs, chez qui régnait sans contrepoids la tendance spéculative, pour comprendre et relationner leurs sensations et leurs idées. Dans la mesure de leurs progrès, les sciences et les connaissances humaines apportèrent de plus en plus d'entraves aux fantaisies religieuses et philosophiques. C'est de cette manière que l'avancement des sciences arrive à impliquer, dans les temps modernes, la suprématie de la tendance positive sur la tendance spéculative. Les penseurs ne sont plus des prophètes et des bardes qui construisent leurs théories et leurs systèmes avec la candide et sauvage liberté de l'ignorance ; les hommes, mieux avertis, ne croient plus facilement aux mythes et aux cosmogonies en contradiction avec l'explication scientifique des choses et des phénomènes. Auguste Comte a synthétisé cette évolution de la pensée vers un positivisme chaque jour plus dominant et plus décisif, dans sa fameuse loi ou théorie des trois états ou stades sociaux. La pensée et la civilisation sont passés successivement par ces trois degrés : le stade *théologique,* le stade *métaphysique* et le stade *positif.*

A l'époque préhistorique et dans les temps antiques, l'homme s'explique les phénomènes de la nature en leur attribuant des causes mystérieuses et surnaturelles. Il conçoit l'existence d'entités religieuses — fétiches ou dieux — dont l'action continuelle commande les choses et les événements. Il adresse à ces êtres puissants et surnaturels des suppliques et des prières, pour éviter leur colère, se les rendre propices, s'assurer leur aide et protection. Les superstitions et les croyances religieuses prévalent ainsi dans toutes celles de leurs conceptions que nous appellerions techniques ou scientifiques ; leur philosophie est mystique et poétique. Ce stade a duré des siècles de siècles ; il a pris des formes diverses, selon le degré de culture et de civilisation. Aux époques sauvages et chez les peuples sauvages, il se présente sous sa forme la plus rude et la plus grossière, le fétichisme. Le sauvage adore un arbre, une pierre, un animal, à qui il attribue des pouvoirs divins. Plus tard, il adorera le feu ou les astres, transformant son fétichisme en pyrolatrie ou astrolatrie. Parti de ces croyances, il arrivera ensuite à simplifier ses fétiches, en concevant non plus un dieu dans chaque arbre ou chaque ruisseau, mais un dieu de la forêt, un dieu des eaux, un dieu de la chasse, de l'amour, de la guerre, de l'industrie, etc... Le fétichisme se transforme ainsi en polythéisme, et ce polythéisme, à son tour, parvient à la suprême perfection des croyances religieuses dans le monothéisme, la dernière époque du stade théologique.

Dans le stade suivant, le stade métaphysique, les faits et phénomènes ne s'expliquent plus par l'intervention d'entités ou de forces religieuses ; mais on y recherche toujours des principes absolus, — causes premières et finales, — et l'imagination continue à l'emporter sur l'observation. Dans le stade théologique, les hommes connaissaient l'absolu par la Révélation, venue directement ou indirectement des dieux ou de Dieu ; dans le stade métaphysique, la Raison, qui se substitue à la Révélation, nous donne une connaissance *a priori* de l'univers. Le stade métaphysique en arrive dès lors à n'être qu'une courte et simple transition, le passage de la conception théologique à la conception positive. Dans cette dernière, ainsi que nous l'avons vu, on ne recherche plus les principes absolus — éternels et immanents — mais bien les causes relatives, en procédant du simple et du connu au composé et à l'inconnu, des données particulières aux vérités générales. La théorie des trois stades demeure ainsi réduite à un concept de généralisation et de suprématie des deux tendances qui ont été signalées comme typiques et originales dans l'intelligence humaine. La tendance spéculative prévaut à l'époque préhistorique et dans les temps antiques, sous forme de superstitions et de croyances religieuses. L'analyse critique ou criticisme, lui donne, dans les temps modernes, une nouvelle forme, — métaphysique ou philosophique. Sous cette forme, on peut y voir la transition et le mouvement précurseur du positivisme contemporain ; lequel positivisme, ainsi que la prédominance et le triomphe définitif de la tendance positive, prit corps et se caractérisa avec les étonnants progrès réalisés par les sciences naturelles et historiques au cours du xix° siècle.

Le *caractère transitoire*, ou passager, de la métaphysique justifie le sens élastique, que non seulement le vulgaire, mais les hommes de science et les lettrés donnent à ce mot ou expression, en l'appliquant à des écoles et des théories distinctes et variées. Les termes « religion » et même « positivisme » n'ont pas la même élasticité. C'est que les doctrines religieuses et les méthodes positives signifient les expressions catégoriques et extrêmes des deux tendances typiques de l'esprit humain, la spéculation et l'observation. En revanche, la « métaphysique » signifie, la surévolution du premier de ces extrêmes pour passer au second ; c'est quelque chose comme un *intermezzo* intense et bref. Cet *intermezzo*, transitoire de sa nature, présente, dans ses origines, des affinités avec les formes religieuses, et, dans sa terminaison, des affinités avec les formes positives. Il y a ainsi une *métaphysique religieuse*, si l'on peut dire, avec des prolongements et des réminiscences de la religion pure, et une *métaphysique empirique*, c'est-à-dire à tendance marquée pour le positivisme franc et scientifique. Platon et les scolastiques pourraient être pris comme exemples de la métaphysique religieuse ; Aristote et l'école du droit naturel du xviii° siècle, spécialement avec Thomasius, pourraient également représenter la métaphysique empirique, plus ou moins en marche vers le positivisme. A un juste milieu entre ces deux métaphysiques, celle du début et celle de la fin, on trouverait la place d'une *métaphysique pure*, une métaphysique véritable et philosophique, équidistante de la religion et du positivisme, et dont l'archétype serait le système de Kant. Si l'on représente l'évolution mentale de l'humanité par une ligne aux extrémités de laquelle se rencontreraient respectivement la prédominance de l'idée religieuse et de l'idée positive, Kant serait exactement au point central de cette ligne.

En raison de pareils antécédents, on peut très bien définir la métaphysique, malgré son élasticité caractéristique. Elle consisterait dans les théories et systèmes philosophiques, où l'on recherche des causes absolues — causes premières et finales, — distinctes de la divinité, en appliquant ces causes à une observation empirique imparfaite des phénomènes réels. Plus on y rapproche les causes premières et finales des conceptions mystiques, plus le concept métaphysique s'y trouvera avoir un caractère religieux. Plus on s'éloigne de ces causes, en donnant du corps et de l'espace à l'observation empirique, plus l'orientation en sera dirigée vers le positivisme. La notion éminemment « philosophique » des idées éthiques innées et *a priori*, c'est-à-dire qui ne sont ni révélées par la divinité, ni acquises par l'expérience, constitue exactement le terme moyen ou point équidistant et de transition, où se placera Kant, dont l'intéressant système peut, en même temps, être regardé comme le point final d'une vieille tendance qui meurt et comme le point de départ d'une nouvelle tendance qui naît.

La théorie des trois stades a été conçue par son illustre auteur d'une manière trop systématique ; c'est pourquoi on lui a fait de grandes objections. Mais, si on la réduit à la notion que j'ai développée, — celle des deux tendances typiques de l'esprit humain, de leur coexistence et de leur prédominance successive, et si l'on conçoit la métaphysique comme une suite de formes transitoires de la prédominance de la tendance spéculative sur la tendance positive opposée, ces graves objections demeurent éclaircies et réfutées. On dit, en effet, contre la conception de Comte, qu'aux mêmes époques et dans les mêmes pays on voit *exister simultanément*, les idées et les théories des trois stades, théologique, métaphysique, positif. On dit aussi que la succession de ces stades a quelquefois été, contrairement à ce que Comte prétend, une *succession invertie*. A certaines époques historiques, on est passé du stade métaphysique au stade théologique, comme cela s'est produit en Europe, quand la théologie chrétienne prévalut, au moyen-âge, sur la métaphysique de la philosophie grecque.

Par rapport à la première objection, — la coexistence de modalités différentes — l'argument tombe de lui-même, du moment que l'on conçoit, au lieu des trois stades, les deux tendances spéculative et positive, car ces deux tendances sont propres à l'esprit humain, à chaque époque et dans chaque pays. Le tempérament des philosophes les fera pencher, alors que le stade complètement religieux sera achevé, tantôt vers l'idéalisme, tantôt vers le réalisme. Le réalisme trouvera, pour s'appuyer, les connaissances des temps nouveaux ; l'idéalisme, les survivances des temps anciens.

Quant à la « succession invertie » des stades, il me semble opportun de déclarer que l'histoire de l'humanité n'est pas l'histoire d'un seul peuple, ni d'une seule civilisation. Alors même que les trois stades ne s'appliqueraient successivement qu'à l'évolution de chaque peuple et de chaque civilisation, la théorie serait vraie, du moins sous sa forme dualiste, — psychologique et réduite. Or, les trois stades sont approximativement applicables au développement de la civilisation grecque, qui passe du polythéisme homérique à la métaphysique des écoles des viie et vi^e siècles avant J.-C., et de là à la tendance positive d'Aristote et d'Epicure. Avec la théologie chrétienne commence, en revanche, le développement de la culture des peuples occidentaux, qui est celle qui a précisément servi de type pour la théorie de Comte. Par suite, la théorie des trois stades serait, bien moins que la théorie de l'histoire universelle, celle de l'histoire de certaines civilisations, qui, ne fussent-elles que la grecque et l'occidentale, constituent sûrement les mieux définies et les plus importantes.

En conclusion, la théorie des trois stades est vraie et même réelle, si on la réduit à la théorie des deux tendances spéculative et positive et si on l'applique respectivement au développement des deux cycles successifs de la civilisation européenne : le cycle préchrétien et le cycle chrétien, ou pour mieux dire, comme nous le verrons, le cycle grec et le cycle occidental.

L'objection la plus fondée, à mon avis, qui se présente contre la succession de la tendance spéculative, puis de la tendance positive au cours de chaque cycle historique, se baserait plutôt sur le principe *des réactions par contrastes*. Le progrès paraît se produire par une série de réactions violentes, par une suite de contradictions.

Une époque ou une théorie spéculative est promptement suivie d'une réaction exagérément positive ; une époque ou une théorie positive, d'une réaction exagérément spéculative. Contre le classicisme froid et réglementé du xviii° siècle, entre en réaction le romantisme sensible et ultra-libéral du début du xix° siècle ; au milieu de ce siècle, succède au romantisme, spécialement dans le roman, un naturalisme fort cru ; et encore, avant la fin de ce même xix° siècle, le naturalisme paraît abandonner le sceptre du goût aux écoles parnassienne, symboliste et sensualiste, qui contrastent tant avec l'analyse et l'observation sur nature du roman moderne... Le même phénomène s'observe avec fréquence dans l'évolution de la philosophie, avec les changements rapides d'une génération qui succède à une autre. On remarque ainsi, chez Aristote, une réaction expérimentale évidente contre l'idéalisme excessif de Platon. De cette manière, la prédominance spéculative et la prédominance positive vont comme dans un zig-zag éternel... La *répulsion* l'emporte sur l'*imitation*.

Tout en reconnaissant ces réactions par contrastes, ce pouvoir de la répulsion dans la succession des idées et des théories, je pense que cela ne détruit pas le fait de l'évolution qui se fait graduellement et peu à peu. Il faut, en effet, avoir présent à l'esprit que les réactions ont, en général, plus de forme que de fond. Le contraste apparent recouvre, d'ordinaire, un fonds semblable, parce qu'il n'y a aucune intelligence qui arrive jamais à s'abstraire complètement de son milieu. Ce milieu opère, dirions-nous, sur la surface externe, tandis que la masse interne varie beaucoup moins, et reste relativement stable. Dans le cas de Platon et d'Aristote, le fond des idées métaphysiques, le problème métaphysique des « universaux » est ainsi plus ou moins le même, malgré l'influence répulsive que pourrait exercer l'idéalisme du premier sur l'esprit du second. C'est pourquoi l'on peut dire que les réactions ou contrastes, les zig-zags et le va et vient de la philosophie n'empêchent pas la pensée de suivre une ligne médiane, qui, dans chaque civilisation ou culture paraît avancer et aller de l'ignorance librement spéculative vers le positivisme de connaissances techniques ou scientifiques plus grandes et plus parfaites.

§ 2.

Le positivisme moderne et les connaissances scientifiques.

Après avoir établi dans le paragraphe précédent, le fait de la loi de l'évolution de la culture humaine vers un positivisme de plus en plus précis et accentué, il convient maintenant que je réfute quelques exagérations absurdes qui ont été formulées parfois au sujet du caractère et de l'importance des deux tendances typiques de l'esprit humain : la spéculation et l'observation. Les logiciens classiques avaient coutume d'opposer, comme deux systèmes absolument antagonistes et irréductibles, la spéculation et le positivisme. Cependant il n'y a rien dans la spéculation, qui ne provienne directement ou indirectement des perceptions de nos sens. D'un autre côté, toutes nos conceptions, si positives et expérimentales qu'elles soient, ne sont que des représentations de notre intelligence imaginative. Il n'y a donc pas de spéculation sans observation, ni d'observation sans spéculation. L'idéalisme spéculatif et le positivisme expérimental ne sont que des formes, qui révèlent, dans chaque école et dans chaque doctrine, la prépondérance relative de l'une des deux tendances typiques de l'intellectualité humaine.

Dans le but d'opposer la spéculation au positivisme, on a coutume d'identifier l'une à la déduction, l'autre à l'induction. Les métaphysiciens ne connaîtraient ainsi pas d'autre système de raisonnement que le déductif ; les philosophes positivistes d'autre que l'inductif... La psychologie moderne annule et ruine un pareil distinguo. La déduction et l'induction n'existent pas à l'état autonome et séparé. Ce sont deux procédés du raisonnement humain, en quelque sorte concomitants et synthétiques. Ce n'est que par un effort d'abstraction simpliste que l'on peut les apercevoir comme antagonistes et irréductibles. Tous deux se complètent et sont essentiellement analogues. C'est pourquoi on a pu les comparer aux mouvements systoliques et diastoliques du cœur. Il n'y a qu'en dehors du terrain de la psychologie, et uniquement dans les concepts schématiques de la logique que l'on peut supposer la tendance déductive par préférence, comme caractéristique de la métaphysique, et la tendance inductive par préférence, comme caractéristique du positivisme.

En d'autres termes, je pense que la déduction et l'induction sont une question de forme plutôt que de fond, un procédé d'exposition plutôt qu'un procédé d'investigation. Les logiciens classiques auxquels j'ai fait allusion — Bacon, Descartes, Pascal, Stuart Mill, — attribuent aux règles de la logique un extraordinaire pouvoir d'investigation et de recherche. A mon avis, ce n'est pas à *découvrir* des vérités nouvelles que sert la méthode positive, la tendance positivo-inductive, c'est plutôt à *exposer*, à démontrer et à divulguer les découvertes faites par l'homme de génie. Celui-ci emploie, pour faire ces découvertes, des procédés mentaux de tout genre, analytiques et synthétiques, inductifs et déductifs, conscients et inconscients, volontaires et involontaires. Newton, quand il a conçu le principe de la gravitation universelle, en voyant tomber une pomme, n'employait pas à proprement parler une méthode positive, ni pas davantage une méthode spéculative. Mais quand Newton a cherché à enseigner au monde une vérité conçue d'une façon si extraordinaire, il s'est efforcé de la présenter sous la forme la plus claire et la plus accessible : et une telle forme est toujours plus ou moins positivo-inductive... La valeur exagérée que l'on attribue au pouvoir d'investigation de la logique s'explique par deux raisons : le désir qu'a tout le monde de découvrir de nouvelles vérités, et l'ignorance où nous sommes des procédés très complexes usités par la mentalité singulière des véritables innovateurs.

La tendance positive ou ce qu'on appelle la méthode positive a donc, tout d'abord, l'avantage indiscutable de sa clarté didactique en matière d'exposition. Mais les théories et écoles positives actuelles possèdent en outre, sans aucun doute, sur les doctrines métaphysiques et spéculatives anciennes, la supériorité d'être plus vraies et plus réelles. Cette supériorité ne provenant pas essentiellement de leur méthode, il faut le chercher dans un autre élément : cet élément fondamental et primordial est indiscutablement l'amélioration des *connaissances scientifiques*.

L'ignorance des causes immédiates et la foi dans la puissance présumée illimitée de l'intelligence humaine portaient les théologiens et les métaphysiciens à rechercher les causes *premières* et les causes *finales* des phénomènes qu'ils observaient. Ce défaut essentiel donnait à leurs constructions un caractère plutôt vague et dialectique que réel et positif. Tout en observant la réalité, ils en cherchaient les causes et les effets dans des concepts abstraits et imaginaires, tels que la Divinité, tels que les « idées universelles » de Platon et d'Aristote, la Perfection de Leibnitz ou la Raison de Kant. N'ayant pas connaissance des facteurs naturels, présents et relatifs, des phénomènes, ils les faisaient remonter à des principes absolus et surhumains. C'est pourquoi l'on a dit que les métaphysiciens allemands, de même que les théologiens, allaient quérir au firmament ce qu'ils avaient à leurs pieds. Maintenant, les sciences ont exploré avec succès les causes *efficientes* des phénomènes, causes qui les expliquent et les éclaircissent relativement, et il n'est plus besoin de nous plonger dans le gouffre des causes premières et finales. De plus, l'expérience scientifique nous a démontré la petitesse de notre intelligence et la grossièreté de nos sens. Tout ne peut pas être perçu par nos sens, tout ne peut pas être compris par notre intelligence.

Notre relativité exclut pour nous la compréhension de l'absolu. « La seule chose absolue que nous sachions, a dit Comte, c'est que pour nous tout est relatif. » Ainsi, reste en dehors des investigations de l'homme, tout ce qui se rapporte à l'infini, à l'éternel, à la chose en soi, au premier principe et à la fin dernière, à tout ce que Spencer a très sensément appelé l'*inconnaissable*. La science ramenée à l'étude des causes efficientes des phénomènes évite les délires du fanatisme religieux et les égarements de l'idéalisme sans frein, de ce que Feuerbach a appelé la « philosophie ivre ». En s'écartant ainsi de l'ancienne tendance spéculative, la tendance positive moderne sépare ce qu'on ne peut pas connaître et qu'on ne doit pas étudier de ce qu'on peut connaître et qu'on doit étudier. Sa prudence et sa sincérité, qui limitent son domaine aux causes efficientes des phénomènes et des choses, ont fait appeler fréquemment cette doctrine, le *réalisme pur*, qui n'est au fond qu'un réalisme scientifique.

Les sciences physiques et naturelles, ainsi que la science de l'histoire et de l'économie politique ont réalisé de grands progrès au xix° siècle ; on peut dire, qu'en utilisant bon nombre d'éléments déjà acquis, elles se sont constituées à nouveau et ont formé de vraies sciences. Assurément, les constructions de ces sciences sont loin d'être définitives ; il est même possible que beaucoup de leurs principes soient destinés à changer et à s'altérer. Mais, en somme, les théories de la gravitation universelle de Newton, la théorie géologique de Lyell, la théorie biologique de Lamarck et Darwin, la conception sociologique de Comte et de Spencer et tant d'autres thèses corollaires ont acquis une exactitude relative qui est généralement admise et reconnue. Ces connaissances ruinent dans ses bases la philosophie scolastique et métaphysique, et donnent d'autres fondements et une autre orientation aux théories morales et sociales. Par dessus tout, le système transformiste, fondé sur l'évolution et l'hérédité, nous suggère un concept tout nouveau de l'homme, de la psychologie et de la société. Ce concept modifie radicalement les anciens points de vue de la philosophie du XVIIIe siècle et en contredit les axiomes et les préjugés. C'est pourquoi c'est bien moins la méthode que l'information scientifique contemporaine, qui constitue l'indiscutable supériorité des théories philosophiques actuelles. Etant données les connaissances scientifiques du XXe siècle, Kant et Hegel, s'ils revenaient au monde, formuleraient des théories aussi positives, sinon plus, que les nôtres. On s'émerveille du degré de vérité où sont arrivés parfois, avec leurs extravagantes méthodes spéculatives, certains métaphysiciens. Dans un passage fameux Kant a prévu la théorie de Darwin ; sa conception du droit et de la justice, concorde, dans ses parties fondamentales, avec la conception moderne de Spencer.

C'est donc une erreur, ou tout au moins une exagération, que d'identifier, comme l'on fait, depuis Comte, les positivistes du XIXe siècle, la spéculation avec l'erreur, le positivisme avec la vérité. A mon sens, ni l'une ni l'autre de ces deux tendances ne possède le monopole exclusif de la part de vérité relative accessible à nos sens bornés et à notre étroite intelligence humaine. Des moyens opposés et divers peuvent faire découvrir la vérité ; on peut même y arriver par la forme idéaliste et spéculative ; mais cela devient chaque jour plus difficile à cause de la masse énorme de l'érudition scientifique contemporaine. D'autre part, le positivisme nous conduit à des erreurs qui se détruisent et se succèdent indéfiniment au cours de l'évolution de la pensée et des connaissances. Une théorie positive ne doit donc pas viser, comme on l'a prétendu en général, à être une théorie définitive et absolue. Ce n'est qu'une théorie expérimentale et scientifique, une théorie relativement vraie, par rapport à notre capacité humaine et à l'état actuel de nos connaissances, sur laquelle le philosophe peut spéculer avec certaines garanties de vérité et construire sa conception plus ou moins universelle. La spéculation contemporaine est ainsi une spéculation à base de sciences ; mais elle ne cesse pas pour cela d'être une spéculation. De telle sorte que le positivisme contemporain renferme un genre tout nouveau de spéculation scientifique, qui constitue, on peut le dire, la plus heureuse approximation de la vérité connaissable, qui ait été réalisée dans toute l'histoire de la pensée humaine. Et ainsi, comme la spéculation philosophique actuelle tend à être positiviste, le positivisme scientifique tend, en revanche, à être spéculatif... Les deux tendances finissent par s'unifier dans l'intime et victorieuse unité de la science.

Ce concept de l'*unité de la science* est aujourd'hui déjà plus qu'une aspiration et une promesse. On peut le regarder comme une brillante réalité, ou tout au moins comme un fait à la veille de s'accomplir et de justifier son existence dans toutes les sphères du savoir. On oppose à cette unité la diversité des opinions scientifiques... Mais rappelons-nous que cette diversité est déjà bien réduite parmi les véritables esprits scientifiques ; tous sont d'accord sur certaines idées fondamentales ; les divergences ne se produisent qu'à propos de questions secondaires, parfois même de simples formes dialectiques.

Quant aux variations des théories, rappelons-nous aussi que les théories nouvelles n'impliquent pas la négation radicale des anciennes ; tout au contraire, elles s'élèvent avec les matériaux que leur fournissent les ruines de celles qui sont renversées. Ainsi, la théorie de Fresnel qui attribue la lumière aux mouvements de l'éther paraît aujourd'hui remplacée par celle de Maxwell ; mais la première contenait sa part de vérité, que la seconde a utilisée, et qui établit et explique parfaitement les équations différentielles de l'optique. Il y a de plus, de grandes conceptions scientifiques qui paraissent définitivement acquises. Personne ne doute plus de la rotondité de la terre. La théorie de l'indestructibilité et des transformations de la matière et de l'énergie, les phénomènes de l'évolution animale et la corrélation physico-psychique sont acceptées, sous telles ou telles réserves, par tous les spécialistes de ces sciences respectives. La prétendue banqueroute de la science, dont caquètent encore des métaphysiciens mal éveillés et des bourgeois ignorants, n'a donc jamais existé. Ramenée à sa notion exacte et circonscrite, la science est relativement une et stable. Ses doutes, ses hésitations, ses vacillations, ses contradictions et variations sont effectivement des défauts et des lacunes qui gênent l'application de ses données à la philosophie et aux sciences morales. Mais ces défauts et ces lacunes ne sont ni si graves ni si irrémédiables ; ils diminuent de jour en jour sur un point ou sur un autre ; et telle qu'elle est, la science constitue la seule source d'information acceptable et satisfaisante pour la pensée contemporaine. Il n'y a ni moyen ni possibilité de la remplacer, parce qu'il n'y a ni moyen ni possibilité de remplacer, dans la phénoménologie universelle, la Nature, mère de tout, et que la vérité et l'unité de la science ne sont que la fidèle image et le reflet de la vérité et de l'unité de la Nature.

§ 3.

La tendance perfectionniste et la tendance eudémonique dans les théories de l'éthique.

Le phénomène de l'éthique se présente en même temps sous une *forme pratique*, les *mœurs*, et sous forme de *conceptions théoriques*, les *doctrines* ou les *écoles* et les *religions*. Le développement de l'éthique peut donc être étudié soit dans l'évolution des mœurs, soit dans l'évolution des idées. Mais les idées — religions et doctrines ou écoles — ne sont, dans chaque cas et d'une façon seulement approximative, que l'*expression des mœurs*, leur synthèse et leur représentation. Par suite, étudier l'évolution des idées éthiques revient précisément à étudier l'évolution des mœurs. J'envisage, en conséquence, le problème du développement de l'éthique comme une histoire des idées religieuses et surtout des idées doctrinaires. Cette histoire, naturellement, doit être critique et raisonnée ; elle doit donner à chaque expression théorique son équivalent pratique véritable, attendu qu'en réalité les religions et les doctrines sont des conceptions idéalisées et exagérées de faits plus complexes et plus relatifs, et qu'il leur arrive parfois, d'être en opposition, dans la pratique, avec des mœurs cachées et hypocrites. C'est pourquoi, en esquissant une histoire rapide des idées éthiques, je ne tiendrai compte que des écoles et des systèmes qui représentent des faits et encore dans la mesure où ils les représentent. La principale difficulté de cette tâche consistera, dès lors, à élaguer les broussailles dialectiques et les superfluités philosophiques, pour aller droit au tronc de l'arbre du Bien et du Mal, de l'Arbre de la Vie !

Chaque peuple et chaque époque ont adopté une conception de l'éthique qui leur est propre et qui reflète leurs mœurs ; il y a, en quelque sorte, autant de théories de l'éthique que d'époques et de peuples. Ces théories ont pris des formes philosophiques et didactiques dans les œuvres des grands penseurs qui ont le mieux synthétisé leur temps et leur milieu. C'est dans leurs ouvrages que l'on étudie aujourd'hui les concepts historiques du bien et du mal. Mais rien de plus délicat que cette étude et qui prête plus à l'équivoque. De sa nature, la matière traitée est des plus vastes et des plus subtiles. Les formes dialectiques de la théorie n'ont qu'une valeur relative et même passagère. Les principaux termes employés, par suite de leur acception usuelle et de leur signification abstraite, changent de sens, dans leurs dérivés et dans leurs traductions. Quand il s'agit de sciences naturelles, les mots ont un sens plus ou moins fixe et stable ; le vocable « eau » et ceux qu'on emploie pour le traduire ou lui servir de synonyme signifient toujours le même corps, chimiquement composé d'hydrogène et d'oxygène. Il n'en est pas de même pour les termes et les idées en usage dans les sciences morales ; leur véritable sens dépend du temps et du milieu, je dirais même, du sujet qui les prononce et les conçoit. Que l'on réfléchisse un instant sur l'objet et l'extension que comportent en grec, en latin et dans les divers idiomes modernes, des expressions telles que Bonté, Justice, Beauté, Bonheur, Perfection, Béatitude, Vertu, Instinct, Virilité, Passion... On peut dire qu'à chaque époque, dans chaque idiome, et même chez chaque homme, elles ont eu une portée particulière. Comment dès lors traduire et présenter sous des formes dialectiques étrangères et même opposées, les diverses conceptions antiques de l'éthique ? Plaçons-nous un moment sur le terrain de l'éthique de l'antiquité grecque. Le mot *agathos*, par exemple, se traduit aujourd'hui par « bon », le mot *callos* par « beau ». Le beau et le bon étaient des qualités intimement connexes dans l'éthique grecque ; d'une certaine façon, c'étaient des vertus. D'où vient qu'un mot composé, formé de ces deux termes, *callocagathos*, et qui signifie littéralement « beau-bon », exprime, pour les Grecs, l'homme de mérite par excellence, le type idéal de cette société aristocratique, un « gentilhomme » comme nous dirions aujourd'hui, type accompli des vertus privées et publiques... Or la morale théologique du moyen-âge sépara radicalement la notion de « bonté » de celle de « beauté » ; la « bonté », la véritable supériorité morale, supposait le mépris de la beauté physique ; le culte de la beauté physique était de la concupiscence et du paganisme, c'était du péché, c'était de la « méchanceté » ! Et cette idée théologique a tellement pénétré dans nos idiomes modernes que forcément nous donnons aux mots « bonté » et « beauté », des significations bien différentes de celles qu'ils avaient respectivement dans la Grèce classique. Cet exemple et bien d'autres montrent que l'étude de l'éthique antique doit toujours être une étude philologique et que l'on peut regarder les textes anciens comme intraduisibles en réalité.

Non seulement les textes anciens, mais les ouvrages modernes eux-mêmes, présentent des difficultés plus ou moins grandes de traduction selon l'idiome dans lequel ils ont été écrits. L'éthique allemande classique, en particulier, a un vocabulaire emprunté au langage usuel et familier, qui ne trouve pas facilement d'équivalent dans les langues latines. Les traductions des œuvres de morale de Leibnitz, Kant et Hegel, contiennent en général des passages altérés et même presque des contresens. Les utilitaristes anglais, tels que Hobbes, qui cependant écrivait en latin, ont presque toujours été détournés de leur sens, quand on les a littéralement traduits dans les langues néo-latines... Et je pense, enfin, que si les traducteurs des ouvrages fondamentaux de l'éthique se pénétraient bien de l'esprit des livres qu'ils traduisent, ils rencontreraient dans leur travail des difficultés bien plus grandes que celles qu'ils paraissent rencontrer en général et qu'ils verraient que pour exposer des idées étrangères, il faut être parfaitement pénétré de la culture sociale à qui ces idées correspondent. Comprendre l'éthique d'un peuple chez un auteur, c'est connaître à fond le véritable esprit de ce peuple, qui se révèle dans le tempérament et l'intelligence de l'auteur.

Les deux tendances typiques de l'esprit humain, qui viennent d'être indiquées, la spéculation et l'observation, ont déterminé dans les théories de l'éthique, deux conceptions ou deux directions distinctes. Suivant la tendance spéculative, l'éthique est un phénomène intuitif, universel, éternel, immanent et absolu ; suivant la tendance positive, l'éthique est un produit de l'expérience humaine, produit plus ou moins variable et relatif. Dans les théories de la première de ces catégories, se place toujours la recherche d'une finalité ou fin suprême ; dans celles de la seconde, l'observateur se borne à analyser les causes ou facteurs. Les conceptions spéculatives se basent ainsi sur les conceptions expérimentales, sur les *motifs*, les *fins*.

Le but poursuivi, pour les premiers, est toujours un idéal de perfection ; les motifs mis en avant pour les derniers sont l'intérêt et le bonheur. De là une diversion bipartite de toutes les théories éthiques en *perfectionnistes* et *eudémoniques* (de *eudaimonia* prospérité).

Il existe une corrélation ou équivalence entre la tendance spéculative et la tendance positive des sciences et de la philosophie générale et les théories et les écoles de l'éthique respectivement perfectionnistes et eudémoniques : le schéma suivant la représente :

PHILOSOPHIE GÉNÉRALE	ÉTHIQUE
Tendances spéculatives.....	Théories perfectionnistes (religieuses et métaphysiques).
Tendances positives........	Théories eudémoniques (métaphysiques et positives).

Cette formule ou tableau, ainsi que d'autres que je présenterai par la suite, ne sont que des figurations concrètes, des simplifications schématiques de faits et de doctrines, qui s'offrent, dans la réalité, d'une manière bien plus complexe et plus diffuse. Ce sont des représentations approximatives, des directives, des orientations typiques, de simples résultantes ; en d'autres termes, ce sont des synthèses plus vraies que réelles. De même que la spéculation et le positivisme ne sont pas des moyens ni des méthodes exclusifs, de même, dans leur réalité vaste et compliquée, le perfectionnisme et l'eudémonisme ne peuvent être regardés comme des conceptions toujours antagonistes et contradictoires. Bien mieux, il y a, je pense, dans toute théorie complète de l'éthique, une part de perfectionnisme et une part d'eudémonisme, un élément idéaliste et un élément expérimental. Le perfectionnisme et l'eudémonisme en arrivent ainsi à être de simples tendances, où prédominent, suivant la mentalité de l'époque et le tempérament de l'auteur, la spéculation métaphysique ou l'observation scientifique pure.

Il y a des auteurs et des écoles qui en viennent même à confondre franchement et catégoriquement les fins métaphysiques de l'éthique et les motifs expérimentaux des règles de conduite. Chez Aristote, par exemple, il y a identification du bonheur et de la perfection ; on arrive au bonheur par la perfection ; l'objet pratique du bonheur est la perfection. De même, chez Leibnitz, le bonheur est la perfection pratiquée, sentie, goûtée, etc. « Le plaisir, dit-il, est le sentiment de la perfection ; la joie, le plaisir que l'âme sent en elle-même. Pour chaque individu il y a comme un niveau comparable à la santé. S'y maintenir, c'est être bon ; descendre au-dessous, être mauvais ; s'élever au-dessus, atteindre la perfection. La perfection, c'est donc plénitude, force, et aussi ordre, conscience, bonté ». Ou encore, la perfection c'est le plaisir. Ainsi, en poussant les choses à l'extrême, Aristote et Leibnitz seraient des éclectiques. C'est qu'en vérité, tous les grands métaphysiciens, et je dirais même tous les théoriciens de l'éthique sont plus ou moins éclectiques. Leur qualification et leur classement repose sur la prédominance de l'une des deux tendances typiques ; mais cette prédominance n'exclue en rien l'existence plus ou moins avouée ou cachée de la tendance opposée.

En vertu du caractère double et transitoire des théories métaphysiques, la classification bi-partite de l'éthique, qui a été précédemment donnée, pourrait être modifiée comme suit :

Perfectionnisme		Eudémonisme
Théories religieuses	Théories métaphysiques	Théories positives

En plaçant ainsi dans une position intermédiaire et en quelque sorte éclectique, les théories métaphysiques, on exprime d'une façon concrète et figurée la notion que j'ai développé dans le paragraphe antérieur et qui consiste à les considérer comme de simples formes de transition dans l'évolution historique de la pensée humaine.

§ 4.

Classification des théories et des écoles de l'éthique.

Dans la classification bi-partite du perfectionnisme et de l'eudémonisme, il entre deux éléments essentiels, l'idéalisme et le réalisme, et respectivement les fins et les motifs. La tendance idéaliste et la prise en considération de la fin des règles de conduite déterminent quelles sont les écoles et les théories de perfectionnement ; la tendance positive et la prise en considération des motifs, les écoles et les théories d'intérêt ou d'*eudémonie*. Mais, en outre de ces éléments fondamentaux, il y a, pour classifier les écoles, un autre point de vue : celui de l'individu et de la société. Dans certains systèmes perfectionnistes, on se préoccupe, avant tout, de la perfection individuelle ; dans d'autres, de la perfection sociale. De même, les théories eudémoniques se rapportent soit à l'intérêt de l'individu, soit à l'intérêt de la société. En tenant compte de ce troisième élément qualificatif, les écoles et les théories éthiques pourront se classer ainsi :

TENDANCE PERFECTIONNISTE......	Perfectionnisme individuel. Perfectionnisme social.
TENDANCE EUDÉMONIQUE.........	Égoïsme pur. Utilitarisme social.

Comme le *criterium* de l'individu et celui de la société sont entremêlés et confondus dans les théories les plus importantes et les plus connues, ce tableau présente un grave défaut... Il présente un défaut semblable à celui qui est indiqué, au paragraphe antérieur par rapport au criterium de la spéculation et du positivisme et au criterium des fins et des motifs. De plus, le point de vue individuel n'apparaît pas toujours antérieurement au point de vue social, au cours de l'*évolution des théories de l'éthique*. La suite historique des écoles ne concorde donc pas avec le tableau ci-dessus. Le perfectionnisme des théories religieuses envisage généralement l'individu de préférence à la société. Le perfectionnisme des théories métaphysiques est fréquemment éclectique — individuel et social. Et quand à l'égoïsme pur, on peut dire, en laissant de côté les sophistes grecs, que c'est une création récente de la philosophie amoraliste de Max Stirner et de Nietzsche. En revanche, l'utilitarisme social est d'une date bien antérieure, puisque, sans remonter à la philosophie grecque, nous le trouvons chez les deux grands analystes anglais, Hobbes et Bentham. Il en résulte qu'en nous rappelant la théorie de Comte sur les trois stades, et en ne lui donnant que sa valeur relative, on pourrait indiquer une série de types successifs dans l'histoire des théories et des écoles éthiques.

Le premier type serait, naturellement, le type religieux. Mais les religions, à leur tour, se sont divisées historiquement et par rapport aux doctrines, en deux catégories : les *religions naturelles* et les *religions cultivées*. J'entends par « religions naturelles » celles qui se sont formées spontanément par la coutume et la tradition, telles que le fétichisme primitif et le polythéisme païen. Et j'entends par « religions cultivées », celles qui ont pris naissance dans les prédications et les doctrines de quelque grand Messie et Innovateur. L'histoire en signale quatre de cette catégorie : celle du Bouddah, de Confucius, du Christ et de Mahomet. En considération de ces deux classes de religion, la série historique des théories éthiques se composerait des cinq types successifs suivants :

    I. Éthique des religions naturelles.
    II. Éthique des religions cultivées.
    III. Éthique de la métaphysique religieuse.
    IV. Éthique de la métaphysique philosophique.
    V. Éthique des écoles positives.

Ces cinq types se retrouvent, avec certaines variantes, lacunes et répétitions, dans l'histoire de l'éthique grecque. On peut, en effet, y considérer les théories et les écoles suivantes :

a) Éthique homérique (Époque préhistorique)...............   Éthique de la religion naturelle des Hellènes.

b) École ionique (7ᵉ s. av. J.-C.)
c) École italique (7ᵉ s. av. J.-C.)
d) École éléatique (6ᵉ s. av. J.-C.)   Éthique de la métaphysique religieuse.

e) Théories amorales des Sophistes (5ᵉ siècle avant J.-C.).......   Réaction contre la métaphysique religieuse.

f) Théories de Socrate, Platon et Aristote (5ᵉ et 6ᵉ s. av. J.-C.).   Éthique de la métaphysique philosophique.

g) École épicurienne (4ᵉ s. av. J.-C.)   Éthique positive.

h) École stoïque (3ᵉ siècle av. J.-C.)   Éthique métaphysique, avec tendance à l'idéalisme religieux.

Ce tableau présente cette inconséquence apparente d'un retour à la métaphysique chez l'école stoïcienne, inconséquence notable surtout si l'on tient compte de la prééminence acquise par les théories stoïciennes durant toute l'histoire de Rome. Mais c'est qu'en réalité la prédominance générale de l'école stoïcienne dans les derniers temps de la culture greco-latine est due avant tout à son esprit religieux. Elle accommodait la philosophie pratique à toutes les religions et sectes du paganisme. Elle arriva à constituer une véritable morale religieuse qui s'adaptait admirablement aux sentiments traditionalistes et conservateurs de la culture romaine. Ainsi, l'école épicurienne clôt le premier cycle, le *cycle antique* de la civilisation européenne, le cycle grec proprement dit ; et l'école stoïcienne ouvre, avec la culture latine, le second cycle, le *cycle moderne*, le cycle occidental de la civilisation européenne, qui représente un premier degré de l'éthique, déjà très idéalisée, toutefois, de la religion naturelle des peuples païens.

a) École stoïque (préchrétienne)..	Éthique idéalisée de la religion naturelle (païenne).
b) Éthique chrétienne originelle (1ᵉʳ siècle)	Éthique de la religion cultivée (chrétienne).
c) Théologie chrétienne et scolastique (Moyen Age)............	Éthique de la métaphysique religieuse.
d) Néoplatonisme (Renaissance)... e) Rationalisme (Temps modernes)	Éthique de la métaphysique philosophique.
f) Éthique utilitaire de l'école anglaise et du positivisme contemporain	Éthique des écoles positives.

L'existence de ces deux cycles étant ainsi établie, je traiterai dans les chapitres suivants, d'abord du développement de l'éthique dans la civilisation antique et, ensuite, dans la civilisation moderne. La conception greco-latine se présente donc à la façon d'un prologue de la conception chrétienne.

CHAPITRE II

ÉTHIQUE DE LA CIVILISATION ANTIQUE

§ 5. Ethique de la religion naturelle des Grecs. — § 6. Ethique de la métaphysique religieuse des Grecs. — § 7. Ethique de la philosophie grecque. — § 8. Bifurcation théorico-pratique de l'éthique dans la civilisation gréco-latine.

Homère, *Iliade, Odyssée*. — J. Lubbock, *L'homme préhistorique* (trad. française). — W. Wundt, *Ethik*. — H. Spencer, *Sociologie* (trad. française). — Lippert, *Die Religionen der europæsche Kulturvölker*.

§ 5.

Ethique de la religion naturelle des Grecs.

Comme on peut encore l'observer chez les peuples sauvages, l'éthique, à l'époque de la sauvagerie et aux premiers temps de l'âge barbare, a reposé sur trois qualités ou vertus primordiales : la force, la ruse et la vengeance. L'homicide et le vol, même commis par trahison, méritent toujours l'estime et le respect ; ne pas savoir se venger est une preuve d'infériorité et de bassesse. En raison de sa valeur négative pour la vie en société, on peut appeler une pareille éthique le système de l'*égoïsme brutal*. Il a pour bases les instincts égoïstes de la brute humaine et révèle l'*imprévoyance* caractéristique de l'intelligence rudimentaire de l'homme primitif. Il devait consister uniquement, à l'origine, en habitudes préhistoriques ; il était purement pratique. Une fois que le sauvage eut acquis une mentalité capable de produire une première conception théorique de ce système, il la concréta sous la forme de grossières croyances religieuses. Les premières croyances religieuses représentent donc les plus anciennes conceptions de l'éthique.

Malgré les différences qu'elles offrent, suivant les peuples, toutes les religions ont une certaine analogie de fond, résultant des ressemblances irréductibles des diverses races humaines entre elles. Cette *analogie essentielle* permet de tracer un schéma type des religions dans leurs lignes principales, c'est-à-dire, dans leurs fondements psychologiques. Aussi, en traitant dans ce paragraphe de l'éthique dans la religion naturelle des Grecs, ne fera-t-on, en somme, que synthétiser l'origine et l'évolution de toutes les croyances religieuses.

Naturelles ou cultivées, les religions reposent, toutes, sur une base psychologique commune : *l'anthropomorphisme*. Pour expliquer clairement ce phénomène et sa transcendance éthique, il convient de reconnaître que, dans le développement des religions, il y a toujours deux phases ou deux périodes successives : la période de la *formation* des mythes et des dieux, et la période de l'*imitation* des qualités ou des vertus que l'on suppose à ces dieux.

Sauvage et ignorant, l'homme attribue les phénomènes de la nature à des causes mystérieuses, à des entités surnaturelles, qu'il suppose sentir et agir à la façon d'êtres humains qui seraient tout-puissants. Ces entités, à leur origine, sont de simples fétiches, elles finissent par se personnifier en de fantastiques images humaines. Fétichisme, pyrolâtrie, astrolâtrie... tout converge vers le polythéisme. Le polythéisme est toujours la conception d'un grand nombre de dieux ou d'êtres divins, ayant la forme et les caractères de l'homme. Le phénomène qui consiste à supposer aux puissances religieuses les formes et les caractères humains, c'est ce que l'on appelle expressivement « l'anthropomorphisme ». L'homme ne conçoit pas qu'il puisse exister une espèce d'âme supérieure à son âme. Il idéalise cette âme, il l'orne de ce qu'il y a de plus puissant dans ses appétits et ses passions, et il invente ainsi les dieux, à son type et à son caractère. L'invention des dieux, leur personnification, l'attribution qui leur est faite de défauts et de qualités sont l'œuvre de la période de formation des croyances. L'éthique religieuse de semblables périodes est uniquement une morale de *terreur* ou, si l'on préfère, de *fatalisme*. Sans défense au milieu des forces terribles de la nature qui l'environnent, l'homme, aux prises avec les tempêtes, les cataclysmes, les bêtes féroces, les poisons, incarne ces forces en dieux, et ces dieux, avant tout, lui inspirent de la peur. Il s'applique à les calmer, à se les rendre propices par des prières et des offrandes ; mais il n'a encore qu'une vague idée des commandements moraux que les dieux lui conseillent et lui imposent. Il craint même que de la diversité des dieux résultent, pour lui, des ordres contradictoires, de telle sorte qu'il ne puisse satisfaire les uns sans irriter les autres... Par suite les croyances religieuses, dans leurs premières et rudimentaires manifestations, n'ont pas l'action la plus effective sur la morale et ne perfectionnent pas très sensiblement l'éthique sauvage de l'égoïsme pur.

Une fois que l'Olympe ou le Ciel eut été peuplé, une fois qu'eurent été bien définis et caractérisés les dieux ou le Dieu suprême et tout-puissant, c'est-à-dire quand les progrès de la culture générale eurent mis de l'harmonie et de la cohésion dans le chaos de l'anthropomorphisme primitif, commença la période de l'imitation des dieux. L'imagination populaire, tout en leur attribuant les conditions et même les faiblesses humaines, se les représente comme plus forts, plus beaux et meilleurs que les hommes. La tendance innée au progrès les désigne, dès lors, et les érige comme les modèles les plus élevés, dignes de notre imitation. Imiter les dieux, c'est se perfectionner. L'idée du *perfectionnisme éthique* naît ainsi des croyances et des sentiments religieux antérieurement formés. C'est un produit logique des constructions religieuses et des aspirations humaines imposées par les circonstances internes et externes de la lutte pour la vie. On pourrait dire que c'est un fils du *besoin* et de l'*idéalisme*.

C'est dans cette seconde période, celle de l'imitation, que les idées religieuses acquièrent leur véritable et suprême valeur morale et juridique. Chaque peuple conçoit en ses dieux ses propres vertus. Peuple esthétique et sensuel par excellence, les Hellènes pardonnent bien des fautes et des péchés à leur Jupiter, qui avant tout est beau et fort ; la moindre tare physique aurait suffi pour le renverser de son trône. Wotan, par contre, le dieu des Germains, divinité de races idéalistes et rêveuses était borgne. Les dieux de certains peuples féroces et cannibales, comme les indigènes des îles Fidji de nos jours, sont, pareillement à ces sauvages, féroces et cannibales... En faisant de l'imitation de leurs dieux le meilleur et même l'unique moyen de se perfectionner, les peuples exaltent donc la culture de leur caractère et de leur tempérament ethnique, de leurs énergies et de leurs particularités.

Le culte des *manes* familiaux et celui des héros sont, encore une manière typique du polythéisme primitif. La tendance anthropomorphique prend ici un caractère corporel, pour ainsi dire, car les héros ont existé, comme aussi les ancêtres vénérés sous le nom de manes ou de dieux lares. Dans l'éthique homérique, les divinités olympiques et les héros divins sont confondus par rapport à l'excellence des exemples qu'ils offrent aux mortels. Chez les peuples de l'Orient, ayant vécu de longs siècles confinés sous les tropiques, l'imitation, par suite du tempérament apathique de la population, donne au bouddhisme un caractère contemplatif qui lui est propre. Au contraire, l'ardeur passionnée des juifs et l'activité des occidentaux leur fait adopter, comme meilleur moyen de perfectionnement moral, l'imitation active aussi bien que contemplative. En résumé, l'éthique de chaque religion dépend, pour le *fond*, comme pour la *forme*, de la mentalité sociale ou du tempérament de chaque peuple. Les peuples s'honorent eux-mêmes, en honorant leurs dieux. En leur rendant un culte et en les imitant, ils élèvent et renforcent les qualités qui les distinguent le plus. Un peuple fort et en progrès a des dieux forts et cherchant le progrès ; et les dieux des peuples faibles et décadents ont tous les défauts consécutifs à la débilitation organique et à la dégénérescence physiologique.

L'anthropomorphisme porte en lui le germe de l'idée fondamentale de tout idéalisme, c'est-à-dire le principe de l'*immortalité de l'âme*, et un autre principe plus enraciné encore dans toute éthique, la notion des *compensations*. La puissance et l'uniformité des phénomènes naturels, se présentent d'abord comme une manifestation de l'existence d'êtres ou d'agents surnaturels, les dieux. Ces dieux, puisqu'ils jouent le rôle de causes primordiales et déterminantes, doivent donc être immortels comme la nature elle-même. Cette notion de l'immortalité des dieux se grave ensuite dans les esprits pendant la longue période de formation des idées religieuses, et elle engendre une vague idée de l'*immortalité humaine*, idée qui s'accentue et se confirme nettement, durant la période de l'imitation des dieux. En effet, pour que cette imitation soit réellement complète et effective chez l'homme, il faut lui accorder la qualité divine par excellence ; la durée sans fin de la vie. Et comme la mort du corps humain est évidente, il faut supposer chez l'homme, une seconde partie idéale, l'esprit, organe ou régulateur de la pensée, dont la vie ne s'achève pas avec celle du corps.

Dans les religions naturelles, le concept de l'immortalité de l'âme reste cependant incertain et diffus. Aussi le perfectionnisme n'y a pas la grande et prédominante intensité qu'il acquiert ensuite dans les religions cultivées. La notion de la possibilité pour les hommes de devenir immortels demeure trop confuse ; elle ne donne à leurs aspirations qu'un commencement d'inclination à imiter les dieux immortels, à s'identifier à eux ; elle n'engendre qu'un perfectionnisme moral encore faible et mal déterminé. En d'autres termes, pourrait-on dire, l'énergie et l'effet pratique développés par le concept perfectionniste ont d'autant plus de force que l'idée de l'immortalité de l'âme a de clarté et de fermeté. Ces deux conceptions, immortalité de l'âme et perfection, sont encore nébuleuses dans les religions naturelles. Au contraire, dans les religions cultivées, l'idéalisme extrême de l'Innovateur — Bouddha, Confucius, Christ ou Mahomet, — leur donne cette admirable netteté, commune aux doctrines éthico-religieuses de chacun d'eux, où l'on ne conçoit plus de valeur morale en dehors de l'obéissance à Dieu et de l'imitation de ses exemples.

Les dieux ont des sentiments comme les hommes, et comme les hommes, ils sont capables d'aimer et de haïr. Ils récompensent qui les sert et les respecte ; ils punissent qui leur manque ou leur désobéit. De là vient l'idée de la récompense et du châtiment ou de la peine. Les mérites sont récompensés et les fautes punies. Cette notion conduirait au désespoir les hommes, craignant la puissance des dieux, coupables d'avoir failli dans un moment d'aveuglement ou d'aberration, si les théologiens de toutes les religions ne leur offraient une consolation dans le concept de l'*expiation*. A l'image des hommes puissants et intelligents, les dieux sont en effet susceptibles de pitié, de compassion physiologique. Leur indignation ou leur colère s'apaise avec le châtiment que souffre l'homme qui a fauté ; ils lui pardonnent, et tiennent le délit ou la contravention pour suffisamment expié. Cette idée du pardon expiatoire produit dans les tempéraments mystiques, chez les hommes qui craignent profondément la divinité, des exemples surprenants d'abnégation et de sacrifice : c'est ce qu'on appelle l'*ascétisme*. La divinité, touchée de cette *expiation*, en quelque sorte, *préventive des ascètes*, récompense leur zèle en leur accordant le bonheur de la contemplation et de la grâce.

La connaissance de toute notion religieuse, dans la période de la formation comme dans celle de l'imitation, se fait toujours par la voie de la révélation. Les Dieux font connaître leur existence aux hommes en se révélant sous forme de choses ou de phénomènes sensibles (fétichisme) ou bien en inspirant des poètes, des prophètes, des prêtres, des législateurs. Le procédé de la révélation est surnaturel : c'est le *miracle*. Aux époques fétichistes, alors que l'homme ne sait l'explication, même grossière de rien, le miracle est partout ; tout ce qui éveille et excite son imagination est une révélation. Avec la civilisation, l'idée du miracle s'affaiblit, diminue, et avec elle diminue le nombre des hommes en relation directe avec la divinité par la révélation miraculeuse. Si les inspirés du ciel abondent dans les religions naturelles, au contraire, dans les religions cultivées, l'inspiré est un prophète ou rédempteur unique, envoyé de Dieu lui-même, son fils ou sa personnification. Il s'appelle Bouddha, Confucius, Jésus ou Mahomet. Mais il arrive cependant que, par une espèce de corruption, la révélation se continue parfois après la mort de l'Innovateur. C'est ce qui est arrivé pour la religion chrétienne durant le moyen-âge.

Pour être plus clair, j'ai présenté comme parfaitement distinctes la période de la formation et celle de l'imitation... Mais, il va de soi que la religion, comme tous les phénomènes historiques, est une évolution continue, ou, si l'on préfère, qu'elle se forme et se renouvelle continuellement. L'imitation existe déjà pendant que la religion se forme ; nous le voyons dans les croyances fétichistes les plus grotesques, lorsque, par exemple, les hommes imitent les qualités dont ils supposent l'existence chez les animaux sacrés. J'entends donc par période formative, l'époque primordialement créatrice, et par période imitative, celle qui la suivit. L'invention de l'écriture, en donnant de la stabilité aux conceptions religieuses, dut influer indubitablement sur l'achèvement de la première période et le commencement de la seconde.

Il est visible que les religions naturelles ont passé par ces deux phases, l'une antérieure l'autre postérieure à l'invention et à la diffusion de l'écriture. En ce qui concerne les religions cultivées, il y a deux observations à faire encore : 1° qu'elles ont toujours eu pour base des religions naturelles plus anciennes ; 2° que la conception de l'Innovateur peut être considérée comme une conception de formes, puisque son rôle est de donner des formes définies à ses inspirations personnelles. Ces inspirations ne sont que la synthèse et l'expression concrète d'une forte tendance ambiante qu'il incarne et représente. On dirait que l'arrivée à un certain degré de développement des religions naturelles annonce toujours la venue d'un messie.

Cet exposé des idées générales au sujet de l'évolution et du caractère moral des religions rend facile d'en faire l'application au cas particulier de la religion naturelle des Grecs. L'éthique de cette religion, appelée fréquemment *l'éthique homérique,* se retrouve principalement dans les appréciations morales, expresses ou tacites, que nous a léguées Homère dans ses poèmes, l'*Iliade* et l'*Odyssée.* Le barde primitif est un inspiré ; la révélation se produit chez lui d'une manière vague et essentiellement poétique. Il chante les héros et les dieux en exaltant leurs vertus et en abominant leurs vices. Le Courage, la Persévérance, la Tempérance et jusqu'à un certain point l'Astuce, sont des qualités qui méritent son respect et ses éloges ; la Vanité, la Lâcheté, la Médisance provoquent ses moqueries et son mépris. Il y a, ainsi, un fonds eudémonique dans cette estimation des valeurs éthiques :

les qualités propres à donner la victoire sont des valeurs positives ; négatives, celles qui mènent à la déroute. Des dieux anthropomorphiques, susceptibles non seulement de sympathie et d'antipathie pour les hommes, mais même d'envie et de perversité, sont en fin de compte les modèles offerts à l'humanité et les dispensateurs de tout succès.

La notion de justice n'est encore que vaguement ébauchée entre mortels et immortels. Dans toute conception éthico-religieuse primitive, l'anthropomorphisme religieux et perfectionniste et l'eudémonisme humain se présentent ainsi combinés, dès leur origine.

§ 6.

L'éthique de la métaphysique religieuse des Grecs.

HOMÈRE, *Iliade, Odyssée*. — XÉNOPHON, *Mémorables*. — PLATON, *Dialogues*. — ARISTOTE, *Éthique, Métaphysique, Politique*. — VICTOR COUSIN, *Histoire de la Philosophie*. — A. FOUILLÉE, *Histoire de la philosophie*. — W. WUNDT, *Ethik*.

Aux VIIe et VIe siècles avant J.-C., un grand mouvement philosophique, parti des colonies de l'Asie-Mineure, se produisit dans le monde grec. Ce mouvement, qui comprend l'école ionique, l'école italique et l'école éléatique a été qualifié de « lutte entre la religion et la philosophie ». Je pense qu'on pourrait en dire, avec plus de précision, que ce fut une période d'*épuration philosophique de la religion primitive*. Par l'excès de leur grossièreté, les croyances du polythéisme homérique ne satisfaisaient plus les intelligences et les imaginations puissantes de ceux qui fondèrent ces écoles. Chez les philosophes ioniens, comme chez les éléates et les italiques, apparaît le prurit d'expliquer le problème de l'univers par des *systèmes cosmologiques unitaires* et de découvrir un dieu unique dans l'essence ou la nature de l'unité cosmique.

Ils forment comme une transition entre le polythéisme sensualiste et un monothéisme idéaliste.

Cette unité cosmique et religieuse, l'école d'Ionie va de préférence la chercher dans la nature physique ; l'école d'Italie dans les relations de quantité, ou dans les principes mathématiques ; l'école d'Elie dans des conceptions ingénieuses du multiple dans l'unité et de l'unité dans le multiple, ou bien dans l'existence virtuelle dans chaque chose ou objet de la thèse et de l'antithèse, par exemple, le bien et le mal, le positif et le négatif, l'amour et la haine, etc.

Rien n'est plus varié, puissant et subtil, dans la nature physique, que le feu, la lumière et la chaleur. L'imagination frappée par l'existence du feu, Héraclite, le premier et le plus caractéristique des représentants de l'*école d'Ionie*, trouve en lui l'essence de toutes choses, naturelles, humaines et divines. L'air, l'eau, la terre, tout n'est que du feu transformé, tout peut se transformer en feu. Dieu est de feu, et l'âme est en quelque sorte comme une particule du feu divin. Un phénomène physique fournit ainsi l'unité universelle servant de support à la métaphysique religieuse d'un monothéisme-panthéisme naissant. Un commencement de perfectionnisme s'introduit par là dans la morale d'Héraclite. Le Dieu-feu est dans l'âme de l'homme, et l'âme de l'homme peut se purifier et s'élever vers Dieu « comme la flamme » : purification et élévation simplement passives et contemplatives, du reste ; car l'homme n'a pour se perfectionner que la contemplation philosophique des transformations successives du feu. Le mal est le bien qui se détruit, le bien, le mal qui disparaît. Le bien n'existe pas sans le mal, ni le mal sans le bien. C'est pourquoi la perfection éthique consiste essentiellement à *comprendre* les transformations successives du feu universel.

Chez Pythagore, fondateur de l'*école italique*, le sensualisme physique d'Héraclite fait place à un idéalisme mathématique. Les nombres sont antérieurs et supérieurs à toutes choses. Le ciel entier est une harmonie et un nombre. L'harmonie des nombres est universelle et éternelle. Les règles morales sont l'harmonie mathématique de l'unité qui constitue le principe de toute quantité. Dieu est l'unité suprême. L'âme humaine est immortelle et existe dans le corps comme dans une prison. Appelée à lutter incessamment avec le mal, elle ne peut abandonner son poste par le suicide. L'homme vertueux doit se restreindre à « l'imitation de Dieu » et élever son âme à un sentiment unitaire et abstrait.

Xénophane, l'un des chefs de l'*école éléatique*, qui fut éminemment idéaliste, attaqua la pluralité des Dieux, dans les phrases demeurées célèbres à cause de leur énergie et de leur clairvoyance. « Il semble, dit-il, que les hommes ont créé leurs dieux et leur ont donné leurs sentiments, leur voix, leur air... Si les bœufs, les chevaux et les lions avaient des mains et savaient peindre et faire des ouvrages pareils à ceux des hommes, les bœufs se serviraient de bœufs, les chevaux de chevaux, les lions de lions pour représenter leurs idées des dieux, et leur donneraient des corps semblables aux leurs ». En opposition avec cette anthropomorphisme par trop grossier des croyances polythéistes, il propose la croyance en un seul Dieu, « tout œil, tout esprit, tout ouïe ». — Cette idée de l'unité d'un Dieu suprême et unique constitue, par la suite, le véritable fond religioso-moral des théories idéalistes de Parménide, disciple de Xénophane, et d'Empédocle.

Somme toute, l'éthique de la métaphysique religieuse des Grecs, aux VIIe et VIe siècles, présente un grand progrès, en même temps qu'elle a le défaut d'un vague diffus dans les théories et leurs applications pratiques. Le progrès consiste dans la tendance marquée à concevoir un monothéisme philosophique, en formation déjà chez Pythagore et plus accentué ensuite chez Anaxagore.

Mais ces théories sont faibles par suite du vague des solutions abstraites qu'elles donnent du « problème de l'univers ». L'obscurité et le genre abstrait de ces solutions se reflète incurablement dans les conceptions éthiques de ces philosophes ; elles apparaissent non seulement peu compréhensibles en théorie, mais encore très peu définies pour régler la conduite des hommes. « Les hommes vertueux doivent imiter Dieu », dit Pythagore, synthétisant la tendance perfectionniste de sa morale. Mais son Dieu est une unité mathématique, qui ne prescrit pas de règles précises et qui, par conséquent, n'inspire qu'une vague aspiration vers le perfectionnement, laissant dans l'ignorance de ce en quoi il consiste et de ce qu'on peut et doit faire pour s'y appliquer.

Le moment où le vague monothéisme philosophique de ces écoles d'Ionie, d'Italie et d'Elée arriva à son expression la plus pure et la plus élevée me paraît s'être trouvé chez Anaxagore, le dernier philosophe d'Ionie qui fusionna, en quelque sorte, la conception physique d'Héraclite et la conception idéaliste de Pythagore. Il conçoit l'existence d'une unité éternelle et infinie : l'Intelligence. « Sans se mêler à aucune chose, dit-il, elle existe seule et par elle-même ». Elle est le principe de tout mouvement, elle est plus subtile et plus puissante que tout, elle est l'essence ultime de toute chose, elle est Dieu même. Cette conception intellectualiste de Dieu et de l'Univers peut être regardée comme le germe des théories idéalistes que professeront plus tard Socrate et Platon. Les causes et les effets se succèdent par une espèce de transformation des forces ; l'intelligence est la force motrice universelle qui les produit. — Démocrite, fondateur de l'école d'Abdère, rameau détaché de celle d'Ionie, développe cette explication mécanique du monde et arrive à une théorie atomistique et matérialiste. Tout, y compris l'âme, se compose d'infimes particules matérielles. — Anaxagore et Démocrite, dans leurs téories déterministes, sont d'admirables précurseurs des découvertes scientifiques modernes ; mais ils n'aboutissent pas, semble-t-il, à une conception morale bien déterminée. D'une manière générale, les écoles ioniques, italiques et éléates préparent seulement, en éthique, la conception négative ou amorale des sophistes. C'est là leur œuvre et c'est aussi leur gloire.

§ 7.

Ethique de la philosophie grecque.

PLATON, *Dialogues*. — XÉNOPHON, *Mémorables*. — ARISTOTE, *Œuvres*. — VICTOR COUSIN, *Histoire de la philosophie*. — A. FOUILLÉE, *Histoire de la philosophie*. — W. WUNDT, *Ethik*.

Les fantaisies de la métaphysique religieuse grecque, par leur liberté illimitée, aboutirent à de grossières contradictions : les philosophes des écoles ionique, italique, et éléate avaient ruiné mutuellement leurs théories. Cette déconsidération des doctrines dut produire, au v⁰ siècle, une lacune dans les esprits, par suite du manque d'idées métaphysico-religieuses suffisamment uniformes et bien arrêtées. C'est alors qu'apparaît, en réaction contre la candide assurance des vieux principes, une nouvelle culture intellectuelle, celle des *sophistes*, des savants, (*sophistès*) des hommes dont la *profession est la science.* C'est une conception *négative* de la religion et de la métaphysique. Rien d'absolu n'existe ; tout est relatif à l'homme. Le Bien et le Mal sont de simples inventions humaines. Protagoras, d'Abdère, poussant à l'extrême les conséquences du sensualisme ionien, pose sa célèbre maxime : « L'homme est la mesure de toutes choses ». Par suite, les choses sont pour l'homme comme il les sent, comme elles s'accusent dans ses sensations. C'est pourquoi les idées sont toujours relatives et plus ou moins trompeuses. Gorgias, de Léontium en Sicile, allant de son côté jusqu'au bout de l'idéalisme italique, soutient que « rien n'existe, ou que si quelque chose existe et ne peut être connu, il ne peut être exprimé »...

Si l'on entend par scepticisme le doute systématique et irréductible, la conception des sophistes est quelque chose de plus que le scepticisme : ce n'est pas le doute ; c'est la *négation* catégorique. Cette négation signifie, en quelque sorte, le premier pas de la pensée humaine, se libérant complètement des croyances dogmatiques. Mais ce premier pas, gigantesque et glorieux, valut promptement à ses auteurs le mépris et même la haine des plus grands penseurs et de la société tout entière. Le nom de sophiste en vint à être une injure et une opprobre. Ce fut à cause de la doctrine d'*amoralité* qui découlait des négations de Protagoras et de Gorgias. Pour eux, le Bien et le Mal étaient des inventions et des illusions. Leurs disciples, utilisant cette doctrine dans la pratique, ouvrirent des écoles de philosophie où la jeunesse riche recevait une instruction payée. Le but de cet enseignement, de l'enseignement de cette *éthique négative*, était, pour les maîtres comme pour les élèves, uniquement le succès. Platon nous définit le sophiste comme un homme qui « détourne la dialectique de sa fin véritable (le bien) et de son véritable objet (la vérité) pour la convertir en instrument de domination, d'enrichissement et souvent de mensonge ». Pour Aristote, « le sophiste est celui qui gagne de l'argent au moyen d'une science apparente et non réelle ». « Le sophiste, ajoute-t-il, dispose des mêmes ressources que le dialecticien, mais il en abuse ».

L'éthique négative, qui constituait la géniale conception des sophistes, était, sans doute, dangereuse et prématurée. Sous peine de désorganisation sociale et de décadence, il importait de lui substituer une *éthique positive*, où ne se trouveraient plus les contradictions marquées de la métaphysique religieuse des Ioniens, des Italiques et des Éléates, et qui acquerrait par là plus d'influence sur les esprits. C'est alors qu'a surgi une conception philosophique de l'éthique, la *philosophie*, représentée au iv⁰ siècle par la pensée puissante de Socrate, Platon et Aristote. Par idée de réparation, ils changèrent le nom déconsidéré de « sophistes » par celui de « philosophes » (*philosophos, amants de la sagesse*). La violence de cette réaction prouve, une fois de plus, que, durant ces premiers temps de l'histoire, le savoir ou la science n'avaient pas grande valeur en eux-mêmes, mais qu'on ne leur en attribuait qu'en tant qu'ils servaient de base ou de fondement à l'éthique ambiante, à l'amélioration et à la correction des mœurs.

Socrate (469-399) est avant tout un moraliste ; il n'est même qu'un moraliste. Il a consacré toutes ses idées et tous ses actes à faire connaître à la jeunesse le Bien et la Vérité et à la guider dans cette voie. Apôtre en paroles et en actions, il enseignait par le moyen d'exemples et de dialogues. On le connaît par les écrits de Xénophon, de Platon et d'Aristote. De ces trois auteurs, le premier reproduit fidèlement les idées les plus élémentaires et les plus accessibles de la doctrine du maître ; le second les étend et leur donne à toutes des développements personnels ; le troisième n'en cite que quelques-unes, mais sobrement et avec précision. Tous sont d'accord, sous des formes diverses, pour le représenter comme le démolisseur de l'amoralité des sophistes. « Ses travaux n'embrassèrent que la morale, dit Aristote, et nullement l'ensemble de la nature ». Il n'a vu la nature, pourrait-on dire, qu'au travers des fins humaines et personnelles de la morale, au travers de l'éthique. C'est pourquoi Aristote ajoute que « en traitant de la morale, il se propose le général comme objet de ses recherches » (1).

Le point saillant et caractéristique de l'enseignement

---

(1) *Métaphysique*, trad. de Barthélémy Saint-Hilaire, Livre I, Chapitre V. Paris, 1870.

de Socrate est sa méthode ou procédé ; on les a appelés *ironie* et *mayeutique*. Il posait des questions avec l'apparence d'une ignorance candide, afin que ses interlocuteurs pussent croire découvrir *par eux-mêmes* les vérités qu'il cherchait à leur inculquer. Il laisse de côté les conceptions cosmologiques de ses prédécesseurs, les conceptions physiques des Ioniens et les conceptions mathématiques des pythagoriciens, pour employer une méthode que nous appellerions aujourd'hui psychologique ou *introspective*. Chacun porte en lui la morale ; faites-le raisonner, il la découvrira. « Connais-toi toi-même » est la suprême maxime de la sagesse. Ainsi *la morale s'identifie avec la sagesse*. Etre bon c'est savoir ; on ne peut être mauvais que par erreur ou par ignorance.

Cette *découverte de la valeur éthique de l'introspection* doit être réputée le plus grand des mérites de Socrate. Son concept de l'introspection est précisément la grande conquête de la culture des temps nouveaux. L'homme grec, en vertu de l'hérédité, porte déjà en soi une orientation éthique, un groupe obscur et rudimentaire d'idées éthiques associées. La dialectique suffira pour amener ces idées et ces associations relativement héréditaires à se concréter clairement, à passer ce que les psychologues modernes appellent le « seuil de la conscience ». La *dialectique* se substitue ainsi à la révélation religieuse, qui, chez Socrate, demeure réduite à la marge restreinte d'un démon ou esprit familier que l'on attribue au philosophe. L'introspection philosophique l'emporte déjà sur les légendes religieuses. Mais cette introspection, on la suppose toutefois, bien entendu, inspirée par la divinité. La divinité est pour Socrate un Dieu seul et unique, suprême et invisible. La nature ou essence de ce Dieu est, comme pour Anaxagore, l'Intelligence. La vertu, malgré sa diversité, est donc une : la vertu fondamentale est la Sagesse, qui produit ensuite la Force et la Tempérance, ou empire sur soi-même. Ces trois vertus sont propres à l'individu. La vertu sociale est la Justice, dont fait partie la Bienfaisance. La vertu religieuse est la Piété ou adoration de la divinité. Dans la Justice, Socrate comprend non seulement le respect des lois ou droit écrit, mais plus spécialement le sentiment du juste.

L'enseignement verbal de Socrate, avec sa manière de procéder par exemples, fut assez facile à falsifier et à détourner de son vrai sens. Déjà, pendant la vie du philosophe, s'étaient formées deux écoles qui se vantaient d'émaner de ses doctrines, et qui tombèrent l'une, la philosophie morale d'Antisthène ou cynisme, dans un rigorisme exagéré, l'autre, celle d'Aristippe, ou *cyrénaïsme*, dans un tolérantisme périlleux. En revanche, Platon, disciple et véritable héritier des doctrines du maître, les établit, les amplifia et les généralisa, en leur mêlant ses propres idées et ses théories, mais sans les faire dévier de leurs fins éthiques.

La philosophie essentiellement morale de Socrate acquiert chez Platon (420-399) les proportions d'une philosophie universelle. Le principe intellectuel ou principe des *idées* pures est le principe platonique de toutes choses ; leurs formes sensibles ne sont que de vaines et trompeuses apparences. Régler sa conduite sur l'idée pure c'est se rapprocher de la divinité, c'est la vraie vertu et la plus haute. L'Amour et le Bien se confondent en un seul et suprême idéal humain. Dans l'amour, il y a quatre degrés. Le premier et le plus bas est l'amour d'un beau corps ; le second est encore l'amour des formes sensibles, mais de l'ensemble de ces formes, d'une manière générale ; le troisième, l'amour de la beauté de l'âme, de la beauté morale de tel ou tel sujet ; le quatrième, le dernier et le plus élevé, l'amour de l'Être en général, de la sagesse, de l'idée universelle et première. La forme sensible du bien est le beau. On trouve là l'intime connexion entre l'esthétique et l'éthique, propre au caractère artistique du peuple grec, synthétisé en ce qu'on a appelé plus tard l'*amour platonique*. La théorie de Platon joint ainsi l'amour à l'intelligence, comme valeur éthique positive bien que d'un caractère inférieur. En tout cas, l'amour exalté et épuré de son sensualisme originel devient, pour ainsi dire, un stimulant et même une partie de l'intelligence métaphysique et abstraite dont Platon, comme son maître Socrate, fait l'équivalent du bien et de la vertu.

L'âme, selon Platon, se compose de trois parties : celle qui connaît, celle qui sent, celle qui désire. A ces trois parties correspondent trois vertus : la Sagesse, le Courage et la Tempérance. Ces vertus ont une existence séparée et relativement autonome, comme les parties de l'âme auxquelles elles se rapportent ; c'est pourquoi il y a une quatrième et ultime vertu qui met la pondération et l'harmonie entre les trois autres : la Justice. La Justice est enseignée par Platon dans le sens large et élevé que lui donnait Socrate : c'est un idéal d'amitié et de cohésion sociales, fondé sur le fonctionnement des aptitudes de l'individu en harmonie avec celles de tous les membres de la société. Il y a donc dans la justice platonicienne une double harmonie et cohésion : celles de l'individu et de la société. Ce concept de l'amour social, ébauché par Socrate et généreusement développé par Platon, est, je crois, le plus grand mérite des théories platoniciennes. Il introduit en philosophie l'expression concrète de l'un des faits historiques les plus transcendants : je veux dire l'indépendance pleine et entière de l'individu par rapport à l'autorité religieuse et politique, au point de vue moral et intellectuel. Dans les théocraties de l'Orient, la cohésion sociale était le résultat de la tyrannie militaire et du dogmatisme religieux. C'est à la Grèce et à Rome, c'est-à-dire à la culture européenne antique que revient l'honneur du premier triomphe de l'individualité humaine sur l'asservissement imposé par les civilisations orientales. Cet individualisme gréco-romain aurait amené l'anarchie sociale ; elle fut évitée grâce au principe politique de la république, grâce au principe philosophique de l'*amitié sociale*. C'est donc le « divin Platon » qui pose et assied, en lui donnant droit de cité dans la science et la philosophie, par opposition au vieux concept des peuples orientaux, le nouveau concept européen de l'amitié sociale, que le christianisme doit par la suite féconder, généraliser et démocratiser.

La découverte de la valeur éthique de l'introspection, de l'examen intérieur, fut la grande conquête de Socrate ; celle de Platon, son disciple, fut de donner des bases philosophiques au concept de cette valeur éthique de l'amour universel et plus spécialement de l'amour social et civique. En revanche l'erreur de l'un et de l'autre consista à attribuer au moral une connexion trop étroite avec l'intellectuel, à confondre le savoir et l'éthique. Cette confusion n'est qu'un aspect et un résultat de la découverte faite par Socrate. En apprenant la puissance de l'introspection, les penseurs primitifs de génie furent fatalement entraînés à son identification discutable en théorie, identification qui, d'autre part, devenait en pratique un stimulant de moralité, en tant du moins qu'il présentait un caractère suffisant de vraisemblance. Mais bientôt, au milieu de cette effervescence d'idées philosophiques, qui est propre au monde grec, on arriva à comprendre que le savoir n'implique pas toujours la vertu, que l'on peut connaître le bien et pratiquer le mal... Ici se place la grande figure d'Aristote (381-322) dont le plus grand titre de gloire en éthique est d'avoir réalisé ce qu'on appelle sa « découverte de la valeur éthique des passions », c'est-à-dire le pouvoir des passions sur la conduite et les mœurs. Socrate et Platon identifiaient l'intelligence et la bonté, ils ne faisaient qu'un de la vertu même et de la connaissance de l'utile et du nuisible : ils se plaçaient ainsi à un point idéal de réaction extrême contre l'amoralité des sophistes. Cette réaction opérée,

Aristote observe la réalité d'une façon plus directe, et il arrive à un concept du bien et de la vertu que l'on pourrait appeler expérimental. Il pose ainsi le problème éthique, non pas dans un monde extra terrestre, mais bien dans le monde des besoins et des convenances humaines. Son éthique, toute pleine qu'elle soit encore de survivances et de réminiscences métaphysiques, est donc véritablement utilitaire ou eudémonique. Dans l'enseignement de Socrate, malgré l'identification idéaliste qu'il renferme de l'intellectuel et du moral, il existait un vague concept eudémonique : le savoir produit le bien, parce que dans le bien seul se trouve le bonheur. Platon méconnaît cet aspect eudémonique, il exalte, en échange, le perfectionnisme métaphysique et montre pour lui une tendance bien décidée. Aristote, au contraire, dédaigne la tendance perfectionniste, pour se restreindre à ne voir que le véritable aspect de toute éthique expérimentale, c'est-à-dire l'eudémonisme.

Arsitote reconnaît deux directions éthiques, deux ordres de vertus : les *vertus théoriques*, celles de l'intelligence, et les *vertus pratiques*, celles de la volonté. Les vertus théoriques ou dianoétiques sont les différentes formes du savoir et de la science ; la connaissance contemplative est le souverain bien. Mais les vertus pratiques, les vertus véritablement éthiques consistent dans les qualités les plus utiles et efficaces dans la vie sociale et individuelle : le Courage, la Tempérance, l'Empire sur soi-même, la Liberté, etc. Ces vertus sont constituées par un juste milieu entre deux qualités opposées : le courage, par exemple, est à égale distance de la témérité et de la lâcheté ; la tempérance, de la sensualité et de l'excessive austérité... Les deux grandes vertus sociales sont l'Amitié ou Philanthropie (l'amour du prochain) et la Justice. Le concept aristotélicien de ces vertus sociales est une espèce d'amplification et de critique pratique et expérimentale des belles théories de Socrate et de Platon. La pensée d'Aristote sur l'amitié peut en effet se ramener à cette thèse : « aimer, c'est considérer celui qu'on aime comme un autre soi-même, et aimer ainsi vaut mieux encore que d'être aimé ».

La théorie aristotélicienne de la justice est susceptible d'être synthétisée dans un double concept de l'*égalité* : l'égalité dans les échanges ou compensations et l'égalité des droits publics entre les hommes libres. Le premier de ces concepts se rapporte spécialement au droit, le second à la politique. Dans le concept juridique se trouve impliquée une sévère condamnation de la fraude ; dans le concept politique, n'est pas contenue avec précision l'idée de l'égalité humaine au sens moderne, chrétien et démocratique du mot, car, loin de cela, Aristote admet et la convenance et la justice de l'esclavage.

Il y a un mérite élevé et un grand intérêt dans la division bi-partite faite par Aristote de la justice, qu'il divise en *communicative* et *distributive*. Les relations de justice peuvent se ranger en deux classes, suivant qu'il s'agit d'échange ou de distribution. L'échange suppose une équation de deux choses que se remettent deux personnes, parce qu'elles les regardent comme ayant la même valeur, quels que soient d'autre part le mérite ou la valeur de ces personnes. C'est là le domaine de la justice commutative (de *commutare*, échanger). Mais, dans d'autres cas, la justice dépend non des choses elles-mêmes, mais de la qualité des personnes. Il n'est plus question d'échanger ; il s'agit de distribuer entre des personnes, selon leurs mérites ; les choses doivent donc être alors en proportion de ces mérites personnels. Et dans cette nouvelle équation, que nous nommerons distributive, il entre quatre termes : les mérites respectifs des deux personnes et les valeurs respectives des choses. Dans cette seconde classe de justice, la justice distributive, le mérite inégal des personnes compense la valeur inégale des choses. Il y a toujours ainsi égalité et compensation : Qu'elle soit commutative ou distributive, la justice apporte toujours, en raison de leur liberté et de leur loyauté, un bénéfice aux personnes. C'est pourquoi Aristote a dit d'une façon si énergique : « La justice, c'est le bien d'autrui ». Dans nos époques encore à demi barbares, ce respect du bien d'autrui exprime une étape gigantesque du progrès moral et social par rapport aux temps préhistoriques, où la violence et la ruse étaient les valeurs positives sinon les seules, du moins les plus effectives, d'une éthique encore inconcrète et sauvage.

§ 8.

Bifurcation théorico-pratique de l'éthique dans la culture gréco-latine.

Diogène Laërce. *De clarorum philosopharum*. — Cicéron, *Des lois, De devoirs, De l'amitié, De la République*. — Sénèque, *Lettres*. — Épictète, *Œuvres*. — Marc Aurèle, *Pensées*. — V. Cousin, *Histoire de la philosophie*. — A. Fouillée, *Histoire de la philosophie*. — M. Guyau, *La Morale d'Epicure et ses rapports avec les doctrines contemporaines*.

La querelle de l'école aristotélicienne ou péripatéticienne et de l'école platonicienne dégénéra promptement et revêtit des formes abstraites et verbales n'exerçant que peu ou pas d'influence sur la morale pratique et les mœurs. C'est pourquoi, au IIIe siècle avant J.-C., cette philosophie céda la place aux deux écoles rivales de l'*épicurisme* et du *stoïcisme*, qui correspondent respectivement aux deux tendances typiques de l'esprit humain : la théorie d'Epicure se rapportant à la tendance sensualiste ou positive ; et la doctrine des stoïciens ou du Portique, à la tendance idéaliste et au perfectionnisme moral. Les deux écoles se développèrent considérablement dans la culture romaine ; et la doctrine stoïcienne donna ensuite des bases solides et des idées fondamentales à la morale chrétienne qui la remplaça dans le nouveau cycle de la culture européenne moderne.

Epicure (341-270) part du postulat expérimental par excellence : la sensation est l'unique source de nos connaissances. « L'idée universelle n'est que le souvenir de beaucoup de sensations semblables ». Il n'y a dans l'idéalisme que des résumés trompeurs des sensations. Les dieux, s'ils existent, sont pareils aux images qui nous visitent durant le sommeil. Ces principes sensualistes fondamentaux constituent la logique ou *canonique* de l'épicurisme.

L'unique réalité est la matière qui est formée de corpuscules infimes ou atomes. Les atomes se combinent et constituent des existences objectives et transitoires. L'épicurisme corrélationne ainsi sa canonique avec son matérialisme ou *atomisme*. Tout provient des combinaisons atomistiques de la matière, y compris notre pensée. Les idées n'ont donc pas d'existence en elles-mêmes, elles ne sont que de simples fonctions de la matière qui compose le corps humain. Les transformations de l'univers ne sont qu'un produit du hasard et non de la nécessité, comme dans l'atomisme de Démocrite.

La morale congruente à cette logique et à ce matérialisme est franchement et positivement eudémonique ; elle arrive au plus haut degré de l'eudémonisme : la sensualité. Le plaisir est l'unique base de la morale. Ce qui est moral est ce qui nous convient et contribue à nous procurer du bonheur. Mais Epicure, moraliste aussi sévère que grand et génial philosophe, est bien loin de proposer les plaisirs sensuels comme règle de vie morale. Bien au contraire, si les passions procurent des instants de suprême félicité, elles remplissent peu à peu la vie de chagrins et l'esprit d'amertume...

Le plaisir le plus sûr et le plus durable ne se trouve pas dans les jouissances des sens. Ce n'est pas au corps, c'est à l'esprit qu'il appartient. Il réside dans l'*impassibilité* de la sagesse humaine, à qui Epicure donne le beau nom d'*ataraxie*. Il faut jouir de la vie avec prudence et précaution, modérément, en préférant l'impassibilité du sage, aux luttes et aux agitations. Même dans l'amour de la patrie et dans les affections domestiques, il faut garder de la modération et de la mesure, pour ne pas troubler par ces sentiments la douce quiétude du philosophe, amant de la véritable sagesse de la vie.

La morale sociale d'Epicure se base, comme sa morale individuelle, sur l'utilité. La société est une espèce de contrat conclu dans un but d'utilité commune. En réalité, la société est simplement un acte humain et, par suite, un produit de l'expérience tendant à procurer des plaisirs et à éviter des peines.

Telle est, dans ses grandes lignes, l'admirable théorie d'Epicure. Elle embrasse tous les points de vue de la philosophie antique : la logique, la physique, la morale. Sa conception de la logique et de la physique est, je crois, la plus haute expression et la plus avancée de la pensée grecque. La partie la plus vulnérable de l'épicurisme serait sa morale d'indifférence, en tant qu'elle peut facilement dégénérer en égoïsme pur. Pour les tempéraments médiocres et pervers, elle représentait donc un danger : la justification sophistique de leurs passions anti-sociales. On peut dire que le « jardin d'Epicure » ne devait ouvrir ses portes qu'à une « élite », que la morale d'Epicure n'était propre qu'aux esprits supérieurs. Mais ces mêmes esprits, dans la culture romaine, repoussaient fréquemment cette doctrine, pour des raisons faciles à percevoir : 1° parce qu'elle était irréligieuse et impopulaire, et ne masquait pas suffisamment leurs défauts et leurs vices ; 2° à cause des dangereux excès qu'elle pouvait provoquer chez le vulgaire ; 3° à cause de son peu de beauté pour les rhéteurs, attendu qu'elle ne posait pas ses disciples en héros et en modèles. Epicure lui-même, que Lucrèce nomme le « divin » Epicure, cet homme austère, ce maître s'il en fut jamais, est appelé irrévérencieusement par Sénèque « un héros déguisé en femme ». Malgré ces jugements hostiles des philosophes romains, malgré ceux plus hostiles encore des théologiens scolastiques, qui allèrent jusqu'à brûler les écrits d'Epicure, connus seulement aujourd'hui par des fragments contenus dans des citations presque toujours tronquées faites par ses adversaires, l'antiquité n'a produit aucune conception de l'univers aussi véritablement scientifique que la sienne. Il me paraît très probable que si ses œuvres avaient pu être étudiées, à la Renaissance, dans l'original, elles auraient pu, en dépit de l'*odium theologicum* qu'elles éveillèrent, contrebalancer sinon exclure, l'influence que prirent alors la philosophie aristotélicienne et le néo-platonisme, et devancer ainsi, aux XVIe et XVIIe siècles, les conceptions sensualistes qui réapparurent au XVIIIe.

Le *stoïcisme*, la doctrine morale enseignée par Zénon (IIIe siècle, avant J.-C.) dans le Portique ou Stoa, constitue, à la différence de l'épicurisme, l'unique doctrine éthique, réellement populaire dans la culture romaine. Au point de vue théorique et scientifique, il représente, à mon avis, une véritable *régression* par rapport au concept expérimental et déterministe de l'école épicurienne. Le stoïcisme est, en effet, une théorie d'un caractère perfectionniste bien marqué ; c'est presque une doctrine religieuse, et tout au moins aussi religieuse que philosophique.

Le stoïcisme part de ce concept qu'il existe une raison morale absolue et immanente. La matière est passive ; il n'y a d'actif que la raison. La raison est le premier principe de toutes nos idées morales ; c'est la raison qui dicte à l'homme la morale. Mais cette raison lui sert seulement de guide ou de critérium moral. La véritable moralité de chacun dépend de son énergie ou de sa volonté. Il y a donc, chez l'individu, un principe de liberté intime, la volonté, qui lutte contre les sentiments et les obstacles extérieurs, pour appliquer la morale que lui enseigne la raison. De cette façon, la raison et la liberté constituent les deux forces de la morale pratique, des mœurs et de la conduite.

La raison est le fondement de la dignité humaine. Il suffit d'être homme pour posséder la raison et être digne de la liberté. Le stoïcisme donne ainsi à la justice une base élevée, celle du droit humain ou *droit naturel*. Le droit est la raison écrite. C'est pourquoi les jurisconsultes romains, tous plus ou moins adeptes de l'école stoïcienne, posent leur conception de la justice sur le terrain d'une philosophie générale, d'une philosophie humaine par excellence. L'unique bien réel est la vertu ; l'unique mal, le vice. Tous les hommes sont essentiellement égaux et capables de vertu et de vice. La justice consiste à donner à chacun ce qui lui appartient, à reconnaître la liberté intérieure de chacun. La vertu consiste à faire concorder sa conduite avec les principes de la raison, en luttant contre le mal de toutes ses forces et de toute son énergie. Pour cette lutte, il faut secouer l'ataraxie d'Epicure et s'intéresser effectivement et activement au bien et au juste. Le stoïque luttera contre la méchanceté et l'injustice, en résistant impassiblement à leurs attaques. Si ces attaques lui rendent la vie insupportable, maître absolu de lui-même, à la différence de l'épicurien qui ne l'est pas, il peut recourir à sa propre élimination au moyen du suicide.

Bien qu'il n'y ait pas dans l'épicurisme une négation franche et nécessaire de l'existence des dieux, son concept matériel et expérimental de la vie tend à méconnaître le principe religieux. Au contraire, l'école stoïcienne, par le perfectionnisme qui est à sa base, par sa théorie du bonheur comme résultat de la perfection intérieure est beaucoup plus adaptable à toute croyance religieuse. Les stoïciens se vantaient de leur respect envers les dieux : ils les reconnaissaient et les vénéraient, tout en n'arrivant pas à expliquer d'une façon claire et bien catégorique les fondements religieux de leur éthique, basée plutôt sur la conception métaphysique de la raison.

L'apparition du stoïcisme date de la décadence grecque, et sa diffusion eut lieu à l'époque de la culture romaine, qui représente, sans aucun doute, une capacité intellectuelle — philosophique et scientifique — moindre que celle du peuple hellénique. C'est ce qui explique son développement, bien qu'il fût scientifiquement arriéré et même régressif. Le peuple romain l'adopta : 1° parce qu'il concordait avec son caractère austère et formaliste ; 2° parce qu'à Rome on n'était pas assez philosophe pour comprendre la supériorité d'exactitude scientifique de l'épicurisme ; 3° parce que la doctrine stoïcienne était une utile barrière à opposer à la sensualité et à la corruption des masses. Cette utilité fut clairement comprise par les premiers jurisconsultes, Ulpien, Gaïus, Papinien, et aussi par les grands penseurs et moralistes, surtout par Cicéron, Sénèque, Épictète et Marc-Aurèle.

Le manque de bases religieuses réellement solides priva le stoïcisme d'une action vraiment efficace. Sous l'Empire et principalement sous le Bas-Empire, la doctrine stoïcienne n'inspira la conduite que de quelques tempéraments vertueux, rares d'ailleurs ; elle brillait plus, en général, dans les déclamations des philosophes que dans leur conduite ; le peuple, tout en l'admirant, tombait de plus en plus dans le déchaînement des passions. Cette contradiction entre la doctrine et la théorie, prépara doublement la venue et la diffusion du christianisme. La théorie stoïcienne donna à la morale chrétienne ses concepts les plus purs, tandis que la corruption pratique entraînait un tel état de désordre et, par suite, de malaise que le mouvement de réaction qui s'en suivit put, plus tard, être regardé comme une véritable rédemption de l'humanité dégradée par le vice et opprimée par la tyrannie.

CHAPITRE III

ÉTHIQUE DE LA CIVILISATION MODERNE

§ 9. Ethique du christianisme pur. — § 10. Ethique de la scolastique. — § 11. Ethique perfectionniste de l'idéalisme ou métaphysique rationaliste. — § 12. Ethique eudemonique ou utilitaire du sensualisme. — § 13. — Ethique de la civilisation contemporaine.

§ 9.

Ethique du christianisme.

Ancien Testament. — Nouveau Testament. — E. RENAN, *Histoire du peuple d'Israel. —* HARNACK, *L'essence du christianisme.*

Le *judaïsme*, la vieille religion des Hébreux, tel qu'il se reflète dans les livres sacrés qui forment l'*Ancien Testament*, tire ses conceptions morales de deux idées fondamentales : l'existence d'un Dieu-Providence et le Talion. Le Dieu-Providence représente l'idéalisation suprême de l'anthropomorphisme religieux. Jéhovah est une divinité unique, qui a des pouvoirs, des sentiments et des idées humaines. Il professe d'inébranlables principes de morale, qui lui servent de criterium pour apprécier les actions des hommes, les punir ou les récompenser. Récompenses et châtiments sont matériels et arrivent à l'homme pendant sa vie mortelle : il semble, en effet, que le peuple hébreu ne se forma une claire notion de l'immortalité de l'âme qu'au voisinage de l'ère chrétienne.

Etant donnée la profondeur et l'absolutisme de sa foi, la plus absolue que connaisse l'histoire, il est probable que cette notion lui répugnait, comme se rapprochant tant soit peu du panthéisme et de l'héroïsme polythéiste. Le monothéisme hébraïque n'admettait rien d'autre que

Jéhovah au-dessus du monde sensible. Par suite de cette répugnance, et de cette tendance à rendre abstrait et à environner d'obscurité le principe de l'immortalité, Jéhovah, pour récompenser les bons, augmentait leurs gains, fécondait leurs moissons, protégeait leurs femmes et leur donnait des fils forts et vaillants ; enfin, il les comblait de bien-être et de prospérité. Quant aux méchants, il les châtiait également dans leurs biens et dans leurs affections. Ses bénédictions, comme ses malédictions, passaient de génération en génération. Le *criterium* servant à distinguer le bien du mal, consistait, en premier lieu, en une vertu générale et suprême, la crainte de Dieu, et, en second lieu, en une série de vertus spéciales d'une moralité assez élevée et avancée. La crainte de Dieu se manifestait par la stricte observance d'un rituel étendu et compliqué, comprenant, comme parties essentielles, la prière, les sacrifices, la sanctification des fêtes, l'assiduité au temple, le respect des prêtres, l'abstinence des viandes impures, telles que celles du porc et du lièvre, et l'accomplissement ponctuel de certaines menues pratiques de piété extérieure. Les sentiments religieux devaient se montrer ostensiblement et publiquement, pour l'édification des esprits tièdes. Divinité jalouse et autoritaire s'il en fût, Jéhovah réprouvait, comme le plus grand crime, l'impiété et l'idolâtrie. Quant aux règles morales proprement dites, on les trouve admirablement condensées dans le Décalogue de Moïse : il y condamne l'impiété filiale, le vol, l'homicide, la fornication et l'adultère.

Les châtiments exemplaires de Jéhovah furent calqués sur le talion, c'est-à-dire, à l'exemple de ce qui se passait chez les hommes, pour la répression de la méchanceté ou de l'injustice, quand on fait souffrir à qui s'est rendu coupable, un mal équivalent à celui qu'il a causé par son acte punissable. « Œil pour œil, dent pour dent ». Voici comment le *Lévitique* (XXIV, 77-22) définit le talion. « Celui qui tue un homme, quel qu'il soit, sera puni de mort. Celui qui tue un animal devra le remplacer ; vie pour vie. Quand un homme aura infligé une blessure à un autre, on lui en infligera la pareille : fracture pour fracture, œil pour œil, dent pour dent ; on lui fera le même mal qu'il a fait à autrui... Vous n'aurez qu'une seule loi ; l'étranger sera traité comme celui qui est né dans le pays ; car je suis l'Éternel, votre Dieu ». De cette manière, le talion prend un double caractère, humain et divin : humain, quand l'homme, conformément aux préceptes de la religion, se venge par lui-même, ou par l'intermédiaire de ses gouvernants : prêtres, rois ou juges ; divin, quand Jéhovah punit directement l'impiété et la méchanceté.

Le Dieu-Providence des Hébreux était également un Dieu législateur. Les préceptes moraux et les règles du droit se confondaient, chez les Juifs, dans leur origine commune, le commandement de Dieu. Comme dans toutes les religions naturelles et dans toutes les sociétés théocratiques, le droit et la morale, dans le judaïsme, formaient une unité indécise au sein de la conception religieuse. L'autorité des prêtres, des rois ou des juges, le gouvernement social enfin, était, en même temps, religieux et juridique...

Les progrès de la culture intellectuelle firent naître, vers le IIe siècle avant J.-C., deux nouvelles conceptions religieuses : l'Expiation et l'Immortalité. L'effet de la première fut d'élever et de compléter la notion du talion ; il en fut de même de la seconde par rapport au Dieu-Providence. On peut dire que le *Livre de Job* contient, sinon ces deux nouvelles conceptions, du moins l'idée encore neuve de l'expiation. Job, homme juste et craignant Dieu, est accablé de maux irréparables et de souffrances insupportables. Ses propres amis en viennent à douter de sa vertu ; et, lui, dans l'excès de son désespoir arrive à renier Jéhovah. Mais, comme Jéhovah lui parle et le réconforte, il se soumet et le glorifie. Le Dieu-Providence n'avait d'autre but que de l'humilier et de l'éprouver, comme son fils de prédilection, pour le récompenser ensuite, ainsi qu'il le récompense en effet. On trouve là, en germe, l'idée de la grâce, ou de la prédilection divine ; la grâce se manifeste par des épreuves, dont l'effet est de purifier l'âme. Le malheur n'a plus, dès lors et toujours, un caractère de châtiment ; il peut aussi avoir une fin de rédemption, de perfectionnement, autant dire, d'expiation. Dans le cas d'un homme juste comme Job, la souffrance, qui n'est pas infligée pour châtier une faute déterminée, devient, par l'effet de la grâce, une sorte d'épuration morale, qui, plus tard, dans le christianisme, pourra racheter également les pécheurs les plus endurcis. Il y a ainsi, dans les adversités que nous envoie le Dieu-Providence, une intention généreuse, qui rehausse et dignifie l'idée primitive du talion, laquelle se réduisait à la rancune et à la vengeance d'une divinité offensée aux colères pareilles à celles des hommes.

C'est probablement par la culture hellénique que le concept de l'immortalité de l'âme humaine s'est infiltré dans le judaïsme. En tout cas, ce concept ne s'est affirmé nettement et sûrement que dans le christianisme, où il complète l'idée de l'expiation par une morale clairement et ouvertement perfectionniste. « Dieu créa l'homme à son image et à sa ressemblance », dit la *Genèse*. Mais il faut arriver à la fin de l'ère pré-chrétienne et à la notion de l'immortalité de l'âme, pour voir s'accentuer cette ressemblance. Elle prend sa forme concrète dans la doctrine du Christ ; et il nous présente la plus sublime synthèse de tout perfectionnisme religieux-moral. « Soyez parfaits comme est parfait notre Père qui est dans les cieux. » Comme toute religion cultivée, le christianisme est donc plus délibérément perfectionniste que la religion naturelle qui le précède et lui sert de base.

Dans l'esprit de Jésus, dans les prédications de saint Paul et des autres apôtres, et, par conséquent, dans les premières interprétations de la nouvelle doctrine chrétienne, apparaît l'idée mère de Pitié ou de Charité, la sympathie pour la douleur d'autrui, la commisération pour les malheureux et les déshérités. Cette idée ou ce sentiment primordial et générateur acquit un pouvoir dynamique considérable, parce qu'il avait, à sa base, la conception de l'Egalité humaine, l'égalité de tous les hommes en droits et en devoirs. Sous une forme aussi absolue et catégorique, le *principe égalitaire* se trouvait nouveau et révolutionnaire pour les civilisations de l'Occident. L'égalité civique ou républicaine des Grecs et des Romains, la philosophie de l'amitié entre citoyens de Socrate, Platon et Aristote, la doctrine stoïcienne sont autant de conceptions humanitaires qui ont précédé l'égalité telle que l'entendit le christianisme ; mais qui, en aucune façon, n'en contiennent l'équivalent. N'oublions pas que la république gréco-latine est le patrimoine exclusif du citoyen et que la morale d'Aristote justifie l'esclavage. Les stoïciens sont ceux qui se rapprochent le plus du christianisme ; ils vont jusqu'à proclamer une espèce d'égalité idéale et à condamner l'esclavage ; mais ils manquent de cette *charité agissante*, qui contribue tant, dans la doctrine chrétienne, à améliorer le sort des faibles, des vaincus et des infortunés.

La charité est la première des vertus chrétiennes ; mais l'égalité est la base philosophique de la charité chrétienne. « Il n'y a plus d'esclave, ni d'homme libre, de Grec, ni de Juif, d'homme ni de femme, puisque vous êtes tous un en Jésus-Christ », s'écrie énergiquement saint Paul (*Ep. aux Galates*, III, 28). Poussant à l'extrême ce principe égalitaire, les premiers pères de l'église en arrivent à méconnaître la légitimité du droit de propriété ou, du moins, sa valeur morale. « La nature, dit saint Ambroise, a été donnée en commun aux riches et aux pauvres. Pourquoi, vous riches, vous arrogez-vous de la posséder seuls ? La nature a créé des droits communs à tous ; l'usurpation a produit les privilèges ». La distinction entre riches et pauvres ne paraissait aux premiers docteurs de l'église ni plus juste ni moins juste que celle entre maîtres et esclaves » (1). « Devant Dieu, dit Lactance, il n'y a ni esclave ni maître, puisqu'il est notre père commun : tous, nous sommes libres. Devant Dieu, il n'y a pas de plus pauvre que celui qui manque de justice, ni de plus riche que celui qui l'est en vertus ». « De quel droit, demande saint Augustin, chacun possède-t-il ce qu'il possède ? N'est-ce pas par droit humain ? Selon le droit divin, Dieu a fait les riches et les pauvres du même limon et la même terre les porte. Ce n'est qu'en vertu du droit humain que l'on peut dire : « Cette ville est la mienne, cette maison est à moi, cet esclave m'appartient ». Mais le droit humain n'est autre chose que le droit impérial. Pourquoi ? Parce que c'est par l'intermédiaire des empereurs et des rois de ce monde que Dieu départit le droit humain au genre humain. Supprimez le droit des empereurs, qui osera dire : « cette ville est la mienne, cette maison est à moi, cette esclave m'appartient ? » Et, de même que ce texte, beaucoup d'autres soutiennent que « la propriété n'est pas de droit naturel ; mais seulement de droit positif, et, qui plus est, de droit impérial ».

C'est le cas de se demander si, réellement, dans le christianisme pur, tel que l'enseignera Jésus et que le propagera saint Paul, la propriété se trouve condamnée. A mon avis, la question doit être envisagée sous deux faces, intimement liées d'ailleurs : le *travail* et la *propriété*. On a souvent signalé, comme une « lacune » très curieuse des évangiles, leur silence sur le travail. Relativement à la propriété, il vient immédiatement à l'esprit la fameuse conclusion de Jésus : « Rendez à César ce qui est à César et à Dieu ce qui est à Dieu »...

On comprend parfaitement le silence des évangiles par rapport au travail. Le travail effectif et organisé suppose

(1) A. Fouillée, *Histoire de la philosophie*.

la division sociale du travail. Cette division implique l'inégalité sociale. Condamner les inégalités sociales, c'est condamner le travail comme *moyen de culture* politique et matérielle. Les évangélistes ne pouvaient donc justifier le travail sous la forme qu'il revêtait dans les civilisations antiques. Par contre, en faisant de la charité l'axe et le centre de la morale nouvelle, ils recommandaient tacitement tout travail, ayant comme fin la charité, tendant à un but de culture religieuse ou perfectionniste.

La propriété est en quelque sorte une forme de travail ; c'est du « travail cristallisé ». Quand le travail se cristallise en vue de profits politiques ou matériels, il est condamnable. Il révèle l'inégalité et par suite l'injustice humaine. La propriété, pour se justifier, doit être employée en œuvres pieuses et charitables.

Il n'y a, à mon avis, dans le silence des évangélistes relativement au travail et dans la rareté de leurs déclarations explicites concernant la propriété, rien qui s'oppose à une claire compréhension de la véritable doctrine chrétienne à ce sujet. Dans cette doctrine, l'égalité est un idéal suprême réalisé dans le royaume de Dieu ; dans le royaume de l'Homme, il existe des inégalités dans le travail et la propriété qui doivent être tolérées par esprit de charité et dans la ferme espérance que cette charité sera récompensée dans le royaume de Dieu. La prédication de Jésus abonde en maximes et en paraboles qui exaltent la supériorité morale des pauvres et des humbles par rapport aux riches et aux puissants de la terre. C'est là que se trouve la véritable *transmutation des valeurs éthiques* élaborée par le christianisme. Pour les païens et relativement aussi pour les Hébreux, les riches et les puissants — prêtres, rois ou guerriers — étaient moralement supérieurs aux travailleurs et aux esclaves. La grande révolution opérée par le christianisme dans le monde antique n'est autre chose que la mise en valeur (l'attribution d'une valeur) aux qualités des faibles et des vaincus, qualités considérées jusque-là comme négatives. Pour les Romains, les mots « bassesse d'âme » exprimaient l'existence de sentiments humanitaires chez les citoyens et spécialement chez les aristocrates de l'empire ; pour les chrétiens, le manque de sentiments humanitaires constitua la véritable « bassesse d'âme ».

De la vertu par excellence, je veux dire, de la Charité, découlent, pour le christianisme pur, une série de vertus secondaires et concomitantes : la chasteté, la résignation, la pureté de l'âme, la foi, l'espérance, etc. Et toutes, elles gravitent dans l'orbite du principe de l'égalité humaine et de la ferme assurance d'une justice qui compensera, après la mort, les inégalités de la vie de ce monde.

§ 10.

Éthique de la scolastique.

Saint Thomas, *Summa theologica*. — Ch. Jourdain, *La philosophie de Saint Thomas d'Aquin.*

La corruption des mœurs du monde antique et les grandes luttes économiques entre les classes riches et les classes pauvres, entre Rome et les provinces, amenèrent un état social déplorable, plein de misères et de douleurs. Dans une telle situation, les hommes, surtout les humbles, trouvèrent fréquemment, dans les théories évangéliques, la rédemption et la consolation. Et le christianisme se répandit rapidement. Loin de l'affaiblir, les persécutions lui donnèrent de la vigueur. Lors de l'irruption des invasions barbares, le christianisme dominait déjà dans la civilisation gréco-latine. Les races germaniques trouvèrent, à leur tour, la nouvelle religion plus pure que leurs grossières croyances ; ils l'embrassèrent avec toute l'ardeur de leur tempérament mystique. Au moyen-âge, il n'y eut plus d'autre religion que le christianisme, compris et interprété par une Église universelle, ayant sa tête, la papauté, dans la ville de Rome. La théorie éthique de l'Eglise peut se caractériser par deux conditions formelles : le *dogme* et la *dialectique*. Le dogme n'est qu'une des formes de ces liens si nombreux de vasselage, de sujétion ou de servitude qui s'imposaient, au moyen-âge, à tous les phénomènes de la vie sociale. En religion et en philosophie, la suzeraineté du dogme a pour objet de maintenir l'unité dans l'organisation de l'Eglise, de la purger des théories trop libérales ou s'écartant de son système. On ne peut croire que ce que l'Eglise autorise ; sa doctrine orthodoxe est l'unique interprétation permise des évangiles ; les évangiles eux-mêmes ne peuvent être traduits en langue vulgaire ni livrés à l'interprétation individuelle.

La dialectique scolastique est un procédé de raisonnement puéril et sophistique. Sans pénétrer au fond des choses, elle en commente les formes, elle glose interminablement sur les textes. Cette logomachie, ces discussions sur des mots qui constituent la scolastique ont leur explication dans l'incapacité des nouvelles races, issues des barbares, à comprendre la profondeur et la subtilité de la culture antique.

Cette culture intellectuelle du moyen-âge, appelée d'une façon générique et synthétique la scolastique, date de la diffusion générale du christianisme et se continue jusqu'à la Renaissance ; elle a trouvé son expression la plus adéquate et la plus complète dans la théologie ; et parmi les théologiens, son meilleur interprète est *saint Thomas d'Aquin*, dit le « Docteur angélique » ou « l'Ange de l'Ecole » (1225-1274). La conception religioso-philosophique de l'Eglise est exposée par lui sous toutes ses faces et dans toutes ses parties ; il fixe les idées et les doctrines. Pour saint Thomas, l'homme est un être raisonnable et libre, capable de recevoir la grâce divine et dont la conduite doit avoir pour but la perfection morale. L'Eglise a établi trois vertus théologales : la foi, l'espérance et la charité. Indépendamment d'elles, selon saint Thomas, il y a des vertus humaines, qui concourent à la perfection morale, ou perfection de la volonté. Trois de ces vertus sont les vertus intellectuelles, à savoir : la sagesse (*sapientia*) ou connaissance des causes les plus sublimes ; l'intelligence (*intellectus*) ou connaissance des principes ; la science (*sciencia*) ou faculté de connaître les conséquences. Quant aux vertus morales, elles sont aussi nombreuses que leur objet ; les unes gouvernent nos actions, les autres, nos passions, etc. ; mais tout l'ensemble des vertus morales peut se réduire à quatre vertus cardinales, type et origine des autres : prudence, justice, tempérance et force. « Toute vertu, qui trouve le bien par des motifs tirés de la raison, s'appelle prudence (*prudentia*) ; toute vertu, qui tend à donner à chacun ce qui lui est dû et à pratiquer ce qui est juste, s'appelle justice (*justitia*) ; toute vertu qui modifie et réfrène les passions, se dit tempérance (*temperantia*) ; toute vertu qui fortifie l'âme contre toute espèce de passions, a pour nom la force (*fortitudo*). De la prudence découlent les préceptes moraux ; par la justice se règlent les rapports entre égaux; par la tempérance se contient la concupiscence de la chair ; et, la force nous donne un appui contre le péril de la mort.

Saint Thomas nie toute liberté de penser. La pensée doit être subordonnée à l'Eglise, la science à la théologie. « Si les faussaires et autres malfaiteurs sont, dit-il, justement punis par les pouvoirs séculiers, à plus forte raison, les hérétiques endurcis doivent être, non seulement excommuniés, mais châtiés par la mort (*juste occidi*). L'Eglise commence par faire preuve de miséricorde en cherchant à convertir les égarés qu'elle ne condamne qu'après une première et une seconde réprimandes. Mais, si le coupable s'obstine, l'Eglise désespérant de le convertir et veillant au salut des autres fidèles, l'exclue de son sein par l'excommunication et le livre au bras séculier, pour qu'il soit mis à mort et retranché de ce monde. Et, cela, comme dit saint Jérôme, parce que les chairs gangrenées doivent être amputées et la brebis galeuse séparée du troupeau, de peur que tout le corps ou tout le troupeau ne soit atteint de la contagion, ne s'infecte, ne se corrompe et ne se perde. Arius, à Alexandrie, n'était qu'une étincelle ; mais faute de l'avoir éteinte à temps, cette étincelle incendia le monde entier ». Avec une telle conception du pouvoir, on comprend que, pour saint Thomas, l'esclavage est de droit naturel, puisqu'il repose sur l'avantage qui en résulte pour le maître et l'esclave. Le principe égalitaire chrétien se réduit ainsi à une interprétation purement mystique. L'égalité n'existe pas dans le royaume des hommes ; elle est réservée au royaume de Dieu.

En revanche, saint Thomas regarde la propriété comme n'étant ni propre au droit naturel, ni contraire à ce droit ; elle lui a été ajoutée par une invention des hommes (*per adinventionem rationis humanae*). Comme il n'y a pas d'âme à sauver dans la propriété des choses matérielles, à la différence de ce qui existe dans le cas de l'esclave, le droit naturel ne justifie pas cette propriété et ne la combat point davantage : elle lui est parfaitement indifférente.

Toutes ces conceptions éthiques de la philosophie thomiste dérivent d'une conception éminemment intellectuelle de Dieu et de l'Univers. Dieu est quelque chose comme une raison universelle qui se réflète et se manifeste dans la raison parcellaire de chaque homme.

Il y a lieu de prendre note que la morale chrétienne prit, pour s'édifier, des éléments très considérables dans la philosophie gréco-latine, spécialement chez Platon et Aristote. Les stoïciens, d'autre part, lui donnaient un exemple, qui n'était nullement à négliger, de la pratique des vertus et de la conception des idées perfectionnistes. Les théologiens du moyen-âge amalgamèrent tous ces facteurs ; ils développèrent ainsi tout un système beaucoup plus vaste et plus compliqué, auquel les évangiles servirent seulement de germe, de point de départ et même, quelquefois de simple prétexte. La partie la plus neuve et la plus originale de leur conception est toujours le principe égalitaire, bien qu'il convienne de remarquer que ce principe ne revêt plus, dans la théologie, des formes aussi absolues et aussi catégoriques que dans les évangiles et chez les premiers pères du christianisme. La civilisation politique et matérielle n'est plus condamnée ; elle est simplement subordonnée, en théorie, au perfectionnisme ascétique, en pratique, à l'autorité suprême de l'Eglise.

§ II.

*Éthique perfectionniste de l'idéalisme
ou métaphysique rationaliste.*

Spinoza, *Éthique* (trad. française). — Leibniz, *Œuvres*. — Kant, *Œuvres*.

On considère avec raison le système de Kant comme l'expression la plus typique et la plus générique de la métaphysique rationaliste, et, par conséquent, de la tendance perfectionniste dans l'éthique moderne. Il convient donc de traiter de préférence et d'une façon réfléchie la doctrine juridico-morale kantienne. Mais, entre la scolastique et ce système, entre saint Thomas et Kant, on vit fleurir plusieurs philosophes et plusieurs théories d'une importance universelle : l'école expérimentale et analytique anglaise de Bacon et d'Hobbes ; l'école de Descartes ; le système de Spinoza ; l'école de Leibnitz ; les conceptions modernes de la philosophie sensualiste anglaise, de Locke, Berkeley, Hume, Adam Smith et Bentham ; l'école écossaise ; le néo-humanisme français de Voltaire, Montesquieu et Rousseau... On pourrait classer tous ces auteurs et toutes ces écoles en deux groupes, en raison de la place qu'y occupent les deux tendances opposées de la philosophie et de l'éthique : tendance spéculative et tendance positive en philosophie générale ; tendance perfectionniste et tendance eudémonique ou utilitaire en éthique. Aux théories et aux écoles idéalistes dont font partie Descartes, Leibnitz, sous certains rapports, et Kant, d'une façon absolue, correspond une éthique perfectionniste, qui est, en quelque sorte, la continuation du stoïcisme, du christianisme et de la scolastique ; au sensualisme de Bacon, de Hobbes, Locke, Berkeley et Bentham, une éthique eudémonique, nettement utilitaire, qui semble dériver des conceptions de Démocrite, des sophistes grecs et d'Epicure. Je traiterai, dans le présent paragraphe, de l'éthique perfectionniste de l'idéalisme, en y intercalant, de plus, la conception expérimentale de Spinoza, pour autant qu'elle peut servir de préliminaires à Kant ; dans le paragraphe suivant, je m'occuperai de l'éthique utilitaire et sensualiste particulière à l'école anglaise, et j'aborderai ensuite l'éthique positive du xixe siècle. Et, en ce qui concerne le néo-humanisme français, c'est-à-dire la philosophie matérialiste des encyclopédistes du xviiie siècle, précurseurs de la Révolution, je dirai, de suite, que leurs conceptions, au point de vue de l'éthique ne présentent pas d'innovations considérables, suffisamment claires et concrètes, et qu'elles tirent plutôt leur grande importance de leurs constructions politiques. Ces constructions politiques, je les exposerai aussi, mais plus tard, quand j'étudierai les diverses théories émises sur les origines et la nature de l'Etat.

On peut dire que la philosophie cartésienne n'a pas produit, en éthique, de conceptions vraiment originales et caractéristiques. Les points de vue principaux qu'a choisis Descartes (1596-1650) furent bien davantage : le doute, la certitude et la méthode ; l'existence, les facultés et la nature de l'âme ; l'existence et la nature de Dieu ; le monde et ses lois. Dans ce vaste plan, où se manifeste la prétention d'harmoniser une philosophie de la matière, une philosophie de la pensée et une philosophie de la volonté, les considérations morales sont vagues et insuffisantes. La morale, peut-on dire, est une véritable lacune dans le système construit par Descartes. Et, pas plus que lui, les cartésiens qui lui ont succédé, comme Malebranche et Pascal, ne développèrent les conceptions éthiques. Quant à Bossuet et Fénelon, qui admettent et développent les preuves cartésiennes de l'existence de Dieu, ils ne professent d'autre éthique que celle de l'Eglise et de saint Thomas.

La philosophie de Spinoza (1632-1677) comprend deux parties bien distinctes, et difficiles à relier entre elles : d'une part, des conceptions métaphysiques sur l'âme, la nature et Dieu ; d'autre part, des conceptions réalistes sur le déterminisme universel et sur une éthique expérimentale et utilitariste. Pour Spinoza, l'âme est immortelle, parce qu'elle sent et « expérimente » son immortalité. Dieu est l'univers tout entier, ou, pour mieux dire, l'idée intellectuelle de l'univers. La nature est la forme sensible de l'univers, ou de Dieu même. Ces deux ou trois notions de l'âme, de la nature et de Dieu sont donc véritablement panthéistes ; on peut les regarder comme appartenant à un idéalisme métaphysique et même mystique. Mais, à côté d'elles, Spinoza conçoit, d'une façon positive et bien scientifique pour son époque, le déterminisme, au point de nier la liberté humaine, avec une logique et une rigueur que l'on n'avait jamais vues chez ses prédécesseurs. Nous agissons d'après des influences et des antécédents. Dès lors, où placer le bien ? Comment le constituer ? C'est que, pour Spinoza, tout bien est relatif : « Le bien et le mal ne signifie rien de positif ni de stable dans les choses ; ce sont de simples façons de penser ». Le bien est ce qui est utile ; l'utile est ce qui nous procure du plaisir. L'éthique qu'il expose dans le plus important de ses ouvrages, intitulé : *L'Ethique ou la Science des mœurs*, est la science des mœurs et l'art du bonheur. Les causes de cette éthique sont uniquement efficientes. D'une façon plus catégorique, Spinoza nie l'existence des causes finales, qu'il suppose de simples idéalisations philosophiques des fins et des desseins humains. « Cet être éternel, dit-il, que nous appelons Dieu ou la Nature (il pourrait tout aussi bien l'appeler la Nature) agit comme il existe et avec une pareille nécessité. Et comme il n'existe pas de cause ayant une fin déterminée, il n'agit pas davantage en vue d'une fin quelconque. Le principe de l'action est le même que celui de l'existence, et il n'a rien à voir avec une finalité quelconque. L'espèce de cause que l'on appelle finale n'est autre chose que l' « appétit humain », en tant qu'on le rapproche du principe de la cause principale d'une chose quelconque déterminée (1) ». Une semblable recherche des causes finales et de la conception, que nous appellerions aujourd'hui anthropomorphique, de ce que l'on suppose les fins éthiques de Dieu ou de la Nature, constitue, à mon sens, la plus scientifique et la plus élevée des idées, dont on trouve une si grande variété dans les œuvres de Spinoza.

La partie métaphysique et panthéiste de la philosophie de Spinoza forme indiscutablement le précédent de l'idéalisme germanique de Kant, Hegel et Fichte ; inversement, sa morale eudémonique et son système politique le rapprochent plutôt de la philosophie analytique et sensualiste anglaise, et le placent dans le groupe formé par Hobbes, Locke et Bentham. De là résulte une véritable difficulté à classer le système complet de Spinoza, qui affecte un véritable dualisme, ayant un aspect en métaphysique et une autre en éthique ; de sorte qu'il faut un véritable effort d'imagination pour établir une corrélation entre son concept de l'immortalité de l'âme et sa notion morale du déterminisme absolu et de la non-liberté. En effet,

(1) *Ethique*. Préambule IV.

la preuve introspective de l'immortalité de l'âme nous mène facilement à l'idée de sa liberté ; la même introspection qui nous affirme notre existence éternelle ne nous affirmerait-elle pas notre liberté de nous déterminer et d'agir ?... Cette antinomie essentielle du spinozisme ne lui enlève pas les proportions d'un système admirable par ses profondeurs et son étendue. En raison de sa morale utilitaire et anti-métaphysique, ce système peut trouver place dans le présent paragraphe, parce qu'en outre de l'action produite, comme je l'ai dit, par sa partie idéaliste sur la philosophie allemande postérieure, son amoralité devait exercer sur l'esprit de Kant et de ses successeurs, une sorte d'*influence répulsive*, quelque chose d'analogue à celle des sophistes grecs sur la philosophie de Socrate, de Platon et d'Aristote. Spinoza établissait magnifiquement la relativité du bien et du mal, le caractère adjectif, expérimental et variable de la morale. Cette conception pouvait très bien justifier l'amoralisme et le sensualisme dans les mœurs, il pouvait les corrompre chez le vulgaire borné et mesquin. C'est comme pour éviter cette décadence des mœurs que d'abord Leibnitz, contemporain de Spinoza, propose sa morale perfectionniste, et que, plus tard, Kant fonde et développe solidement sa doctrine de la morale absolue, substantive, éternelle.

L'idéalisme de Leibnitz (1646-1716) est beaucoup plus défini et catégorique que celui de Spinoza. Il reconnaît en effet la liberté et admet l'existence des causes finales, de Dieu et de l'âme, et il s'efforce de les concilier avec les causes efficientes pures. « Les âmes agissent selon les lois des causes finales, par les appétits, les fins et les moyens ; les corps agissent selon les lois des causes efficientes et celles du mouvement. Une harmonie existe entre ces deux domaines, celui des causes finales et celui des causes efficientes ». Ayant ainsi concilié les causes efficientes et les causes finales, Leibnitz prétend concilier ces dernières avec la liberté. L'homme est un être intelligent et libre parce que son intelligence lui accuse les motifs de ses actes. La liberté est la spontanéité intelligente. Dans la raison se trouve le *criterium* moral. Comprendre les *jugements* de la raison, c'est être vertueux ; le mal c'est l'ignorance et l'erreur. La vertu nous procure, en même temps, le bonheur et le perfectionnement indéfini de notre âme. L'éthique de Leibnitz est ainsi eudémonique et perfectionniste. Et, dans son livre sur le *Bonheur*, on voit s'accentuer, à côté de son eudémonisme, le caractère perfectionniste de cette éthique ; le bonheur, en effet, constitue la suprême perfection morale, la véritable cause finale de l'éthique, de la morale et du droit. Cette tendance au perfectionnisme moral se complète et se confirme par la notion métaphysique des causes finales et du bien absolu, qui s'incarne en Dieu, suprême force intellectuelle qui conçoit et enchaîne les causes de cet ordre. A la différence de Spinoza, Leibnitz peut en conséquence être regardé, dans ses conceptions morales, comme un véritable rationaliste métaphysicien et comme un perfectionniste.

Kant (1724-1804) prétend fonder une nouvelle philosophie, le *criticisme* ou critique de la raison qu'il veut placer à égale distance des doctrines extrêmes du dogmatisme et du scepticisme. La raison est la faculté de connaître *a priori*. Dans la *Critique de la Raison pure*, il étudie son usage théorique ; dans la *Critique de la Raison pratique*, son usage moral. Mais il faut être prévenu que ce criticisme kantien est toujours la méthode introspective de Spinoza et de Leibnitz, mais employée cette fois avec plus de subtilité et de pénétration, et de telle sorte que les assertions qui en résultent sont dogmatiques et catégoriques. L'influence profonde et générale exercée par le système philosophique de Kant peut être plutôt attribuée à ce qu'il y a d'efficace dans sa morale, et aussi à cette circonstance que cette morale concorde avec la morale scolastique et théologique, qu'elle renforce par des arguments métaphysiques. Par rapport à Spinoza, Kant marque scientifiquement un pas en arrière, car il méprise l'observation et ranime le concept des causes finales. Mais, on peut, sans conteste, admirer dans sa philosophie, sa conception réaliste du dualisme constitué par le monde de la raison pure, des idées ou noumènes, domaine d'où est exclu le déterminisme et où règne la liberté absolue, et par le monde de la raison pratique, des phénomènes sensibles et tangibles, où tout est sujet au déterminisme résultant des causes et des effets. Pour Kant, il ne faut pas confondre le nouménal et le phénoménal. Les identifier implique une véritable erreur, un manque de suite dans le raisonnement, qu'il appelle « paralogisme ». On pourrait, je pense, interpréter cette notion du dualisme, comme l'indice de ce que Kant a eu relativement conscience que tout ne peut être connu par l'intelligence humaine. Et c'est là un progrès par rapport aux conceptions métaphysiques antérieures, dans le système desquelles on prétendait tout embrasser et tout résoudre. Sans doute, il y a là une antinomie, mais une antinomie franchement admise et reconnue entre le noumène et le phénomène ; et il ne faut pas oublier, au surplus, que, pour Kant, l'idée ou le noumène l'emporte en valeur et a même plus de réalité que le phénomène lui-même. C'est la pensée qui régit et règle les faits, et non, les faits, la pensée, comme on le suppose généralement.

Chez Kant, le moraliste se superpose au métaphysicien et le métaphysicien à l'observateur. La bonne volonté ou le devoir est l'unique chose qui ait une valeur absolue dans ce monde ; de sa connaissance on peut déduire les trois concepts fondamentaux de la métaphysique : l'immortalité de l'âme, le monde et Dieu. Nous sentons dans notre raison l'« impératif catégorique » de la bonne volonté ou du devoir, que nous ne pourrions accomplir, si nous ne possédions pas une âme immortelle, s'il n'existait pas un monde régi par les lois de la pensée, s'il n'y avait pas un Dieu qui se propose, comme fin universelle, le perfectionnement moral de l'homme. Pour arriver à ce perfectionnement, Kant nous présente trois formules, synthétisant la loi morale. la première : « Agis de telle sorte que tu traites toujours la volonté rationnelle, c'est-à-dire l'humanité, comme une fin et non comme un moyen ». En autres termes, Kant établit que la liberté est la fin de la perfection, car c'est dans cette liberté que nous rencontrons les préceptes moraux que nous devons suivre, les points spontanés de la raison. La deuxième : « Agis comme si tu étais législateur en même temps que sujet de la république des volontés libres et raisonnables ». Et il est possible d'être à la fois législateur et sujet, parce que la raison, selon Kant, est une et unique pour tous les hommes et pour toutes les époques ; ses principes sont, par suite, universels et éternels, à tel point que si quelqu'un se donne des lois à lui-même, ces lois seront les mêmes que celles que se donneront ceux qui en feront autant et seront également « législateurs et sujets de la république des volontés libres et rationnelles ». La troisième, que l'on peut en quelque sorte trouver contenue dans la deuxième : « Agis de telle manière que la raison de ton acte puisse être érigée en loi universelle par toute volonté rationnelle et libre ».

Leibnitz, en insistant sur sa fin de perfectionnement, néglige un peu d'indiquer le moyen de se perfectionner, ou laisse la liberté ; Kant, à l'inverse, en insistant sur le moyen, la liberté, néglige un peu la fin de perfectionnement. C'est que la liberté, dans l'éthique de Kant, est une véritable fin morale, qui se suffit à elle-même. Comme nous le verrons en étudiant sa conception du droit, la théorie de Kant a des applications politico-juridiques importantes et progressistes, précisément à cause de son insistance à concevoir au-dessus de tout la liberté. Cette liberté est subjective parce qu'elle réside dans le sujet : elle est formelle en tant qu'elle représente une forme abstraite de la raison. En raison de ces caractères qu'a chez lui la notion de liberté, la philosophie de Kant, en plus du nom de rationalisme critique ou de criticisme rationaliste, prend fréquemment celui de rationalisme *subjectif et formel.*

§ 12.

Éthique eudémonique ou utilitaire du sensualisme.

Locke, *Œuvres*. — Bentham, *Œuvres*. — Guyau, *La Morale anglaise contemporaine*.

Dans la conception de toutes nos idées, comme formes ou conséquences de nos sensations, il y a toujours en germe dans la sensation le principe de l'idée morale. L'éthique est donc expérimentale et utilitaire. Elle vient de nos sens ; elle s'est formée pour protéger nos intérêts humains. Voilà comment la conception sensualiste de la psychologie entraîne ou détermine une conception eudémonique de l'éthique. Comment pourrait-on superposer à l'éthique un ensemble d'idées innées et immanentes, si l'on nie l'existence et même la possibilité de semblables idées ?... La morale et le droit ne sont plus, dans ce cas, que les formes intellectuelles des mœurs.

Cette tendance sensualiste et utilitaire, dont on trouve une vague ébauche chez Démocrite et Aristote et qui prend un caractère bien défini chez Épicure, subit un long interrègne durant la civilisation romaine et celle du moyen-âge ; elle ne fut alors ni agissante, ni répandue. L'époque romaine vit le triomphe et la diffusion de la conception tout opposée du stoïcisme ; le moyen-âge, de la doctrine théologique. Cette doctrine et la précédente sont toutes deux, comme nous l'avons vu, perfectionnistes et idéalistes. Même, cette tendance perfectionniste et idéaliste persiste dans la métaphysique moderne : « Grattez le métaphysicien, dit très expressivement Schopenhauer, et vous trouverez le théologien ». Et c'est ainsi que la conception utilitaire et expérimentale de l'éthique n'a quasi pas de représentants de premier ordre, avant le XIXᵉ siècle dans la philosophie européenne du continent, philosophie dont le caractère général est encore, comme nous le savons, métaphysique et spéculatif. En revanche, ce profond bon sens, cette observation réaliste de la vie, qui sont propres aux peuples anglo-saxons produisent, dans la philosophie anglaise et écossaise, un concept positif de la méthode, un concept sensualiste de la psychologie et, comme corollaire, une tendance utilitaire bien marquée dans les doctrines de la morale et du droit.

Hobbes est le premier qui nous présente une conception nettement utilitaire de l'éthique ; mais il la montre de préférence sous sa phase juridico-politique. Locke, Berkeley et Hume développent plus tard leurs admirables systèmes de la psychologie sensualiste et en font l'application à leurs conceptions respectives de la science des mœurs ; mais c'est *Jérémie Bentham* (1748-1832) qui représente de la façon la plus typique la morale anglaise expérimentale et, basée sur l'intérêt. Il expose ses principes avec une vigueur singulière et avec un enthousiasme qui s'explique, par le fait de leur opposition et de leur contraste avec les idées courantes de l'époque, où, même en Angleterre, elles avaient un illustre représentant en Adam Smith, avec sa théorie morale de la sympathie.

Dans ses *Principes de morale*, Bentham affirme que la morale n'est autre chose que la « régularisation de l'égoïsme ». L'homme est instinctivement égoïste ; il répugne à la peine et cherche le plaisir. Il agit toujours selon ses instincts et pour satisfaire ses besoins. La morale est donc la manière de décider de la conduite humaine, en raison de l'utilité de cette conduite. Et, par utilité, Bentham entend « le principe qui fait approuver ou désapprouver toute action, selon qu'elle tend à augmenter ou à diminuer le bonheur de la personne dont l'intérêt est en question, ou, en autres termes, à contribuer à son bonheur ou à le contrarier ». En effet, « la nature a placé le genre humain sous l'empire de deux souverains : la peine et le plaisir. C'est l'origine de toutes nos idées, la raison de tous nos jugements, la cause de toutes nos décisions dans la vie. Celui qui prétend se soustraire aux suggestions de ces deux maîtres ne sait pas ce qu'il dit... Ces sentiments éternels et irrésistibles doivent faire la base des études du moraliste et du législateur (1).

Tels sont les principes fondamentaux de la théorie de l'intérêt exposée et développée par Bentham. Comme on s'en aperçoit facilement, elle résulte d'une analyse véridique des faits et de la vie. Au point de vue scientifique, son plus grave défaut dépend peut-être du pouvoir démesuré que l'on y attribue à la volonté consciente et intelligente de l'individu. Dans la conception benthamienne, il semble que l'homme aurait inventé la morale raisonnément et de propos délibéré, pour s'épargner des souffrances et se procurer des plaisirs. Or, la science moderne démontre, comme nous le verrons, que l'utilité, comme cause de la morale, est le résultat de la sélection naturelle, bien plus que de l'initiative volontaire de l'homme historique, c'est-à-dire, de l'intelligence humaine aux époques historiques.

§ 13.

Éthique de la civilisation contemporaine.

A. COMTE, *Cours de philosophie positive.* — H. SPENCER, *Premiers principes, Qu'est-ce que la morale, La Justice* (trad. françaises).

L'éthique traverse une crise très grave dans la civilisation de nos jours. Le positivisme scientifique a ruiné,

(1) *Introduction aux principes de morale et de législation,* §§ 1 et 2.

dans leurs bases, les anciennes conceptions métaphysiques ; mais il n'a pas édifié, d'une manière solide et suffisamment stable, de nouvelles disciplines, capables de les remplacer. Les sciences biologiques et sociologiques nous apportent, il est vrai, des données précieuses pour les nouvelles doctrines de l'éthique positive ; mais, aussi bien ces données scientifiques que les doctrines ébauchées par quelques auteurs, ne peuvent être regardées comme répandues dans la masse du public. Le public, qui base encore ses concepts éthiques sur des croyances mystiques et des hypothèses métaphysiques, manque de l'instruction nécessaire pour concevoir positivement son éthique. C'est pourquoi une instruction moyenne peut facilement l'entraîner à une conception amoraliste de la vie, ce qui implique même un commencement de décadence sociale.

Telle est la crise de l'éthique contemporaine. D'une part, la science détruit ce qui existait, sans s'entendre pour établir à sa place quelque chose de neuf. D'autre part, les mœurs sont en péril, parce que le public accepte, dans le mouvement actuel, la partie négative et destructrice, sans arriver à admettre la partie créatrice et positive.

A Auguste Comte (1798-1857) revient la gloire d'avoir eu la part principale dans la destruction des croyances et hypothèses anciennes. Il a établi en morale le principe de la relativité ; il a préconisé l'exactitude de la méthode positive appliquée aux sciences sociales. Voyons donc cette double conception de la morale et de la méthode.

Le point sur lequel la méthode positive moderne s'écarte le plus de l'ancienne tendance spéculative, c'est la conception de la *vérité morale*. Pour les théologiens et les métaphysiciens classiques, la vérité morale est un principe absolu, invariable, commun à tous les hommes et à tous les peuples. Révélés par Dieu, ou révélés par la raison, le bien et le mal ont été et seront toujours, pour toutes les races et à toutes les époques, le bien et le mal... La grande conquête du positivisme dans les sciences sociales, c'est d'avoir démontré la fausseté de cette généralisation ; c'est d'avoir conçu la vérité morale, la morale même, comme un produit spontané du milieu et du sujet. Les hommes l'ont inventée, comme ils ont inventé la poudre et le verre ; et, pour lui donner plus d'efficacité, ils lui ont supposé, ensuite, un caractère immuable, sinon une origine divine. C'est ainsi que les écoles anciennes, sous l'influence d'un préjugé mystique et métaphysique, prirent tant de fois, comme point de départ, un principe erroné, l'existence substantive et éternelle de la morale. Mais, soit dit en passant, il ne faut pas inférer de cette erreur que toutes les théories et tous les systèmes des penseurs idéalistes soient réellement basés sur une équivoque. Il y a, chez eux, des observations réelles et même approfondies, bien qu'ils y soient arrivés par des procédés distincts de ceux de la méthode positive. On ne peut qu'admirer la concordance qui existe entre la théorie idéaliste de la justice proposée par Kant et celle formulée ensuite au nom du positivisme le plus strict par Spencer. De même, Hégel a conçu l'évolution, tout au moins en histoire. Mais quels que soient les procédés de recherche, il n'y a pas, pour l'exposition, de méthode plus claire que la méthode positive. C'est pourquoi, tout en admettant la possibilité de réussir en restant dans la tendance idéaliste, il faut toujours reconnaître l'avantage du positivisme non seulement à cause de sa prudence scientifique, mais aussi à cause des conditions où il nous place pour l'exposition didactique. De plus, la qualité maîtresse du positivisme moderne, celle à qui est dû son nouveau concept de la vérité morale, est certainement, comme je l'ai dit antérieurement, la supériorité de son information scientifique. Si le système de Comte l'emporte sur ceux de ses contemporains, il le doit à l'excellence des connaissances de son auteur en physique et en mathématiques.

Ne nous hallucinons donc pas, comme l'a fait Comte, à propos de la méthode positive ; n'oublions pas qu'elle n'a pas été la seule à permettre les recherches et les découvertes ; n'oublions pas, non plus, que, même avec ses procédés, il reste place pour l'erreur, pour l'éternelle erreur humaine. Acceptons-la simplement comme une obligation de notre temps, et surtout à cause de sa valeur plus didactique qu'investigatrice. Au-dessus des mérites tant prônés de cette méthode, mettons les grands progrès scientifiques de nos jours, parmi lesquels il en est qui jettent une lumière si abondante sur les sciences morales, comme la théorie transformiste ou de la sélection naturelle, les principes de l'hérédité, et les études expérimentales sur la physiologie de l'individu et des collectivités. Si les grands métaphysiciens du xviiie siècle les avaient connus comme nous, ces progrès de la science, leurs systèmes, qui nous paraissent si « idéalistes », seraient peut-être aussi « positifs » que les nôtres.

La méthode est, en général, une conséquence de l'esprit de chaque époque. Il n'est pas possible — ou tout au moins, il serait très difficile de se soustraire à cet esprit. Chaque auteur pense selon son temps, et s'il est en avance sur lui, c'est selon les idées et les tendances d'un avenir peu éloigné, sinon de son temps même. La capacité de l'homme supérieur pour l' « originalité » est assez relative ; quand cette « originalité » est progressiste, quand elle est de « bon aloi », quand elle n'est pas extravagante ou absurde, on peut la considérer comme le fait d'un précurseur qui vient avant sa date. En pareil cas, le penseur original ne fait que s'élever au-dessus des autres pour regarder d'un peu plus haut et voir un peu plus loin. La loi des trois états d'Auguste Comte trouve ainsi une stricte application méthodologique : à l'état théologique correspond une méthode théologique, la révélation ; à l'état métaphysique, une méthode métaphysique, la raison ; à l'état positif, une méthode positive, l'observation. Mais cet usage prédominant de la méthode spéculative dans les deux premiers états, de la méthode positive dans le dernier, n'implique pas, pour ceux-là, comme je l'ai déjà dit, l'exclusion de toute observation empirique, ni, pour celui-ci, l'exclusion de toute spéculation. Dans la pensée, il y a toujours de l'observation et toujours de la spéculation ; la question se ramène, quand on y réfléchit, à la prédominance de l'imagination ou de la prudence, de la pratique et de l'expérimentation.

Herbert Spencer (1820-1903) est le penseur qui a appliqué, de la manière la plus fidèle et la plus étendue, les données de la science, à son époque, aux sciences morales et sociales. Sa conception de la morale et de la société repose tout entière sur la théorie évolutionniste, transformiste ou de l'hérédité, généralement et improprement appelée théorie de Darwin. « La conduite est un ensemble, nous dit-il, et, en un sens, un ensemble organique, un agrégat d'actions mutuellement liées accomplies par un organisme. La division ou l'aspect de la conduite dont traite la morale est une partie de ce tout organique et une partie dont les composantes sont indissolublement unies avec le reste » (1). Ayant établi ainsi l'unité organique de la conduite, Spencer nous expose son perfectionnement graduel à travers les espèces animales. Ce perfectionnement consiste dans une adaptation améliorée, consciente et voulue, des actes de l'organisme à des fins utiles. Chez l'homme, plus sa culture sera avancée, plus nous trouverons d'adaptations précises des moyens à des fins préconçues et profitables. Le *criterium* du bien et du mal dépend donc de l'utilité attribuée aux actes. Cette utilité peut se définir, au point de vue de la vie, comme la meilleure manière d'adapter les conditions internes de l'organisme aux conditions externes ou au milieu. Le plaisir n'est pas autre chose que l'expression physio-psychologique de l'utilité dans l'évolution biologique.

Cette conception de la morale, à la fois utilitaire et

---

(1) *Qu'est-ce que la morale ?* (trad. française).

biologique, a pour correspondant une théorie de la justice ou du droit, suivant laquelle toute règle juridique a toujours pour fin la liberté individuelle. Dans le droit, il y a deux parties : l'une positive, les droits de chacun au libre développement de sa personnalité, et l'autre négative, les limitations imposées à ces droits par rapport aux droits d'autrui. Le droit a donc une fin utilitaire : maintenir les conditions les plus propices au libre exercice des activités individuelles. Le droit est, par conséquent, un assemblage de règles morales imposées de force par la société et l'Etat pour protéger la liberté des individus.

LIVRE II

Théories et écoles du droit.

CHAPITRE IV

THÉORIES MÉTAPHYSIQUES ET EMPIRIQUES DU DROIT

§ 14. Tableau général des diverses écoles juridiques. — § 15. La conception théologique. — § 16. Écoles du droit naturel. — § 17. La théorie formelle du droit. — § 18. L'école organique. — § 19. L'école analytique anglaise.

Saint-Thomas, *Summa theologicæ.* — Grotius, *Le droit de la guerre et de la paix* (trad. française). — Kant, *Principes métaphysiques du droit* (trad. française). — Hobbes, *Elementa philosophica de cive, Leviathan.* — Bentham, *Œuvres.* — Leibnitz, *Œuvres.* — Austin, *Lectures on Jurisprudence or the of positive Law.* — Ahrens, *Die Rechts-Philosophie.* — Röder, *Grundzüge des Naturrechts.*

§ 14.

Tableau général des diverses écoles juridiques.

Comme les théories et les écoles de l'éthique, celles du droit peuvent pareillement être groupées en deux grandes catégories : 1° Les conceptions perfectionnistes, dues à des méthodes ou procédés où domine la spéculation ; 2° Les conceptions utilitaires ou eudémoniques, résultant de recherches expérimentales et positives.

Si l'on envisage la méthode plutôt que la doctrine, on peut encore distinguer une catégorie d'écoles ou de théories, empiriques et à demi-positives, qui penchent parfois vers la conception perfectionniste et parfois vers l'utilitaire. En en tenant compte, nous aurions les trois grands groupes suivants : 1° *Ecoles spéculatives*, où l'imagination l'emporte sur l'observation ; 2° *Ecoles semi-positives*, qui allient au rationalisme de leur époque une certaine tendance empirique ; 3° *Ecoles positives*, qui font parade d'une méthode strictement scientifique et prudente. Dans les premières de ces écoles, on conçoit généralement le droit, comme un principe éternel et absolu ; dans les autres, comme un résultat de l'expérience humaine. Malgré cela, il faut noter que certains penseurs, classés par leur époque, leur méthode et leurs doctrines parmi les métaphysiciens spéculatifs, comme Aristote et Thomasius, ont eu, en éthique, des conceptions plus ou moins expérimentales. Bref, les trois grands groupes d'écoles et leurs subdivisions, mis en corrélation avec la philosophie générale de leurs époques respectives, se résument approximativement, dans le tableau suivant :

		Philosophie juridique	Philosophie générale
ÉCOLES SPÉCULATIVES	Ecole théologique (antérieure à la Renaissance juridique)		St Thomas
	Ecoles du droit naturel (abstraites et empiriques)	Grocio, Puffendorf.... (17ᵉ siècle)	Descartes
		Wolff, Thomasio....... (18ᵉ siècle)	Leibnitz
	Théorie formelle du droit (rationaliste et individualiste)............	Kant, Fichte, Hegel.... (Commencement du 19ᵉ siècle)	Rousseau Kant
ÉCOLES SEMI-POSITIVES	Ecole organique (réactionnaire : anti-rationaliste et anti-individualiste)....	Ahrens, Krause, Röder. (2ᵉ moitié du 19ᵉ siècle)	Comte
	Ecole analytique anglaise (utilitariste et de tendance empirique)	Hobbes, Bentham Austin	Hobbes Locke Hume
ÉCOLES POSITIVES	Ecole historique..........	Hugo, Savigny, Puchta. (19ᵉ siècle)	
	Ecole économique (matérialiste et socialiste)....	Marx, Engels, Loria.. (Fin du 19ᵉ siècle)	Marx
	Ecole sociologique et biologique....................		Darwin Spencer

Je traiterai, une par une et en suivant, de toutes ces

écoles, en laissant de côté la dernière, l'école sociologique et biologique, jusqu'au moment où je développerai les théories qui me paraissent définitives relativement au droit, à l'Etat et à la législation.

§ 15.

La conception théologique.

Pour les théologiens, le droit est une projection de la divinité même. Dieu, principe absolu et source de toute raison a disposé le bien et le mal ; il a créé la morale et le droit et les a transmis aux hommes par le moyen suprême de la révélation. En inspirant directement aux prophètes et aux législateurs du peuple hébreu leurs livres sacrés, il y a implantés les premiers et immuables principes du droit, sans le séparer nettement de la morale. Ce qui est bien et ce qui est juste, ce sont les choses permises et récompensées par Dieu, dans le ciel, par ses représentants, et en son nom, sur la terre. La religion est ainsi l'origine d'une éthique parfaite et, peut-on dire, indivise.

Au début de la civilisation chrétienne, on voit le Christ établir vaguement une séparation entre le domaine religioso-moral et le domaine juridico-politique ; c'est ainsi qu'à l'occasion d'une obole n'ayant qu'une valeur terrestre, il dit : « Rendez à l'empereur ce qui est à l'empereur et à Dieu ce qui est à Dieu ». Cette séparation radicale entre l'empereur, représentant l'Etat, et Dieu, principe de la religion, marque toute une tendance des temps nouveaux : différencier le droit, dont les violations doivent toujours avoir une sanction humaine, de la morale qui n'en a pas toujours une.

Cependant, les théologiens médiévaux n'arrivent pas à établir clairement cette séparation. Au contraire, les canonistes, parmi lesquels on compte des auteurs éminents, augmentèrent, autant qu'ils le purent, le vaste domaine du droit canonique. Au moyen-âge, il faut se le rappeler, l'Eglise avait droit de justice sur ses fiefs, comme les autres seigneurs. Cette justice ecclésiastique était naturellement, du fait de la supériorité de l'organisation de l'Eglise et de la culture plus avancée du clergé, de beaucoup plus régulière et plus équitable que toute autre justice des temps féodaux. C'était elle qui intervenait, avec pleins pouvoirs, dans les trois grands actes de la vie civile : la naissance, le mariage, la mort. Ce fut ainsi que le droit canonique envahit pratiquement et théoriquement un terrain qui, dans les temps antiques, était réservé au droit civil, spécialement en ce qui concerne la législation de la famille.

Il ne faut pas oublier, néanmoins, que les grands théologiens, saint Augustin surtout et saint Thomas, manifestent de l'indifférence, sinon du mépris, pour le droit patrimonial. Pour eux, la propriété n'est pas réellement de droit naturel, elle n'a pas été établie par la révélation. Elle est seulement de droit impérial humain, adventice ; en s'élevant au point de vue religioso-moral, on peut la regarder avec indifférence, en tant du moins qu'elle ne sert pas au salut des âmes.

A la Renaissance, quand refleurit l'étude du droit romain, les « légistes » réduisirent les proportions qu'avait prises le droit canonique. Ils solutionnèrent les conflits d'après les textes antiques, en faisant abstraction du concept théologique. De plus, ils augmentèrent le pouvoir royal, en attribuant au monarque les prérogatives dont avaient joui les empereurs romains. Quand les affaires présentaient certaines difficultés, ils les appelaient « cas royaux », et les soumettaient à la décision du souverain. L'abus des « cas royaux » élargit la justice laïque. De la sorte, les légistes préparèrent la réaction de la philosophie et de la jurisprudence des temps modernes contre la vieille conception théologique du droit.

§ 16.

Ecoles de droit naturel.

La réaction contre cette tendance du droit canonique à tout absorber eut son point de départ dans la Renaissance juridique du xvii° siècle, et fut l'œuvre de l'école que l'on appelle *Ecole du droit naturel*. Cette expression fut empruntée au droit romain. A Rome, en effet, le droit se divisait en : droit civil, *jus civile*, celui des citoyens romains ; droit des gens, *jus gentium*, celui de tous les peuples ; et droit naturel, *jus naturale*, celui de tout être animal. Ulpien a défini le dernier en disant qu'il était ce que la nature a enseigné à tous les animaux (*quod natura omnia animalia docuit*). Un tel *jus naturale* ne pouvait dès lors dépasser les principes les plus élémentaires de la famille et de la sociabilité, principes qui paraissent, en effet, exister, comme chez l'homme, chez les animaux supérieurs.

Cette notion du *jus naturale*, vague et discutable d'elle-même, devient, dans les textes où l'on invoque ce droit, encore plus difficile et confuse. Il est contre le droit naturel qu'un homme puisse posséder un objet en même temps qu'un autre. Par contre, il est naturel que les relations créées par le droit cessent dans la même forme où elles furent créées. « Si la prestation est impossible, la convention même est impossible : ainsi l'enseigne le droit naturel ». On voit par là que l'expression *droit naturel* s'emploie dans divers sens ; elle désigne : le possible et l'impossible par rapport aux conditions objectives de la nature (ainsi l'appropriation de l'air est impossible) ; les principes de la morale la plus élémentaire comme le respect des parents, les notions acquises expérimentalement par l'homme préhistorique, par exemple l'exclusivité de la possession.

Si l'on cherche un lien qui unisse ces différentes acceptions, on sera forcément amené, je pense, à le trouver dans la *condition axiomatique* de ce droit, dans le fait qu'il se compose d'axiomes. Tout ce qui ne peut pas être démontré, ou plutôt qu'il n'est pas nécessaire de démontrer, tombe dans le domaine du droit naturel ; inversement, les coutumes de la cité, sa législation, les conflits de son droit appartiennent au *jus civile*. Pareillement, les prescriptions du *jus gentium* nécessitent une démonstration. C'est pourquoi, je fais reposer dans sa condition axiomatique, le véritable caractère du vieux *jus naturale*, tel qu'il est conçu dans les textes de droit romain.

Le fameux savant hollandais, Hugues Grotius (1583-1646) fit passer l'expression du droit antique dans le droit moderne et créa la « science du droit naturel » dans son ouvrage : *De Jure belli ac pacis* (1625). La grandiose conception de Grotius consiste à diviser le droit en deux grandes catégories : le *jus voluntarium*, émané de la volonté de Dieu ou des hommes et variable, par conséquent, selon la volonté qui l'a créé, et le *jus naturale*, qui résulte de la nature des hommes, considérés comme êtres raisonnables, et spécialement de leur besoin inné de vivre en société (*appetitus societatis*). Ce droit naturel est invariable et fatal... Il n'y a pas de volonté divine ni humaine capable de le modifier. Il existerait encore quand Dieu aurait cessé d'exister. C'est là une théorie éminemment métaphysique, puisqu'elle attribue la création du droit positif à l'existence idéale de la volonté divine et humaine ; c'est aussi une théorie anti-théologique, en tant qu'elle rend le droit naturel indépendant de la volonté divine, et qu'elle lui attribue la même immutabilité que la science de cette époque attribuait aux phénomènes de la nature.

Grande fut la vogue des idées de Grotius qui ne tardèrent pas à se développer. Peu d'années après lui, apparut le grand penseur anglais Thomas Hobbes, qui traita le droit naturel au point de vue de son système philosophique. Mais, comme ses doctrines sont, en Angleterre, le début d'une nouvelle école, il convient de les séparer de celles de l'école du droit naturel, à cause de leurs tendances analytiques et utilitaristes. En revanche, Samuel Puffendorf (1632-1694) est le véritable continuateur de Grotius. Il en développa et popularisa le concept du droit naturel, en l'accommodant aux théories de Descartes alors universellement admises. Son livre : *De officis hominis et civis* fut traduit en plusieurs langues et fréquemment adopté, comme texte de droit naturel dans l'enseignement juridique de son temps.

Ni Grotius, ni Puffendorf ne distinguaient le droit naturel de la morale. Au contraire, au commencement du XVIIIe siècle, Thomasius en fit rigoureusement la différenciation, allant même jusqu'à opposer la morale au droit naturel. Ce droit acquit ainsi un caractère si précis qu'à partir de ce moment « le droit naturel n'est plus autre chose que le droit ». Enfin, vers le milieu du XVIIIe siècle, *Wolf* (1679-1754), au nom des doctrines de Leibnitz, lui donne une forme systématique, comme l'avait fait antérieurement Puffendorf; mais cette fois, d'après le nouveau concept, dérivé de Thomasius.

Et c'est ainsi que l'on peut dire qu'il a existé deux écoles classiques du droit naturel : celle du XVIIe siècle, qui ne le distingue pas de la morale, et qui fut fondée par Grotius, puis vulgarisée par Puffendorf, et celle du XVIIIe siècle, celle de Thomasius et de Wolf, qui fait cette différenciation logique. La première s'appuie sur la philosophie générale de Descartes, la seconde sur celle de Leibnitz. Toutes deux sont éminemment spéculatives ; à peine intervient-il, dans la seconde, un vague rationalisme, qui la rapproche de la théorie formelle du droit, théorie rationaliste et criticiste, qui se produit à la fin du XVIIIe siècle et domine pendant la première moitié du XIXe siècle.

§ 17.

La théorie formelle du droit.

Les théoriciens du droit naturel, aux xvii⁰ et xviii⁰ siècles, tout en employant la déduction pour développer leurs doctrines, les appliquaient à une réalité empirique. Ainsi, quelque déductive que fût leur méthode, leurs constructions juridiques, en tant qu'empiriques, n'étaient pas créées *a priori*, n'étaient pas le produit d' « idées innées ». C'était plutôt une combinaison de principes absolus, semi-théologiques et métaphysiques, extraits d'une réalité vague et douteuse. Il leur manquait le caractère précis, mathématique en apparence, que le néo-humanisme du xviii⁰ siècle mit dans ses systèmes philosophiques. Etant donné l'état arriéré des sciences physiques et naturelles à la fin de ce siècle, ce caractère ne pouvait être emprunté qu'à la raison *a priori* et devait convenir à des doctrines absolues, non seulement dans leurs premiers principes, mais aussi dans leurs applications les plus lointaines. Le droit prit ce caractère rationnel et absolu, objet des efforts de ce que l'on appelle la philosophie du xviii⁰ siècle, et sa conception la plus typique et la plus transcendante est celle que l'on nomme communément théorie *formelle du droit*.

Kant, le premier (1714-1804) mit au jour une théorie formelle du droit, établie critiquement et rationnellement dans ses *Fondements métaphysiques du droit* (*Metaphisische Anffangsgründe der Rechtslehre*). Dans cet ouvrage, le droit acquiert le caractère absolu et *a priori*, qui lui manquait et qui passait, à cette époque, pour plus rapproché de la vérité et de la science que l'empirisme ambigu des écoles antérieures. Kant déduisait tous les principes du droit naturel d'une source unique, absolue *a priori*, la raison, observant ingénieusement qu'on pouvait les formuler dans le principe de la liberté : « Agis de manière que ta liberté concorde avec celle de tous et de chacun ».

Ce serait le cas de se demander maintenant, avant d'aller plus avant, si cette nouvelle tendance criticiste et rationaliste marque un progrès sur la voie de la vérité positive, par rapport à l'ancienne tendance purement empirique, étant donné que, sans aucun doute, ces deux tendances sont plus ou moins spéculatives, plus ou moins idéalistes. Il me semble qu'il ne peut y avoir de doute à cet égard : malgré son caractère idéaliste, sensiblement plus accentué, le criticisme de Kant réussit à enchaîner mutuellement les phénomènes avec plus de lucidité et de *réalité* que l'empirisme de Grotius et de Puffendorf. C'est que, en fait, les nouveaux criticistes ne tirent pas leur système tout entier de la raison, ainsi qu'ils le prétendent ; il faut reconnaître que les vérités qu'ils supposent innées, sont, bien des fois, et presque toujours, le produit de l'expérience humaine. Il y a lieu de se rappeler que leur procédé *introspectif* est, d'ordinaire, en vertu de l'hérédité psychologique, un système indirectement rétrospectif. Tout ce que ces philosophes croient leur être révélé par la raison n'est dès lors pas autre chose de plus que les prédispositions gravées dans leur esprit par la race et l'expérience ancestrale.

La théorie formelle conçoit le droit comme la limitation des volontés humaines. Elle a pris naissance dans les théories du droit naturel, spécialement dans Thomasius ; et, après Kant, on peut regarder Fichte et même Hégel comme ses représentants les plus qualifiés. Ces auteurs, particulièrement Kant et Fichte, établissent, entre le droit naturel et la morale, une séparation irréelle, purement formelle ; de là le nom de cette théorie. Ils voient dans le droit ce qui est relatif à l'ordre extérieur ou corporel : dans la morale, ce qui appartient au for intérieur. Si le droit avait à limiter les volontés, c'était simplement en ce qui touchait leurs manifestations extérieures ; la volonté elle-même ne relevait que de l'âme, elle échappait, par conséquent, au domaine du droit.

Comme l'observe fort bien Korkounof (1), cette théorie formelle a une base historique et une base théorique. La base historique n'est autre chose qu'une protestation et une réaction contre les excès de l'intrusion de l'Etat dans la conduite et la pensée des particuliers. Comme la tutelle de l'Etat est d'ordre essentiellement juridique, si l'on détachait du domaine juridique tout ce qui est spirituel et tout ce qui est en nous, on déniait du même coup à l'Etat tout droit d'intervenir dans les consciences de ses sujets ; on restreignait son action, qui avait fait tant de mal, surtout durant les luttes religieuses, au champ très limité des actes matériels, et seulement à la matérialité de ces actes. C'était un obstacle opposé aux empiètements du pouvoir monarchique.

La base théorique de la théorie formelle du droit repose sur les principes de l'individualisme absolu qui régnait dans la philosophie du xviiie siècle. La société était un simple agrégat d'individus intelligents et libres ; comme ils l'avaient établie, ils pouvaient la dissoudre ; entre eux il n'existait d'autres liens que ceux qu'avait établis leur volonté souveraine, ou tout au plus, celle de leurs ancêtres. On n'attachait aucune importance à l'esprit des collectivités, à la famille, aux antécédents ethniques et historiques, enfin à tout ce qui enchaîne et relie la société, en faisant d'elle un complexus organique presque indestructible.

Il ne me paraît pas nécessaire de suivre ici cette importante théorie formelle du droit sous toutes les formes qu'elle devait prendre, parmi lesquelles il s'en trouve, comme celles de Fichte et d'Hégel qui sont assez diffuses et ardues. En outre, il y a lieu de noter que ces systèmes, malgré leurs conséquences transcendantes dans la législa-

(1) *Théorie générale du Droit*, trad. française, p. 115.

tion, furent plus grandioses et brillants que durables. Les principes réactionnaires de l'école organique, l'opposition de l'école historique aux tendances juridiques de la Révolution Française et, enfin, les progrès considérables des sciences physiques et naturelles, particulièrement de la biologie, devaient rendre éphémère la vie de toutes ces constructions monumentales de la métaphysique allemande de la première moitié du XIX° siècle. Elles furent comme ces magnifiques mirages aperçus dans la lumière de l'aurore et que dissipera le soleil du matin. Ce soleil qui se levait à l'horizon des peuples, c'était le positivisme scientifique.

§ 18.

L'école organique.

Mais avant d'aborder les écoles nettement positives, je dois parler ici de celles que j'appelle *semi-positives*, parce que, malgré l'analyse et l'observation qui sont leurs procédés habituels, elles ne peuvent arriver à la précision scientifique : tantôt comme l'école analytique anglaise, par manque de documentation suffisante ; tantôt, comme l'école organique, par excès de tendances réactionnaires et violentes, ce qui les empêche de garder un juste milieu. Elles servent en réalité de transition pour passer des hauteurs de l'idéalisme ancien au moderne terre à terre du principe positif. Et on ne peut leur dénier l'honneur d'avoir établi deux vérités définitives : on doit à l'école analytique anglaise, l'axiome utilitaire ; à l'école organique le principe de la solidarité sociale.

Il convient de faire suivre l'exposition de la théorie formelle du droit de celle de la théorie organique ou organiciste, parce que celle-ci est une réaction rapide et immédiate contre celle-là. J'omets donc, pour le moment, l'école analytique anglaise, qui est beaucoup plus ancienne et dont je m'occuperai dans le paragraphe suivant. La vérité, du reste, c'est que cette école a vécu, dans les Iles Britanniques, d'une vie indépendante des grands mouvements philosophiques du continent européen. Elle est née et elle s'est développée là, spontanément, sans se rattacher aux écoles continentales, comme un produit typique du génie de la race anglo-saxonne.

La première école qui s'opposa au formalisme des anciennes théories idéalistes sur le droit fut l'*école organique* ou *organiciste*, représentée, dans sa première forme plus ou moins métaphysique, par *Ahrens*, *Krause* et *Röder*. Contrairement à la vieille conception faisant du droit une limitation des *volontés*, limitation ayant pour but de protéger la liberté de tous et de chacun, l'école organique conçoit le droit comme la *limitation* des *intérêts* humains.

Or, ces intérêts ne sont pas toujours individuels ; généralement, au contraire, ils sont communs ou collectifs, ou bien relatifs à des catégories, à des ensembles, à des groupes d'individus. Ainsi, en supposant que la fin du droit est la limitation des intérêts, arrive-t-on à la théorie sociale ; on conçoit la société non plus comme un agrégat d'individus libres et indépendants, mais comme un ensemble organique, comme un organisme ou un sur-organisme.

Il semble, à première vue, qu'une telle notion du droit et de la société devait conduire ses partisans à une conception historique du droit, c'est-à-dire à le supposer un produit logique du développement et de l'évolution de l'organisme social. Mais comme l'école organique était une réaction violente contre l'idéalisme métaphysique, elle chercha ailleurs la véritable origine du droit et crut le trouver dans la force brutale et matérielle de l'Etat. L'Etat, en créant la loi et en l'imposant au citoyen, créait le droit.

Cette idée du droit, qui l'écarte complètement de la

coutume et en fait, par supposition, une œuvre arbitraire et voulue, est fausse sans aucun doute, et les recherches modernes sur les faits l'ont amplement démontré. Mais quelles que soient les méprises de l'école organique par rapport aux origines et au caractère du droit, ces méprises ne se sont pas renouvelées en ce qui concerne son concept de la société. Et cela est si vrai que son principe anti-individualiste de l'organisme social est aujourd'hui accepté, on peut le dire, avec plus ou moins de restrictions par toutes les écoles et tous les auteurs qui se réclament de la science.

Il est vrai que plus d'un auteur, ordinairement réputé comme un adepte de l'école organique, arrive à un concept du droit, qui est presque positif et qui l'est même quelquefois. Il en est ainsi d'Ihering. Sa conception juridique, si on la prend dans son ensemble et si l'on admet son vocabulaire, est réellement complète et très acceptable. On peut dire, comme nous le verrons plus loin, qu'à considérer ses bases, elle peut parfaitement rentrer dans l'école historique, et que ce qui semble l'en écarter c'est que l'auteur étudie de préférence le droit, sous sa phase pratique, comme moyen de coercition et de direction sociale, laissant de côté, en quelque sorte, sa véritable origine coutumière.

On est porté à confondre la théorie organique ou organiciste, appelée aussi *naturaliste*, avec la théorie biologique, que j'essayerai d'établir dans ce traité. Il y a cependant, à ce qui me semble, une notable différence entre l'une et l'autre. La première étudie la société et les institutions sociales, comme des surorganismes et leur applique directement les principes biologiques, et elle tombe ainsi dans ce que j'appellerais l' « erreur naturaliste ». Tout au contraire, l'école biologique, telle que je la conçois, fait une application directe des lois de la vie à l'homme-organisme, et une application indirecte de ces lois à la société-surorganisme. Et je développerai cette idée, en exposant la double application de la biologie à la sociologie, quand j'étudierai les bases biologiques de la morale. Pour le moment, il me reste seulement à dire que l'école biologique dérive en droite ligne de Darwin ; et l'organique, de Comte, bien que les disciples les plus notoires de cette école, Novicow par exemple, empruntent au grand naturaliste anglais les principes qu'ils appliquent plus ou moins directement au surorganisme social.

§ 19.

L'école analytique anglaise.

Bien qu'isolée du mouvement philosophique du continent, l'*école analytique anglaise* peut être regardée comme une lointaine introduction au positivisme moderne en politique et en droit. Comme ce dernier, elle a pour point de départ une analyse réelle des faits, qu'elle fait précéder, en manière de postulat, du principe que l'homme est un animal de sa nature, et qu'il a des instincts de carnassier, simplement modifiés et adoucis par la civilisation.

On peut voir légitimement en *Thomas Hobbes* (1588-1679), bien qu'il soit un adepte du droit naturel du xvii° siècle, le précurseur et même le fondateur de cette école. Dans son livre *Elementa philosophica de cive*, il écarte le principe de la sociabilité établi par Grotius et reconnaît, comme trait caractéristique de la nature humaine, la Peur, d'où découle la loi première et fondamentale : *pax est quærenda !* Les hommes primitifs, plus féroces que des loups et vivant dans un perpétuel état de guerre qui leur causaient des peines et des dommages continuels, ont dû désirer la paix. Et, pour l'obtenir, ils sont arrivés à une espèce de pacte général, en vertu duquel ils ont délégué le pouvoir de maintenir l'ordre à une autorité souveraine : c'est elle qui crée la loi. L'origine du droit, comme celle de la morale, est donc absolument utilitaire ; les intérêts humains engendrent la législation et les règles morales.

Bentham (1748-1832) suit les traces de Hobbes. Il développe la théorie de l'intérêt, considéré comme le fondement des sociétés, comme le principe générateur, en toute évidence, de tous les actes humains. Par la suite, dans son opuscule intitulé : *Fragment sur le gouvernement*, il pose les principes de la souveraineté, en les basant, comme son prédécesseur, sur l'observation et l'analyse du gouvernement de la Grande-Bretagne. Et c'est un trait curieux de ces deux auteurs que leur ignorance de l'histoire et leur mépris apparent pour elle : leur analyse critique ne touche jamais qu'à l'actualité.

Stuart Mill (1) qualifie de géométrique ou d'abstraite la méthode de Bentham et de Hobbes. Tous deux partent en effet d'une abstraction : l'un de la peur, l'autre, de l'intérêt. Ils emploient donc une méthode inadmissible dans les sciences sociales, qui les mène ensuite à des conséquences erronées... Malgré ces procédés abstraits et déductifs, malgré leur ignorance crasse en histoire, ou leur mépris de l'histoire, il me semble indiscutable que Hobbes et Bentham apportent dans leurs observations de la pénétration et de l'esprit d'analyse et que, de plus, ils savent faire abstraction des préjugés fallacieux de la philosophie de leur époque. Ces circonstances suffisent, malgré Stuart Mill, à justifier la qualification de semi-positive que je donne à l'école analytique.

En partant de leurs principes, *Austin* arrive en effet dans ses *Lectures on Jurisprudence or the Philosophy of positive Law* (1830) à formuler une théorie du droit, éminemment réaliste et presque scientifique. De même que l'école historique, il attribue à la coutume l'origine

(1) *Op. cit.* t. II, p. 481.

du droit ; et, d'autre part, il fait de la souveraineté le principe de toute autorité juridique. Ce double concept de la *common law* et de la souveraineté contient, semble-t-il, une contradiction et même une antinomie ; mais l'auteur esquive la contradiction et résout l'antinomie par la célèbre maxime : « Ce que le souverain permet, il l'ordonne ». Comme nous le verrons en étudiant la véritable origine de la nature du droit, il y a dans cette maxime une part de raisonnement spéculatif et une part d'observation positive ; elle est semi-spéculative et semi-positive. Certainement du reste, comme l'observe Sumner Maine, la théorie analytique se base sur l'exposition qu'en a faite Hobbes, et il a su rendre si complète son analyse du gouvernement et de la société dans le *Léviathan* et dans le chapitre *de Cive* des *Elementa philosophica*, qu'il faut tenir pour peu de chose ce qu'ont pu y ajouter Bentham et Austin.

A côté de la tendance empirico-analytique de Hobbes, demeurée si manifeste dans l'école analytique anglaise, il faut encore placer, ne l'oublions pas, l'influence réaliste exercée par Bacon et l'influence psychologique due à Locke, cette dernière appelée à s'accentuer plus tard, avec les doctrines de la fameuse école de Hume.

CHAPITRE V

LES ÉCOLES JURIDIQUES POSITIVES

§ 20. Origine de l'école historique. — § 21. La controverse de la codification et la théorie de l'école historique. — § 22. Développement de l'école historique. — § 23. L'école économique. — § 24. Critique de l'école économique.

§ 20.

Origine de l'école historique.

Hugo, *Lehrbuch des Naturrechts als eine Philosophie des positiven Recht*. — Savigny, *System des heutigen Römischen Rechts, Vom Beruf unserer Zeit für Gesetzgebung und Rechtswissenschaft*. — Lavelaye, *Vie et doctrines de F. C. de Savigny*. — Puchta, *Encyclopédie als Einleitung zu Institutiones, Institutiones*. — Ihring, *Geist des Römischen Rechts auf den verschiedenen Stufen seiner Entwickelung*. — Maine, *Ancient Law*.

Les bases de l'école historique ont été posées par Gustave Hugo (1768-1834); mais son véritable fondateur fut Frédéric-Charles de Savigny (1779-1860), considéré, non seulement en Allemagne mais dans le monde entier, comme le premier jurisconsulte du xixe siècle.

Le néo-humanisme français, avec son caractère accentué d'individualisme et de rationalisme, faisait du droit une création de la raison humaine. Il en résultait que le droit aurait dépendu, dans chaque pays, de la volonté de ses législateurs. La loi était la source du droit ; la loi pouvait l'improviser, l'améliorer, l'établir. Une telle conception avait pour conséquence logique et pratique le principe dit de la « codification ». En vue d'améliorer les conditions de la vie sociale, tous les peuples, et chacun d'eux, devaient s'imposer des codes complets, conçus et formulés selon les principes de la raison, de façon à prévenir et à résoudre d'avance toutes les difficultés et les incertitudes juridiques. Ces sources claires et précises, portées à la connaissance de tous les citoyens, réduiraient et simplifieraient l'action de la justice. Les juges, dans les cas devenus plus rares où ils auraient à intervenir, n'auraient plus besoin de consulter les vieux édits, les anciennes coutumes, les règles du droit romain ; ils trouveraient prévue la solution des controverses et des plaidoieries. C'était l'application au droit du principe jacobin de la Révolution française : détruire les traditions, pour créer, selon les enseignements de la raison, le meilleur droit possible, et le créer d'une manière efficace, sous forme de codes complets et systématiques, abrogeant les lois et les coutumes du passé et établissant le droit et la justice de l'avenir.

Sans attaquer directement ces idées, Hugo, influencé par les généralisations historiques de Vico, Montesquieu et Herder, et, de plus, au courant des récentes théories philosophiques, ébauche la nouvelle conception historique du droit. Sa *Philosophie du droit positif (Lehrbuch des Naturrechts als eine Philosophie des positiven Rechts*, 1809) se divise en deux parties. La première traite de l'homme considéré à la fois, comme animal, comme être raisonnable et comme membre de l'Etat, c'est-à-dire, sous des aspects complexes et réels. Dans la seconde, en exposant les principes du droit civil et du droit public, il commence par examiner la question capitale de savoir comment s'est formé le droit, et, dans un passage à noter (§ 130), il dépose en germe la doctrine de l'école historique. Il constate en effet que, chez tous les peuples, spécialement à Rome et en Angleterre, c'est en dehors de l'autorité législative, que le droit se forme, soit dans la coutume, soit dans le droit prétorien, soit dans la *common law*.

Hugo complète plus tard cette notion dans un article fameux qui a pour titre : *Les lois sont-elles les uniques sources des règles juridiques ?* (1814), et où se trouve sa comparaison entre l'origine du droit et celle du langage, reproduite depuis à l'envi par tous les écrivains de l'école historique. On avait cru, jusqu'à une époque rapprochée de nous, que Dieu, en créant l'homme un beau jour, lui avait enseigné tout à coup et subitement l'usage de la parole. Le langage, ainsi inventé par Dieu, aurait été institué par une loi. D'autres pensaient que le langage avait été créé par les hommes, qui, d'un commun et mutuel accord, auraient fixé de façon précise la signification des syllabes et des mots...

Or, remarque Hugo, rien n'attribue au langage de semblables origines. La philologie moderne nous enseigne tout différemment quelle fut sa véritable genèse et par quelles transformations il a passé progressivement. L'homme primitif dut se servir d'un certain nombre de cris ou d'onomatopées, à peu près inarticulés, pour exprimer ses sensations de peine et de plaisir, sa faim et son amour, le danger, la contrariété, la haine ou la sympathie sociale. Peu à peu, la signification de ces cris est allée en se précisant ; ils ont fini par être articulés et à former des « racines ». Puis, en vertu des facultés de généralisation de l'esprit humain, un son donné en vint à exprimer une qualité donnée, par exemple, celui qui rampe, celui qui court, celui qui commande ; par cette espèce d'adjectivation de la nature, les racines ont donné, pour un même son, d'abord les substantifs, « serpent, cheval, chef », puis les verbes, « ramper, courir, commander ».

C'est de la même façon que la coutume et le droit se sont formés et développés graduellement, sans l'intervention directe et soudaine de Dieu et sans aucun pacte ni accord entre les hommes. Les besoins et les usages des peuples sont les véritables causes, qui peu à peu ont formé le droit. Le droit est, donc, un produit historique. « C'est une partie du langage, ajoute Hugo. Et l'on pourrait en dire autant de toute science. Une science est une langue bien faite. Les mathématiques, elles-mêmes, ne font pas exception à la règle. Mais elle est encore plus vraie pour les sciences où les mots ont une signification sujette à varier et, conséquemment, pour toutes les études relatives aux coutumes, aux faits positifs et, par suite, au droit. Le terme « contrat », par exemple, n'a pas toujours eu absolument le sens qu'il a aujourd'hui ».

Par sa comparaison très heureuse entre le droit et le langage, Hugo établit donc la tendance positive de l'école qui allait se former, et cela, non seulement en donnant au droit une origine réaliste et historique, mais aussi en envisageant la nécessité d'un langage scientifique qui fixe et précise les discussions juridiques. Sans cela, on courrait toujours risque de tomber dans la stérilité des débats purement verbaux où sont tombés tant de fois les jurisconsultes romains et plus tard, les philosophes scolastiques et les métaphysiciens.

§ 21.

La controverse de la codification et la théorie de l'école historique.

Au début du xixe siècle, alors que l'Allemagne achevait de se libérer de la domination française, le code Napoléon était en vigueur, dans certaines contrées germaniques, après l'abrogation de l'ancien droit local. Cette introduction d'un droit étranger offensait le sentiment patriotique des Allemands ; il tendait de plus à leur démontrer l'insuffisance de leur droit national, composé, en partie, des lois et ordonnances locales de chaque Etat, en partie, de la législation antique romaine, adaptée et appliquée aux besoins modernes. Le moment était éminemment critique. Le vent jacobin et romantique soufflait en Allemagne, comme ailleurs ; l'idée d'améliorer de force le droit par la création d'un code civil s'étendait et s'accentuait. En outre, ce code, identique pour tous les Etats allemands, aurait été un premier pas vers l'unification et la centralisation fédérative, dont tout le monde reconnaissait l'urgente nécessité ; car les dernières guerres avaient démontré que, divisés et indépendants les uns des autres, les princes allemands pesaient peu dans l'équilibre européen, et que leurs États pouvaient devenir à tout moment la proie des convoitises étrangères... De telle sorte que l'idée de créer un code général, flattait doublement les esprits, dans leur désir d'améliorer le droit local et dans leurs aspirations à unifier la patrie commune et à venger les défaites infligées par Napoléon.

Se faisant l'écho de ces vœux, le jurisconsulte *Thibaut* publia en 1814 un opuscule traitant : *De la nécessité d'un droit civil commun pour l'Allemagne (Über die Nothwendigkeit eines allgemeines bürgerlichen Rechts für Deutschland)*. Il y soutenait que le droit actuel en Allemagne était de tout point insuffisant. Les lois nationales étaient vieillies, vicieuses de forme ; elles se composaient de dispositions isolées, édictées séparément par les princes et les empereurs allemands, dont le maintien ne pouvait être défendu par les juristes même les plus conservateurs. D'autre part, le droit romain, appliqué en Allemagne, était une législation étrangère : il répondait mal aux besoins nationaux, ses règles étaient bien souvent obscures et contradictoires, sa connaissance ne s'acquérait que difficilement. Pour remédier à tant de défectuosités, il devenait indispensable de créer un code civil commun, et, à cet effet, Thibaut proposait la réunion d'un congrès de praticiens et de théoriciens du droit, chargés de l'élaboration de ce code. L'amélioration des législations locales ne pourrait jamais arriver aux mêmes résultats : on manquerait, dans certaines régions, de savants capables de mener à bien une telle entreprise ; et, de plus, le développement ultérieur du droit local, étant donnée la situation politique de l'Allemagne, aurait pour effet de rendre plus complet le manque d'unité de l'esprit national. Tels étaient les arguments politiques et juridiques de Thibaut.

Un jeune jurisconsulte, *Savigny*, qui avait déjà attiré l'attention sur lui par son traité de la *Possession*, réfuta immédiatement Thibaut, dans un autre opuscule intitulé : *De la vocation de notre siècle pour la législation et le droit (Vom Beruf unserer Zeit für Gesetzgebung und Rechtswissenschaft*, (1814). Bien que ce soit un ouvrage de polémique, on y trouve définitivement et catégoriquement fixées les bases de l'école historique, que l'auteur devait compléter ensuite, dans le premier volume de son *Système du droit romain actuel (System des heutigen Römischen Rechts,* 1840).

Dans l'introduction de son opuscule, Savigny pose la question sur son véritable terrain. Il reconnaît que les idées du néo-humanisme français se sont répandues en Allemagne, que le code français s'y est insinué comme une gangrène, que l'on ressent, dans certains Etats, le besoin d'améliorer la justice civile. Il expose la relation existant entre la tendance codificatrice et la philosophie de la dernière moitié du xviii⁰ siècle, et il dit : « En ce temps-là surgit, en Europe, une ardeur aveugle pour l'organisation. On avait perdu tout sentiment et tout amour de ce qu'il y avait eu de grand dans les autres siècles et, pareillement, de tout ce que l'histoire nous apprend de plus utile et de plus profitable, c'est-à-dire, le développement naturel des peuples et des institutions, et on fixait exagérément l'attention sur l'époque actuelle qui, croyait-on, n'était destinée à rien moins qu'à voir se réaliser la perfection absolue ». Ayant ainsi protesté contre le jacobinisme philosophique et politique, il protestait de même contre l'opinion de la grande majorité des juristes allemands de son époque, touchant les origines et la nature du droit. Selon cette opinion, le droit dans son état normal, n'est rien de plus que la résultante des lois, c'est-à-dire, du pouvoir suprême de l'Etat : de là, la nécessité d'un code civil complet.

Le problème de la codification du droit allemand ainsi posé comme corollaire à la fois du néo-humanisme français et du rationalisme allemand, Savigny aborde l'exposition de ce qu'il juge la véritable origine du droit positif. On ne peut admettre, dit-il, que le droit soit un produit du hasard ou de la volonté des hommes. Il résulte des besoins de la vie des peuples. Il y a une relation forcée entre le droit et le fait. La relation du droit avec la vie générale des populations peut être appelée « son élément politique » ; sa relation avec la science des jurisconsultes, son « élément technique ». La preuve de cette corrélation entre le droit et la vie sociale, la preuve que la formation du droit ne dépend ni du hasard, ni de la volonté des hommes, se trouve en ceci : c'est que, chaque fois que se pose un problème juridique, on se trouve en présence de règles juridiques, déjà complètement formées, qui lui sont plus ou moins applicables. Loin d'être une création de l'Etat, le droit est un produit de l'esprit du peuple (Volksgeist).

Le droit apparaît dans l'histoire des peuples, à la façon concrète et casuelle d'actes formalistes. L'on peut regarder ces actes symboliques, comme la véritable grammaire du droit dans la période primitive, et c'est une chose digne de remarque que la tâche principale des jurisconsultes romains consista précisément à les avoir maintenus et appliqués. Plus tard, viennent les généralisations et les abstractions juridiques. Mais le fait de la disparition du besoin de ces actes formalistes et symboliques ne nous autorise pas à n'en pas tenir compte et moins encore à supposer que le droit a pu se former en dehors d'eux, d'une façon rationnelle et volontaire. L'histoire en général, celle du droit romain en particulier, démontrent la fausseté d'une telle hypothèse.

Assurément, tout en étant un produit spontané, d'origine populaire et historique, le droit, il faut le reconnaître, peut être modifié par les lois. Cela a lieu spécialement dans deux cas : quand la loi a des fins politiques bien déterminées, comme les lois Julia et Papia Popae, sous Auguste ; et quand elle a pour but de résoudre et de fixer des points douteux en soi, comme pouvait l'être la durée des prescriptions. Mais ces influences particulières de la législation n'ont aucun rapport avec celles à qui il était question d'avoir recours en Allemagne ; toutes autres étaient les visées de ceux qui réclamaient la création d'un code général : amélioration du droit national et unification de l'Allemagne.

L'une et l'autre de ces visées, soutient Savigny, sont difficiles, inopportunes et quasi impossibles. Avant tout, il est faux que la raison humaine puisse improviser des codes complets : la preuve en est dans tous les défauts du code Napoléon, dans toutes les incertitudes qu'il suscite, dans les interminables volumes de commentaires qui n'arrivent jamais à l'éclaircir définitivement. Ces défauts du code Napoléon sévissent aussi, plus ou moins dans les deux autres codes modernes : la compilation prussienne (*Landrechts*) et le code autrichien.

C'est seulement à certaines époques d'activité intellectuelle exceptionnelle que le droit a fleuri au point d'en rendre possible la codification. Bacon affirmait que le siècle capable de produire un code l'emporterait en intelligence sur tous ceux qui l'ont précédé. Or, Savigny pensait que l'Allemagne n'était, en aucune façon, prête pour une codification. D'une part, la culture du droit n'y était pas suffisante ; de l'autre, il n'y avait pas la moindre uniformité entre les tendances juridiques des divers États. Les différents droits locaux ne concordaient pas entre eux ; ce qui serait neuf pour un pays serait, en réalité, arriéré pour un autre : la promulgation d'un code général risquait d'être quelque chose comme une superfétation.

Que fallait-il donc faire, étant donné que la situation

mécontentait tout le monde ? Le remède consistait dans *une organisation progressive de la science du droit*, laquelle pouvait être la même pour toute la nation. Pendant que le progrès se développerait dans les théories et les recherches juridiques, les États, comme la Prusse, qui possédaient un code, pouvaient continuer à l'appliquer. Dans les pays où il n'existait pas de code, mais seulement un droit commun et un droit municipal, trois choses pouvaient placer le droit civil dans des conditions susceptibles de le faire prospérer : la première, des sources juridiques suffisantes ; la deuxième, des magistrats probes et expérimentés ; la troisième, des formes de procédure bien comprises.

Sur le terrain pratique, comme en théorie, Savigny l'emporta sur Thibaut. L'école historique resta triomphante pour le moment, réfutant du même coup le principe néo-humaniste de la codification et toute la théorie rationaliste et idéaliste du droit. Cette victoire peut être regardée comme un des exemples les plus admirables de l'utilité et de l'efficacité des études classiques et historiques pour rendre le jugement indépendant des tendances les plus récemment en vogue et à la mode à chaque époque. Ôtez à Savigny ses études approfondies du droit romain, sa connaissance familière du latin qui facilitait son exégèse, et il n'aurait pas conçu sa théorie historique du droit. Ôtez à l'Allemagne cette réaction de l'école historique, et le principe de la codification, principe si inopportun pour elle, si progressiste en apparence et si retardataire en réalité, l'aurait emporté, entraînant sans doute les plus graves obstacles au développement ultérieur, politique et économique, de l'empire allemand, dont on s'étonne et on s'émerveille aujourd'hui. Le cas de Savigny et de l'école historique est donc de la plus grande éloquence pour convaincre les esprits médiocres et pseudo-pratiques de l'efficacité très positive de la haute culture classique et philologique non seulement dans l'ordre moral mais aussi dans l'ordre matériel.

§ 22.
Développement de l'école historique.

A peine formulées, les théories de l'école historique produisirent toute une renaissance dans la science juridique. Délaissant les utopies et la fausse méthode du rationalisme, les juristes se consacrèrent de préférence à l'étude du développement du droit romain et de l'ancien droit européen, du droit germanique par dessus tout.

En Allemagne, on peut regarder *Georges-Frédéric Puchta* (1798-1846), le premier des disciples de Savigny, comme l'un des représentants les plus typiques de la nouvelle école, malgré l'influence exercée sur lui par la théorie organique et spécialement par les doctrines philosophiques de son contemporain Schelling. Il développa et généralisa les principes de l'école historique en publiant son *Encyclopédie pour servir d'introduction aux Institutions (Encyclopedie als Einleitung zu Institutiones*, 1825) et ses *Institutiones* (1824).

La partie originale introduite par Puchta dans l'école historique consiste dans l'objectivation et la personnification de l'esprit populaire ou collectif, dont il fait comme une force existant indépendamment de la conscience des individus qui composent le peuple. Savigny parle du *Volksgeist* presque secondairement, en le considérant comme un vague produit de la conscience de tous et d'un chacun ; c'est pourquoi il définit le droit comme « un résultat de la vie sociale » (*ein gemeinschaftliche That*). Pour Puchta, il y a dans le *Volksgeist* une entité indépendante et souveraine ; la société a une âme, propre à elle et définie, ainsi qu'en a une tout organisme individuel. Cette âme collective, cette entité psychique, est la première cause du droit, dont le développement se fait dès lors naturellement et indépendamment d'autres causes (*Naturwuchsigkeit*). Selon cette théorie, « le droit procède de l'esprit collectif comme une plante de sa graine ; sa forme et son évolution sont fixées d'avance ; les individus ne sont que les porteurs passifs d'un droit qu'ils n'ont pas créé ».

Ce concept du droit comme produit de l'esprit collectif et indépendant de la volonté des individus a été plus tard exposé en détail par Puchta dans sa célèbre monographie du *Droit coutumier* (*Gewohnheitsrecht*, 1828) où il s'efforce lumineusement de faire concorder le principe organique avec le principe historique.

C'est là le grand mérite de Puchta : avoir réussi à concilier l'école organique avec l'école historique ; avoir mêlé le principe de la société-organisme avec celui du droit regardé comme résultat spontané de l'histoire des peuples. Toute société est un organisme qui possède un esprit collectif. Cet esprit crée inconsciemment les coutumes et, avec elles, le droit coutumier. Mais la volonté consciente des individus forme l'État politique. Ainsi, bien que les origines du droit soient indépendantes de la volonté individuelle, c'est la volonté individuelle qui produit l'État. Quand l'État donne au droit la forme législative, il ne le crée pas ; il exerce seulement sur lui une action consciente et politique. Le peuple, outre qu'il est la *causa instrumentalis* du droit, est sa *causa principalis*. La distinction qui s'impose est celle de déterminer ce qui est le droit et ce qui est sa réalisation. L'esprit collectif crée la conviction du droit, elle est sa *causa principalis*.

Le peuple est la *causa instrumentalis* du droit, parce que c'est la volonté populaire qui le rend applicable. Pour lui donner plus d'efficacité, pour rendre son application continue et systématique, la volonté générale institue l'Etat, qui arrive ainsi à être le second instrument du droit, l'instrument subsidiaire, mais plus effectivement actif, de la volonté du peuple, de la *causa instrumentalis*. L'Etat est donc un mandataire, un organe coactif, de la volonté du peuple, destiné à garantir l'application du droit, dont l'exercice appartient à cette volonté populaire, mais dont l'origine et l'évolution échappent à son action positive et consciente.

On peut encore regarder, comme représentants et collaborateurs de l'école historique, Mommsen, Strauss et Bluntschli, spécialement ce dernier, à cause de son ouvrage le *Droit public universel*. Ils n'ont cependant pas traité en substance du droit privé ; mais, en revanche, *Ihering*, dont nous avons déjà vu les points de contact avec l'école organique, expose magistralement, dans son traité du *Droit romain*, et dans ses livres *La Lutte pour le Droit* et *La Fin du Droit* (*Zweck im Recht*) une conception expérimentale et historique du phénomène juridique.

Pour Ihering, la notion du droit est purement pratique. Le droit est simplement le résultat d'une lutte utilitaire et violente contre les agressions du dehors. C'est pourquoi on trouve en lui l'antithèse de la fin et du moyen. La fin est la paix ; le moyen, la force. Les hommes désirent la paix pour leur bonheur, et l'obtiennent au moyen de la force. Aux époques de sauvagerie, l'emploi de la force était anarchique, appartenait à l'individu. La civilisation régularisa cet emploi et le confia à l'Etat. Aujourd'hui, c'est l'Etat qui procure la fin utilitaire du droit, la paix, par le moyen coercitif et violent de la force. L'action juridique de l'individu et celle de l'Etat sont donc une lutte séculaire et régulière contre l'injustice.

En Angleterre, *Sumner Maine*, admirateur des grands analystes anglais, concilie, à son tour les principes de l'école analytique anglaise avec la méthode et le concept du droit de l'école historique. Il n'a publié, en fait, aucun ouvrage complet et systématique, et il s'est livré de préférence à des études de détail sur l'histoire du droit, où il recherche les origines de la famille, de la propriété et de l'Etat. Ces études réunies en plusieurs volumes différents (*Le Droit antique* ; *Histoire du droit* ; *Les Institutions primitives* ; *Le Gouvernement populaire*) méritent au plus haut point l'attention, en raison de leur clarté, de leur rigueur scientifique et, tout particulièrement, de l'abondance et de la qualité de leur documentation philologique ; on y trouve comparés et mis en parallèle le droit indien, le droit hébreu, le droit romain, germanique, celtique, anglo-saxon.

Le *Gouvernement populaire* est un opuscule d'un haut intérêt, parce que Sumner Maine y rompt avec les dogmes démocratiques de la Révolution française, et penche à croire à la supériorité des gouvernements aristocratiques. L'histoire, dit-il après Strauss et Renan, est éminemment aristocratique ; toutes les civilisations sont dues à des aristocraties. Pour rendre l'action de l'Etat véritablement progressiste, il conviendrait qu'il fût non pas le représentant de tous les citoyens, mais bien des meilleurs. Le Dieu *Demos* n'est pas toujours une divinité favorable au progrès. La preuve en est la banqueroute de presque toutes les républiques. Il n'y a pas à envier leur situation, aux républiques hispano-américaines ; et quant à la France, peut-être n'a-t-elle la prospérité dont elle pourrait jouir sous un autre pouvoir.

En revanche, on ne peut nier les progrès admirables des Etats-Unis de l'Amérique du Nord. Mais on ne peut les prendre pour exemple d'une véritable démocratie. Au contraire, les colons anglo-saxons ont apporté dans leurs relations sociales les tendances aristocratiques de leur race. Si l'on a appelé avec exactitude les Etats-Unis « la patrie des déshérités », il ne faudrait pas entendre par là que la lutte pour la vie y soit facile pour les esprits faibles et sans énergie. Nulle part, ailleurs, peut-être, la lutte pour la vie n'a été plus rude et plus pénible ; en aucun pays, la sélection naturelle ne s'est opérée plus cruellement et plus efficacement. Les Yankees croient que l'homme doit attendre son succès et son bonheur beaucoup plus de son énergie individuelle que de la protection des lois ; leur gouvernement se borne donc à être un gouvernement politique. Excepté sur le terrain politique, toutes les entraves de la législation ont été réduites à un minimum. Aussi, malgré l'existence du suffrage universel, la démocratie américaine n'a pas pour but la protection des faibles, des ineptes, des incapables. Plus que tout autre système, elle facilite les malheurs du *struggle for life*. Quand les déshérités recueillent l'héritage qu'ils sont venus chercher en Amérique, ce n'est pas en vertu de la protection des lois, mais grâce à la vivacité de leur intelligence et à la force de leurs poings. Toute la prospérité des Etats-Unis repose sur le respect sacré des engagements et sur l'inviolabilité de la propriété ; minimum juridique qui facilite les transactions économiques des hommes honorables et entreprenants et qui tend à mettre en déroute les maladroits, les engourdis et les malhonnêtes gens.

Dans cet esprit conservateur et aristocratique, qui trouve chez Sumner Maine son maximum d'expression, je relève une tendance originale de l'école historique. En plus de ce qu'elle prend contact par là avec l'école analytique anglaise, cette tendance représente le côté politique de la réaction de l'école historique contre le rationalisme allemand et le néo-humanisme français. Et c'est ce qui explique le peu d'importance qu'a eue cette école dans les pays latins, qui, sous l'influence de la Révolution française, continuèrent à vivre intellectuellement du néo-humanisme romantique pendant tout le cours du XIX° siècle. Les esprits y vivent même encore un peu de la vie du XVIII° siècle. Et par malheur, dans beaucoup de ces pays, le jacobinisme vieilli et démodé est venu coïncider avec le mouvement socialiste de l'école économique. Du XVIIIᵉ siècle, ils sont passés brusquement au XXᵉ, sans subir la transition modératrice de l'école historique du XIXᵉ siècle. En Espagne, particulièrement en Catalogne, par exemple, le mouvement républicain genre XVIIIᵉ siècle, qui se manifeste très tard à la fin du XIXᵉ siècle, se croise avec le socialisme genre XXᵉ *siècle*. Comme il ne s'est pas produit, dans ces pays, un Savigny ou un Taine, qui serve de palliatif au jacobinisme « enragé », celui-ci se développe et se déploie au moment très inopportun où la propagande socialiste et anarchiste arrive à son apogée. C'est pour cela, c'est pour avoir manqué d'un contrepoids régularisant leur évolution, c'est pour avoir sauté la phase de la réaction anti-jacobine, que ces pays trouvent dans le socialisme un danger bien plus redoutable que ne le trouve l'Allemagne, où il se présente plutôt comme une évolution logique et naturelle que comme une révolution brusque et prématurée.

§ 23.

L'école économique.

Comme dans la théorie formelle du droit, comme dans presque toutes les théories philosophiques, il y a dans l'école économique une base historique et une base doctrinaire. Sa base historique est la même que celle de la Révolution française ; c'est le mouvement démocratique des temps modernes. Le néo-humanisme du XVIIIᵉ siècle donna conscience au peuple de sa situation ; en réaction contre le despotisme des rois, il donna à leurs sujets le droit de se révolter. Du moment que chaque homme était une entité libre et souveraine, du moment que le monarque n'était que le représentant et le mandataire de la souveraineté de tous, c'est-à-dire du peuple, le peuple avait, sans aucun doute, le droit de demander des comptes à ses mandataires et représentants. Or, la condition du peuple était assez mauvaise au XVIIIᵉ siècle ; il n'avait pas de droits électoraux ; il était accablé d'impôts élevés et vexatoires ; il se révolta en France contre le système de gouvernement établi. Le mouvement révolutionnaire avait pour principal objet d'améliorer sa condition misérable ; pour l'améliorer, le système représentatif républicain fut institué, et le peuple acquit ainsi toute sorte de droits politiques.

La République améliora, sans doute, la condition du prolétariat ; elle annula les privilèges de caste en établissant l'égalité des citoyens ; elle donna au peuple une représentation directe dans le gouvernement et diminua considérablement ses impôts. Mais, tout en étant nominalement égalitaire, le nouveau système politique ne détruit pas l'ancien régime économique : la monnaie, les salaires, le capital restent ce qu'ils étaient. Bien plus, les progrès surprenants du machinisme aggravent la situation du travailleur ; les petites industries sont toutes absorbées par les grandes entreprises capitalistes ; les ouvriers tendent à devenir les accessoires des machines ; et sous peine de mourir de faim, ils sont à la merci des patrons. Les démocrates idéologues du néo-humanisme, malgré l'importance de leurs conquêtes en politique, n'arrivent donc qu'à des déceptions en matière économique. Il faut, en conséquence, réformer le régime économique, de la même façon qu'a été réformé le régime politique par les institutions démocratiques modernes... Cette tendance à détruire le système actuel du capital, de la monnaie et du salaire constitue la base historique de l'école économique, dont le but pratique est, précisément, de justifier le mouvement socialiste, de la même façon que l'école rationaliste, individualiste et romantique du XVIIIᵉ siècle avait justifié le mouvement démocratique qui devait aboutir à la Révolution française.

La base théorique de l'école économique résulte des doctrines exposées par Karl Marx dans son *standart book* : *Le Capital* (1867). Pour Karl Marx, d'accord en cela avec les économistes anglais Ricardo et Smith, la valeur d'échange d'un objet quelconque dépend du temps socialement nécessaire pour l'extraire ou le fabriquer. La substance de la valeur est le travail ; la mesure de la quantité de valeur est la quantité de travail, laquelle, à son tour, se mesure par la durée et le temps de travail. « Le temps de travail qui détermine la valeur d'un produit est le temps socialement nécessaire pour sa production, c'est-à-dire le temps nécessaire non pas dans un cas particulier, mais en moyenne, ou si l'on veut le temps que demande tout travail exécuté avec un degré moyen d'intensité et d'habileté et dans les conditions ordinaires relativement à un milieu social convenu ». Un kilogramme d'or dans une mine inexplorée n'a aucune valeur ; mais si on l'extrait et on l'affine, il vaudra proportionnellement au travail employé à découvrir la mine, à l'explorer, et à en exploiter et affiner les produits.

Ce concept théorique de la valeur d'échange ainsi établi, nous devons conclure que le producteur capitaliste touche, aujourd'hui, un excès de valeur par rapport au prix de production de toute marchandise. Profitant des circonstances favorables du machinisme et du système monétaire, le capitaliste gagne sur le travail humain en payant mal le prolétaire et en le touchant avec augmentation sur la marchandise. Marx appelle cette augmentation arbitraire et injuste la « plus-value ». De la sorte, un article quelconque coûte le travail additionné à la plus-value. En appelant M la valeur d'échange d'une marchandise quelconque, on peut donc représenter son équivalent par la formule suivante :

$$M = x \text{ jours et heures de travail} + n \text{ plus-value.}$$

Mais la concurrence mutuelle des capitalistes tend à faire baisser le prix de l'article et à détruire la plus-value. Dans ce cas, le capitaliste retrouve son bénéfice, en imposant à l'ouvrier un « surtravail », qui ne lui sera pas payé ; et l'ouvrir y consent sous la pression du besoin et en raison des conditions de la production moderne. Ce nouveau moyen d'augmenter abusivement la valeur d'échange de la marchandise M peut s'exprimer ainsi :

$$M = x \text{ jours et heures de travail} + m \text{ surtravail}.$$

Il peut arriver alors qu'un capitaliste énergique triomphe de ses concurrents et reste seul maître du marché pour l'article en question ; mieux encore, il peut arriver qu'un groupe puissant de capitalistes forme un *trust* et accapare toute la production d'une marchandise donnée, à l'exclusion des autres producteurs, et cela toujours par le système de la concurrence commerciale. En pareil cas, le capitaliste ou le *trust*, maîtres absolus de la production, créent un monopole à leur profit exclusif et font monter la valeur d'échange du produit ou de la marchandise, en ajoutant la plus-value au surtravail. La formule de cette nouvelle production monopolisée pourrait s'exprimer par l'équation suivante :

$$M = x \text{ jours et heures de travail} + n \text{ plus-value} + m \text{ surtravail}.$$

Par suite, le régime capitaliste actuel a pour résultat immédiat de faire enchérir toutes les denrées et de rendre plus difficile la vie du prolétaire. C'est pourquoi, à cause de la misère du prolétariat et surtout à cause de la situation très pénible de l'ouvrier, c'est pourquoi Marx, s'inspirant de l'idéal de démocratie humanitaire en vogue à notre époque, censure aigrement le régime capitaliste, à qui il suppose de profondes causes historiques. Il soutient que l'accumulation primitive du capital s'est faite par la force. La force, l'assujettissement des peuples, la formation de castes dominantes ont été, dans l'antiquité, les moyens d'accumuler les richesses. Au moyen-âge, il y a eu une évolution de ces richesses, qui a amené la transformation du capital en deux catégories : le capital « usuraire » et le capital « commercial ». La constitution féodale des campagnes et l'organisation corporative des villes rendit longtemps impossible la métamorphose de ce capital usuraire et commercial en capital « industriel ». C'est seulement à l'époque moderne, et surtout dans la période contemporaine que la destruction de la féodalité et l'avènement du régime démocratique permirent la réalisation de cette dernière transformaton du capital, que le machinisme porta au degré maximum, où nous la voyons aujourd'hui. De cette influence réciproque de la condition politique et de la condition économique, l'école économique, tire, par induction, son postulat fondamental : tout phénomène historique et politique a un substratum économique. L'état économique est donc à la base de tous les événements, de toutes les inventions, de toutes les manifestations de l'activité humaine. La clef de l'histoire, de la religion, de l'art, du droit, c'est toujours l'économie sociale. L'attribution de tous les phénomènes sociaux et moraux aux facteurs physiques a fait donner à cette doctrine et à sa méthode le nom de *matérialisme historique*.

Le sociologue italien Achilles Loria a appliqué le principe économique à l'explication du droit dans son ouvrage : *Basi economiche della Costituzione sociale*. Il y regarde le droit comme une « forme-limite » économique, et en conclue qu'il faut se réduire à un ensemble de règles impératives tendant à assurer aux divers producteurs la jouissance du produit de leur travail et de l'accumulation ce produit. « La proposition : *où il n'y a pas de propriété il n'y a pas d'injustice*, est, comme il a déjà été dit par Locke, aussi certaines, que les théorèmes d'Euclide. C'est pourquoi, attendu que l'idée de propriété entraîne celle d'un droit à une chose, et attendu que l'idée que nous désignons sous le nom d'« injustice » est celle de la violation d'un droit, il est clair que la seconde de ces idées ne peut exister si la première n'existe pas ». Toute sanction juridique repose donc sur une cause économique. La cause économique de notre droit actuel est le régime capitaliste ; l'objet des lois est d'empêcher, par leurs sanctions, les violations de ce régime.

L'évolution du droit s'est faite parallèlement à celle de l'économie sociale. La transformation des relations économiques entraîne fatalement la transformation du droit. Aux temps préhistoriques, en Asie et en Grèce, en Afrique comme en Amérique, fleurit la famille maternelle ou matriarcale, avec son système compliqué de parenté. Cette organisation particulière de la famille crée un système spécial de droit : le droit maternel ou matriarcal.

Plus tard, aux débuts de l'époque historique, la famille s'organise sous le régime paternel ou patriarcal. Le droit primitif des Romains, des Irlandais, des Gotlis et des Germains est presque identique ; à peine présente-t-il de légères différences. « Chez tous ces peuples, on observe les mêmes divisions entre les personnes, le même caractère absolu du pouvoir marital et paternel, la même constitution personnelle de la famille, la même distinction entre l'*ager publicus* et l'*ager privatus* ; chez tous, le droit sanctionne l'inviolabilité de la propriété privée et du bornage du champ patrimonial ; chez tous, il donne une base personnelle aux obligations, enchaîne par un lien rigoureux la liberté du débiteur et transforme l'objet réel en propriété ; chez tous, enfin, il affirme le respect dû à la sainteté du serment, accorde au témoignage une entière confiance et prescrit l'intervention des fidéjusseurs judiciaires.

Loria divise ensuite le droit en diverses catégories, correspondant aux institutions : droit de famille, droit de propriété, droit de succession, droit contractuel dérivant des obligations, droit réglant les relations entre les propriétaires et les travailleurs, droit pénal. Et dans chacune de ces catégories, il étudie la base économique de l'évolution du droit.

Dans le droit familial, les besoins économiques amènent, en vue de perfectionner le travail social, la transformation de la polyandrie ou de la promiscuité primitive en matriarcat, et, ensuite, du matriarcat en patriarcat. Le pouvoir absolu du *pater familias* répond au fait qu'il est le principal producteur et qu'il convient de soumettre à une direction ferme le travail de tous les membres de la famille et du clan. — Dans le droit de propriété, « la distinction de l'*ager publicus* et de l'*ager privatus*, que l'on rencontre dans le droit allemand primitif et dans le droit romain, est une survivance de la propriété collective des temps préhistoriques, que ces deux peuples avaient alors abandonnée ». — Relativement au droit d'héritage, la loi fondamentale qui préside à son évolution est celle-ci : « Pendant la période primitive, quand la propriété appartient à la famille, la succession se fait nécessairement *ab intestato*, puisque les divers membres de la famille ont déjà un droit de propriété ou de *condominium* sur l'avoir commun ; mais lorsque paraît l'esclavage et, avec lui, la propriété individuelle, le motif qui avait imposé l'héritage *ab intestato* cesse d'exister, en même temps que de graves raisons militent pour accorder au propriétaire le droit de disposer de ses biens, même quand il n'existera plus ». — Le fondement économique du droit dérivant des obligations et de celui qui règle les rapports entre propriétaires et travailleurs est encore plus facile à apercevoir, car ces deux catégories de droit ont pour objet direct de protéger la propriété individuelle.

En ce qui touche le droit pénal, Loria fait observer que les rapports économiques ont une action prépondérante sur les crimes et sur les peines et même sur les délits contre les personnes. L'augmentation ou la diminution des salaires, la condition de l'ouvrier, influent directement sur ses actes délictueux de tout genre. En admettant la réalité d'un type de criminel né, comme le prétend l'école anthropologique de Lombroso, il est indubitable qu'il serait le résultat d'une dégénérescence, et les causes de cette dégénérescence sont le manque d'hygiène et de nourriture, l'exagération mal ordonnée du travail physique, bref, les conditions funestes imposées actuellement à la vie du prolétaire par le régime économique du capitalisme et du machinisme.

§ 24.

Critique de l'école économique.

L'école organique a conquis pour toujours, contre le principe de la société-contrat, celui de la société-organisme. Les philosophes de l'école analytique anglaise ont imposé aux études juridico-politiques leur esprit de bon sens et d'analyse réaliste, si opportun pour servir de contrepoids aux visées trop élevées du rationalisme métaphysique. L'école historique nous a donné, franchement, le premier concept positif du droit, en l'envisageant comme un produit forcé de l'évolution historique des peuples. L'école économique, enfin, ajoute à ces progrès de la science juridique une notion qui les complète admirablement, celle des antécédents économiques du droit.

Mais, à part cela, l'école économique tombe fréquemment dans ce que j'appellerai l' « erreur » ou l' « illusion économique », c'est-à-dire qu'elle juge les phénomènes sociaux exclusivement d'après leur côté économique, en méprisant ou négligeant les autres facteurs politiques, géographiques, biologiques. La théorie exposée par Loria me paraît, telle qu'elle, inadmissible. Même en englobant sous le qualificatif d'économique tout ce qui se rapporte à la satisfaction des besoins de l'homme, on ne peut pousser cette extension du mot jusqu'à lui faire désigner les instincts génésiques, origine de tant de coutumes et d'institutions. Puisque l'homme est un complexus de faim et d'amour, il faut borner à la faim les études économiques et en écarter par conséquent, sinon l'instinct de la conservation individuelle, du moins celui de la propagation de l'espèce. Ainsi, quand Loria attribue les crimes passionnels à des causes économiques indirectes, il commet un véritable sophisme, puisque l'économie sociale n'y a évidemment qu'une influence accessoire.

La nouveauté de la méthode économique, son caractère de précision apparente, la partie scientifique qui s'y trouve incontestablement, et jusqu'à sa tendance philanthropique et socialiste, font de l'application exclusive de cette méthode un des plus grands périls que trouve sur son chemin le sociologue inexpérimenté. Il ne doit pas oublier que le phénomène biologique, physique et psychique précède et détermine le phénomène économique dans l'ordre de causalité de l'évolution et de la nature. Mépriser cet ordre positif, en cherchant dans le domaine économique l'origine de tout phénomène social quel qu'il soit, c'est tomber dans une erreur de fait ou dans une erreur de conception. L'erreur de fait serait de croire que les besoins économiques l'emportent sur les principes biologiques et le milieu géographique ; l'erreur de concept, d'étendre le sens du mot « économie » aux faits qui sont génériquement d'ordre zoologique et biologique, alors que dans le langage scientifique et courant, ce mot se rapporte essentiellement aux besoins de l'homme et surtout de l'homme historique. Parler d'une économie politique de l'anthropopithéque est aussi absurde que parler de celle de l'orang-outang ou du rhinocéros.

Nous devons non moins nous défier des vérités de notre temps que de ses procédés en méthodologie : ils ne sont en général qu'un dérivé de ces prétendues vérités. A ne considérer les phénomènes bio-sociologiques que sous leur aspect économique, on les fausse, à mon avis, ou on les présente incomplètement. La forme économique est, seulement — et il ne faut pas la regarder autrement — une forme transitoire, et déjà dépassée dans l'évolution, de la phénoménologie sociale. C'est pourquoi Loria, en appelant l'économie la « forme-limite » de la politique et du droit, confond, je ne dis pas seulement les choses, mais même les mots. Cette forme-limite se trouverait placée beaucoup plus justement dans les manifestations premières de la vie animale et par conséquent de la vie humaine. Elle n'appartiendrait pas à des phases surévoluées de la vie humaine telles que l'économie politique, mais aux origines mêmes de la vie animale. Or, appeler ces origines « économiques » c'est appeler « économie » la science de la vie, la biologie.

S'il fallait adopter délibérément une méthode déterminée pour l'étude de la sociologie juridique, j'incline, pour ma part, non vers la méthode économique, mais vers la *méthode biologique*. Et c'est ce nom qu'on peut donner à celle que j'emploie dans cet ouvrage, parce qu'elle cherche le principe fondamental des phénomènes sociaux dans les lois de la biologie, dans l'application directe des lois de la biologie. Cette méthode a, sur celle de l'école économique, l'indiscutable avantage de pénétrer plus à fond le déterminisme scientifique des phénomènes sociaux. Au lieu de passer par les rameaux, elle va directement au tronc, et par le tronc, jusqu'au cœur même du vieux chêne de la vie sociale.

Je dois, sans doute, reconnaître que les partisans les plus distingués de l'école économique font des efforts pour en concilier les doctrines avec la théorie transformiste. Ferri et Loria en ont donné l'exemple dans ces derniers temps. Mais je dois aussi déclarer, pour ma part, que ces tentatives, tout en complétant et en améliorant parfois certaines théories de cette école, arrivent trop *ex post facto*, ont un caractère trop artificiel, pour être réellement scientifiques. En général, d'ailleurs, elles manquent de véritable exactitude, au point de vue biologique ; par ignorance ou mauvaise interprétation, leurs auteurs ne connaissent pas bien, je crois, les lois qui régissent la vie animale et humaine. C'est la métaphysique allemande qui a engendré le socialisme, ce n'est pas le positivisme scientifique : il en serait plutôt le beau-père... J'exposerai, du reste, au moment opportun, en traitant de l'évolution du droit, cette fausse interprétation biologique et ce fondement métaphysique, pour en tirer mes arguments les plus forts, tant contre la théorie économique en soi que contre les systèmes et les conséquences politiques et juridiques qui en dérivent.

CHAPITRE VI

THÉORIES DE L'ÉTAT.

§ 25. Définition de l'Etat. — § 26. Théorie du droit divin. — § 27. Théorie du contrat social. — § 28. Théorie de l'école analytique anglaise. — § 29. Bifurcation des écoles positives par rapport à la notion de l'Etat. — § 30. La théorie patriarcale. — § 31. La théorie matriarcale.

Hobbes, *Elementa philosophica de cive*, *Leviathan*. — Bentham, *Œuvres* (trad. française). — Austin, *Lectures*. — Montesquieu, *Esprit des lois*. — Rousseau, *Du contrat social*. — Bluntschli, *Théorie générale de l'Etat* (trad. française). — Sumner Maine, *Ancient Law*, *Early History of Institutions*, *Histoire du Droit* (trad. française). — Engels, *Origine de la famille, de la propriété privée et de l'Etat* (trad. française). — Gumplowicz, *Philosophische Staatsrecht*. — Mohl, *Encyclopédie des sciences politiques*.

§ 25.

Définition de l'Etat.

Dans les deux chapitres précédents, j'ai exposé les principales théories juridiques, en me référant spécialement au concept du droit. Mais, à ce concept est toujours joint inséparablement celui de l'Etat. On ne conçoit pas d'une façon générale l'existence d'un droit sans celle d'un Etat qui lui donne des garanties et des sanctions. Toute théorie juridique du droit suppose donc, à côté d'elle, une théorie politique de l'Etat. C'est pourquoi, je vais compléter ici les chapitres en question en exposant les théories de l'Etat qui leur correspondent.

Il se présente chez les auteurs de sérieuses difficultés quand il s'agit de préciser les termes fondamentaux de la science politique, spécialement les mots « nation », « Etat », « gouvernement » et « souveraineté ». Ils ont respectivement rapporté ces expressions à leurs doctrines, ils les ont appliquées aux besoins de leurs théories : si bien qu'ils ne se mettent pas catégoriquement d'accord sur un point où sans aucun doute ils devraient l'être : à savoir, donner à ces mots la signification que l'usage ou la convention leur attribuent en dehors de toute application théorique ou systématique. Pour nous, ce n'est qu'après avoir défini à nouveau les expressions que nous emploierons que nous pouvons nous décider à édifier nos doctrines. Autrement, nous courrions le risque de ne pas être compris, ou de nous lancer dans de stériles discussions, dans des querelles de mots byzantines. J'arrive ainsi à définir les mots dont il s'agit, pour fixer le vocabulaire du sujet.

Dans le langage scientifique, comme dans la langue vulgaire, on appelle *nation* une collectivité humaine, indépendante politiquement de toute autre collectivité humaine. Elle doit donc comprendre trois éléments : un peuple, un territoire et un gouvernement particulier.

Le *peuple* est l'élément primordial, l'*alma mater*, l'entité mère. Son unité résulte, en partie, de l'affinité de ses facteurs ethniques, et, fréquemment, la langue est un des principaux liens qui l'unisse. Mais, comme cause de cohésion chez un peuple, on peut regarder le territoire comme plus important que la race et la langue.

Le *territoire* influe doublement sur la constitution de l'unité sociale : d'une part, par l'amour collectif qu'inspire toujours la patrie, le lieu de la naissance ; d'une autre, par l'*homogénéité* qu'il a le pouvoir de donner au caractère, à la psychologie des hommes et par laquelle il rend les individus semblables les uns aux autres. Cette ressemblance psychologique est un motif de premier ordre d'union et de concitoyenneté.

Un peuple, établi sur un territoire, doit, pour arriver à constituer une véritable nation, être une entité politique indépendante, et, pour préciser, se gouverner lui-même, avoir un *gouvernement propre*. Autrement, s'il est soumis à une collectivité étrangère, celle-ci, en lui imposant ses lois, affaiblira son caractère primitif de nation, pour le transformer en simple province, c'est-à-dire en appendice plus ou moins bâtard.

Il est presque impossible que sous une domination étrangère, un peuple conserve longtemps son caractère national, sa psychologie d'origine, attendu que par une fatalité historique, la nation dominatrice s'efforcera toujours de l'assimiler. Un peuple qui cesse d'être une nation *politique* tend à perdre sa nationalité *psychologique*. C'est pourquoi, en disant « nation », on entend toujours la coexistence de la nation politique et de la nation psychologique. Les Gallois, les Écossais, les Irlandais, ont été des nations, avant la domination politique de l'Angleterre; depuis lors, ils n'ont même plus de nationalité psychologique. A peine conservent-ils quelques traits régionaux qui les distinguent du type spécifique de l'Anglais, car le gouvernement commun, auquel ils sont soumis, tend à les rendre semblables et homogènes.

On peut donc dire, sans erreur sensible, et malgré les prétentions de la fameuse « théorie des nationalités » que toute nation politique est une nation psychologique et *vice-versa*. Ainsi, le mot « nation » signifie avant tout un peuple indépendant sur un territoire qui lui appartient. Ce peuple pourra se composer de diverses races et de diverses nationalités abolies, posséder divers idiomes; ce territoire pourra comprendre des régions distinctes et même séparées, la nation n'en existera pas moins, au sens courant et politique du mot, du moment qu'il y aura des hommes associés sur certaines terres, se gouvernant librement eux-mêmes, eux et leurs terres. Le nier, c'est forcer le sens des mots ou fausser la réalité des faits.

En raison des tendances et des passions égoïstes de l'homme, toute société humaine a besoin, pour se maintenir dans un état suffisant de cohésion et d'harmonie : 1° de certains principes d'éthique ; 2° d'une sanction contre les transgresseurs de ces principes.

Comme nous l'avons vu, on appelle couramment « éthique » l'ensemble de la coutume, du droit et de la morale qui fixe ce qui est bien et permis, ce qui est mal et défendu. La sanction peut être sentimentale (mépris, réprobation, déshonneur) ou effective ; c'est alors la sanction juridique. La sanction juridique a son expression concrète dans la *loi* ; elle est appliquée par le *pouvoir public*. Le pouvoir public s'appelle le *gouvernement* ; il est formé d'une ou plusieurs personnes déterminées ; ses attributions sont d'édicter les lois et de les faire exécuter. Et comme la société a besoin de ressources ou de fonds communs pour les frais de son gouvernement, le gouvernement perçoit l'*impôt*. On appelle ainsi le prix que coûtent à chaque membre de la communauté, les dépenses communes à celle-ci.

On nomme généralement *souverain*, celui qui gouverne, et *souveraineté*, le droit de gouverner. Et l'on appelle *État* le *groupe gouvernant* ou la *personnalité morale* de la nation ou société, groupe et personnalité dont les attributions les plus caractéristiques sont, en somme, d'édicter les lois et de lever l'impôt. — Le fait de gouverner, et l'art de le faire se nomme *politique* ; et la science de la politique, *droit politique*. A l'époque moderne, on appelle *constitutions*, certains codes, exprimant de façon concrète les plus importants principes théoriques du gouvernement d'une nation, et *droit constitutionnel* l'étude de cette législation positive de la politique nationale.

§ 26.

Théorie du droit divin.

Les mots « nation », « gouvernement », « État », « souveraineté », ne sont que les formes et les aspects divers d'un seul fait fondamental : la *sociabilité humaine*, l'existence de collectivités humaines, de sociétés. Les hommes réunis en société constituent une « nation », ils se donnent un « gouvernement », ils appellent « Etat » l'entité idéale qui exerce le gouvernement, et « souveraineté » les droits de commandement et d'autorité de cette entité. Le fait étant tel, la raison humaine cherche naturellement une *théorie de ce fait*. Quelle est l'origine, quelle est la nature de l'Etat et de la souveraineté ?

La première explication que l'on trouve dans l'histoire, la plus primitive et la plus ingénue, celle de l'époque théologique, est forcément celle du droit divin. Le souverain est souverain parce que Dieu le veut, parce que Dieu l'a désigné, parce que Dieu lui a délégué une part au moins de sa souveraineté infinie, la *souveraineté temporelle*. L'autre partie, le *pouvoir spirituel*, il la délègue, pour les peuples catholiques, à son suprême vicaire religieux, le souverain pontife. Et comme le spirituel l'emporte sur le temporel, c'est le pape, qui, selon les saints canons, fait les monarques, et qui les faisait au Moyen-Age, en leur donnant leur diadème par l'investiture du sacre. De cette façon, de même que le pape représente Dieu, le souverain représente l'Etat. D'où vient qu'en poussant à ses dernières conséquences la théorie du droit divin, Louis XIV pouvait prononcer la fameuse phrase qu'on lui attribue : « L'Etat, c'est moi »... C'est-à-dire : « Si mon pouvoir émane de Dieu, c'est à lui seul que je dois rendre compte de mes actes et non à vous, simples mortels, mes sujets ».

Dans sa *Politique tirée de l'Ecriture sainte*, Bossuet attribue aux rois de France le même pouvoir que l'onction conférait aux rois de Juda. « Le titre de christ est donné aux rois, nous dit-il ; et on les voit partout appelés les christs ou les oints du Seigneur »... Le prince ne doit rendre compte à personne de ce qu'il ordonne... Personne ne peut lui dire : « Pourquoi faites-vous ainsi ? »... « O rois, vous êtes des dieux, c'est-à-dire vous avez dans votre autorité, vous portez sur votre front le caractère divin ». Parler mal du roi est, pour Bossuet, un crime digne du dernier supplice, presque aussi grave que de blasphémer contre Dieu.

Il est clair qu'un pouvoir d'origine divine devait être absolu comme la divinité elle-même. Louis XV dit ainsi sur son lit de mort : « Bien que le roi ne doive compte de sa conduite qu'à Dieu... » Et Louis XVI, comme une personne de sa famille lui faisait des observations sur certaines de ses décisions, s'écrie : « C'est légal parce que je le veux ». Le roi n'a donc au-dessus de lui que la divinité. Mais la divinité a son vicaire sur la terre... C'est pourquoi si les princes échappaient à la censure du peuple, ils étaient soumis à celle du pape ; il pouvait les frapper d'excommunication et suspendre par là, en théorie, leur investiture et leur souveraineté. Toutefois, la décadence du pouvoir papal enleva promptement toute efficacité à cette sanction religieuse, laissant libre et sans contrôle sur la terre l'autorité absolue des souverains de droit divin.

Comme le monarque ne peut gouverner en remplissant en personne les diverses et multiples fonctions de la souveraineté de droit divin, il fractionne ses pouvoirs et les délègue à ses ministres et officiers, lesquels procèderont toujours « au nom du roi » dont ils représentent l'autorité. Les fonctionnaires publics sont, en conséquence, les mandataires du roi, dépositaires d'une parcelle de son pouvoir. L'absolutisme royal descend ainsi sur le peuple, comme en cascades, du haut du trône à travers la magistrature. C'est pourquoi le système du droit divin exige, non seulement des capacités politiques extraordinaires chez le prince, mais aussi des éléments élevés d'honneur et de patriotisme dans l'aristocratie qui l'aide à gouverner. Sans cela, l'incapacité et l'égoïsme des gouvernants conduiront la société à la décadence et à la banqueroute.

§ 27.

Théorie du contrat social.

La théorie de la souveraineté de droit divin se heurte en pratique à un très grave inconvénient : la non infaillibilité des rois. Si le prince était un être parfait, un être divin, tout irait au mieux, grâce au droit divin, pour la félicité de son peuple. Malheureusement, au contraire, le roi a des défauts tout autant qu'un autre homme ; et s'il s'en trouve parfois un digne d'admiration, ses descendants semblent avoir une propension à dégénérer. Le monarque de droit divin peut donc errer, et, dans ce cas, abuser de son pouvoir pour user en tyran de la chose publique.

C'est ce qui arriva aux rois de France, dans les temps modernes. Au milieu d'une cour fastueuse et dissolue, loin de rendre leurs peuples heureux, ils en firent le malheur. Le tiers-état, le peuple proprement dit, suait sang et eau pour maintenir le bien-être et la richesse des deux autres états, la noblesse et le clergé. La classe dirigeante, formée de cette noblesse et de ce clergé, était personnifiée par le roi. Et le roi, le maître, l'incarnation de l'Etat, n'arrivait à maintenir la situation que par les moyens les plus irritants : des impôts excessifs qui acculaient le travailleur à la misère et à la faim.

La faim et la misère firent leur chemin dans les idées et les passions. Le tiers-état allait s'apercevant peu à peu qu'il n'était pas si inférieur à la noblesse et au clergé qu'il dût supporter en silence leur injuste despotisme. Le courant démocratique de l'humanisme de la Renaissance et du néo-humanisme du xviiie siècle allumait déjà, dans les esprits, le feu révolutionnaire. Mais le despotisme avait sa justification dans la théorie, qui dominait alors, du droit divin. Pour autoriser ouvertement la révolte, il fallait une contre-théorie : cette contre-théorie, dernier résultat, en politique, de l'évolution de l'humanisme et du néo-humanisme, fut le *Contrat social* de Jean-Jacques Rousseau.

Voici en quoi il consiste essentiellement. L'homme est un être bon et libre ; il est originairement *souverain de lui-même*. Il a l'instinct du bonheur, il fuit la douleur et recherche le plaisir. A une époque reculée, il vivait au sein d'une paix admirable. Mais, ayant dû ensuite se réunir en sociétés ou nations, les hommes, bons et libres comme ils étaient, firent un pacte entre eux, un contrat social. Dans ce pacte, pour augmenter le bonheur de tous, chacun aliénait sa souveraineté personnelle et soumettait ses propriétés entre les mains d'une autorité commune, le gouvernement, le monarque, qui devient, de la sorte, non plus un « oint du ciel », mais un simple mandataire du peuple. Si ce mandataire, au lieu d'accomplir les devoirs imposés par son mandat et de travailler à la prospérité générale, y manque et cause le malheur de toute la population ou de sa plus grande partie, c'est le droit de ceux de qui il tient son autorité, c'est-à-dire des citoyens, de lui demander compte de sa conduite et de révoquer les pouvoirs qui lui avaient été accordés. Ce qui revient à dire que le peuple a le droit d'accuser ses rois, de les juger, de les détrôner et de les condamner. C'est précisément ce que fit la Révolution française. Sa *Déclaration des droits de l'homme* n'est qu'une codification de la théorie de Rousseau ; sa république démocratique, la réalisation de cette théorie ; les excès du jacobinisme, ses conséquences extrêmes dans un moment de lutte et de passion.

§ 28.

Théorie analytique anglaise.

La théorie du contrat social, exposée isolément et, pourrait-on dire, d'une façon purement spéculative par Locke, reprise par Rousseau avec des visées politiques et propagandistes, part d'un postulat inévitable : la préexistence d'un temps de bonheur, d'un état de paix et de concorde, d'un « âge d'or » préhistorique. Il serait impossible, sans cela, que tous les hommes aient pu s'entendre pour faire unanimement un pacte général. Comte fait observer très justement que ce postulat doit être une réminiscence, une transformation des principes théologiques dans la philosophie métaphysique. La *Genèse* enseigne, en effet, que les premiers hommes jouissaient à l'origine, dans le paradis terrestre, d'une félicité parfait ; cette époque correspond à l'âge d'or des métaphysiciens. Le contrat social fait alors songer au « péché originel » ; comme lui il entraîna la douleur et le malheur.

La plus légère analyse des phénomènes historiques montre que cet âge d'or n'a jamais existé : c'est une conception métaphysique et romantique. Tout au contraire, les sentiments humanitaires, la charité, la confraternité ne datent pas de loin : les peuples antiques, comme les sauvages actuels, ont vécu dans un état presque perpétuel de guerre et de violence, ou du moins de défiance et d'isolement belliqueux. Loin d'avoir été « bon » et libre, l'homme primitif avait des instincts animaux, plus rudes, plus égoïstes, que l'homme moderne ; et, quand il n'était pas esclave de maîtres humains, il l'était de ses propres passions. On ne peut mettre en doute que la civilisation n'ait « amélioré » les hommes au sens de la conception gréco-latine et chrétienne du bien et du mal. C'est pourquoi la théorie du contrat social due à Rousseau renferme plus d'inexactitude que celle qui appartient à l'*école analytique anglaise*, et qui fut exposée par Hobbes et Bentham puis perfectionnée par Austin.

Hobbes (*Leviathan, de Cive*) fait tout reposer sur le principe utilitaire pris sous une forme absolue et schématique : le mobile de tout acte humain est l'intérêt : se procurer des plaisirs, s'éviter des souffrances. A l'état sauvage, l'homme primitif obéit aveuglément à ses instincts, c'est une bête sauvage non apprivoisée ; pour suivre ses goûts, il attaque ses semblables, leurs personnes, leurs propriétés : *homo homini est lupus*. Sa vie sociale, si on peut parler ainsi, est donc un continuel état de guerre universelle : *bellum omnium contra omnes*. Il n'y a ni droit ni justice : il n'y a que la force.

Un pareil état, loin de produire le bonheur général, est

cause de soucis et de souffrances sans fin. Et les hommes, étant arrivés à s'en rendre compte, forment le dessein de le modifier. Pour le modifier, ils font un « contrat ou pacte », par lequel, ils s'obligent, pour eux et leurs descendants, à renoncer à leur liberté primitive et créent une autorité ou « souverain », chargé de maintenir l'ordre social. Pour le maintenir, ce souverain commande et fait respecter ses ordres à l'aide de la force sociale, par suite de la renonciation des membres de la communauté, qui, non seulement ont promis de ne plus agir par eux-mêmes, mais aussi d'obéir à l'autorité et de lui faire obéir. Le souverain arrive ainsi à donner une réalité au droit, qui, avant lui, ne pouvait exister dans le chaos guerrier de la vie sauvage primitive. « Là où, dit Hobbes, n'existe aucun contrat, aucun droit n'a pu être transmis, et tout homme a droit à tout ; par conséquent aucune action ne peut être injuste. Mais, s'il y a un contrat, le violer est *injuste* et la définition de l'injustice n'est pas autre chose que la non-exécution du contrat. Ainsi donc, avant de pouvoir qualifier un acte de juste ou injuste, il faut qu'il existe un pouvoir coercitif qui oblige également tous les hommes à exécuter leur contrat, par crainte d'un châtiment plus grand que le profit qu'ils peuvent obtenir de la violation du contrat ». C'est ainsi que le fondateur de l'école analytique arrive à la conception du contrat originaire, conception, qui, tout en ne s'accordant pas bien avec les faits historiques et préhistoriques, a, sur la conception de Locke et de Rousseau, l'avantage indiscutable de résulter d'une analyse, incomplète et schématique, à la vérité, mais plus exacte que les systèmes bâtis sur la métaphysique et la spéculation. La théorie de Hobbes, quoique plus ancienne que celle de Rousseau, est donc en avance sur celle-ci dans la voie de la vérité positive et expérimentale.

Bentham (*Fragment sur le gouvernement*), qui professait l'utilitarisme comme Hobbes, ne réussit qu'à ajouter peu de chose à la doctrine de la société exposée par ce dernier. Austin seulement (*Détermination du domaine de la jurisprudence*) parvint à lui donner une forme nouvelle, plus complète et plus perfectionnée. « Si, dit-il, un supérieur humain déterminé, qui ne se trouve pas en état d'obéissance par rapport à un autre supérieur comme lui, est habituellement obéi par l'ensemble d'une société donnée, ce supérieur est *souverain* de cette *société*, et celle-ci, y compris son supérieur, est une société politique indépendante. Les autres membres de la société sont les sujets du dit supérieur, ou, ce qui revient au même, les autres membres de la société dépendent de lui. La position de ces autres membres de la société par rapport à ce supérieur déterminé est un état de sujétion ou de dépendance. La relation qui existe entre lui et lesdits membres peut s'appeler relation de *souverain* à *sujet*, de *souveraineté* à *soumission* ». Cela étant, le souverain doit être une personne déterminée ou un groupe déterminé de personnes ; il faut qu'il soit obéi de la communauté ou de la grande majorité de la communauté — et d'une façon habituelle. Ces trois conditions caractérisent sa souveraineté. Ainsi, le gouvernement de la Grande-Bretagne, qui, pour Hobbes était une monarchie presque absolue, est plutôt, aux yeux d'Austin une aristocratie.

§ 29.

Bifurcation des écoles positives par rapport à la notion de l'Etat.

La théorie du droit divin avait pour objet de justifier la monarchie établie au moyen-âge et de lui donner un solide fondement théologique ; celle du contrat social, de justifier à son tour la souveraineté du peuple. L'école analytique prit comme but de *décrire* la souveraineté telle qu'elle existe. (Il en est du moins ainsi des doctrines exposées par Bentham et Austin, car pour Hobbes, on l'a soupçonné de viser en secret, dans une pensée politique, à justifier la dictature de Cromwell). Quoi qu'il en soit de ces intentions occultes de Hobbes, il est certain que son école se présente sous un aspect plus scientifique et plus désintéressé que celles qui l'avaient précédée et qu'elle s'élève, chez Austin, à un degré de perfection et de réalisme qui la rapproche de l'école historique moderne. Elle a, sans doute, le défaut d'être médiocrement informée, comme on l'était à cette époque, et de bâtir ses doctrines d'une façon un peu trop abstraite et mathématique. Mais, si la théorie du droit divin suit la pseudo-méthode théologique, si celle du contrat social suit la non moins pseudo-méthode métaphysique, l'école analytique essaye l'emploi d'une quasi-méthode, la méthode mathématique, laquelle permet de découvrir, sinon le tout, du moins la partie abstraite et simple du complexus des phénomènes sociaux. Quant à la vérité complète, seule la méthode positive pourra nous la faire découvrir.

La méthode positive est caractérisée par l'emploi des procédés de recherche scientifique. La théorie du droit divin et celle du contrat social justifiaient des formes données de la souveraineté ; l'école analytique les décrivait : les écoles positives se donnent la mission de *rechercher* l'origine, la nature et l'évolution de l'État. Pour cela, elles comptent avec les données de l'histoire, de la préhistoire, de la psychologie, de l'économie politique, la jurisprudence et la littérature. Il ne s'agit plus, pour elles, d'établir des principes religieux et dogmatiques, ni de construire des théories géométriques, mais de découvrir, grouper, classifier, interpréter les faits et de poser leurs relations.

Mais, dans cette étude de l'État, la méthode positive a bifurqué et formé deux écoles : l'une soutient la théorie *patriarcale* ; l'autre, la *théorie matriarcale*. La première correspond à la *méthode historique*, proprement dite ;

la seconde à la *méthode économique*. L'une et l'autre peuvent être regardées comme des formes distinctes d'une même tendance réaliste. Pour moi, je les crois destinées, dans un avenir prochain, à une heureuse fusion scientifique.

Les doctrines de Hobbes, Locke et Rousseau ont un point de départ absolument erroné ; elles antidatent la notion du contrat. L'étude consciente de l'histoire nous apprend que l'homme, « mammifère carnassier », a dû se réunir en clans, hordes et tribus, bien avant d'avoir la notion d'un contrat et surtout bien avant d'être capable d'un acte aussi difficile et complexe que celui du contrat social ou collectif. Même en le supposant non exprès mais tacite, un tel acte présume toujours une mentalité bien supérieure à celle du sauvage et du barbare. Non seulement il n'y a pas de preuves positives que ce contrat ait jamais eu lieu, mais il y a des preuves négatives de l'impossibilité pour l'homme primitif d'avoir pu le former. On doit donc rechercher les origines de l'État et de la souveraineté dans d'autres faits antérieurs à la notion du contrat social et sûrement plus réels et plus positifs.

Comme tout mammifère, comme tout animal bi-sexué, l'homme ressent deux besoins primordiaux qui déterminent ses actions : la *faim* et l'*amour*. Les instincts utilitaires de l'homme ont toujours pour objet d'éviter la douleur et de se procurer le plaisir. Par conséquent, d'accord avec ses instincts, la nature humaine tend, avant tout et par dessus tout, à assouvir ces deux besoins primordiaux : la faim, en ce qui concerne l'individu, l'amour en ce qui concerne l'espèce. Hobbes et Rousseau partent ainsi d'un principe, vrai pour toutes les époques, le principe utilitariste ; mais ils oublient que l'instinct utilitaire de l'homme ne poursuit pas d'autre but immédiat que la satisfaction des appétits animaux de l'*homo sapiens* et que la notion du contrat n'a pas pour fin directe ces satisfactions ; c'est, tout au contraire, un concept équivoque et diffus, qui, tout en pouvant satisfaire à l'avenir les besoins de l'humanité, devait représenter, pour la mentalité rudimentaire de l'homme primitif, sinon une non-satisfaction immédiate, du moins une satisfaction incomplète. Supposons, par hypothèse, qu'un grand réformateur vienne trouver une tribu d'hommes primitifs sans gouvernement, leur explique l'idée du contrat social et leur propose de l'adopter : que dira la foule ? Chaque membre de la communauté verra, sans aucun doute, dans cette proposition, une attaque à fond de sa manière d'être, de son mode d'existence, de ses instincts et de ses coutumes ; elle sera repoussée *in limini*. Et pourquoi ? Pourquoi chacun verra-t-il en elle une attaque à son *modus vivendi* ? Précisément parce que ce contrat social aurait pour effet de restreindre les droits spontanés à la chasse, à la pêche, à la promiscuité des femmes, à la polygamie. Le sauvage supporte qu'on l'attaque sur tous les points, sauf en ce qui touche la satisfaction directe et immédiate de sa faim et de son amour.

Les écoles positives recherchent les origines de la politique en analysant et en interprétant les faits ; par suite, elles se trouvent en présence des deux éléments primordiaux de la sociabilité humaine et conséquemment de l'Etat : les désirs sexuels et les besoins économiques. C'est là qu'une bifurcation se produit entre ces deux écoles. Les uns s'efforcent de trouver dans l'appétit sexuel les origines et les fondements de la souveraineté et forment une nouvelle branche de l'*école historique*. Les autres placent dans les besoins économiques les fondements de l'Etat et constituent l'*école économique*. Le fait saillant des doctrines de l'école historique proprement dite est la théorie à qui on a donné le nom de *théorie patriarcale* ; celui de l'école économique, la *théorie matriarcale*. Mais, je dois faire observer que les grands jurisconsultes de l'école historique traitent rarement en elle-même, la question plus politique que juridique de l'origine de l'Etat. Ils ne font que la mentionner accessoirement, sans établir une théorie complète et toujours sous l'influence de l'idée que la famille primitive a dû s'organiser sous l'autorité absolue du père ou patriarche, comme le montre le droit romain et les recherches relatives au vieux droit germanique. Sumner Maine, le premier, est arrivé à donner une exposition complète de la théorie patriarcale. En revanche, les écrivains de l'école économique, les socialistes en particulier, ont abordé de suite la question de l'origine de l'Etat, en envisageant la solution par la théorie matriarcale.

En outre des théories patriarcale et matriarcale, concernant l'origine de l'Etat et s'appliquant uniquement à ses fins, il a paru, dans ces derniers temps, de nombreuses conceptions de la nature et des fins de l'Etat. Ces conceptions font plutôt partie du domaine de la politique que de celui de la jurisprudence. Pour ce motif, je me borne ici à présenter les deux théories relatives à l'origine de l'Etat, que je viens d'indiquer ; elles sont les plus importantes comme méthodes et comme systèmes. En exposant ma théorie biologique de l'Etat, j'en ferai l'application à sa nature et à ses fins, et je traiterai, en passant, des autres théories à ce sujet.

§ 30.

La théorie patriarcale.

Les recherches historiques nous démontrent que le plus ancien lien des collectivités humaines entre elles a été la parenté ou consanguinité. Et il paraît également hors de doute, qu'à l'époque historique, pendant les temps héroïques, les divers peuples de la grande famille appelée à tort ou à raison aryenne ou sémitique, ont vécu en communautés familiales, sous l'autorité d'un chef mâle ou patriarche. De ces deux données, on a inféré la *théorie patriarcale*, qui peut se définir de la façon suivante : « la théorie des origines de la société en familles séparées, dont les membres ne sont unis que par l'autorité et la protection de l'ascendant mâle le plus âgé et capable de gouverner chaque famille ». L'autorité de cet ascendant mâle est le germe de la future souveraineté ; la famille, à la suite d'une longue évolution se constituera en *nation* et s'individualisera dans la personne morale de l'*Etat*.

Sumner Maine, l'un des plus illustres partisans de cette théorie (*Le Droit antique ; les Institutions primitives ; Histoire du droit*), démontre qu'elle a de solides fondements en droit romain, et dans celui des Grecs, des Indiens, des Hébreux, des Germains, des Celtes, des Slaves, et dans presque toutes les sources connues des premiers principes juridiques, dans toutes les lois primitives de ces peuples supposés génériquement de « race aryenne ». Dans leur état patriarcal originaire, ces peuples « sont gouvernés par le mâle le plus fort et le plus prudent, qui garde jalousement sa femme ou ses femmes ; tous ceux à qui s'étend sa protection vivent sur un pied d'égalité. L'étranger que les circonstances amènent à servir sous son toit ne se distingue pas de l'enfant qui y est né. Mais quiconque s'échappe de la communauté, femme, fils ou esclave, rompt ses relations avec le groupe et détruit la parenté, qui signifie soumission à l'autorité, participation à la protection ». Telle est la famille de la « bête dans son antre », telle est celle des Cyclopes que nous décrit Homère. Ils vivent dans leurs cavernes, avec des droits illimités sur leurs femmes et leurs fils, sans lois, ni assemblées, isolés l'un de l'autre. Le véritable lien de ce que l'on appelle maintenant la *nationalité*, se réduisait, dans cet état barbare, à la *filiation paternelle*, soit naturelle, soit par accession, soit par adoption.

L'autorité paternelle et la filiation paternelle sont, en effet, le principal objet de la vieille législation indienne. La consécration religieuse de ce droit paternel se trouve dans la pratique très générale et très importante du *culte des ancêtres.* « Le culte des mânes forme, dit Taylor, une des grandes divisions des religions de l'humanité. Il n'est pas difficile de définir les principes sur lesquels repose ce culte, qui ne fait que continuer les relations sociales qui existent dans le monde des vivants. Le parent qui a cessé de vivre, transformé en divinité, continue à protéger sa famille, et celle-ci l'honore et le révère comme elle le faisait auparavant ; le chef défunt veille encore au bien-être de sa tribu ; il la suit toujours et y exerce son autorité, aidant ses amis, tracassant ses ennemis, récompensant le bien et punissant le mal ». Or, le culte de ces ancêtres est exclusivement le culte des ancêtres mâles ; il entraîne, par conséquent, une systématisation religieuse de la filiation paternelle.

La filiation paternelle a, ainsi, pour premier objet théorique, dans la religion indienne, de perpétuer le culte des ancêtres ; et, pour principal objet pratique, en droit indien, d'assurer la transmission de l'héritage. Il faut donc relier entre eux ces quatre éléments de la famille indienne originaire : le chef ou patriarche primitif, la filiation paternelle, l'héritage, le culte des ancêtres. « Toutes les grandes conceptions du droit successoral romain, fait remarquer Sumner Maine, se rencontrent dans le droit indien ; mais les termes employés par ce droit, l'héritier, l'agnat, le cognat, l'*actio de familia erciscunda*, etc., sont remplacés ici par des périphrases empruntant leur signification à la liturgie indienne et au système de sacrifices pour le culte des ancêtres. »

Le droit romain primitif renferme l'autorité absolue du *pater familias*, qui avait droit de vie et de mort sur ses femmes, ses fils et ses esclaves. Le mot famille, *familia* vient de *famulus*, esclave. La *patria potestas*, la *manus dominium*, le *divortio*, l'*agnatio*, l'*émancipatio* ne sont que les noms civilisés des coutumes barbares des Cyclopes, coutumes qui ont dû aller en s'adoucissant et ont évolué vers le type moderne de l'État et de la famille.

Nous arrivons par là à conclure que *l'appétit sexuel constitue la force cohésive et motrice de l'ordre social primitif*. Ensuite, selon Sumner Maine (1), la famille cyclopéenne passe par une série de transformations dont l'évolution dernière forme l'État moderne. Ces transformations peuvent se réduire aux trois types suivants : l'association familiale, la communauté domestique, la communauté de hameau.

Dans l'Inde, les membres de l'association familiale « possèdent en commun la table, le culte et la terre » ; la famille indivise cultive la terre et vit de ses produits, en n'ayant au sol que des attaches accidentelles. Ce n'est pas la terre, mais les liens du sang, qui maintiennent unie la communauté ; et il peut arriver que certains de ses membres s'adonnent à d'autres industries et même au commerce.

Des exemples du type de la *communauté domestique* ont été signalés en Illyrie, en Croatie et en Dalmatie, contrées qui, tout en étant plus voisines de l'Europe que l'Inde, ressemblent beaucoup à ceux des pays orientaux où ne se fait pas sentir l'influence du mahométisme. Cette communauté est un progrès, par rapport à l'association familiale, en raison de ce fait caractéristique qu'elle est déjà fixée au sol d'une façon stable. « La communauté est une communauté de parents, mais quoique la filiation commune soit très vraisemblablement la réalité, la tradition d'une origine commune s'est affaiblie à un point qui suffit pour permettre à la *fiction* de jouer un rôle considérable dans l'institution où, à un moment donné, les étrangers peuvent entrer. En même temps, la terre tend à se convertir en véritable base de ce groupe ; on l'admet comme un élément essentiel à sa vie et elle reste un domaine commun, alors que l'on reconnaît la propriété privée des meubles et du troupeau. »

Comme types de la *communauté de hameau*, on pour-

(1) *Les Institutions primitives*, chap. III.

rait citer les communautés existant chez les peuples barbares de l'Europe au moment de la conquête romaine. On n'y rencontre plus, comme dans l'association de famille et dans la communauté domestique, l'habitation et la table commune ; « le hameau lui-même est une agglomération de maisons, resserrées, il est vrai, sur un espace restreint ; mais chaque habitation est distincte des autres, et l'entrée de chacune est soigneusement interdite aux voisins. Les terres du hameau ne sont plus la propriété collective de la communauté ; les terres arables ont été distribuées entre les différents feux ; les pâturages, aussi, ont été partiellement répartis ; il ne reste en commun que les terrains non cultivés ». La *marca* est un type encore plus avancé de l'organisation sociale : le patriarche se transforme en seigneur de la communauté.

Au cours du processus compliqué que Sumner Maine appelle *la féodalisation de l'Europe*, la marca se convertit en seigneurie et le hameau en fief (1). Du fief il n'y a qu'un pas à franchir pour arriver au concept européen de l'État, mot qui en vient ainsi à être « l'une des nombreuses appellations qui désignent *la plus compréhensive des communautés comprises dans un pays commun* ». La souveraineté est, par suite, « un pouvoir coercitif illimité exercé par une partie de la communauté sur le reste » et la loi, « une émanation de la volonté exclusive du souverain unique ou multiple ».

§ 31.

La théorie matriarcale.

Se basant sur les interprétations de l'histoire par l'économie commencées par Karl Marx et sur les observations personnelles de Morgan relatives à l'organisation de la

---

(1) *Histoire du Droit.*

famille primitive, Frédéric Engels a produit un livre sur l'*Origine de la famille, de la propriété privée et de l'État*, qui, tout en manquant d'originalité, n'en est pas moins l'ouvrage où soit exposé, de la façon la plus complète et la plus générale, la *théorie matriarcale*.

« La famille, dit Morgan, est l'élément actif de la société ; elle ne reste jamais stationnaire et ne fait que passer d'une forme inférieure à une forme supérieure, conformément à l'évolution de la société, quand elle s'élève d'un degré. En revanche, les systèmes de parenté sont passifs ; ce n'est qu'à de longs intervalles qu'ils enregistrent les progrès de la famille au cours des âges ; et ils ne subissent de modifications radicales qu'après que la famille s'est radicalement modifiée ». « Le même phénomène a lieu, ajoute Marx, en ce qui concerne les systèmes politiques, juridiques, religieux et philosophiques ». Et Engels conclue : « Pendant que la famille poursuit sa vie et son développement, le système de parenté s'ossifie ; et, tandis qu'il se maintient par la force de la coutume, la famille continue son cours, indépendamment de lui ». Il en résulte qu'en étudiant le système de parenté dans le droit antique, on peut en induire les formes de la famille aux premières époques de l'âge historique et même aux dernières époques de l'âge préhistorique, et qu'en analysant les mœurs de certaines nations sauvages actuelles, passées à l'état de fossiles sociaux, on arrive à comprendre quelles furent, dans l'humanité, les formes les plus reculées de la famille.

C'est ainsi que Morgan, après avoir passé plusieurs années parmi une tribu de Peaux-Rouges, les Iroquois, a pu établir conjecturalement les systèmes primitifs du commerce sexuel humain, de la famille et de la parenté. Le premier état fut le commerce sexuel sans entraves, la promiscuité ; la jalousie et l'horreur de l'inceste sont des sentiments qui ont dû se former plus tard, dans un but d'utilité sociale. Dans cette situation, il ne pouvait exister aucun concept moral de la famille et encore moins de la parenté.

Ses concepts apparurent seulement, sous une forme grossière et rudimentaire, quand l'humanité, sortie de cette phase préliminaire, fut entrée dans la première étape de la famille : la *famille par consanguinité*. « Les groupes conjugaux y sont séparés par rapport aux générations. Tous les grands-pères et grands-mères, dans les limites de la famille, sont entre eux maris et femmes ; il en est de même pour leurs enfants, c'est-à-dire, pour les pères et les mères ; leurs enfants composent à leur tour, le troisième cycle d'époux communs ; et les enfants de ces derniers, c'est-à-dire, les arrière-petits-fils des premiers, le quatrième cycle ». Il y a ainsi une espèce de *promiscuité* par *générations*. Dans cette forme de la famille, les ascendants et les descendants, les pères et les fils sont les seuls à être exclus entre eux de ce que nous pourrions appeler les droits et les devoirs du mariage. Les frères et les sœurs, les cousins et les cousines au premier, second et autres degrés sont tous entre eux frères et sœurs et, *par là même*, sont tous maris et femmes les uns des autres. Durant cette période, le lien de parenté de frère et sœur a pour conséquence l'exercice du commerce charnel réciproque ». Naître frères, c'est naître époux.

La seconde étape du système de la famille et de la parenté se rencontre dans la *famille punalua*, qui marque une conquête longue, difficile et profitable vers la civilisation. Il consiste essentiellement dans l'exclusion des frères du commerce sexuel. Un groupe A de mâles frères (frères ou cousins germains), se marie au groupe B de femmes sœurs (sœurs ou cousines germaines) ; mais les femmes sœurs du groupe masculin A sont exclues du mariage, et il en est de même des hommes frères du groupe féminin B. Tous les mâles du groupe A possèdent en commun toutes les femmes du groupe B ; les enfants mâles appellent en conséquence « pères » le groupe formé de leur père et de leurs oncles ; les filles appellent « mères » celui qui comprend leur mère et leurs tantes. Mais ces fils ne reconnaissent aucune parenté entre eux et les sœurs de leurs pères ; et les filles en font de même par rapport aux frères de leurs mères. La parenté fraternelle n'a donc plus la même force sexuelle que dans le régime du mariage consanguin. Et, chez les indigènes des îles Hawaï, où ce système existe encore, tous les hommes du groupe masculin A s'appellent entre eux « punaluas », c'est-à-dire compagnons intimes ou associés. De leur côté, les femmes du groupe féminin B s'appellent entre elles « punaluas ». De là le nom donné au système.

Le mariage sindiasmique prépare une troisième étape : la *famille sindiasmique*. Déjà, à l'époque du mariage par groupes, et même peut-être auparavant, « il se formait des couples conjugaux unis pour un temps plus ou moins long ; l'homme possédait une femme en chef — on ne peut pas dire une favorite — parmi ses nombreuses épouses, pour laquelle il était, à son tour, l'époux principal entre tous ». Ce nouveau régime s'établit définitivement dans le mariage sindiasmique. « L'homme reste avec la femme ; mais de telle façon cependant que la polygamie et l'infidélité occasionnelle continuent à être un droit pour lui, tandis que presque toujours la femme est tenue à la plus stricte fidélité tant que dure la vie commune et que son adultère est cruellement puni. Mais le lien conjugal se dénoue sans difficulté pour l'un et l'autre des conjoints, et après comme avant la séparation, *les enfants appartiennent à la femme seule*.

Ce mariage sindiasmique, la dernière forme du commerce sexuel aux époques préhistoriques, a donc, comme caractéristique principale, de faire reposer toute parenté sur la *filiation utérine*, de consacrer, en autres termes, le principe matriarcal. Il n'y a de frères, d'oncles, de grands-parents que du côté de la mère. On ignore la parenté paternelle ou du moins on n'en tient aucun compte.

Tel est le système typique observé par Morgan chez les Iroquois.

Engels admet les trois formes du mariage proposées par Morgan, et il les considère comme corrélatives à des phases distinctes de l'évolution humaine. A l'état sauvage correspond le mariage consanguin ; à la barbarie, le mariage par groupes ; à l'époque historique, la monogamie, avec ses dérivés, l'adultère et la prostitution.

Comment se fait le passage de la famille basée sur le mariage sindiasmique à la monogamie. Ici intervient l'explication purement économique. « La domestication des animaux et l'élevage des troupeaux ouvrirent au Vieux-Monde une source de richesse jusque-là inconnue ; il en résulta des conditions sociales complètement nouvelles. Dans l'état inférieur de la barbarie, les richesses durables se limitaient encore à l'habitation, aux vêtements, aux bijoux, et aux objets servant à la préparation des aliments : les pierres polies, les armes, les ustensiles domestiques. Jusque-là il avait été nécessaire de conquérir des vivres au jour le jour. Mais alors, avec leurs troupeaux de chevaux, de chameaux, d'ânes, de bœufs, de moutons, de chèvres et de porcs, les peuples pasteurs, qui gagnaient sans cesse du terrain, se procurèrent des richesses qui nécessitaient seulement un peu de vigilance et des soins grossiers pour se renouveler. Les moyens employés antérieurement furent relégués au second rang ; la chasse, qui avait été une nécessité, devint un divertissement ». Toutes ces richesses qui, à l'origine, appartenaient au clan, à la *gens*, tendirent ensuite, par une évolution logique, à devenir la propriété privée, la propriété particulière des mâles les plus forts et les plus capables. Ces chefs, pour conserver leurs richesses, arrivent ainsi à créer dans la coutume le *droit patriarcal*, l'institution du patriarcat, du *pater familias* du droit romain. De là sorte, la parenté maternelle primitive se transforme en une autre presque exclusivement paternelle. La clef du phénomène se trouve dans la transformation antérieure de la propriété collective de la *gens* en propriété particulière des pères de famille.

De cette lutte entre le vieux droit maternel et le nouveau droit paternel, il reste un beau symbole dans la tragédie d'Euripide : *Les Euménides*. Clytemnestre, à l'instigation de son amant, tue son mari Agamemnon, et son fils Oreste, poussé par sa sœur, venge son père en mettant à mort Clytemnestre. Les Erynnies, furies antiques, représentant le vieux droit maternel, poursuivent Oreste. Mais Apollon et Minerve, déités nouvelles, déités du nouveau droit paternel, le tirent du danger. — Et il faut aussi se rappeler que Bachofen, de son côté, au cours de ses recherches historiques, avait découvert des réminiscences des anciens systèmes de commerce sexuel, qu'il appelle « l'hétaïrisme primitif » ; entre autres, la prostitution des vierges, chez certains peuples orientaux, et, en Europe, au moyen-âge, le *jus primæ noctis*.

Après cette exposition des bases de la société, Engels en vient à établir l'origine de l'Etat, qui n'est autre chose, pour lui, que l'autorité chargée de faire respecter la propriété collective et individuelle. Et il choisit, comme exemple d'un cas typique et générique, la formation de l'Etat dans l'antique Athènes. Aux temps héroïques, la population se divisait en familles, *gentes* et *phratries*, qui formaient des tribus naturelles, ethniques, sinon politiques. La terre avait déjà été partagée et formait des propriétés privées. Pour maintenir cet état économique, la coutume créa la *constitution gentile*, c'est-à-dire le gouvernement indépendant de chaque *gens*, propre aux temps homériques et formé par l'assemblée du peuple, le conseil du peuple, et le chef délégué, le *basileus*.

Mais les besoins communs des *gentes* et des *phratries* rendent nécessaire une union ou une liaison plus forte entre ces groupes. Il s'opère alors un changement, d'où dérive l'idée de la formation primitive de l'Etat : c'est la constitution attribuée à Thésée. Ce changement consiste à substituer aux administrations locales des *gentes*, phratries, tribus et cités, une administration centrale avec un conseil résidant à Athènes. Le motif déterminant de cette centralisation n'est autre que d'organiser, de la manière la plus solide possible, la défense commune des richesses appartenant à toutes et à chacune des parties unies. L'Etat en arrive ainsi à être l'autorité générale qui maintient le système économique d'une collectivité constituée en nation indépendante.

CHAPITRE VII

THÉORIES DE LA SOCIÉTÉ

§ 32. La théorie mécanique. — § 33. La théorie organique. — § 34. Tableau général des principales théories de l'éthique, du droit, de l'État et de la société. — § 35. Double application de la biologie à la sociologie.

Rousseau, *Du contrat social*. — H. Spencer, *Principes de sociologie* (trad. française). — A. Fouillée, *La science sociale contemporaine*. — Schæffle, *Bau und Leben des socialen Körpers*. — Gumplowicz, *Grundriss der sociologie*. — Giddings, *The principles of sociology*. — F.-J. Neumann, *Volk und Nation*. — Lazarus, *Einleitende Gedanken über Völker Psychologie*. — M. Korkounov, *Cours de Théorie générale du Droit*. — Novicow, *Conscience et volonté sociales*. — M. Vaccaro, *La lutte pour l'existence et ses effets dans l'humanité*, *Les bases sociologiques du droit et de l'État*.

§ 32.

La théorie mécanique.

Toutes les théories relatives à l'origine et à la nature de la société pourraient se réduire à trois formes ou tendances typiques : la théorie *mécanique*, la théorie *organique* et la théorie *psychique*.

La théorie mécanique appartient en propre aux écrivains classiques des XVIIe et XVIIIe siècles, spécialement Hobbes, Locke et Rousseau. Il y domine l'idée d'un individualisme exagéré, le concept de la prépotence de la volonté individuelle. On y suppose que l'homme a vécu d'abord isolé, à « l'état de nature » et qu'il a formé plus tard la société par un pacte ou contrat collectif. La société se réduit ainsi à être un composé mécanique produit par la volonté souveraine et consciente de ses membres.

Cette théorie n'a plus aujourd'hui qu'un intérêt historique. Il n'y a plus aucun homme de culture moyenne qui croie encore à ce prétendu individualisme originaire, ni à l'omniprésence de la « volonté » personnelle. Les recherches historiques et sociologiques ont démontré que jamais n'avait existé pareil « état de nature », antisociable et présocial, soit sous la forme guerrière que lui donne l'analyse de Hobbes, soit la forme pacifique que lui attribue le romantisme de Rousseau. En aucun temps, on n'a vu l'homme vivre autrement qu'en sociétés plus ou moins parfaites ; son « état de nature » serait bien plutôt la vie en société.

Tout aussi inadmissible est le concept classique faisant de la libre volonté des hommes le premier principe directeur de leur conduite. Nos décisions, nos actes ont leurs causes profondes dans le tempérament, la sensibilité, la psychologie inconsciente ou subconsciente. La volonté, comme l'intelligence, est le résultat, l' « aspect-limite » de forces biologiques antérieures et primordiales... En tout cas, il est impossible maintenant de supposer à l'homme sauvage et préhistorique, le langage, l'intelligence, la claire conscience et la volonté consciente, dont l'homme historique, même celui de nos jours, aurait besoin pour réaliser un pacte social collectif. Et si un tel pacte, aux époques les plus avancées, n'est en réalité qu'un mensonge conventionnel ou une aspiration de la démocratie moderne, à quel point est-il absurde et impossible de le placer en ces siècles reculés, où le développement mental des hommes différait peu de l'incapacité brutale des autres primates !

D'autre part, un mécanisme est et demeure une forme stable, et la société, au contraire, se développe, change, évolutionne continuellement. « L'histoire est un éternel devenir ». Au point de vue de ses transformations successives, la société présente des ressemblances évidentes avec l'accroissement et les fonctions des organismes animaux. Ce sont ces ressemblances qui suggérèrent à certains auteurs de la fin du XVIIIe siècle et du début du XIXe, la nouvelle théorie organique, qui est une réaction contre l'ancienne théorie mécanique.

§ 33.

La théorie organique.

Deux ordres d'études distincts apportent leur contribution à la conception de la théorie organique : les études historiques et les études biologiques.

Jusqu'à la fin du xviii° siècle, l'histoire, à vraiment parler, n'était pas une science, elle constituait un art, un passe-temps distingué. Les connaissances historiques reposaient sur une série de mythes, légendes et chroniques ; la réalité était ce qu'on recherchait le moins, comme aussi les causes des événements et leur enchaînement. L'histoire ancienne avait les préférences ; on l'étudiait dans les auteurs classiques latins, et l'on ignorait l'histoire moderne, quand on ne la méprisait pas... Ce n'est qu'à l'époque dont nous venons de parler, que l'on voit débuter quelques recherches historiques, animées d'un esprit plus ou moins scientifique ; elles eurent ce résultat très profitable de démontrer que les phénomènes de l'histoire se produisent d'une manière graduelle et évolutive et qu'ils obéissent à des causes et à des facteurs susceptibles d'être décomposés et déterminés. Cette idée conduisit Hégel et quelques autres philosophes à ébaucher toute une nouvelle théorie de l'histoire basée sur l'évolution. « L'histoire, dit Hégel, ne tire pas de coups de pistolets ».

Tout ceci concerne les études historiques ; dans celles que nous appellerions aujourd'hui biologiques, il se produisit un changement non moins radical et surprenant. Les théories cartésiennes, en vogue à la fin du xvii° siècle, étaient essentiellement mécanicistes ; elles supposaient que tout animal privé de raison, « irrationnel », était un simple mécanisme, une machine. Pour Descartes et ses successeurs, même pour Spinoza et Leibnitz, les mouvements de la vie animale étaient purement automatiques. Il en était de même pour le corps humain, l'âme humaine se réduisant à n'être qu'un témoin indifférent de son existence.

La conception de Descartes du mécanisme animal et humain a pour adversaire la vieille théorie animiste de la philosophie grecque, enseignée par Pythagore, Platon, Aristote et Hippocrate et soutenue, au moyen-âge, par Paracelse et les scolastiques, au XVIIIe siècle par Stahl. D'après cette théorie, l'âme était le véritable et même l'unique principe directeur de la vie ; le corps se réduisait à n'être qu'un instrument passif mû par cette force première, par cet « horloger qui règle la marche de toutes les fonctions de l'organisme ».

Ces deux théories, animiste et mécanique, qui arrivaient à représenter l'une l'idéalisme et l'autre le matérialisme, concordaient, sans aucun doute, sur un point essentiel : la nature mécanique et automatique de l'organisme. Contre cette idée si généralement adoptée se produisit la réaction du *vitalisme*, dont l'inventeur et le partisan le plus enthousiaste fut Bichat, qui écrivait à la fin du XVIIIe siècle. Bichat nie la théorie animiste et l'existence d'un principe immatériel, qui règle les phénomènes organiques ; il nie également la théorie mécaniciste et la possibilité d'identifier ces phénomènes organiques avec les phénomènes physiques et psychiques, c'est-à-dire mécaniques. Il établit ainsi une inéluctable et essentielle différence entre la phénoménologie de la matière morte et la phénoménologie de la vie. La vie doit s'expliquer par les propriétés vitales proprement dites, par les propriétés innées de la matière vivante. Ces propriétés sont essentiellement distinctes de celles que possède la matière morte, c'est-à-dire des propriétés physiques et chimiques, qui sont, elles, toujours égales et perpétuelles, tandis que les premières se terminent avec la vie et ne sont transmissibles qu'avec la vie.

Un des corollaires les plus importants de cette nouvelle

théorie vitaliste fut la conception, qui en dérive, de la relation indestructible et de la solidarité existant entre toutes les parties et toutes les fonctions de l'être vivant. A la différence des simples mécanismes, l'être vivant est une unité parfaite, dont les organes ne peuvent exister que par lui et pour lui. Mais, en revanche, cette théorie contenait une partie erronée, celle qui opposait systématiquement les phénomènes physiques et chimiques aux phénomènes biologiques, les propriétés des corps morts aux propriétés des corps vivants. La vie était une lutte entre les propriétés physico-chimiques et les propriétés vitales ; le triomphe des dernières, c'était la vie et la santé ; celui des premières la maladie et la mort.

La théorie vitaliste et les études historiques devinrent rapidement des éléments d'information scientifique suffisants pour inspirer et déterminer la nouvelle conception sociale. Il y avait dans les idées ambiantes, d'une part le déterminisme historique et la relation entre eux des phénomènes sociaux, d'autre part, le déterminisme biologique, la relation entre eux des phénomènes organiques. Cette ressemblance, ce parallélisme entre la causalité des faits et des théories, firent surgir la nouvelle théorie antimécanique de la société. Puisque la société se formait à la façon inconsciente et involontaire de l'organisme et, comme lui, croissait, se transformait, se développait, que pourrait-elle être sinon un nouvel organisme, plus compliqué et plus parfait que l'organisme purement biologique ? C'est ainsi que la conception organique prend naissance dans la métaphysique de Schelling, un disciple de Kant, et se consolide dans le positivisme de Comte.

Une fois admise contre la vieille notion de la société-contrat, la théorie moderne de la société-organisme se répandit avec force, enfantant à profusion des conceptions sociales, où les phénomènes sociaux sont étudiés avec les procédés et le vocabulaire usités en matière biologique. A tel point que la sociologie contemporaine, dont la bibliographie est si abondante, reposé entièrement sur cette notion de la société-organisme.

Maintenant qu'est passé le premier enthousiasme de la réaction organiciste contre les théories mécanicistes, les auteurs se sont mis à discuter, plus posément et plus longuement, le point de savoir si la société est un véritable organisme, ce qui veut dire une unité vivante, justiciable de toutes les lois qui règlent la vie des organismes. Ils trouvent en effet, qu'il y a beaucoup de ressemblances mais aussi beaucoup de différences entre les sociétés et les organismes proprement dits, bien plus, que ces ressemblances sont généralement vagues et que les différences sont profondes et irréductibles. De là vient que la théorie organique prend aujourd'hui des formes diverses et que personne ne regarde plus la société comme un organisme animal parfait, mais plutôt comme un organisme *sui generis*, comme un surorganisme. Ainsi, Krause, disciple de Schelling, fait reposer sa théorie organique sur ce point fondamental : que, dans la vie sociale, de même que dans la vie organique, tous les phénomènes dépendent les uns des autres, et sont liés par des relations réciproques.

Comte, qui emprunte sa terminologie à la mécanique, établit deux parties en sociologie : la statique, ou description des organes sociaux, qui est l'anatomie des sociétés, et la dynamique, qui en étudie la physiologie ou le fonctionnement. Mais ses successeurs, de même que Krause, Ahrens et Röder, se placent de préférence au point de vue de la dynamique sociale et de son principe, c'est-à-dire de la loi de la solidarité et de la corrélation des phénomènes sociaux. C'est qu'en réalité, la partie statique de la sociologie est une conception assez abstraite, attendu que l'on ne peut ni concevoir ni observer les phénomènes sociaux autrement que dans un état continuel de développement et d'enchaînement mutuel.

Utilisant la théorie géologique de Lyell, la théorie transformiste de Darwin et la théorie linguistique de Max

Muller, Spencer se sépare de Comte et édifie un corps de doctrine sociologique, vaste et solide, et que l'on peut considérer comme l'un des plus complets, sinon comme le plus complet de ceux qu'a produits jusqu'à ce jour l'école organique.

Énumérer toutes les formes et toutes les doctrines adoptées en ces derniers temps par l'école organique, mentionner les critiques et les réfutations qu'elles ont suscitées, reviendrait à faire un compte rendu complet de la sociologie contemporaine, représentée, entre beaucoup d'autres, par Shæffle, Lilienfeld, Gumplowicz, Novicow, Fouillée...

Je me bornerai donc à indiquer les deux phases de l'évolution de cette école ou de sa tendance, que je juge typiques : 1° sociologie nettement et primitivement organiciste ; 2° sociologie organiciste dans la forme, mais où sont déjà établis, d'une façon positive, les différences entre l'organisme social et l'organisme animal et où l'on reconnaît que ce n'est que comparativement et en quelque sorte indirectement qu'il convient d'appliquer à la société les principes biologiques.

Dans la première catégorie on peut placer Schelling et Krause ; à la seconde, appartiennent plus ou moins nettement tous ou presque tous les sociologues contemporains. Mais il y a lieu d'observer que l'on remarque chez certains d'entre eux, à titre exceptionnel il est vrai, une tendance à remplacer la conception organique par une conception plutôt psychique. Cette nouvelle notion de la société, comprise comme un agrégat physique et une entité psychique organisée, constitue une troisième et dernière phase, déjà bien transformée, de la théorie organique primitive : la *théorie psychique*. Cette doctrine m'apparaît bien fondée et scientifique : je remets donc le soin de l'exposer au moment où je développerai ma conception personnelle de la société.

§ 34.

Tableau général des principales théories de l'éthique, du droit, de l'État et de la société.

J'ai exposé quelles sont les principales écoles et leurs théories sur l'éthique, le droit, l'État et la société ; le moment me paraît venu de compléter cette exposition en résumant maintenant, dans un nouveau schéma, la corrélation de ces différentes conceptions. Je vais essayer de le faire, en ne m'occupant d'abord que de l'éthique, du droit et de l'État.

Ethique	Droit	Théories de l'Etat
Tendance spéculative ou perfectionniste.	Ecole théologique..	Théories du droit divin.
	Ecole philosophique	Théories du contrat social et de la souveraineté populaire (Rousseau).
Tendance positive et eudémonique.	Ecole analytique anglaise	Théorie analytique du contrat social (Hobbes).
	Ecole historique....	Théorie patriarcale.
	Ecole économique..	Théorie matriarcale.
	Ecole organique et biologique........	Théorie organique.

Pour compléter ce tableau général, il me reste à établir le rapport respectif des diverses conceptions qui y sont groupées avec les théories modernes de la société. C'est ce que l'on peut représenter de la manière suivante :

...ique	Droit	Théories de l'Etat	Théories de la Société	
Tendance spéculative ou perfectionniste.	Ecole théologique.	Théorie du droit divin.		*Théorie mécanique*
	Ecole philosophique.	Théorie du contrat social et de la souveraineté populaire (Rousseau).	Théorie éclectique, eudémonique et perfectionniste, de la société considérée comme un mécanisme	
Tendance positive ou eudémonique.	Ecole analytique anglaise.	Théorie analytique du contrat social (Hobbes).	Théorie purement eudémonique de la société-mécanisme	*Théorie organique*
	Ecole historique	Théorie patriarcale.	Théorie de la société considérée comme un produit de l'histoire et de l'esprit social........	
	Ecole économique.	Théorie matriarcale.	Théorie de la société considérée comme une organisation produite par le moyen économique et les nécessités individuelles	
	Ecole organique et biologique.	Théorie organique.	Théorie de la société considérée comme un organisme, un organisme *sui generis* ou un superorganisme..............	

Dans le tableau ci-dessus, on trouve réunies l'école organique et l'école biologique. Malgré cela, il me semble impossible de confondre la conception méthodologique de l'une et de l'autre. L'école organique applique directement les principes biologiques à la société et peut parfaitement suivre une tendance perfectionniste, comme c'est le cas pour Krause. Et, par contre, l'école biologique proprement dite est toujours plus ou moins eudémonique. C'est qu'en réalité la biologie présente une double application à la sociologie, comme je vais le démontrer dans le paragraphe suivant. Ce n'est que pour plus de simplicité et en faussant un peu la nature de l'organicisme, que j'ai pu joindre ce système, qui se présente parfois avec des idées métaphysiques bien marquées, à l'école purement biologique, qui, à mon avis, est aujourd'hui l'expression la plus achevée du positivisme dans les sciences sociales.

§ 35.

Double application de la biologie à la sociologie.

Ç'a été, je crois, la plus géniale des idées de Comte que d'avoir su prévoir que l'on trouverait un nœud ou une solution de continuité entre les phénomènes physiologiques et les phénomènes sociaux, entre la biologie et la sociologie. Dès que la science sociale nouvelle eût été créée et établie à la façon d'une espèce de future biologie de la société, il y eut divers essais tendant à appliquer les principes biologiques aux phénomènes sociaux.

La première tentative est due à l'école organique, appelée également, pour cela, école « naturaliste ». Comme on l'a vu, cette école, en réaction contre l'individualisme rationaliste et contre la théorie du contrat social, établit que la société est un véritable organisme supérieur, un « surorganisme ». Il naît, vit, se développe et fonctionne, comme tout autre animal polyplastidulaire. Par conséquent, on peut lui appliquer toutes les lois de la vie, spécialement celles des organismes supérieurs. Le criterium de cette école pour la solution des phénomènes sociaux consiste donc dans l'application *immédiate* et *directe* de la biologie à l'organisme social. La société possède son système cérébro-spinal, son sensorium, qui est la « crème » sociale ou classe dirigeante. Elle possède ses organes d'action : l'Etat. Tout son mécanisme obéit à une série d'actes réflexes héréditaires. Enfin, la société sent, pense et fonctionne comme un primate et spécialement comme un organisme humain, le plus parfait et le plus compliqué des organismes que nous présente l'échelle animale. Un des représentants les plus caractérisés de cette école est aujourd'hui Novicow, qui a exposé ses vues dans l'ouvrage intitulé : *Conscience et volonté sociales*.

Mais, comme nous l'avons fait remarquer, on ne peut pas regarder la société comme un organisme ayant cette perfection et cette individualité. Bien que les grands organismes animaux doivent être, eux aussi, considérés comme des colonies ou des ensembles de cellules et de microorganismes, plus ou moins autonomes, la manière de naître, de s'alimenter et de se reproduire des sociétés n'est, en aucune façon, identique aux fonctions analogues des grands organismes primates. Ensuite, l'application, faite sans prudence, des lois de l'organisme humain à l'organisme social, peut conduire à l'erreur ; elle constitue la forme typique de ce que j'appellerai l' « erreur biologique » ou la « duperie naturaliste ». Nous voyons, par là, que, si l'application directe de la biologie à la société-organisme peut éclairer la nature de beaucoup de phénomènes sociologiques, elle n'est pas moins, en général, un système de raisonnement dangereux et dépourvu d'une précision scientifique suffisante.

C'est dans l'individu, dans l'organisme de l'individu que la biologie trouve une application directe et véritablement positive. La biologie est, en effet, la science de la vie animale, et la vie humaine n'est qu'une forme de la vie animale, sa forme la plus élevée et la plus complexe. On ne peut connaître scientifiquement la vie humaine, en l'isolant ; on doit l'étudier en relation avec la vie animale tout entière, dont elle est l'expression et la conséquence. En n'étudiant que l'homme, on ne peut arriver à le connaître ; il faut l'étudier tel qu'il se présente dans la nature, c'est-à-dire, non comme un cas exceptionnel et *sui generis*, mais comme un organisme vivant parmi tant d'autres.

Aristote ne voyait déjà dans l'homme qu'un animal très intelligent ; et, à leur tour, les théories transformistes modernes sont venues lui donner sa véritable place dans la nature. L'orgueil de l'homme l'a toujours fait prétendre à une origine élevée et presque divine ; aussi n'accepte-t-il que difficilement la généalogie vulgaire que lui assigne la réalité... Mais les études de Lamarck, Darwin, Hæckel et autres naturalistes modernes, ainsi que les recherches de la paléontologie et de l'ethnographie et les progrès qui en ont résulté, sont venus confirmer, définitivement, je pense, la théorie transformiste. Comme Galilée, Darwin a des préventions et des préjugés à vaincre. On peut dire qu'il les a vaincus, puisque, quoique sa théorie ne soit pas toujours reçue *in totum*, le principe de l'évolution des espèces, déjà formulé par Lamarck et Gœthe, paraît admis aujourd'hui par tous les véritables hommes de science. Et je prévois le jour prochain où le vulgaire lui-même s'étonnera qu'une chose, aussi claire et évidente que le transformisme, ait pu être tant discutée et ait tant tardé à être comprise.

La théorie transformiste a eu, comme c'était logique, sa répercussion dans les sciences morales et juridiques. La conception géniale de Comte de rapprocher et de mettre en relations la sociologie et la biologie est rendue possible grâce aux progrès des sciences naturelles. Le premier essai de ce rapprochement et de cette corrélation est représenté par la tentative de l'école organique d'appliquer directement à la société-organisme les lois biologiques. Mais, comme nous l'avons vu, la société est un organisme, un surorganisme si spécial, que ce n'est que par analogie et métaphoriquement que l'on peut lui appliquer les lois ou principes établis en biologie pour les organismes individuels, les simples organismes animaux.

Pareillement, on a tenté, dans ces derniers temps, d'appliquer la biologie à l'homme *considéré par rapport à la société*. C'est-à-dire, que l'on a prétendu expliquer des faits sociaux par les sentiments et les idées des hommes et que l'on analyse chaque homme selon les principes biologiques. L'application de la biologie devient ainsi *indirecte* ou *médiate* ; on n'étudie plus directement avec elle la société-organisme, mais on s'en sert pour étudier la sociabilité, les sentiments sociaux et les idées sociales *chez* les hommes-organismes. Parmi les divers essais d'application plus ou moins médiate, — c'est-à-dire par l'intermédiaire des organismes individuels, — de la théorie transformiste à la sociabilité humaine, il y a lieu de noter les deux livres de M. A. Vaccaro : *La lutte pour l'existence et ses effets dans l'humanité* et *Les fondements sociologiques du droit et de l'Etat*.

Ainsi donc, en résumé, la biologie offre à la sociologie, une double application : directe et immédiate par rapport à la société-organisme ; indirecte et médiate quand on étudie l'individu-organisme, ses sentiments sociaux et ses idées sociales. De ces deux applications, la seconde est la seule véritablement scientifique et positive, la seule conforme à la stricte réalité. Mais la première, si on en fait un usage parcimonieux et prudent, peut aussi nous subministrer, par rapport aux phénomènes sociologiques, d'excellentes généralisations que la science ne doit pas dédaigner. De plus, l'application de la biologie à l'individu-organisme peut facilement nous amener à l'appliquer à la société-organisme. Supposez que l'on étudie, suivant les principes biologiques, le sentiment de la conscience sociale chez chaque individu. Ce sentiment formera, dans la *psychis* collective, dans le *volksgeist*, la conscience sociale de la société. Ainsi, l'étude de la conscience individuelle nous entraîne à l'analyse de la conscience sociale; l'examen de l'individu-organisme nous mène à connaître la société-organisme, et le criterium biologique, que nous avons employé dans le premier cas, sera probablement applicable dans le second. Il n'y a donc pas une séparation radicale et absolue entre ce que j'appelle l'application directe et l'application indirecte de la biologie à la sociologie. La distinction se ramène essentiellement à une question de méthode. En effet, puisque l'application indirecte est plus prudente et plus scientifique, c'est par elle, suivant les préceptes de la méthode positive, que le sociologue doit commencer ses recherches, pour conclure, quand ce sera possible et nécessaire, à l'aide de l'application directe. L'erreur, la duperie biologique, consistera, comme on le fait si fréquemment dans l'école organique, à appliquer du premier coup, sans atténuation, ni vérification suffisante, les principes biologiques à la société-organisme, attendu que, comme nous l'avons vu, la véritable méthode scientifique doit consister à les appliquer préalablement à l'individu-organisme considéré comme membre de la société.

Je ne veux pas clore ce paragraphe sans ajouter une observation qui me paraît opportune. On pense généralement que l'application du criterium biologique et spécialement de la théorie transformiste dans les sciences sociales et morales entraîne une tendance anarchiste et dissolvante, un dédain prononcé pour les sentiments humanitaires et les idées de cohésion sociale et, par contre, la justification des excès de la force et du pouvoir. Telle est en effet, la doctrine de Frédéric Nietzsche ; selon elle, « tout est permis » ; la cruauté et la violence sont des vertus, et ce sont des vices que la pitié et la générosité. « Guerre et mort au faible », voilà ce que doit être la vérité proclamée par le « surhomme » ; la femme elle-même, parce qu'elle a relativement plus de faiblesse est un être inférieur et méprisable... Beaucoup d'esprits ont cru trouver, dans la théorie darwinienne de la sélection naturelle, la base scientifique de la doctrine « immoraliste » de Nietzsche ; la lutte pour la vie, sous sa forme la plus brutale et la plus précise, doit être essentiellement antichrétienne ; la charité est un obstacle au triomphe des forts et à l'annihilation des faibles...

Or, c'est une profonde erreur — et je le démontrerai par la suite — de croire la doctrine nietzschéenne basée sur la science et la biologie. Tout au contraire, ses fondements et son mode d'exposition appartiennent à la métaphysique et à l'exégèse religieuse. Elle a ses racines chez Strauss, Max Stirner, Bruno Bauer, Schopenhauer, elle dérive de cette tendance utilitaire et antichrétienne que l'on remarque dans la métaphysique allemande du xixe siècle, et qui est en partie une réaction contre la philanthropie exagérée du xviiie. La théorie biologique ne conduit aucunement à conclure à la réalité de la lutte pour la vie toujours consciente et schématique, de la prédominance du plus capable de *volonté*. Cela, c'est de la métaphysique, de la métaphysique ultra-idéaliste, et rien de plus ; c'est la « volonté d'existence » de Schopenhauer, dont Nietzsche fait la « volonté de puissance ». On comprend donc qu'aucun esprit scientifique n'admettra jamais la doctrine nietzschéenne ; si elle séduit aujourd'hui tant d'intelligences mal averties, c'est à cause de sa nouveauté relative, de son aspect pseudo-scientifique, et surtout en raison de son intense mérite artistique, et de la souveraine beauté littéraire des livres immortels où Nietzsche a développé ses idées.

LIVRE III
Théorie du droit.

CHAPITRE VIII
L'ÉTHIQUE

§ 36. Le phénomène du droit comme partie positive de l'éthique. — § 37. Origine des règles techniques et des règles éthiques. — § 38. Base biologique de l'éthique. — § 39. Principes biologiques généraux de la conduite humaine. — § 40. L'hérédité et l'évolution de la conduite humaine. — § 41. La spéciéité biologique de l'homme dans la formation de l'éthique. — § 42. Classification des règles éthiques.

LAMARCK, *Philosophie zoologique*. — DARWIN, *Origine des espèces, La Descendance de l'homme* (trad. française) — HÆCKEL, *Histoire de la création des êtres organisés* (trad. française). — LE DANTEC, *Traité de Biologie, Lamackiens et Darwiniens*. — ESPINAS, *Les sociétés animales*. — METCHNIKOFF, *Etudes sur la nature humaine*. — COMTE, *Cours de philosophie positive*. — LUBBOCK, *L'homme préhistorique* (trad. française). — SPENCER, *Principes de psychologie, Fondements de la morale* (trad. française). — LAZARUS, *Ueber den Ursprung der Sitten*. — WUNDT, *Ethik*. — PAULSEN, *System der Ethik*. — G. SIMMEL, *Einleitung in die Moralwissenschaft*. — NOVICOW, *Conscience et volonté sociales*. — VACCARO, *La lutte pour l'existence et ses effets dans l'humanité*. — KORKOUNOV, *Théorie générale du droit*. — J. COURCELLE-SENEUIL, *Préparation à l'étude du droit*. — GUMPLOWICZ, *La lutte des races*. — C.-O. BUNGE, *Principes de psychologie individuelle et sociale* (trad. française).

§ 36.

Le phénomène du droit comme partie positive de l'éthique:

Le mot « droit » correspond, dans l'usage, à des significations et à des idées diverses. Pour les uns, il exprime l'existence absolue d'une entité idéale, l'origine soit divine, soit métaphysique. Pour d'autres, le droit n'est pas autre chose que la législation positive. Ces différentes acceptions du terme générique sont relatives aux différentes écoles ou tendances juridiques. Le droit, considéré comme l'œuvre éternelle de la divinité, est la notion de l'école théologique ; le droit, considéré comme œuvre catégorique de la raison humaine, est une conception propre aux théories formelles et rationnelles du droit, et le droit-législation est la conséquence politique et positive de cette notion rationaliste... On peut donc dire que chaque école a son concept du droit. Ces concepts se contredisent, dans le langage courant et même dans le langage scientifique, à tel point que l'observateur se demande souvent avec perplexité ce qu'il faut entendre, d'une façon générale, par le mot droit, en laissant de côté les significations que lui donnent les écoles et les théories.

C'est qu'il n'est pas facile de démêler, dans le fatras des écoles et de leurs théories, le fonds *commun*, le principe uniforme, le canevas du droit sur lequel chaque penseur brode son œuvre complexe. Même dans le langage courant, le peuple confond, à chaque instant, le sens du mot, et dit « c'est le droit », en se référant tantôt à un principe de justice idéale, tantôt à une disposition des lois positives... Et malgré cela, personne ne nie l'existence ni l'importance du droit.

Pour comprendre la valeur de ce mot droit à l'époque actuelle, le juriste doit faire abstraction de toute doctrine métaphysique ou rationnelle et chercher ce qu'est le droit dans la réalité, dans le passé et le présent. On trouve alors que l'appellation de droit se donne généralement aux règles de la conduite humaine imposées par la coutume, la tradition, les idées régnantes et les lois, sous réserve que la violation de ces règles puisse entraîner une sanction, un châtiment, de la part des pouvoirs publics. Voilà, *grosso modo* et selon le « réalisme pur » ce que l'on appelle communément droit. Mais, quelle est l'origine de ces règles juridiques, quelle est leur essence, sur quoi repose leur utilité et leur efficacité ?

C'est ici que le juriste moderne doit étudier la véritable nature du droit, en le considérant avant tout tel qu'il se présente à l'observation, c'est-à-dire, comme un fait ou *phénomène social*. On ne conçoit pas un homme isolé, un Robinson dans son île, inventant le droit et l'appliquant. Comment le ferait-il ? pourquoi ? pour qui ?... Le droit suppose donc la société humaine ; il est un facteur de la société humaine. On ne peut, en conséquence, sans fausser la réalité des choses, étudier le droit indépendamment de la société qui l'incarne. La véritable conception positive du droit doit, par suite, être toujours sociologique : c'est en étudiant la société, son organisation et son développement que l'on peut étudier l'origine et la nature du droit. Puisque le droit n'est pas possible sans la société, il ne serait pas logique d'analyser le droit sans analyser la société.

Mais le droit ne se conçoit pas seulement comme un fait ou un phénomène social ; il est aussi, — et on se l'est figuré de la sorte, depuis une haute antiquité, bien avant qu'il n'y eût d'étude objective de la société — comme une science spéciale, théorique et pratique à la fois, la science juridique, la jurisprudence, où excellèrent les Romains. Outre qu'il constitue un phénomène social universel, le droit forme donc une science. Cette science, sans doute, est postérieure au phénomène ou fait historique qui l'a produite ; les jurisconsultes romains n'ont étudié les coutumes, les lois et la justice que quand il existait déjà des des coutumes, des lois et un concept du juste et de l'injuste basé sur la tradition et la religion. Le droit-science n'est dès lors que l'étude systématique du droit-phénomène.

Cette étude, naturellement, peut avoir deux objets : la connaissance immédiate des cas juridiques, en vue d'en faciliter la solution, ou bien la théorie générale de ces cas. Les anciens jurisconsultes, peu adonnés aux abstractions et aux spéculations philosophiques, se bornaient généralement à l'étude des cas en eux-mêmes ; les modernes bâtissent de préférence des généralisations à grande envergure ou des constructions théoriques sur la casuistique légale. Ces généralisations et ces constructions ont pour résultat d'élargir le criterium juridique et de s'étendre jusqu'à la véritable raison d'être ou philosophie des lois. Mais, par malheur, leur élaboration se fait fréquemment par des procédés bien plus spéculatifs et idéalistes que scientifiques et positifs, ce qui en rend la lecture aussi laborieuse qu'indigeste.

On peut regarder comme une réaction contre ces vieilles théories rationalistes et idéalistes, le nouveau concept sociologique du droit. Il admet les vérités conquises par l'école historique et les notions qu'y a ajoutées l'école économique ; mais, à son tour, il introduit dans le débat l'étude scientifique et systématique de la société et complète admirablement, par là, les thèses dues aux historiens et aux économistes. L'organisme juridique prend ainsi une véritable vie ; ses principes et ses rouages apparaissent comme l'anatomie d'un grand corps organique ; son évolution et son fonctionnement comme une partie très intéressante de la physiologie sociale.

§ 37.

Origine des règles techniques et des règles éthiques.

Nous allons étudier le droit comme phénomène social, en recherchant ses bases biologiques. Le droit, produit de la vie, obéit aux lois de la vie. Si, pour étudier les origines du droit, nous le supposions existant dès ses débuts, sous la forme concrète où nous le voyons aujourd'hui, il y aurait de notre part une très grave erreur sociologique. Non : le droit est un produit de l'évolution sociale, qui a passé par bien des phases, vagues et nébuleuses, avant d'arriver à son état historique et moderne. Avant tout, à son origine, il a dû faire partie de l'éthique primitive, et ce n'est que plus tard qu'il s'est différencié de la coutume et de la morale.

Il est étonnant qu'un animal aussi faible, aussi mal défendu que l'homme, ait pu subsister dans les temps préhistoriques. Il n'avait ni les dents et les griffes des félins, ni la force des grands anthropoïdes, ni les cornes du bison et du taureau, ni la peau épaisse et protectrice des pachydermes, ni la vélocité du daim, le venin des serpents, les ailes des oiseaux ou les facultés mimétiques des petits organismes sans défense. Seule, une intelligence supérieure, favorisée sans doute dans son développement par le *situs erectus* et la disposition des organes buccaux servant au langage, a pu rendre possible sa propagation à des époques de luttes si rudes et si sanglantes. Cette intelligence a dû se manifester par deux inventions, antérieures à toutes les autres : celle d'instruments destinés à suppléer aux imperfections du corps humain, et celle d'associations d'individus dont l'union facilitait la lutte pour la vie. Au temps où l'on créait la fronde et l'arc, se faisaient les premiers essais de sociabilité entre les hommes.

Pour construire cette fronde et cet arc, il avait fallu, avant tout, inventer certaines règles : les fibres de tel végétal, tissées de cette façon ou de cette autre, servaient à fabriquer la corde de la fronde ou de l'arc ; des pierres déterminées, taillées ou polies de telle ou telle manière, devaient être employées pour la fronde ou pour la flèche de l'arc. Ces principes élémentaires adoptés pour la confection des armes et des ustensiles domestiques forment les premières *règles* techniques (de *technè*, art.).

Bien que basée sur les instincts de famille, l'association même d'un groupe déterminé d'hommes primitifs, constituée spécialement en vue de la chasse, devait aussi se soumettre à certaines règles ou principes élémentaires.

Il fallait, en premier lieu, une espèce d'acquiescement basé sur l'expérience relativement à la réunion des chasseurs et au partage du butin. En s'associant pour leurs entreprises, les hommes primitifs durent formuler, *en fait*, dans leur langage grossier et à peine articulé, certains principes de loyauté et de respect les uns pour les autres. Les pères et les frères furent amenés à acquérir, tacitement ou expressément, et surtout par l'usage, des règles pratiques de conduite, déterminant leurs droits et leurs devoirs réciproques. L'association n'eut pas été possible sans cela. Ainsi, une fois que l'esprit humain eut pris l'habitude de l'association même en groupes nomades et transitoires, perpétués d'ailleurs par les liens de la famille, il s'imposa des principes de sociabilité et l'on reconnut des actes donnés comme licites et permis, d'autres comme prohibés et illicites. Il se forma donc, spontanément et du fait de l'expérience, certaines règles de conduite ; elles constituèrent les premières *règles éthiques ;* et c'est d'elles, avec la marche du temps, que sortirent les principes du droit et de la morale. Leur origine commune se confond ainsi avec les humbles débuts de la sociabilité humaine rudimentaire. Et, comme nous le verrons, ces règles s'établirent, à la façon de réactions d'ordre purement animal, ou pour mieux dire, plus ou moins involontaires et inconscientes de leur finalité.

Les premières règles éthiques, qui contiennent à l'état indéfini tout le droit et toute la morale, avaient nécessairement des sanctions. Bien mieux, c'est la répétition habituelle de ces sanctions qui a dû former ces règles. C'étaient des châtiments ou des mépris infligés par l'association. Tout le clan, en masse, avait ainsi à interpréter des actes et à les punir ; et par là, prenait naissance la conscience sociale. Ce n'est que plus tard que les chefs ou le patriarche se virent réserver le soin d'appliquer les sanctions et même de les prononcer. Et ce n'est qu'avec l'apparition des premières idées religieuses, que les prêtres arrivèrent à faire entrer les règles éthiques dans leur concept du surnaturel et à leur donner ainsi plus d'efficacité et de stabilité. C'est pourquoi les règles éthiques, nées des besoins sociaux, tendirent à se transformer en règles religieuses ; et que les peuples sauvages renforcèrent leurs principes moraux et juridiques en les confondant avec les mythes.

Des centaines, des milliers de siècles s'écoulèrent avant que l'homme arrivât à concevoir la bifurcation de l'éthique en deux branches : l'une religieuse et idéale, la morale, la seconde politique et pratique, le droit. Il ne serait donc nullement scientifique d'étudier les sources et les origines du droit et les séparant de la morale, en les abstrayant complètement de l'éthique primitive. L'étude des principes biologiques du droit est aussi l'étude des principes de l'éthique. Et l'analyse positive du droit est, nous le verrons, l'analyse de l'éthique dans sa phase la plus exacte et la plus précise.

§ 38.

Base biologique de l'éthique.

Il n'exista jamais une société qui n'eût ses règles morales et juridiques, son éthique, tout au moins sous une forme plus ou moins inconsciente et embryonnaire. L'invention des premiers mythes religieux donna à ces règles plus d'efficacité, en menaçant leurs transgresseurs de la colère des êtres surnaturels, protecteurs de la société. Et l'invention de l'immortalité de l'âme augmenta la force de ces sanctions religieuses, en plaçant les châtiments et les récompenses divines au delà des limites de la vie terrestre.

En dehors de la religion, la philosophie, elle aussi, a recherché les motifs et les raisons fondamentales de l'éthique. Bon nombre d'écoles et de sous-écoles se sont formées sous ce rapport. En général, elles ont exercé peu d'influence sur la vie pratique. Les hommes suivent la morale ambiante, chacun sous la forme que lui permet son idiosyncrasie, et se préoccupent peu des théories philosophiques, à moins qu'elles n'éclairent, concrètent et objectivent leurs propres passions, ou les tendances de leur collectivité.

Toutes les idées émises relativement aux bases de l'éthique peuvent — nous l'avons déjà vu — se diviser en deux grands groupes, en deux doctrines générales. La première et la plus répandue affirme que les principes moraux sont absolus, immanents et innés dans l'âme humaine ; ils se trouvent inscrits dans la conscience de tous les hommes, à toutes les époques. L'autre soutient que les principes de la morale sont le fruit de l'expérience ; le sentiment moral dépend par suite d'instincts et de convictions ; il est plus ou moins variable et empirique.

Ces deux tendances, ces deux écoles de morale, sont aussi vieilles que la philosophie. En Grèce, déjà, Platon penche pour la première, tandis qu'Aristote, les stoïciens et les épicuriens, malgré leurs divergences d'opinion, font découler de l'utilité les règles de conduite. Dans les temps modernes, la distinction des deux écoles réapparaît : d'un côté, Descartes et ses successeurs, Kant et les idéalistes ; de l'autre, Hobbes, Bacon, Locke, Helvétius, Bentham, Stuart Mill. Et il faut noter que, malgré l'existence, relativement nombreuse dans l'antiquité, de philosophes qui se soient avisés du caractère flottant et relatif de la vérité morale, la généralité des penseurs lui a toujours attribué une nature substantielle et surhumaine. L'idée opposée ne devient bien nette qu'avec les derniers progrès des sciences physiques et naturelles et les nouvelles conceptions sociologiques du positivisme actuel.

L'évolution du principe d'utilité, depuis les théories aristotéliciennes jusqu'à notre époque, a fini par lui faire acquérir un caractère réellement scientifique. Ce caractère répond aujourd'hui aux fondements généraux de la biologie et aux phénomènes spéciaux physico-psychologiques du plaisir et de la douleur. La théorie utilitaire, si vaguement formulée d'abord, est arrivée ainsi à une confirmation réelle. Quelque concept qu'ils se fassent de la douleur et du plaisir, les hommes de science véritables constatent aujourd'hui, dans la sensibilité, une manifestation primaire de la vie animale, et y reconnaissent la forme psychologique subjective de tous les actes et de toutes les idées humaines.

On peut se demander ici comment des esprits aussi puissants que ceux des grands philosophes idéalistes ont pu méconnaître un fait si général, si évident même... Cela s'explique, en partie, par la prépondérance et les transformations des principes théologiques, et, en partie, par la tendance commune à tous, mais plus accentuée chez les grands hommes que chez le vulgaire, d'idéaliser les phénomènes humains, d'élever et d'épurer les aspirations humaines. En outre, il faut aussi tenir compte de l'hérédité psychologique ; quand pendant plusieurs siècles, les ascendants ont pratiqué une morale déterminée, elle se retrouve chez les descendants sous forme d'inclinations et de capacités mentales plus ou moins indécises. Un peu d'analyse introspective, un effort intense d'abstraction peuvent faire passer ces idées de la région subconsciente à la région consciente. Par suite, comme je l'ai déjà dit, le philosophe rationaliste, qui ignore le processus héréditaire, croit que sa raison a créé les principes moraux, au point, comme Kant, de les supposer « impératifs catégoriques de la raison pure ».

Le rationalisme moral ainsi expliqué, arrivons à l'étude du fondement biologique de l'éthique. Ce fondement est la vie même. La vie peut se définir comme un double processus d'intégration et de désintégration de matière, la nutrition, dont le premier effet est d'adapter l'être organisé aux circonstances ambiantes. L'adaptation, ou mimétisme animal, peut à son tour se définir comme un équilibre entre les conditions internes de l'organisme et celles de l'extérieur. La croissance, la reproduction, la mort sont les conséquences successives de ce premier processus générique de nutrition et d'adaptation. Il y a donc une espèce de dynamisme organique dans tous les phénomènes vitaux, dynamisme que la sélection naturelle perpétue, grâce à l'hérédité, dans ses réactions favorables au développement de la vie.

La tendance ou la faculté de réactionner contre les conditions défavorables à la vie est le *primum movens* ou l'*ultima ratio* de toute action humaine. L'habitude n'est pas autre chose que la répétition séculaire de certaines réactions utiles à l'individu et à l'espèce. Par ces réactions, l'individu et l'association humaine évitent et « châtient » toute attaque à leur existence. La répétition habituelle de certaines sanctions ou châtiments contre certains actes déterminés, qui attaquent les mouvements de l'adaptation, imposent les règles de la coutume. De telles règles sont de véritables règles juridiques, quand elles atteignent un degré suffisant de précision et de régularité. Et elles constituent ensuite des règles morales, quand l'intelligence humaine, parvenue à ce point de son développement historique, les idéalise et les généralise, pour leur donner plus d'efficacité. Le principe idéaliste de la morale corrobore dès lors puissamment le principe coercitif du droit.

En autres termes, on peut considérer, en éthique, quatre degrés successifs de développement : 1° la réaction biologique encore inconsciente de ses fins utilitaires ; 2° la réaction habituelle, plus consciente déjà et transformée ; 3° la réaction juridique, qui donne plus de force et de précision à la réaction habituelle ; 4° le criterium moral, qui juge la réaction humaine, tout à la fois biologique, habituelle et juridique. Et il est naturellement bien entendu que l'adaptation et la sélection naturelle, font prévaloir seulement, en vertu de l'hérédité, les réactions favorables à la vie. La mort élimine celles qui sont défavorables ou nuisibles.

Les réactions biologiques s'accompagnent de manifestations psychologiques ; envisagées sous leur forme la plus simple, ce sont la douleur et le plaisir. L'être organisé a de la propension pour le plaisir, de la répulsion pour la douleur. C'est la phase nettement utilitaire des réactions biologiques. L'homme invente ses premières règles techniques et éthiques pour « satisfaire ses besoins » ; la satisfaction de ses besoins tend toujours à lui procurer des plaisirs, à lui éviter des douleurs. De cette façon, il augmente les conditions favorables à son énergie vitale et diminue celles qui lui sont nuisibles ; voilà la fonction biologique, assignée par la sélection naturelle au plaisir et à la douleur. Son dynamisme mécanique consiste à rétablir l'équilibre entre l'être organisé et le milieu, de manière que ce milieu ne l'affaiblisse et ne le détruise pas.

La première base de l'éthique est ainsi une base biologique, l'adaptation. Chez le protozoaire, qui réactionne contre une substance peu nutritive pour lui, il y a en germe la sanction juridique et le critérium moral. C'est pourquoi j'ai dit que le droit est la vie, que l'éthique est la vie.

La nature utilitaire des réactions nous conduit à la notion utilitaire de la morale et du droit. Et l'on a cru fréquemment, l'on croit souvent encore, que ce principe utilitaire de l'éthique est « faux », parce qu'il entraîne l'homme à la satisfaction immodérée de ses instincts les plus égoïstes et les plus anti-sociaux. Si le plaisir est le premier fondement du bien et du mal, tous les actes qui peuvent procurer du plaisir à l'individu ne sont-ils pas bons, même s'ils nuisent à la société ? N'arrive-t-on pas à justifier ainsi les passions immorales et dissolvantes ? Comment distinguer, d'après son utilité, le bien et le mal, puisque le mal peut parfois être aussi utile et même plus utile que le bien ? Comment alors cimenter les matériaux de l'éthique, dont l'objet est précisément de prohiber des actions qui, dans des circonstances déterminées et pour des individus déterminés peuvent très bien être utiles ou agréables ?... C'est là la grande difficulté pratique de l'éthique : nous donner un *critérium* pouvant nous servir à apprécier les différents intérêts humains. Ce *critérium* ne peut être autre que l'utilité, envisagée pour chacun *corrélativement au milieu social*. Ce n'est pas à proprement parler ce que l'on appelle « l'intérêt général » ; c'est l'intérêt individuel considéré par rapport à la société.

C'est pourquoi l'on a dit fort justement que les règles techniques ont pour objet la réalisation de *chacun* des desseins humains, et les règles éthiques, la réalisation *simultanée* de tous les desseins humains. Un homme primitif se propose, pour satisfaire sa faim, de pêcher et de chasser. Conformément aux règles techniques, il construit sa hache, sa flèche, son harpon. Si d'autres hommes attentent à sa vie et lui volent ses armes ou son butin, cet homme ne pourra réaliser son dessein, satisfaire sa faim. Pour qu'il le puisse, il faut des règles de conduite, faites pour contenir les instincts égoïstes et anti-sociaux de ces autres hommes et les obliger à respecter la vie et la propriété... Ces règles sont les règles éthiques. Grâce à elles, chacun peut arriver à son but, certain que ses compagnons de clan, formant la collectivité rudimentaire, devront respecter sa volonté et ses droits. Tous les membres de la société peuvent ainsi exécuter simultanément leurs intentions.

La nature utilitaire du plaisir et de la douleur ne se présente pas clairement dans la mentalité moderne : trop de préjugés l'offusquent. Comme l'a dit Spencer (1) : « Dans le cas de l'espèce humaine, il s'est produit, et il doit durer longtemps, un dérangement profond et com-

---

(1) *Principes de Psychologie*, trad. franç. t. 1, §§ 125, 126 et 127.

pliqué de la connexion naturelle entre le plaisir et les actes profitables, entre la douleur et les actes nuisibles, dérangement qu'obscurcit si bien la connexion naturelle qu'il fait supposer quelquefois une connexion inverse. Et la croyance demi-avouée qu'on rencontre communément, que les actions désagréables profitent et que les actions agréables nuisent, a été et est encore renforcée par une foi qui offre à l'adoration des hommes, un Etre qu'on suppose fâché contre ceux qui cherchent leur plaisir, et propice à ceux qui s'infligent des mortifications gratuites ou même des tortures. Nous acceptons ici ce corollaire inévitable de la loi générale de l'Evolution :-que le plaisir excite aux actes qui conservent la vie et que la douleur détourne des actes qui la détruisent. »

Admettons pour un instant, que la douleur soit favorable à la vie et que le plaisir lui soit nuisible... N'en résulterait-il pas que la loi, suivant laquelle tout animal cherche le plaisir, serait un principe de destruction de la vie ? La vie se détruirait par elle-même. Il n'y aurait plus alors la lutte pour la vie mais la lutte pour la mort.

De tout ce qui précède, nous concluons que l'éthique a une *base première biologique* : c'est le principe de l'adaptation, qui, chez les espèces animales, se traduit en plaisir et en douleur. La biologie démontre ainsi l'origine et la nature essentiellement utilitaires de la morale et du droit.

§ 39.

Principes biologiques généraux de la conduite humaine.

Les fondements généraux de la biologie peuvent se réduire au principe de la transformation des espèces par l'adaptation, l'hérédité et la sélection naturelle. Le phénomène de la sélection naturelle et de la lutte pour la vie consiste, comme on le sait, dans la survivance des plus aptes ou plus adaptables au milieu ambiant. La puissance de reproduction des espèces animales et végétales est si intense, que sans l'existence d'obstacles et d'entraves, chaque espèce pourrait, dans un court laps de temps, remplir toute la terre ou certaines de ses parties ; le cas ne se produit pas, parce que, sur l'espace limité de la planète, toutes les espèces luttent entre elles et limitent réciproquement leur propagation.

D'autre part, chaque espèce varie suivant les besoins de la lutte pour la vie ; les individus les plus aptes ou les plus adaptables subsistent, les plus faibles ou les moins adaptables périssent. La lutte choisit, peu à peu, certains types déterminés ; ils propagent et modifient l'espèce, en transmettant par l'hérédité à leurs descendants leurs qualités avantageuses. Il n'existe donc pas seulement une lutte pour la vie entre les différentes espèces, mais aussi entre les individus mêmes de chaque espèce. Il y a une sélection des espèces, et une sélection des individus de l'espèce. En quelque façon, la lutte crée la fonction, la fonction crée l'organe, et l'organe crée l'espèce. L'espèce ou spéciéité de chaque organisme se compose ainsi de l'ensemble de ses différenciations par rapport aux autres organismes ou êtres vivants.

Ainsi que le dit Darwin dans l'*Origine des espèces* (chap. 3) :

« La lutte pour l'existence résulte inévitablement de la rapidité avec laquelle tous les êtres organisés tendent à se multiplier. Tout individu qui, pendant le terme naturel de sa vie, produit plusieurs œufs ou graines, doit être détruit à quelque période de son existence, ou pendant une saison quelconque, car, autrement, le principe de l'augmentation géométrique étant donné, le nombre de ses descendants deviendrait si considérable, qu'aucun pays ne pourrait les nourrir. Aussi, comme il naît plus d'individus qu'il n'en peut vivre, il doit y avoir, dans chaque cas, lutte pour l'existence, soit avec un autre individu de la même espèce, soit avec des individus d'espèces différentes, soit avec les conditions physiques de la vie. C'est la doctrine de Malthus appliquée avec une intensité beaucoup plus considérable à tout le règne animal et à tout le règne végétal, car il n'y a là ni production artificielle d'alimentation, ni restriction apportée au mariage par la prudence. » (1).

L'expression « lutte pour l'existence » arrive ainsi à prendre un sens très large et métaphysique. La palmeraie, au bord du désert, avec ses racines avides d'eau, lutte en fait pour l'existence.

L'évolution des espèces est produite par de multiples causes : les naturalistes les ramènent à trois formes principales : variation, sélection et hérédité. « Pour réaliser ce que Darwin appelle la sélection, dit très bien Vaccaro, il faut trouver réunies les conditions suivantes : 1° que chez les êtres organisés il existe des *différences individuelles*, des variations utiles à la vie ; 2° que ces différences ou caractères soient transmissibles par *l'hérédité* et accumulables dans une direction déterminée ; 3° qu'il y ait *lutte pour la vie* ; 4° et finalement que cette *lutte* ait lieu à égalité de conditions normales, afin que la victoire soit due uniquement aux *caractères individuels utiles* des individus en lutte et non à des circonstances étrangères à leur organisme et accidentelles (2). »

La théorie darwinienne entraîne facilement à l'hypothèse du perfectionnement indéfini des espèces par la sélection naturelle. Les espèces évoluent généralement en augmentant de volume et en compliquant de plus en plus leurs organes. « La sélection naturelle, dit Darwin, produit uniquement la conservation et l'augmentation des variations utiles à chaque individu dans les conditions organiques et inorganiques où il peut se trouver placé dans toutes les périodes de sa vie. Chaque être, et c'est le dernier

(1) Trad. française, p. 69.
(2) *La lutte pour l'existence.*

terme du progrès, tend à se perfectionner de plus en plus relativement à ces conditions d'existence. »

Darwin n'a pas posé la loi de la perfection, comme une loi invariable et continue ; on lui a cependant objecté, qu'à concentrer son attention sur la *sélection ascendante*, il a négligé le phénomène inverse, la *sélection descendante*. « Si chaque être, dit Vaccaro, se perfectionne relativement aux conditions où il vit, c'est-à-dire par rapport au milieu, il en résulte que quand ce milieu est favorable aux conditions qui tendent à rendre son organisme plus complexe et plus élevé, ces variations s'accumuleront si elles se produisent (sélection ascendante). Mais si, au contraire, le milieu est défavorable à ces dites variations et favorable à celles qui tendent à rendre l'organisme moins complexe et moins élevé, les variations acquises dans les premières conditions tendront à disparaître comme nuisibles et celles qui tendent à le rendre moins complexe s'accumuleront en échange (sélection descendante) (1). »

Les deux formes existent dans la réalité ; la nature présente de nombreux cas de l'une et de l'autre. Vaccaro rappelle le parasitisme comme l'exemple le plus typique de la sélection descendante et cite à ce sujet Roy Lankester et Espinas. Roy Lankester confirme ce fait que « toute nouvelle série de conditions tendant à rendre plus facilement accessibles à l'animal la sécurité et l'alimentation le conduisent, en règle générale, à la dégénérescence. L'habitude du parasitisme opère ouvertement de la sorte sur l'organisation animale. Faites que l'existence parasitaire soit complètement assurée et vous verrez disparaître, peu à peu, les pattes, les mandibules, les yeux, les oreilles. D'un crabe actif et remuant ou de tout autre insecte ou annelide, vous ferez un simple sac, bon à ingérer des aliments et à pondre des œufs et rien de plus. »

« Le parasitisme, ajoute Espinas, ne nuit pas seulement

(1) *Op. cit.*

à la victime, il nuit au parasite lui-même, sinon immédiatement dans l'individu, du moins par accumulation, dans l'espèce. Ceux d'entre eux qui se fixent dans les tissus y subissent des dégradations telles qu'il a été souvent difficile de reconnaître leurs véritables affinités zoologiques. La vie de relation étant suspendue chez eux, puisqu'ils n'ont plus à chercher leur nourriture mais la reçoivent toute préparée, les organes correspondants se sont atrophiés. Quelques crustacés lernéens, libres, pendant une partie de leur existence, descendent soudain dans l'échelle animale dès que la phase parasitique a commencé pour eux. Reconnaissons à ce nouveau trait l'antipode de la vie sociale : celle-ci est caractérisée par un profit et un perfectionnement mutuels ; le parasitisme a pour effet une diminution corrélative de puissance vitale chez l'animal qui le subit et de complexité organique chez l'animal qui le pratique. » (1).

Spencer définit très bien la vie comme étant « l'adaptation continue des relations internes avec les relations externes », ou, si l'on préfère, comme une lutte régulière de l'individu et de l'espèce avec le milieu ambiant. S'adapter au milieu, c'est la victoire dans la lutte pour la vie ; ne pas pouvoir s'adapter au milieu, c'est la mort de l'individu et l'extinction de l'espèce. Or, le milieu, les circonstances de l'adaptation sont favorables tantôt à la sélection ascendante, tantôt à la sélection descendante. La règle générale, comme le dit la théorie darwinienne, est la sélection ascendante. Mais la nature nous offre des cas variés et nombreux de sélection descendante, entre autres le cas typique du parasitisme que je viens de citer. Le manque d'usage des organes, continué pendant plusieurs générations, produit leur atrophie : ce serait le principe de la sélection descendante. De nombreuses espèces, accoutumées à vivre dans les cavernes, sous le sol ou dans des

(1) *Des sociétés animales.* 2e édit. p. 164.

eaux souterraines, perdent ainsi leurs yeux. La sélection ascendante est donc la règle ; mais il faut lui reconnaître des exceptions en grand nombre.

La lutte pour la vie est en général un mélange de sincérité et de dissimulation ; ses moyens sont la violence et la ruse, en donnant à ces mots un sens large et générique. Toutes les espèces animales sont simultanément victimes et bourreaux ; elles s'alimentent de certaines espèces et servent d'aliments à d'autres. De là la lutte pour dévorer et ne pas être dévoré. Dans cette lutte, si l'attaque est faite par la force, c'est la violence qui domine ; mais si l'animal se masque et se cache pour combattre ses ennemis, il est fait usage de la ruse. La violence est toujours plus ou moins volontaire ; la ruse peut être inconsciente-involontaire, ou consciente-volontaire ou tenir plus ou moins de combinaisons graduées où entrent ces deux éléments. Le *mimétisme* animal, c'est-à-dire la ressemblance que prend l'animal avec les objets environnants, pour se dissimuler parmi eux et attaquer ses ennemis naturels ou leur échapper plus facilement, constitue un moyen de ruse, généralement involontaire, et quelquefois volontaire. Ce phénomène est incontestablement commun à tous les animaux, à ceux qui emploient principalement la violence comme à ceux qui se servent surtout de la ruse. Le lion, par exemple, prototype des premiers, possède un pelage de couleur mimétique qui le rend difficile à distinguer dans le désert ; il peut ainsi s'approcher plus aisément de sa proie ; et la sélection naturelle a fait prédominer dans cette espèce les individus dont le pelage avait cette teinte dissimulatrice. — Mais il existe différentes classes de ruse et de mimétisme et ils correspondent à divers degrés de volonté et de conscience... Il y a des animaux qui simulent, volontairement ou involontairement la couleur et la forme d'autres animaux possesseurs d'avantages pour la lutte pour la vie... En résumé, on peut dire que chez certains animaux la violence l'emporte, et chez d'autres la ruse, mais que tous emploient les deux moyens, alternativement ou simultanément. — Cependant j'incline à croire que l'usage prépondérant de la violence correspond à la sélection ascendante, celui de la ruse à la descendante. J'ai vu souvent confondre la sélection descendante avec la dégénérescence et je crois qu'il conviendrait de fixer plus précisément la valeur de ces deux termes. En pathologie, spécialement en psychiatrie, on entend par « dégénérescence » toute diminution morbide de la vitalité produite par l'hérédité. Sa caractéristique est, il me semble, l'*instabilité*, attendu que, au cours de l'hérédité, ou elle se guérit, ou s'aggrave jusqu'à produire l'extinction de la race dégénérée. Elle ne consiste donc pas, comme on le voit, en un processus d'adaptation à un milieu défavorable à la sélection ascendante, mais plutôt en une *incapacité héréditaire d'adaptation* à un milieu quelconque. La sélection descendante tend à produire un type inférieur, mais stable, sain et normal, parfaitement propre à la propagation d'une nouvelle espèce. Inversement, la dégénérescence produit un type anormal et transitoire.

Dans la lutte pour la vie, le plaisir et la douleur sont le stimulus intrinsèque de tous les actes animaux. D'innombrables théories ont été émises à ce sujet. Toutes tendent plus ou moins à démontrer que le plaisir correspond à une *augmentation* de l'énergie vitale, la douleur à une *diminution* de cette énergie. Usant du même critérium que Bain, Spencer nous dit que « les douleurs sont corrélatives aux actions qui nuisent à l'organisme, et les plaisirs aux actions qui contribuent à son bien-être ». Le premier phénomène psychique de la vie animale, la première manifestation intelligente de la vie du protozoaire et du fœtus est la traduction subjective de l'influence du milieu ambiant en impressions sensitives ; et cette sensation est toujours susceptible de s'accuser par de la douleur ou du plaisir.

« Tout être animé distingue la douleur du plaisir ; mais jusqu'à présent, personne n'a donné ni de celle-là ni de celui-ci une définition exacte. C'est que, comme pour la majorité des phénomènes psychiques, il est aussi difficile qu'inutile de les définir. Leur explication, la plus synthétique est que la première produit une impression, contre laquelle lutte spontanément l'organisme, et qui, s'il ne survient pas de réaction, provoque des états anormaux et pathologiques, l'affaiblissement, les contagions et la mort ; le second provient de l'exercice sain des activités vitales. La première occasionne si on ne la domine pas à temps, un anéantissement partiel ou total de la vie ; le second si on ne le laisse pas atteindre artificiellement les limites extrêmes, comme dans l'usage du haschich, la santé et la vie. » (1).

Les fameuses lois de Groote ne sont que des formes spécifiques de ce principe général.

Tous ces principes généraux de la biologie, exposés très sommairement dans ce paragraphe, s'appliquent à l'organisme humain et même à la société-organisme. Les fondements de la lutte pour la vie, la sélection naturelle ascendante et descendante, l'hérédité physico-psychologique, la douceur et le plaisir, la spéciéité, la dégénérescence, bref les lois biologiques, régissent non seulement la vie matérielle de l'individu, mais aussi, comme nous allons le voir, sa vie psychique et collective. L'éthique, c'est-à-dire les règles de la conduite de l'homme par rapport à la société, a donc une base biologique.

§ 40.

L'hérédité et l'évolution de la conduite humaine.

La vie ne se conçoit pas sans l'hérédité. Si l'organisme n'était pas capable d'engendrer de nouveaux organismes,

---

(1) C.-O. Bunge, *Principes de Psychologie individuelle et sociale*, (trad. française), p. 37.

sa vie serait éphémère, car la mort de l'individu serait la mort de l'espèce. Si l'organisme produisait des individus absolument différents de lui-même, il n'y aurait pas d'espèces : la vie serait un chaos. L'aptitude de chaque organisme à se multiplier en organismes semblables est le principe de l'hérédité, c'est-à-dire de la propagation et de l'évolution de la vie organique. On pourrait définir ce phénomène, l'aptitude que possèdent les êtres vivants à ce que le semblable produise son semblable, ou plus exactement, l'analogue, son analogue. Tous les naturalistes constatent ce fait fondamental, mais il n'existe toutefois pas de théorie qui explique de façon satisfaisante *comment* se produit l'hérédité, c'est-à-dire, qui nous révèle son mécanisme intrinsèque.

Tout en admettant tous, le phénomène indiscutable de l'hérédité, les biologistes actuels se divisent en deux écoles, ou plutôt en deux groupes de tendances opposées : les néo-lamarckiens, qui dérivent de Lamarck, et les néo-darwinistes, issus de Darwin. La différence, qui sépare les uns des autres, repose sur l'importance plus ou moins grande qu'ils attachent respectivement, les premiers au principe de l'hérédité des *caractères acquis (automorphose* : variation par le développement de l'individu) et les seconds, aux caractères produits spontanément par la *sélection naturelle (allomorphose* : variation par les altérations fortuites de l'ovule).

Il est malaisé d'expliquer ce désaccord sans recourir à des exemples : parmi ceux que la nature nous offre en nombre si varié, il me vient à l'esprit le cas de la girafe qui est très expressif. Cet animal a un très long col et se nourrit des feuilles d'arbres élevés, qu'il ne pourrait atteindre avec une autre conformation. D'après le système de Lamarck, la girafe n'a pas toujours possédé ses caractéristiques actuelles. Les besoins de la vie ont déterminé chez elle, pendant une longue suite de générations, un effort continuel pour allonger le cou, afin de prendre son aliment naturel ; cet effort a amené l'augmentation de longueur du cou ; et cette augmentation, devenu un caractère acquis (*automorphose*) s'est transmis par l'hérédité.

Par contre, les néo-darwinistes supposent que des circonstances accidentelles ont occasionné la naissance d'une girafe ayant le cou plus long que ses congénères. Cette particularité a facilité son alimentation, lui a donné un réel avantage dans la lutte pour la vie, l'a rendue plus apte à la lutte pour la vie. Les autres individus de l'espèce qui n'ont pas acquis cette supériorité ont dû périr ou perdre par le croisement leurs caractères négatifs, leurs désavantages ou leurs inaptitudes. Et ainsi s'opère une sélection naturelle (*allomorphose*), déterminée par les contingences ou le « hasard » si nous donnons ce nom à un ensemble complexe de facteurs impossibles à simplifier et à mettre en évidence.

Le principe de l'hérédité des caractères acquis a été défini par Lamarck dans les termes suivants : « Tout ce que la nature a fait acquérir ou perdre aux individus par l'influence des circonstances où leur race se trouve depuis longtemps exposée, et par conséquent, par l'influence de l'emploi prédominant de tel organe, ou par celle d'un défaut constant d'usage de telle partie ; elle le conserve par la génération aux nouveaux individus qui en proviennent, pourvu que les changements acquis soient communs aux deux sexes, ou à ceux qui ont produit ces nouveaux individus. » (1).

Darwin, de son côté (2), définit ainsi la sélection naturelle : « J'ai donné le nom de *sélection naturelle* ou de *persistance du plus apte* à cette conservation des différences et des variations individuelles favorables et à cette élimination des variations nuisibles... Plusieurs écrivains ont mal compris ou mal critiqué ce terme de *sélection*

---

(1) *Philosophie zoologique*, p. 199.
(2) *Op. cit.* p. 86 (trad. française).

naturelle. Les uns se sont imaginé que la sélection naturelle amène la variabilité, alors qu'elle implique seulement la conservation des variations accidentellement produites, quand elles sont avantageuses à l'individu dans les conditions d'existence où il se trouve placé. Personne ne proteste contre les agriculteurs, quand ils parlent des puissants effets de la sélection effectuée par l'homme ; or, dans ce cas, il est indispensable que la nature produise d'abord les différences individuelles que l'homme choisit dans un but quelconque. D'autres ont prétendu que le terme *sélection* implique un choix conscient de la part des animaux qui se modifient, et on a même argué que, les plantes n'ayant aucune volonté, la sélection naturelle ne leur est pas applicable... »

Le concept de Darwin est donc clair, précis et lumineux. Des causes fortuites produisent une modification favorable à l'espèce, et l'espèce conserve cette modification, en évolutionnant peu à peu, en se transformant peu à peu. Les espèces relativement simples tendent ainsi à se compliquer, lorsque de ces nouvelles complications résulte une aptitude supérieure à la lutte. Le transformisme est, en conséquence, un phénomène dû aux circonstances, indépendant de tout ce que l'individu acquiert par lui-même ; les forces de la nature opèrent sur les germes, et la naissance détermine la transformation spécifique ; l'expérience de l'individu manque de transcendance héréditaire...

Assurément, la sélection naturelle, la sélection congénitale, pourrait-on dire, est la phase la plus importante de l'évolution des espèces ; mais cette explication absolue et unilatérale n'embrasse pas l'universalité des faits. Darwin, lui-même, avec sa perspicacité habituelle, le reconnaît quand il établit que les « *effets héréditaires de l'usage et du non usage* apportent un puissant concours à la sélection naturelle (1) ». De cette façon, la sélection naturelle

(1) LE DANTEC, *Lamarckiens et Darwiniens*, p. 83.

(par *allomorphose*) et les caractères acquis par l'individu (*automorphose*), loin de s'exclure, se juxtaposent et s'entr'aident dans le processus évolutif. Il a fallu l'enthousiasme résultant de la nouveauté de sa découverte, le fait d'avoir étudié de préférence la sélection artificielle des espèces domestiques, le fait aussi que le naturaliste français n'était pas le seul à soutenir l'hérédité des caractères acquis et enfin une certaine jalousie bien humaine pour amener Darwin à méconnaître, dans d'autres passages, l'importance de la « loi » de Lamarck.

Beaucoup de néo-darwinistes sont aujourd'hui plus « darwinistes » que Darwin, et nient absolument la transmission héréditaire des caractères acquis. Le désir d'arriver promptement à une théorie qui explique l'hérédité est sans doute la cause de cette erreur ; et le maître lui-même, malgré sa puissance scientifique, avait commis cette confusion du fait et de son explication dans sa théorie équivoque de gemmules. Ce besoin d'arriver au plus tôt à une explication exacte de l'hérédité devient de la sorte le principe de l'erreur des néo-darwinistes, qui cherchent à baser cette explication uniquement sur l'*allomorphose*, comme l'avait fait Darwin dans la théorie en question. Elle laisse à tort de côté tous les faits et cas d'*automorphose*.

C'est donc avec un grand sens scientifique que Le Dantec affirme que non seulement il n'existe pas d'opposition entre le principe de Lamarck et celui de Darwin, mais que tous deux sont indispensables à une théorie complète de la vie. Tout caractère acquis est l'évolution individuelle d'un caractère héréditaire. « Un individu donné est le résultat de deux facteurs, l'*hérédité* et l'*éducation*. L'*hérédité*, c'est la nature de la substance personnelle, l'ensemble des propriétés de l'œuf dont il provient. L'*éducation*, c'est l'ensemble des circonstances extérieures à travers lesquelles s'est poursuivi le développement de l'individu.

« On conçoit facilement, sans qu'il soit nécessaire pour cela d'insister davantage, que des éducations différentes puissent donner des formes différentes à des êtres ayant même hérédité, et aussi que la même éducation puisse donner certains caractères communs à deux êtres ayant des hérédités différentes (*caractères de convergence*). C'est même, nous l'avons déjà dit, une question fort importante que de déterminer la limite des divergences possibles (sans que la mort intervienne) entre deux êtres ayant même hérédité. On donne le nom de *caractères acquis* à ces variations intervenant sous l'influence de l'éducation. En réalité, si l'on parle rigoureusement, *on doit considérer tous les caractères de l'adulte comme des caractères acquis*, puisque chacun d'eux portant, plus ou moins, la trace de l'éducation, eût pu être différent dans d'autres conditions. Mais on a l'habitude de considérer, avec moins de précision, comme caractères acquis par les individus d'une espèce, les caractères réalisés chez ces individus sous l'influence de conditions différentes de celles dans lesquelles s'était reproduite leur espèce pendant les générations précédentes. » (1).

En d'autres termes et en appelant *expérience* ce que Le Dantec nomme « éducation », nous arrivons à conclure que l'expérience développe les *capacités héréditaires* transformables en *caractères acquis* et que ceux-ci, à leur tour, tendent à se produire dans la race comme de *nouvelles* capacités héréditaires, ou, si l'on veut, comme les anciennes capacités héréditaires modifiées par l'expérience individuelle. Toute la discussion pourrait se simplifier si l'on donnait un nom plus scientifique à ce que l'on appelle si improprement « caractères acquis » et « caractères héréditaires ». L'individu n'improvise pas de caractères et n'en transmet pas. Il acquiert des caractères en développant ceux qu'il a reçus et les transmet, à son tour, sous forme de capacités. Qui pourrait, dès lors, tracer la ligne exacte où finit l'*allomorphose* et où commence l'*au-*

(1) Le Dantec, *Traité de biologie*, p. 269.

tomorphose ? Qui pourrait délimiter ainsi l'œuvre de la nature sur l'ovule et le spermatozoïde et l'œuvre de l'expérience ou de l'éducation sur l'individu, tendant à modifier son spermatozoïde ou son ovule ? Dans la sélection naturelle (par *allomorphose*) la nature modifie le germe relativement sans participation de l'individu ; dans l'acquisition des capacités héréditaires, les modifications du germe dépendent de l'expérience individuelle (*automorphose*), or, les deux faits se produisent à satiété. Tantôt des circonstances très complexes, où l'individu n'intervient pas, provoquent principalement la modification de ses descendants ; tantôt le rôle prépondérant appartient à l'expérience ou à l'éducation individuelle.

J'ai considéré le problème de l'hérédité au point de vue de la variation, parce qu'il se pose ainsi dans la nature : c'est ce que reconnaît très bien Le Dantec. « Les automorphoses, résultat d'une réaction de l'ensemble de l'organisme sous l'influence d'un stimulus extérieur, déterminent naturellement des variations qui sont précisément en rapport avec le stimulus d'où elles proviennent ; ces variations sont directement adaptées, immédiatement utiles (1). »

Sous l'influence du milieu, elles « prennent une direction déterminée », selon l'expression de Cope, le partisan le plus décidé du néo-lamarckisme. C'est la nouvelle forme du principe de Lamarck.

Mais on peut en dire autant du principe néo-darwiniste. « L'action du milieu sur l'organisme, même lorsqu'elle se produit directement sur chaque élément, est *déterminée* par la nature du milieu et la nature de l'organisme au moment considéré ; la variation par *allomorphose* apparaît donc aussi dans une direction définie, mais elle est sans rapport immédiat avec les besoins de l'individu ; la coloration des ailes des papillons, dans les expériences de

---

(1) F. Le Dantec, *Lamarckiens et Darwiniens*, p. 90.

Weissmann peut être *nuisible* aux êtres chez lesquels elle se produit. C'est affaire à la sélection naturelle de conserver les variations utiles et de faire disparaître celles qui sont dangereuses, tandis que la variation par *automorphose* était directement adaptée aux conditions qui l'avaient fait naître (1). »

Il est donc établi que la transformation des espèces s'opère tantôt par *allomorphose*, tantôt par *automorphose* et en général par la combinaison des deux. Et l'on doit de même, admettre comme établi, que l'une et l'autre de ces formes du transformisme procèdent, indubitablement, d'un principe générateur unique, l'hérédité, dont le véritable mécanisme ne nous est pas essentiellement connu. La chimie et la physique biologiques feront voir, quelque jour, si ce principe appartient ou non à « l'inconnaissable ».

De l'évolution organique ainsi expliquée par le double processus de l'*allomorphose* et de l'*automorphose*, découle la conséquence que chaque homme suit, dans sa conduite, son hérédité physique et psychique. Le *sens moral*, comme toute *orientation éthique* déterminée, est forcément le résultat de la vie ancestrale ; il est, avant tout, une *capacité héréditaire*. Je pense donc que seule l'hérédité provenant d'une longue suite d'aïeux sociables rend l'individu *capable* de comprendre la morale sociale. Je pense que l'éducation ou l'expérience éthique et juridique, ne font que développer, en lui donnant la forme de « caractères acquis », la « capacité héréditaire éthique » contenue au préalable dans l'individu en germe. C'est ainsi que j'ai pu expliquer l'exactitude de l'éthique rationaliste de Kant, en cherchant ses rapports avec l'hérédité psychique du philosophe, avec sa longue expérience ancestrale, c'est-à-dire celle de ses ascendants, imbus de l'éthique gréco-latine et chrétienne. Sa méthode introspective est, à mon avis,

---

(1) LL. DANILC, *Lamarckiens et Darwiniens*, p. 91.

une véritable méthode rétrospective. Si cette idée ne cadre pas avec les affirmations absolues de certains néo-darwinistes, elle n'est pas en opposition avec la théorie originale de Darwin lui-même, et elle est logique avec les tendances des néo-lamarckiens.

Tous nos jugements ont pour origine des perceptions sensibles provoquées chez nous ou chez nos ancêtres. « Rien n'existe dans notre intelligence qui n'ait d'abord été perçu par nos sens ». En général, on attribue une importance énorme à l'expérience individuelle ; et cependant, c'est à nos capacités héréditaires que nous devons la majeure partie de nos idées. « La doctrine darwinienne, dit Hæckel (1) permet de démontrer que les connaissances soi-disant *a priori* ont été acquises *a posteriori* et proviennent en dernière analyse, de l'expérience. Des connaissances provenant originairement de perceptions purement empiriques et dérivant, par conséquent, d'expériences purement sensuelles, mais ayant ceci de particulier qu'elles ont été acquises par une série de générations, semblent être, chez les générations venues les dernières, des notions indépendantes, innées, acquises *a priori*. Toutes ces notions, dites *a priori*, ont été formées *a posteriori* par nos antiques ancêtres animaux, puis, ayant été peu à peu, transmises par hérédité, elles sont devenues des notions *a priori*. »

Il n'y a donc pas de différence essentielle entre les *concepts rationnels* et les *concepts expérimentaux*. Dans les premiers domine l'expérience ancestrale ; dans les seconds l'expérience individuelle. Mais il faut ajouter que l'expérience individuelle intervient aussi dans les notions *a priori*, comme une simple continuation de l'expérience héréditaire ; et que, dans les notions acquises *a posteriori* et expérimentalement par l'individu, intervient de même l'expérience de leurs ancêtres, comme cause antérieure de leur propre capacité expérimentale.

(1) *Histoire de la création des êtres organisés*, trad. française p. 24.

Si nos idées innées ou *a priori* émanent de nos ancêtres animaux, ce que j'ai appelé notre orientation éthique provient, en majeure partie, de nos ancêtres humains et même de nos ancêtres de l'époque historique. Et j'entends par orientation éthique la capacité pour l'individu de préciser ses idées et ses sentiments éthiques dans un sens déterminé, ou sous une forme systématique. Supposons que cette forme soit celle de l'éthique européenne actuelle, elle est un amalgame de la morale gréco-latine et de la morale chrétienne .. Pour la comprendre dans toute sa plénitude, il faut, à mon avis, avoir une *série suffisante* d'ancêtres historiques, dont l'esprit s'est formé et éduqué selon les règles de cette éthique, et qui ont pu léguer ainsi à leurs descendants la capacité héréditaire indispensable. Un indigène américain n'a pas cette capacité. J'en ai souvent eu la preuve dans la pratique, et j'en puis citer un cas bien significatif, qui est de ma connaissance personnelle. Un jeune Indien des pampas fut adopté et traité presque comme son fils par une riche et généreuse dame de La Plata. Elle le fit instruire et élever chrétiennement. Malgré tout, l'enfant se révéla un voleur incorrigible, à tel point que la bonne dame pensa que ce vice était chez lui une maladie. Elle le fit examiner par un médecin distingué. Celui-ci le déclara un superbe spécimen de sa race, fort et sain autant qu'on peut l'être... Ce n'était donc ni un dégénéré ni un malade, comme l'aurait été, en pareil cas, un Européen *pur sang*, faisant preuve d'une « amoralité » aussi incorrigible. Ce qui poussait le gamin à voler tout ce qu'il pouvait et à cacher ses vols, c'était l'hérédité de nombreux ancêtres qui avaient considéré comme œuvre méritoire le vol envers les étrangers. — Ce manque d'aptitude héréditaire à comprendre la morale chrétienne est une des choses qui découragent le plus les missionnaires dans leurs tentatives d'évangélisation des peuples vraiment sauvages. Ils trouvent moins de difficultés auprès des populations qui ne sont que barbares et dont la morale est arrivée à des formes se rapprochant de celles de la morale chrétienne et gréco-latine. Car les lois biologiques générales déterminent chez tous les peuples des évolutions de l'éthique plus ou moins parallèles et convergentes.

L'orientation éthique arrive donc à produire ce que l'on nomme communément et d'une façon assez impropre la *conscience morale*. L'œil intérieur qui nous avertit de nos fautes et de nos délits, l'implacable remords que nous ressentons de nos mauvaises actions ne sont que le résultat de l'expérience de nos ancêtres à distinguer le bien et le mal, continuée par notre propre expérience. Il n'y a donc que la dégénérescence ou le métissage qui peuvent produire des types réellement amoraux, c'est-à-dire, privés de toute aptitude à avoir le sens intime de la morale gréco-latine et chrétienne. C'est à cette catégorie de sujets, à peu près incorrigibles, qu'appartiennent les « criminels nés » de l'école anthropologique de droit pénal. La dégénérescence abolit dans leur cerveau l'expérience historique héréditaire ; et faisant un saut en arrière, l'hérédité morbide supprime les types voisins et intermédiaires, se transforme en atavisme et reproduit le type amoral et antijuridique de l'homme primitif. L'éducation et l'expérience individuelle se révèlent, en tel cas, plus ou moins impuissantes à combler le vide existant dans l'hérédité.

§ 41.

La spécièité biologique de l'homme dans la formation de l'éthique.

Nous avons établi que la lutte pour la vie, ou le principe du plaisir et de la douleur, stimulent l'homme et l'amènent à produire les règles techniques et les règles éthiques. Mais il serait absurde d'en conclure que dès l'origine, chacune de ces règles nouvelles fut universelle et que l'homme les créa et les propagea tant qu'il le put. Bien au contraire, les sentiments d'humanité, de confraternité mondiale, sont tout à fait modernes : l'homme primitif ne dut connaître, en fait de règles éthiques et techniques, que celles qui le concernaient lui, sa famille, son clan, sa caste...

C'est ici que trouve à s'appliquer un autre principe biologique : celui de la *spéciéité*. La biologie nous enseigne que la spéciéité, que les différences spécifiques s'accentuent à mesure que l'on s'élève dans l'échelle animale, à mesure que les organismes se compliquent. Chez l'homme, qui représente le produit le plus élevé et le plus complexe du règne animal, la spéciéité est telle qu'on pourrait dire que chaque race et même chaque homme est une espèce. De là vient que l'éthique s'est trouvée d'abord restreinte à l'association primitive — famille, clan, phratrie, tribu — sans s'étendre, en aucune façon, à toute l'humanité. Si une règle éthique prohibait le vol et l'homicide, c'était entre les membres de l'association ; elle ne concernait pas les étrangers, considérés en somme comme une espèce distincte. C'est en ce sens que l'on a pu dire que l'homme est plus féroce que le lion et la panthère, car, à la différence des félins, il ne respecte pas toujours ses semblables, et qu'il les dévore même en cas d'anthropophagie. L'explication de ce phénomène réside en ceci qu'il y a dans l'*espèce* du lion ou de la panthère une uniformité qui n'existe pas d'une façon absolue dans le *genre* humain. C'est pourquoi l'homme fait exception au phénomène général qui est que, dans la lutte pour la vie, les mammifères des espèces supérieures se respectent et ne s'attaquent pas pour se dévorer réciproquement, luttant seulement entre eux, en cas de nécessité, pour le partage d'une proie ou sous l'empire de la jalousie. La spéciéité humaine fait voir ainsi pourquoi l'éthique humaine a dû être, à son origine, un sentiment particulariste, un sentiment de race ou d'association et non une tendance universelle.

Le concept de la spéciéité humaine, je dois le dire tout de suite, a servi dernièrement de thème à toutes sortes d'extravagances ethno-sociologiques ; et des vanités aristocratiques et impérialistes de tout genre l'ont pris comme prétexte pour se manifester. On a été jusqu'à le faire servir à donner une couleur scientifique à un sentiment aussi rétrograde que l'antisémitisme. On prétend ainsi trouver dans la spéciéité humaine la base de *supériorités absolues* entre tels et tels peuples. On suppose l'existence d'une « race aryenne », dolichocéphale et blonde, la race « pure » par excellence, à qui seule on devrait les plus belles créatures de l'humanité. On parle de l'invincible supériorité des Anglo-Saxons et des Allemands... Rien n'est moins scientifique que ces généralisations inspirées par la politique et l'idéologie et que Vico appelait déjà, de son temps, la « vantardise des peuples ».

Ces théories aussi absurdes qu'irritantes ont provoqué une réaction logique... mais non moins absurde et irritante. On avait proclamé l'irrémédiable infériorité de races aussi capables que la race sémite, de peuples aussi intelligents et de sang aussi mêlé que les peuples dits « latins » ; cette notion, en choquant ceux qu'elle attaquait injustement, les poussa à répondre, par l'organe de penseurs éminents, que l'humanité est une, que le pouvoir d'adaptation de l'homme est illimité, que l'hérédité psychologique est d'importance secondaire, qu'il n'y a pas de races pures, que les croisements ethniques sont profitables etc., etc.

Le problème ainsi présenté est difficile et complexe. Il est indubitable que l'adaptation contribue, à l'égal de l'hérédité, dans la formation de tout type animal. Il n'est pas moins indubitable qu'il n'y a pas de races absolument pures. Il est certain aussi que certains croisements ethniques sont profitables ; et il est encore plus certain que les différences entre les races ne sont pas absolues et invariables... Mais, dans tout cela, je ne vois rien qui détruise ce que j'appellerai la *théorie spécifique*, au profit de celle que l'on pourrait nommer la *théorie uniforme*.

La théorie uniforme serait celle qui suppose à l'*espèce* humaine une entité potentiellement indivisible ; d'après elle, les races ne sont même pas des variétés de l'espèce, mais seulement des produits mal définis et transitoires de l'adaptation.

Au contraire, selon la théorie spécifique, la spéciéité est la règle pour le « genre » humain, et ce sont ses variations et différences qui constituent la diversité des aptitudes chez les individus, les familles, les races et les peuples. L'adaptation peut modifier les distinctions spécifiques ; mais seulement par l'intermédiaire de lentes et continuelles influences qui échappent à la volonté. En résumé, le désaccord fondamental entre les deux théories repose sur l'importance plus ou moins grande attribuée à l'hérédité. Naturellement, les sympathies des démocrates et des socialistes vont vers la théorie uniforme. Par contre, les ethnologues, les sociologues, les biologistes, bref tous les savants débarrassés de préjugés politiques, ont aujourd'hui une préférence marquée pour la conception spécifique ; mais avec moins de passion et de duplicité que certains aristocrates et littérateurs, heureux de trouver là une base solide pour les aspirations de leur amour-propre. Le sociologue qui a le plus contribué à établir la théorie spécifique est certainement Gumplowicz, dont on peut citer de nombreux ouvrages de droit politique et de sociologie, particulièrement : *La Sociologie et la politique* et *La lutte des races*.

En mettant de côté les vantardises et les généralisations métaphysiques, et en reconnaissant le bien-fondé de certaines parties de la théorie uniforme, la théorie spécifique est seule, me semble-t-il, exacte et positive. La repousser entraîne la méconnaissance des phénomènes les plus élémentaires de l'expérience et de l'histoire, des principes les plus clairs de la biologie. Qui peut ne pas apercevoir la profonde différence de capacité mentale existant entre un grand penseur européen et le plus intelligent des sauvages de l'Australie ou de la Terre de Feu, et même entre les descendants de l'un et de l'autre, quelle que soit l'influence exercée sur eux par l'éducation ? Qui n'a pas pu constater la part due au facteur ancestral dans le *génie* héréditaire d'un Anglais ou d'un Français ? Qui ne reconnaît la supériorité d'esprit d'un descendant non dégénéré de quatre à cinq générations d'intellectuels sur un paysan de campagnes perdues ? Supposer que l'éducation et l'adaptation peuvent faire varier l'hérédité chez l'homme, sans l'intervention d'un processus évolutif long et persistant, c'est faire preuve d'une ignorance crasse, d'un manque absolu d'expérience pédagogique et d'observation psychologique collective. Contredire la théorie spécifique, c'est faire plus, à mon avis, que méconnaître la réalité biologique ; c'est se boucher les yeux à toute réalité sociale. Seuls les préjugés religieux ou la passion politique peuvent expliquer une interprétation aussi stupide des faits et des phénomènes, des cas et des principes.

En résumé, il faut admettre le principe utilitaire exposé dans le paragraphe précédent et le principe spécifique développé dans celui-ci ; et nous arrivons ainsi à poser que les deux caractéristiques de l'éthique primitive sont l'*utilité* et le *particularisme*. Toutes deux ont une base biologique ; elles reposent, la première sur le phénomène de la sélection naturelle, dont la manifestation psychologique est le plaisir et la douleur ; la seconde, sur celui de la spéciéité. Ces phénomènes se rapportent naturellement, l'un comme l'autre, au fait générique de la Vie, c'est-à-dire à l'adaptation ou à la lutte. L'utilité et le particularisme propres à cette éthique primitive ont pour principal résultat d'assurer la vitalité de la race ou de l'association, et son triomphe sur les autres races ou associations, c'est-à-dire, en termes généraux, son adaptation et sa sélection naturelle au moyen de l'hérédité.

§ 42.

Classification des règles éthiques.

Il résulte de ce qui précède que les règles éthiques peuvent tout d'abord être classées, par rapport à leur degré d'évolution, en trois grandes catégories : l'habitude, le droit, la morale ; et, par rapport à leur efficacité positive, en deux : la règle coercitive du droit et la règle idéale et critique de la morale. Mais ces classifications concernent plutôt la forme que le contenu en la matière de ces règles. A ce dernier point de vue, on peut, il me semble, en former deux grands groupes : 1° celui des règles qui régissent la faculté d'acquérir, l'*acquisivité humaine*, soit les relations et intérêts économiques : 2° celui des règles qui régissent la *sexualité*, soit les passions et relations sexuelles. Ces deux divisions comprennent les règles qui régissent la famille, car elles sont déterminées par la double influence des affections d'origine sexuelle et par les intérêts économiques, et leur caractère dominant est tantôt sexuel tantôt économique.

1° La faim et l'amour, ces deux besoins primordiaux de l'homme, se manifestent, au point de vue psychologique, par des sensations, des instincts, des sentiments, des intérêts, des passions. Les conditions de son alimentation déterminent chez l'animal, même au plus bas degré de l'échelle des êtres, des impulsions marquées et des aptitudes d'acquisivité. L'acquisivité a pour premier effet de procurer l'aliment et l'abri en proportion des besoins : dans son dévelopepment, elle prend la forme offensive pour acquérir, défensive pour conserver l'acquis. Les agressions étrangères contre l'acquis sont évitées, et quand il est possible, châtiées. Ce châtiment de celui qui prétend s'emparer de ce que nous possédons, c'est-à-dire de celui qui commet un « délit », pour employer notre langage actuel, répété séculairement, chez beaucoup de peuples et au cours de beaucoup de générations, détermine la formation d'une coutume fondamentale : la pénalité du délit. L'impulsivité et la capacité de l'homme à acquérir et à défendre l'acquis ont ainsi une limite : la propriété d'autrui.

Cette propriété s'étend à la fois aux choses ou aux objets qui nous appartiennent et à notre corps et notre vie. Les agressions contre la liberté individuelle et contre l'intégrité de notre organisme nous attaquent au plus intime de notre propriété ; la propriété de nous-mêmes. De telle sorte que le respect de la propriété objective et de celle que nous pourrions appeler subjective constitue, par son importance biologique capitale, le contenu ou la fin d'une immense partie des règles éthiques.

2° L'autre partie de ces règles se rapporte à la sexualité. En partant de la liberté primitive du commerce des sexes, l'humanité a évolué par suite de l'établissement d'une série de règles prohibitives et restrictives, comprenant la condamnation de l'inceste, de l'adultère, de la prostitution et des aberrations sexuelles.

L'horreur de l'inceste est un sentiment acquis, au prix sans doute d'une expérience aussi longue que douloureuse et que je m'explique de la façon suivante. Aux époques préhumaines, les ancêtres de l'homme devaient vivre, comme les anthropoïdes, dans les branches des arbres et en se nourrissant de fruits. La conformation physiologique de l'homme actuel le prouve, puisqu'il possède les intestins d'un frugivore et d'un végétarien. Quand l'homme abandonna sa vie d'animal grimpeur et adopta la position verticale, sa nourriture changea, devint carnée et mixte. A cette époque, la promiscuité des sexes existait et l'inceste constituait une forme régulière du commerce sexuel. Mais cette modification du régime alimentaire introduisit dans l'organisme humain des intoxications et des maladies. L'alimentation carnée demande des intestins courts, parce que si le trajet des tubes digestifs est d'une grande longueur, la corruption s'y engendre rapidement. Les maladies ainsi contractées durent être héréditaires et aller par suite en s'aggravant chez les enfants nés de parents consanguins. Quand le fait fut connu par expérience, la prévoyance de l'homme primitif s'en avisa, une opinion se forma relativement aux mariages consanguins, et ils furent interdits, comme nous l'avons vu déjà, à propos de la théorie matriarcale, d'abord entre parents et enfants, puis entre frères et sœurs.

L'origine de la punition de l'adultère et de la prostitution est principalement d'origine économique. L'organisation patriarcale des premiers temps historiques impose la fidélité de la femme ou des femmes. Mais la jalousie, en dehors des périodes de rut, est un sentiment acquis, et dû à la civilisation, aussi bien que l'inceste. — La *patria potestas*, la puissance de l'époux et du père n'est qu'une surévolution du sentiment sexuel primitif, présentant à la fois un double caractère affectif et économique.

Quant aux aberrations sexuelles la civilisation européenne et moderne les condamne avec une grande sévérité. Il y a de cela une raison utilitaire. Si on laissait ces aberrations se justifier, elles se multiplieraient, elles effémineraient la société et l'entraîneraient à la décadence. La défense sociale impose donc un châtiment exemplaire et un mépris virulent pour des faits qui, sans cela, mériteraient plutôt la répugnance et la pitié.

Outre ces deux catégories de règles éthiques *substantives*, on pourrait en former une troisième, qui serait purement *adjective* : elle comprendrait les règles qui ont pour objet la diffusion de la civilisation et l'organisation de l'Etat. La civilisation et l'Etat ne sont, en effet, que les meilleures formes, les meilleurs moyens, d'assurer l'accomplissement des règles substantives des deux grandes catégories précédentes : celles qui règlent l'acquisivité et celles qui règlent la sexualité.

La religion également fournit une série de règles que l'on peut regarder comme adjectives. On doit se rappeler en effet, que les religions naturelles se forment en vertu de l'ignorance humaine propre à l'état de sauvagerie. L'idée anthropomorphique en est l'axe et l'essence. Et cette idée, appliquée ensuite aux usages, spécialement dans les religions cultivées, acquiert une efficacité éthique d'une haute intensité, attendu qu'elle fixe, consacre et sanctionne par la « civilisation » et le « châtiment de Dieu », les règles de la conduite humaine.

CHAPITRE IX

LE DROIT

§ 43. Définition du droit selon sa forme et ses procédés. — § 44. Définition du droit selon son objet et son contenu. — § 45. La croissance spontanée du droit. — § 46. La lutte pour le droit. — § 47. Bases biologiques du droit. — § 48. *Télése* et logique du droit.

SAVIGNY, *System des heutigen Römischen Rechts*. — IHERING, *Geist des Römischen Rechts auf den verschiedenen Stufen seiner Entwickelung, Zweck im Recht, Kampf um's Recht*. — THON, *Der Rechtsbegriff*. — FOUILLÉE, *L'idée moderne du droit*. — JELLINEK, *Die Socialethische Bedeutung von Recht, Unrecht und Strafe*. — A. MERKEL, *Recht und Macht*. — ARNOLD, *Kultur und Rechtleben*. — SUMNER MAINE, *Ancient Law, Early History of Institutions*. — M. KORKOUNOV, *Cours de théorie générale du droit*. — HAECKEL, *Histoire de la création des êtres organisés* (trad. française). — LUBBOCK, *Les sens et l'instinct chez les animaux* (trad. française). — G. LE BON, *Psychologie de l'éducation*. — JUAN AGUSTIN GARCIA, *Introduccion al estudio de las Ciencias sociales argentinas*. — C.-O. BUNGE, *La Educacion*.

§ 43.

Définition du droit selon sa forme et ses procédés.

Bien que tout le monde distingue aisément aujourd'hui un précepte juridique d'un précepte moral, il est bien difficile d'établir d'une façon précise et scientifique les limites du droit et de la morale. Comme je l'ai dit, le droit et la morale sont nés, ensemble et simultanément, des besoins de l'homme et de la sociabilité, sous forme de règles de conduite que nous appelons règles éthiques. Les peuples anciens, à cause de la naïveté et de l'étroitesse de leur intellect, ne pouvaient démêler théoriquement le droit et la morale, alors surtout que l'un et l'autre avaient une base religieuse. La distinction posée par les Grecs entre l'éthique et la politique peut être à juste titre regardée comme la première délimitation de la morale d'avec le droit public. Il restait à la différencier du droit privé. Et bien que cela se fît en pratique par une sorte de fonction inconsciente de l'Etat et de la société, en théorie et au point de vue spéculatif, on se heurtait, chez eux, à des difficultés dialectiques et même à une insuffisance intellectuelle.

Les Romains savent différencier d'une manière déjà plus précise le droit privé et la morale ; ils les distinguent en fait ; il y a une éthique idéale et sans sanction juridique et il y a le *jus*, le droit pratique, sanctionné par l'Etat et les autorités publiques. Cependant, bien que les Romains distinguent dans la réalité la morale du droit, ils définissent en général ce dernier, ou son équivalent la justice (selon la formule d'Ulpien dans le *Digeste*) *constans et perpetua voluntas jus suum cuique tribuendi*. Cette définition est si vaste qu'elle embrasse toutes les règles éthiques. Nous avons vu en effet que le résultat de ces règles était d'opposer une barrière ou un obstacle aux passions égoïstes et anti-sociales ; de condamner et de prohiber leurs débordements ; de détruire les effets pratiques de l'envie, forme générique des passions de cette espèce, dont l'axe psychologique est toujours la convoitise du bien d'autrui. La « volonté constante et perpétuelle d'accorder à chacun ce qui est *sien* est le principe de toute éthique, si l'on entend par « sien », sa vie, ses biens, sa famille, son honneur, ses droits politiques. Celse, de son côté, définit le droit ou la justice, *ars boni et œqui*. Et dans les *Institutes* de Justinien, il est dit que *juris præcepta sunt hæc : honeste vivere, alterum non lædere, suum cuique tribuere*. Ces définitions et leur paraphrase sont plus larges encore que la formule d'Ulpien et embrassent par conséquent, à plus forte raison, toutes les règles éthiques.

Il y a cependant dans le droit quelque chose de particulier qui le différencie catégoriquement de la morale, et avant tout dans sa forme et ses procédés ou extériorisations. Le fait d'enfreindre les grands principes de l'éthique échappe parfois à l'action des autorités publiques et de l'Etat, comme parfois il en relève. Quand il échappe, le principe est purement moral ; quand au contraire, l'infraction peut et doit être réprimée et punie par les autorités, le principe est juridique. (Bien entendu qu'avant la formation des autorités publiques et de l'Etat, c'était l'association elle-même qui réprimait l'injustice, et cela sans doute par l'intermédiaire de ses membres les plus qualifiés et à la requête de l'offensé). Une règle éthique ordonne au fils d'aimer ses parents ; le fils désobéit à cette règle ; il ne les aime pas, mais il reste soumis à l'autorité paternelle... Cette infraction ne peut être punie par l'association ou ses autorités : donc, il s'agit d'un principe moral. Mais supposer que le fils se refuse à obéir à son père ; le père pourra alors recourir aux autorités publiques pour obliger son fils à se soumettre... Cette infraction-ci peut être réprimée par l'association et ses autorités : donc, il s'agit d'un principe juridique. La règle éthique qui ordonne au fils d'aimer ses parents appartient au domaine de la morale ; celle qui lui prescrit de vivre soumis à l'autorité paternelle tombe dans le domaine du droit.

L'éthique nous donne les principes généraux et absolus qui doivent régir notre for intérieur et se traduire dans toute notre conduite extérieure. Le droit ne s'occupe de ces actes extérieurs, que lorsqu'ils entraînent une transgression notoirement préjudiciable à la société ou à des tiers. Ainsi, le droit, comme l'a dit Jellinek, est un « minimum d'éthique ». Pour manquer au droit, il ne suffit pas de manquer à l'éthique ; il faut lui manquer d'une façon évidente et extérieure et à un degré tel que les autorités publiques doivent intervenir pour sauvegarder l'intérêt général et particulier. Si je convoite le bien d'autrui, cette envie est contraire à l'éthique ; mais tant qu'elle se maintient à l'état de sentiment intime, elle n'attaque pas le droit. Il peut arriver aussi que ma convoitise atteigne le maximum ; je volerai alors et j'attaquerai le droit. Un maximum d'immoralité, une immoralité assez intense pour se traduire en faits antisociaux, entre ainsi réellement dans le domaine juridique. C'est pourquoi l'on a pu dire très justement que le droit est un « minimum d'éthique ». Mais cela ne le définit pas. Quel est ce minimum ? Nous venons de le voir, relativement à sa forme et à ses effets : c'est le minimum d'éthique dont la transgression doit être punie par les autorités publiques.

La morale elle aussi, peut avoir sa sanction dans l'estime ou le mépris public ; la société sanctionne la morale comme le droit ; mais il y a cette différence que dans le premier cas, la sanction procède de l'opinion, est extra-officielle, tandis que dans le second, elle émane des autorités constituées, des lois, des juges, de l'Etat. De plus, la sanction morale ne se traduit pas en général par des faits, elle n'est pas la conséquence de dispositions matérielles préétablies ; et le droit, au contraire, a des sanctions pratiques, préétablies par les coutumes et les lois. Mais la distinction principale entre les formes extérieures du droit et de la morale réside en ceci : que l'autorité officielle, peut, en droit, intervenir dans chaque cas et qu'en morale, elle ne le peut pas.

Sous prétexte que l'éthique renferme le droit et la morale, on a voulu parfois la diviser, d'après cela, en deux parties, et considérer chacune d'elles comme autonome et exclusive de l'autre. Cette division radicale est assurément fausse. Car, de quelque façon que l'on étudie cette question, ce qui est juridique est toujours du domaine moral. Dans la langue usuelle, on entend par « morale », tantôt toute l'éthique, tantôt la partie non juridique de l'éthique. Vouloir donner une autre détermination au mot et à l'idée de morale, c'est se mettre en dehors des façons de parler générales et s'écarter même de la réalité scientifique, attendu que les règles éthiques ont été à l'origine à la fois morales et juridiques et qu'elles continuent à l'être.

Il n'y a donc pas d'opposition véritable entre la morale et le droit. Les deux termes expriment des aspects distincts d'un même phénomène sociologique, l'éthique, où la morale se trouve souvent par rapport au droit dans la relation du générique au spécifique. Ainsi demeurent réfutées les tentatives de certaines écoles spéculatives à mettre en contradiction la morale et le droit.

§ 44.

Définition du droit selon son objet et son contenu.

Dans le paragraphe précédent j'ai défini le droit au point de vue de sa forme et de ses procédés. Je vais maintenant le définir ici par rapport à son *objet* et à son *contenu*.

Les efforts tentés par les anciennes écoles spéculatives pour opposer le droit à la morale, auxquels j'ai fait allusion plus haut, tendaient toujours à attribuer à l'un et à l'autre un objet distinct, sinon un fond différent. L'école du droit naturel du xvii° siècle confond certainement le droit et la morale ; mais Thomasius, au xviii° siècle, essaye le premier d'établir une distinction dans ses *Fundamenta juris naturæ ex sensu comuni deducta in quibus ubique secernentur principio honesti, justi ac decori* (1713). Il y donne aux règles juridiques le caractère d'être absoment négatives, de prescrire ce qu'il ne faut pas faire, et de déterminer par là, en même temps, nos devoirs envers nos semblables. Le principe fondamental du droit devient ainsi : « Ne fais pas à autrui ce que tu ne voudrais pas qu'on te fasse à toi-même » (*quod tibi non vis fieri, alteri ne feceri*).

Au contraire, les règles morales sont celles qui fixent nos devoirs envers nous-mêmes. La morale a pour principe fondamental : « Fais-toi à toi-même ce que tu voudrais que les autres se fassent à eux-mêmes ».

Rien de plus vague que cette distinction entre devoirs

envers les autres et devoirs envers nous-mêmes. La morale, quand elle prescrit d'aimer notre prochain, nous impose un devoir envers les autres ; le droit, en nous autorisant à user de ce qui nous appartient, pose une règle de conduite envers nous-même... L'unique portée de la doctrine de Thomasius est de faire ressortir, dans deux formules du reste impropres, le caractère pratique ou extérieur que présente le droit par rapport aux tiers ou à la société et le caractère théorique et intérieur qui est propre à la morale. Rien de plus.

C'est la même idée qui domine dans la théorie formelle du droit exposé en synthèse par Kant. La morale appartient au for intérieur. Cette doctrine exprime, comme je l'ai dit, une réaction spontanée contre l'absolutisme de l'Etat. Si l'Etat seul peut réprimer les actes contraires au droit, et si le droit ne comprend que les actes extérieurs, l'Etat n'a aucun pouvoir sur la conscience et les opinions. Et l'ingérence abusive de l'Etat dans la conduite de chacun est ainsi atténuée.

Mais il n'est rien moins que certain que l'intention, que le for intérieur échappe au domaine du droit. Tout au contraire, l'intention consciente est aujourd'hui un des premiers éléments qui intervienne dans les jugements juridiques. Pour commettre un vol, il ne suffit pas de prendre par distraction le bien d'autrui, il faut s'en emparer volontairement. La suite à donner aux actes anti-juridiques, au civil comme au criminel, exige que l'on tienne compte de l'idée ou tout au moins de l'intention qui ont déterminé ces actes. La théorie formelle est donc fausse, prise dans un sens absolu. Dans un sens relatif, elle aboutit tout juste à affirmer que le droit est une partie minime de l'éthique, sans spécifier scientifiquement quelle est cette partie.

C'est que pour définir le droit, par rapport à la morale, d'après son objet et son contenu, il faut apporter dans l'examen des faits une intensité d'analyse réaliste que l'on ne connaissait pas jadis. Il ne suffit pas du raisonnement ni d'une vague observation empirique. Employons donc cette analyse réaliste.

Nous trouvons, avant tout, ce fait que l'éthique a pour résultat de maintenir la cohésion sociale, de condamner et de réprimer les sentiments et les actes anti-sociaux. Cela nous donne un *critérium* pour juger les intérêts humains, et les qualifier de légitimes ou illégitimes. Ces intérêts, soit légitimes, soit illégitimes, soit encore l'un et l'autre à la fois, peuvent se rencontrer, se choquer dans la vie sociale, et produire des conflits pratiques. Le droit est ce qui est appelé à résoudre ces conflits, en leur appliquant les principes généraux, sous forme de règles juridiques. En conséquence, comme le dit Korkounov, la morale nous donne le *critérium* pour juger les intérêts humains, et le droit a pour objet le *bornage*, la *délimitation* de ces intérêts. C'est là le résultat du droit : borner ou délimiter, dans la pratique, les intérêts humains et donner ainsi aux conflits surgis ou à surgir une solution convenable à l'intérêt de la majorité ou à celui de la classe dirigeante.

Du moment que l'on définit les règles juridiques comme des règles de délimitation des intérêts humains, il est facile d'en induire ce qui peut être regardé comme le « contenu » du droit. Ce contenu, arrive-t-on à conclure, est la *liberté* individuelle et sociale. A ce point de vue, on peut légitimement appeler « règles de liberté » les règles juridiques. La théorie de Kant, comme celle de Spencer, trouve ainsi une base réelle qui ne peut se discuter. Toutes deux établissent, en effet, qu'il y a deux parties dans le droit : une positive, la liberté de l'individu, une autre négative, la limitation de cette liberté afin qu'elle ne soit pas un obstacle à la liberté des autres. « La liberté d'un individu se termine là où commence celle d'un autre ».

Au fond des définitions si nombreuses, et toutes plus ou moins inexactes, que l'on a donné du droit, on retrouve toujours cette idée de son contenu, on sent toujours palpiter le sentiment de la liberté. On a dit que le droit est « le perfectionnement de la société humaine » (Leibnitz), « le développement harmonieux de la personnalité » (Ahrens), « le maintien et le développement de l'ordre moral » (Trendelenburg), « la réalisation du bien-être (Kapoustine), « la conciliation de la liberté et de l'égalité » (Soloviev)... Or, le « développement harmonieux de la personne », l' « ordre social », le « bien-être », l' « égalité »... ne sont en somme, sous des formules diverses, que des aspects ou des résultats de ce que l'on appelle communément et en général la liberté humaine. Plus exacte, bien qu'incomplète, est la formule de Jellinek : « un minimum de l'éthique » ; plus précise est la définition de Korkounov : « les règles de délimitation des intérêts » : mais cet auteur n'arrive pas encore à déterminer clairement et catégoriquement quel est le véritable et dernier contenu du droit. Ce contenu, si fréquemment appelé la liberté, n'est autre chose, ainsi que le montre la théorie biologique exposée dans cet ouvrage, que l'existence organique de l'homme, la vie.

En résumé, nous arrivons à ceci : les règles juridiques sont, par rapport à leur forme et à leurs effets, celles des règles éthiques dont la transgression peut être réprimée par les autorités sociales. Le droit a pour résultat ou objet la délimitation des intérêts humains ; son contenu est la liberté de tous et de chacun des membres de la collectivité sociale, en tant que cette liberté peut être regardée comme condition indispensable de la vie des hommes et des peuples.

§ 45.

La croissance spontanée du droit.

Dans la recherche de l'origine et de la genèse du droit, l'esprit se heurte à l'inconvénient de buter contre beaucoup de préjugés. La psychologie classique traite de préférence des actions humaines conscientes et néglige comme absurde, l'étude du subconscient. La philosophie rationnelle et la métaphysique transcendante donnent également une importance suprême à la volonté humaine, qui aurait créé et réalisé l'ordre social. Et cependant, l'origine du droit n'a été probablement ni consciente ni volontaire. Comme un simple organisme, le droit est né indépendamment de la conscience et de la volonté.

La psychologie positive nous enseigne que la conscience est une acquisition des espèces vivantes, postérieure à leur existence. Leurs premiers mouvements, les premiers actes par lesquelles elles réagirent, durent être aussi inconscients que ceux du fœtus ou du nouveau-né, étant donné que le développement ontogénétique reproduit l'évolution phylogénétique. Les précurseurs de l'homme ont donc procédé par actes réflexes, ou semi-réflexes, et instinctifs ou semi-instinctifs. La conscience claire de ces actes, simples réactions par rapport au milieu, n'a été acquise que graduellement du fait de l'usage répété et continuel pendant de nombreuses générations. Ces réactions affectèrent sans doute la forme psychologique d'une sensibilité vague et rudimentaire, d'un commencement de sensations du plaisir et de la douleur, que l'évolution a dû faire passer ensuite du subconscient au conscient. en franchissant peu à peu ce que Herbart a nommé le « seuil de la conscience » (*Schwelle des Bewusstsein*).

L'idée catégorique de l'objet des réactions réflexes primitives a été acquise par une longue expérience souvent répétée. Si par distraction nous approchons la main du feu, nous la retirons promptement par un mouvement spontané, et ce n'est qu'*après* l'avoir retirée que nous nous apercevons que ce mouvement avait pour but de nous éviter une brûlure. Telles durent être les premières actions de l'homme : ce furent des mouvements réflexes déterminés par l'adaptation et la sélection naturelle et dont l'expérience allait révéler plus tard la signification utilitaire.

Les premières règles éthiques ont dû, de même, être établies par la répétition de réactions subconscientes et subvolontaires. Un homme primitif vole à un autre sa part de butin ; le volé, en le sachant, tue le voleur. Il a obéi, dans cet acte de vengeance ou de châtiment, à une impulsion soudaine et violente, sans se rendre clairement compte de l'utilité ou de la convenance de son acte. Si cet acte se reproduit assez souvent, dans des conditions analogues ou semblables, sa répétition amènera l'établissement d'une règle éthique : chacun a le droit de défendre sa propriété. Et quand la famille ou le clan seront créés, des réactions semblables pourront arriver à produire des impulsions collectives. En réalité, la famille ou le clan n'imaginent pas que la règle est imposée pour le bien général : cela ne sera démontré que bien plus tard, par l'expérience de beaucoup de générations. Toute idée téléologique, toute finalité n'apparaissent, dans la genèse des réactions juridiques, que d'une façon vague et indéterminée.

Supposer un pacte préalable ayant fondé le droit, c'est antidater la notion du contrat, c'est même faire remonter trop haut l'existence d'un langage assez perfectionné pour l'exprimer. Supposer à l'homme préhistorique la conscience de l'utilité générale, c'est lui attribuer une mentalité d'homme historique, avec les raffinements et les idées générales propres à la civilisation. Alors qu'il ne possédait que les onomatopées du langage rudimentaire, et qu'il n'arrivait pas à la conception claire de la cause et des effets médiats de ses actes, l'homme a dû agir par impulsion et par réactions réflexes. Il a ainsi, d'après elles, ébauché la première forme du droit positif : le droit coutumier ou la coutume.

Cette origine inconsciente et matérielle du droit coutumier produit ce que Ihering a appelé le *matérialisme* ou la *matérialité* de l'ancien droit romain : « Les lois et les idées d'une époque barbare rappellent les hommes qui en sont les contemporains, êtres incultes, grossiers, n'ayant d'yeux que pour ce qu'ils peuvent saisir avec la main... Tangibles, extérieures, sensibles, visibles : telles sont les notions du droit ancien. Partout la forme extérieure prédomine sur l'idée ; les résultats extérieurs, les objets visibles du droit sont seuls pris en considération.

« Prenons, par exemple, les *délits privés* du droit ancien, et le *vol* d'abord. La circonstance purement extérieure que le voleur est pris sur le fait, ou ne l'est pas (*furtum manifestum* et *nec manifestum*), circonstance qui dépend entièrement du hasard, et reste sans influence aucune pour l'appréciation de l'intention punissable, contient une distinction essentielle quant à la répression de ce délit. Le *fur manifestus* est assigné comme esclave au volé : le *fur nec manifestus* se rachète au moyen du paiement du *duplum*. Dans l'un et l'autre cas, c'est du volé, de celui qui est atteint *extérieurement* par le vol, que dépend l'accomplissement de la peine. L'Etat aussi est lésé, car le vol trouble l'ordre juridique dont l'Etat a la garde : mais cette considération est trop élevée pour la conception matérielle de l'époque ancienne, car ce trouble ne se *voit* pas (1). »

Le droit est l'enfant de la force. La victoire est le principe générateur du droit. L'idée de la justice est née du fait de l'injustice. La puissance subjective d'un homme, définie par lui-même et imposée par lui aux autres a déterminé la notion objective du droit. Le mot latin *jus* (droit) dérive de la racine sanscrite *ju*, qui signifie lier, imposer, et d'où dérive aussi le vocable *jugum* (joug). Un droit, subjectivement, c'est le pouvoir d'un vainqueur ; objectivement, c'est l'obligation d'un vaincu. La première notion juridique des Romains a ainsi été le *dominium*,

---

(1) IHERING, *L'esprit du droit romain* (trad. française) t. III, p. 112.

le *jus in re*, le droit du maître. La qualité de propriétaire s'exprime en latin par deux mots *dominus* et *herus*. Le premier dérive de *domare* (dompter, dominer) ; le second, de la racine *hir*, provenant du sanscrit *haraman* (main). *Dominus* et *herus* désignent la personne qui s'empare matériellement d'une chose. La chose, quand c'est de la terre, s'appelle *prædium* (domaine), mot qui vient de *præda* (proie), contraction de *præhendere* (appréhender, prendre, saisir). Toutes ces étymologies montrent bien clairement que, dans le droit romain primitif tout au moins, l'idée du droit de propriété découle de l'acte de s'emparer de quelque chose. L'on peut dire, en synthèse, que loin de naître de la raison et d'être constitué *a priori*, le droit naît du fait. Le fait engendre le droit.

Le « matérialisme » du droit romain antique n'est pas autre chose que la répétition continuelle des réactions primitives : le droit coutumier en est sorti. Avec le temps, ce matérialisme se transforme en *formalisme*, c'est à savoir en formes extérieures entourées d'un profond respect : gestes, signes et paroles, enfin. « Des gestes, des signes, des paroles, tels sont les matériaux dont se sert le droit antique, ces dernières étant les plus importantes parce qu'elles ont été choisies avec un grand soin. » Ces paroles, ces signes et ces gestes finissent par se convertir en véritables *symboles* juridiques. Ce n'est qu'alors, peut-on dire, que les jurisconsultes commencent à expliquer le droit, à donner la clef du rituel juridique, et que, de leur côté, les lois fixent ses principales règles. A Rome, après l'établissement des premières lois, il se trouva, pour les interpréter et pour interpréter le droit coutumier, d'abord les consultations verbales des *advocati*, ensuite leurs *responsa* par écrit.

Les jugements rendus en vertu du droit coutumier, les premières lois et leur interprétation sont des effets naturels, produits en quelque sorte par le développement de la civilisation, pour amener les principes coutumiers à un degré supérieur de conscience et de volonté. C'est ainsi que le droit, né et grandi spontanément, indépendamment de la conscience, à la façon d'un organisme dans l'organisme social, tend ensuite à acquérir une conscience et une volonté comme le font tous les êtres organiques dans leur évolution ascendante vers la complexité et le perfectionnement. J'appelle cette évolution générale, la *croissance spontanée* du droit.

Puchta a fort bien dit que « la coutume, pour le peuple qui l'établit, est un miroir où il se reconnaît ». Créer ce miroir, le composer, molécule par molécule, atome par atome, voilà l'œuvre de l'inconscient ; s'y reconnaître marquera, plus tard, le passage de l'inconscient à la pleine lumière de la conscience et de la volonté.

Comme l'a dit Savigny : « La coutume une fois reconnue comme signe du droit positif, et comme un des éléments qui concourrent à la formation du droit, deux classes de faits se placent en première ligne, à cause de leur importance et de leur fécondité : ce sont les formes symboliques rapportées par l'histoire du droit, et les jugements des tribunaux populaires. Les unes traduisent en caractères visibles le sens des institutions ; les autres, appelés à régler un conflit entre des prétentions rivales, déterminent nécessairement le droit avec une précision rigoureuse (1). »

Ces « manifestations » du droit coutumier dans la législation et la jurisprudence ne sont que la transition entre un état juridique encore mal conscient et un autre où apparaîtra la conscience dialectique et finaliste. Telle est la genèse du droit.

Avant de terminer ce paragraphe, il me paraît opportun de résoudre une question, qui, malgré sa puérilité, a grandement préoccupé beaucoup de juristes aujourd'hui devenus classiques. Cette question est celle de l'an-

(1) Savigny, *Traité de droit romain*, t. i, p. 36 (trad. française).

tériorité du droit ou de la morale. Des deux, qui a existé en premier lieu ? Nous avons vu, quant à nous, que les règles éthiques sont des préceptes de conduite, à la fois moraux et juridiques ; la morale et le droit durent, par suite apparaître conjointement dans la coutume. Mais, en réalité, la morale implique des abstractions et des généralisations que n'a pu atteindre l'esprit de l'homme primitif ; au contraire, les règles juridiques sont des réactions coercitives, matérielles et même réflexes à leur origine. Certainement, ces règles sont antérieures à la morale, qui est comme une épuration et une idéalisation de l'éthique. La question étant ainsi posée il faut la résoudre en admettant que le droit est antérieur à la morale, que la morale est une forme déjà plus avancée de l'évolution des premières règles juridiques, règles subjectives et coercitives sinon même politiques. En un mot, les règles éthiques primitives ont dû être, par rapport à leurs sanctions et à leurs effets, des règles surtout juridiques. Il s'est formé ainsi, en premier lieu, une quantité minimum d'éthique, à la fois stricte et pratique — le droit — qui s'est développée peu à peu et s'est généralisée, en conservant la même base originaire, pour arriver à constituer une quantité idéale maximum — la morale.

En précisant mieux la question, nous trouvons que les premières règles juridiques ont dû avoir un caractère pénal. La raison en est patente. Les règles éthiques se sont produites comme résultat du maintien de l'ordre dans la société, et les délits sont la première manifestation matérielle contre la société. Par suite, ces règles ont réprimé avant tout les délits sous leurs formes matérielles primitives : le vol et l'homicide. Le vol et l'homicide dans le groupe ou le clan, bien entendu ; car, le vol et l'homicide au préjudice de l'étranger constitueraient plutôt des actions non seulement licites mais méritoires, c'est-à-dire répondant à des convenances sociales instinctivement admises et comprises.

Avec l'apparition des premières idées religieuses, de nouvelles formes de règles éthiques, d'un caractère mixte, à la fois pénal et religieux, se firent promptement jour. Plus tard, il dut se créer des ébauches de formes politiques et, avec elles, des règles de droit politique. Plus tard encore, quand la cité exista, on put voir surgir des règles de droit privé, et postérieurement, après bien des progrès dans la cité, des règles religioso-morales. Les règles purement morales furent donc les dernières à s'établir, vu qu'elles exigent un développement mental capable déjà d'un effort d'abstraction et de généralisation. L'ordre biologique et chronologique de la génération des règles éthiques serait donc le suivant : règles juridico-pénales, règles religioso-pénales, règles religioso-politiques et politiques, règles de droit privé, règles morales. Cette série d'étapes de l'évolution éthique a un caractère positif plutôt que conjectural : on en retrouve les jalons dans la marche ascendante du droit antique, surtout dans celle du droit indien et romain.

§ 46.

La lutte pour le droit.

La croissance spontanée du droit n'est qu'une lutte régulière et séculaire contre l'injustice. Il y a ainsi, comme l'observe Ihering, une véritable antithèse dans le droit. Son but est la paix, ses moyens sont la guerre. La paix s'obtient par la guerre. C'est pourquoi on représente Thémis, déesse de la justice, la balance dans une main et l'épée dans l'autre. Elle pèse le droit avec la balance, elle lutte, avec l'épée, pour l'établir. Si le droit, quant à son contenu et à ses préceptes, est un minimum de l'éthique, il en constitue au contraire le maximum par rapport à la puissance et l'efficacité.

Cette lutte de la croissance du droit ou du droit coutumier, c'est la série des réactions qui le constituent, d'une manière d'abord inconsciente et réflexe qui passe ensuite à l'état conscient. Le peuple se voit dans le miroir qu'il crée. Mais, en dehors de cette lutte inconsciente, qui est essentiellement *préhistorique*, *l'histoire* du droit nous offre une autre classe de luttes conscientes et volontaires, dont l'objet est de *changer* le droit.

Le droit coutumier crée une situation politico-économique déterminée ; le peuple vit dans cette situation sans s'en apercevoir beaucoup. Le droit fonctionne dans l'organisme social, sans se faire sentir, comme le foie ou les reins dans l'organisme humain... Mais il peut arriver qu'un beau jour la situation politico-économique devienne véritablement pénible pour le peuple. Le peuple s'aperçoit alors des fonctions de son droit coutumier, dont il n'avait pas conscience auparavant, et cherche le moyen de le changer, pour améliorer son état. Comme il y a mal, il se rappelle qu'il a un foie et des reins, car nous ne pensons à nos organes intérieurs que lorsque nous y avons mal... Poussé par ses instincts utilitaristes, par ses réactions de plaisir et de douleur, le peuple tend ainsi à rétablir l'équilibre en attaquant le vieux droit. Mais ce vieux droit convient à une fraction conservatrice du peuple, qui existe toujours ; et la fraction soutient le vieux droit, et la *lutte pour le droit* éclate. C'est ce qui est arrivé à la Révolution française, cas très intéressant de lutte de ce genre.

Analysons un instant l'aspect juridico-psychologique de ce mouvement, afin d'établir, de la façon la plus typique, le processus de toute lutte sociale pour le droit. Nous savons que, durant le XVIII° siècle, le peuple français s'est senti mal à l'aise du fait du despotisme et des impôts. Cependant le droit coutumier, représenté par la théorie du droit divin, a causé ce despotisme et justifié ses abus économiques. Malgré que ce droit ait fonctionné aux époques antérieures, comme un organe intérieur et sans qu'on en ait conscience, on le sent alors et il gêne. Il faut le changer ; c'est le vœu instinctif de ceux qui souffrent.

Pour le changer, il y a lieu de créer un droit nouveau, qui, après avoir détruit l'ancien, s'y substituera. Le peuple, par lui-même est trop ignorant pour créer le nouveau droit qu'il appelle de ses vœux. Mais cette création est dans l'air du siècle ; elle doit se produire d'un moment à l'autre... Ici intervient l' « élite », la « crème », la partie la plus intelligente de la population : les néohumanistes et les encyclopédistes du xviii° siècle tendent tous à inventer le nouveau droit, dont Rousseau propose la formule claire et définitive, dans la théorie de la souveraineté du peuple exposée dans le *Contrat social*. Ce livre, parce qu'il arrive à l'instant le plus opportun, parce qu'il donne au public la clef du problème qu'il cherchait ; parce qu'il est la création indirecte du peuple lui-même ; parce que ce sont ses passions que Rousseau recueille, cristallise et exprime magistralement ; ce livre est le résumé de la tendance réformatrice. Immédiatement, il se répand, et fait du bruit ; on le lit partout, on le récite par cœur ! Le peuple possède cette fois le nouveau droit qu'il va substituer à l'ancien. L'établissement de la nouvelle théorie comprend ainsi toute une *éducation populaire*. Le nouveau droit enseigne leurs droits à tous et à chacun. Car un droit est toujours un pouvoir garanti par le droit.

Mais dans l'ensemble du peuple, il y a une fraction, une minorité à qui convient le maintien de l'ancien droit : c'est la noblesse et le clergé. La lutte commence alors entre conservateurs et réformateurs... Le Tiers-État l'emporte sur les deux classes privilégiées : la lutte pour le droit est terminée. — Le droit nouveau a vaincu.

La lutte pour le droit ne prend pas toujours le caractère de mouvement populaire. Souvent, et on pourrait dire dans la majorité des cas, l'initiative de la transformation du droit vient des gouvernants eux-mêmes, comme lorsque Auguste impose les lois *Julia* et *Papia Popæ*. De même, la lutte pour le droit n'implique pas le triomphe fatal et absolu de la tendance novatrice. La Révolution Française elle-même se tient dans les limites de la démocratie, sans arriver au communisme. Au moyen-âge, on trouve en lutte pour imprimer leur cachet au droit, quatre principes différents : la nation, l'église, la monarchie, la féodalité. Aucun d'eux, cependant, n'a complètement triomphé : pendant bien des siècles, la lutte se maintient entre eux, avec des alternatives diverses, et en n'arrivant qu'à un succès relatif, pour le premier en Angleterre, pour le second en Espagne, pour le troisième en France, et pour le quatrième en Allemagne. Mais toujours le principe qui l'emporte respecte les survivances des autres et subit, en quelque sorte, les traditions du droit local et du droit romain modernisé. Ainsi, la lutte pour le droit produit, non pas de brusques saccades, mais des transformations plus ou moins éclectiques, dont l'évolution se fait consécutivement. Et quelque soit l'issue de la lutte, l'œuvre constitutive du nouveau droit consiste substantiellement et psychologiquement dans l'éducation du peuple, soit pour lui enseigner ses nouveaux droits, soit pour lui apprendre à respecter les droits d'autrui.

J'ai dit, dans le paragraphe précédent, que la formation du droit coutumier est inconsciente et involontaire, et que par son évolution naturelle il passe de l'état inconscient-involontaire à l'état conscient-volontaire. La lutte pour le droit suit une évolution inverse : d'abord consciente et volontaire, elle tend à passer de cet état à l'état inconscient-involontaire. Le processus de la lutte pour le droit est, par suite, un processus éducatif, puisque, au point de vue psychologique, l'éducation humaine consiste à développer la conscience et à passer du conscient à l'inconscient.

Quand un petit enfant apprend à marcher, il fixe son attention sur chacun de ses mouvements ; il a conscience de chaque endroit où il pose le pied, et de la façon dont il remue chaque jambe ; pour ne pas perdre l'équilibre, il songe et réfléchit sur chacun de ses pas ; il n'en fait pas un au hasard, pour ne pas tomber. Au contraire, quand un homme marche, il pense à tout sauf à son action de marcher. Son apprentissage de la marche a eu pour objet de faire passer toute une association de mouvements de l'état conscient à l'état inconscient. Il en est de même, quand on apprend à faire des armes, à jouer d'un instrument de musique, à exécuter un exercice quelconque. Les débuts, dans tout ce qu'on apprend, sont pénibles, parce qu'il faut fixer l'attention, parce qu'il faut avoir conscience de tout ce qu'on fait. On acquiert ensuite une mémoire du bras, de la main, des doigts ; et les associations de mouvements passent, de la sorte, à la mémoire inconsciente ou subconsciente.

L'éducation intellectuelle consiste également à former des associations d'idées et à les graver dans la mémoire — c'est-à-dire à les faire passer du conscient à l'inconscient. L'écolier lit sa leçon, en en ayant conscience, il la saura quand il n'aura plus besoin de la lire pour répéter ce que dit le texte. Il a fait passer à la mémoire inconsciente les associations d'idées, à force de les répéter suffisamment avec conscience, ou pour mieux dire avec attention, ce qui est le *summum* de la conscience.

L'éducation de l'adulte est pareille à celle de l'enfant ; celle du peuple, à celle de l'adulte. Dire que le processus typique de la lutte pour le droit implique toujours une nouvelle éducation revient donc à dire que le processus de cette lutte consiste dans un passage de l'état conscient-volontaire à l'état inconscient-involontaire.

Il y a dans l'histoire du droit politique de la République Argentine un exemple lumineux de ce processus éducatif de la lutte pour le droit. Pendant les guerres civiles dites de l' « Organisation nationale », deux tendances étaient aux prises : unitarisme et fédéralisme. Le fédéralisme l'emporta ; les provinces formèrent des États fédérés, et la constitution nationale donna au pouvoir fédéral le droit d' « intervenir » dans les gouvernements provinciaux, au cas où la forme républicaine y serait altérée. Lors des premières « interventions », le gouvernement national « intervint », en faisant appuyer son représentant par des bataillons ; sans cela, il n'aurait pas été respecté. Mais, par la suite, après divers cas demeurés historiques, les populations provinciales achevèrent leur éducation du nouveau droit ; elles comprirent que le gouvernement national avait la force... Et, dans les dernières interventions, l'emploi des troupes fut inutile. On se soumit sans protester au commissaire chargé d'intervenir, parce qu'on savait bien alors que derrière lui, il y avait le gouvernement national et l'armée.

En résumé, l'on peut dire que le droit, comme Janus, a deux visages, ou, pour employer une comparaison plus scientifique et plus expressive qu'il a deux sexes, comme tous les êtres organisés supérieurs. La croissance spontanée du droit est le sexe conservateur, le sexe féminin, où l'emporte la loi de l'hérédité ; la lutte pour le droit est le sexe masculin, où l'emporte la loi de l'évolution. L'hérédité, dans le droit coutumier est une accumulation qui s'opère graduellement ; le droit organisme croît et se développe. L'évolution proprement dite procède, elle, par une série de réactions opposées. De semblables réactions se produisent de même, chez les êtres organisés, quand ils passent d'un âge à l'autre ; mais ils ont rarement la violence des grands mouvements juridiques qui transforment rapidement d'obscures larves souterraines en radieux papillons.

§ 47.

Bases biologiques du droit.

Le double processus d'assimilation et de désassimilation de la matière, qui est propre à tout organisme, détermine ses réactions par rapport au milieu, réactions que l'on dit d'*adaptation*, parce qu'elles tendent à adapter ou équilibrer les conditions internes de l'être vivant et les circonstances externes. Quand une circonstance externe attaque les conditions de vie d'un être organisé, celui-ci manifeste une série de mouvements, qui semblent une lutte contre la circonstance nuisible. Ces mouvements sont le germe ou origine de toute sanction juridique ; et la sanction est le principe subjectif de ce qui s'objectivera plus tard dans la règle juridique. Les droits naissent donc, par la force de l'habitude, des réactions spontanées de l'organisme contre les agressions que l'on qualifiera plus tard d' « injustes » ou de « contraires au droit ». Par la suite, ces droits arriveront à constituer une seule entité, le Droit, parce qu'ils sont tous rattachés logiquement entre eux par le même lien : l'utilité, qui détermine la sélection naturelle. Avant qu'il ait existé une Thémis unique, il y eut, dans la conception humaine, de nombreuses divinités, protectrices des droits des individus, des familles, des petits groupes ethniques, des intérêts divers de classe ou de caste. Ces divinités partielles ont pu se synthétiser en une divinité parce qu'elles représentaient des droits concordants et réciproques, dont le but ou finalité était toujours de protéger la liberté et la vie des citoyens.

Le développement du droit obéit à des principes biologiques. Nous avons vu, en effet, que la croissance spontanée du droit est un processus psychologique qui consiste à faire passer les actes réflexes, inconscients et involontaires, à l'état de conscience et de volonté. Ce processus est foncièrement biologique, parce que la biologie nous apprend par quelle forme les espèces acquièrent graduellement, en vertu de la sélection naturelle, la conscience et la volonté. Le droit, produit de l'organisme humain, reproduit ainsi, dans sa formation, les conditions de l'évolution animale, dont le dernier résultat est ce même organisme humain.

Outre les actions conscientes-volontaires, la biologie en enregistre d'autres d'un ordre distinct et même opposé : actions compliquées, qui, tout en ayant une fin utilitaire, ont cependant une réalisation inconsciente-involontaire. Les anciens naturalistes les appelaient « actes instinctifs ». Certes, ils se différencient des simples actes réflexes par leur complication et leur durée. C'est à cet ordre d'actions qu'appartient le merveilleux « instinct » de certaines guêpes (l'*ammophile*), qui les fait se jeter sur certains insectes déterminés (la chenille de la *noctua segetum*) pour les piquer de leur dard juste dans les segments : ce qui a pour but de les rendre incapables de tout mouvement ; en sorte que, quand la guêpe les emprisonne ensuite, avec ses œufs, dans son terrier, la chenille ne peut sortir de ce terrier et reste cependant en vie pour fournir un aliment frais aux jeunes larves. Avec toute autre méthode de capture, plus ou moins ingénieuse, les chenilles pourraient s'échapper ou périraient, et ne rempliraient pas le but auquel elles sont destinées : l'alimentation des larves. L'acte de les piquer avec précision dans les segments ne peut être considéré comme un simple mouvement réflexe ; c'est tout au moins un mouvement réflexe composé et compliqué, d'une catégorie nouvelle. Les naturalistes l'expliquent par une association de mouvements et d'idées, qui, acquis du fait des besoins de la lutte pour la vie, furent à l'origine relativement conscients et volontaires (1). Répétés durant des centaines de siècles et des millions de générations, ils sont arrivés à se graver de telle sorte dans la mémoire de la race que l'individu les exécute aujourd'hui instinctivement et machinalement. Il y a eu tout un processus psychologique qui

---

(1) John Lubbock, *Les sens et l'instinct chez les animaux*, p. 231 (trad. française).

a consisté à faire passer, pour l'espèce, ces actes du conscient à l'inconscient.

Toute éducation, ou du moins tout enseignement suit, nous l'avons vu, un processus semblable. L'on pourrait ainsi dire que dans l'évolution biologique, on passe continuellement de l'inconscient au conscient et du conscient à l'inconscient. L'instinct forme l'intelligence, et l'intelligence donne des instincts. S'il en est ainsi, de même que la croissance spontanée du droit reproduit le premier phénomène, — l'acquisition de la conscience, — la lutte pour la vie reflète le second, — l'acquisition des instincts. — C'est pourquoi les deux phases du droit correspondent aux deux procédés typiques de l'évolution biologique, dans sa partie psychologique, mentale ou nerveuse.

Dans la croissance spontanée du droit, les réactions nerveuses, à qui la coutume donne une direction définie, créent, plus ou moins inconsciemment, une association d'idées déterminée ; chaque règle juridique est une association d'idées acquises par une répétition continuelle de réactions adaptatives ou vitales. Supposons une règle juridique contre le vol : c'est avant tout l'association de deux idées génériques : l'acte de s'emparer du bien d'autrui et sa sanction ou injustice.

Dans la lutte pour le droit, il y a deux opérations psychologiques distinctes typiques. La première est négative ; elle consiste à dissocier l'association d'idées formée par l'ancien droit ; la seconde, qui est positive, établit l'association d'idées du nouveau droit. Ainsi, le droit de la souveraineté populaire réalise, pour se constituer, un double processus : il dissocie les idées de monarchie et de justice divine et associe les idées de souveraineté populaire et de justice rationnelle ; le tout par un effort conscient et volontaire, comparable aux procédés psychologiques de la pédagogie humaine.

Tels sont, en synthèse, les deux aspects psychologiques

ou spéciaux du phénomène biologique général de la formation du droit. Comme on le voit, j'applique à la justice les principes biologiques — physiologiques et psychologiques — d'une façon véritablement positive et scientifique. Cette application marque, peut-être, un progrès, parce que les applications, que l'on avait faites jusqu'à ce jour, de la biologie au droit, sont, je pense, surtout empiriques.

En effet, les auteurs qui ont tenté de faire une théorie biologique du droit, et parmi eux Vaccaro, sont hallucinés par l'idée de la lutte pour la vie ou de l'adaptation au milieu. Ils la recherchent dans tous les phénomènes juridiques et généralement avec une vague idée préconçue de finalité. Le droit dériverait de la lutte humaine, de la lutte des hommes entre eux, à la façon d'un principe social d'élimination des faibles et des moins aptes au combat. Le fondement biologique du droit serait, par suite, une forme de la sélection naturelle par l'application continuelle de la force et de l'intelligence.

Je pense que l'on ne peut mettre en doute que la lutte entre les hommes ne soit une image et même une conséquence de la lutte entre les espèces ; mais je crois que l'évolution biologique donne au droit des fondements plus reculés et plus immédiats que ne le fait cet aspect-résultat de la sélection naturelle. Ces fondements sont, comme nous l'avons vu, l'adaptation, l'hérédité, le principe du plaisir et de la douleur, l'acquisition de la conscience et des instincts. Que la sélection naturelle soit ensuite une conséquence ou un aspect postérieur de ces fondements, d'accord ; mais commencer par poser que le droit est une lutte par sélection, c'est, je crois, sinon tomber dans l'erreur, commencer tout au moins par où il faudrait finir. La lutte humaine et la sélection ethnique sont les résultats du processus dont l'origine est la formation de la conscience et des instincts héréditaires au moyen des réactions du plaisir et de la douleur. Quand le droit prend certaines tendances politiques rudimentaires et sème le germe de l'Etat, il arrive, c'est la vérité, à présenter l'aspect d'une lutte de sélection humaine ; mais, comme l'a très bien prévu Darwin lui-même, ce n'est que d'une manière bien diffuse et complexe.

En synthèse, le droit est une extériorisation de la vie. Cette extériorisation s'appelle généralement la « force ». Le droit est l'enfant de la force. Le droit est la force ! La coutume est la répétition séculaire des réactions de la force. Et c'est ainsi que naît le droit. La morale n'est qu'une généralisation du droit. Enfin, comme nous le verrons, la loi est la systématisation objective du droit ; la conscience juridique, sa systématisation subjective.

§ 48.

Telése et logique du droit.

La forme la plus ancienne de l'erreur est bien certainement l'erreur anthromorphique ou anthropocentrique. L'homme s'imagine être le centre et comme l'axe du monde ; il se figure que Dieu, l'Infini, la Nature, le Hasard, etc., dirige et règle les phénomènes d'après les idées et les sentiments humains. Cette erreur s'est surtout produite dans les sciences naturelles, en biologie, où elle a engendré les préjugés les plus grossiers et les interprétations les plus fausses. On y suppose l'existence d'un Créateur ou d'une Nature qui crée les êtres vivants en vue d'un but déterminé à l'avance, comme le fait l'homme quand il construit ses armes ou ses outils : ce but déterminé à l'avance est ce qu'on appelle les « causes finales ». L'erreur anthropomorphique ou anthropocentrique prend ainsi la forme de l'erreur *téléologique*, c'est-à-dire de la transmission à distance des fins métaphysiques ou surnaturelles. Cette aberration consiste, en biologie, à « considérer la nature comme l'œuvre préméditée d'un Être agissant conformément à un plan, et plus précisément à découvrir, dans chaque espèce végétale ou animale, « une pensée créatrice incarnée », l'expression matérielle d'une cause finale, ayant un dessein arrêté et poursuivant un objet (*causa finalis*) ».

A l'époque contemporaine, les sciences naturelles ont triomphé, si je puis dire, de cette erreur évidente. Elles cherchent toujours la *causa efficiens* des faits et des phénomènes et sont arrivées à la grande théorie transformiste. Mais, dans les sciences sociales et surtout dans les sciences juridiques, il est relativement plus difficile de se libérer de l'erreur téléologique. La complexité des causes efficientes, le vague des facteurs psychologiques offrent un champ toujours fécond aux vieux préjugés métaphysiques... En somme, on peut être certain que la sociologie actuelle doit lutter avec toute sa vaillance pour établir ses constructions sur des fondements de plus en plus positifs et scientifiques.

Dans aucune branche des connaissances humaines, il ne sera plus difficile de déraciner l'erreur téléologique que dans la science du droit. J'oserai bien dire que presque tous, sinon tous les juristes, en sont partisans à un degré plus ou moins avancé. L'idée que le droit a été créé volontairement et rationnellement par l'homme palpite au fond des recherches juridiques les plus positives. Le langage lui-même est si imprégné de cette idée que l'on entend toujours par « forme » ou « contenu » du droit un dessein ou un procédé historique, concret et préconçu. Le concept du droit né indépendamment de la conscience et de la volonté humaine paraît encore étrange et absurde aux plus grands jurisconsultes. On ne conçoit pas que l'homme ait pu rien faire, rien créer sans une cause finale plus ou moins claire ; et cette cause sera la sociabilité, la liberté, le progrès, la satisfaction des désirs licites, etc.

Cependant, la véritable *causa efficiens* du droit a opéré

comme si ces *lointains résultats* de sociabilité, de liberté, de progrès ou de tout ce qu'on voudra ne devaient pas exister ou n'existaient pas ; elle a agi par des réactions vitales plus ou moins inconscientes et involontaires. Nos ancêtres animaux et humains ont créé le droit sans s'apercevoir que leurs réactions, en se constituant en règles de conduite, tendaient vers cette liberté, cette sociabilité, ce progrès... C'est pourquoi j'ai dit que la concrétion du droit est quelque chose comme un *acquiescement expérimental* des hommes, qui se soumettent aux règles juridiques parce que l'expérience les y oblige. Cet acquiescement n'a pas la signification d'un raisonnement utilitaire clair et définitif ; c'est plutôt une adaptation d'où la volonté et la conscience sont encore absentes.

Notre langage humain est éminemment anthropocentrique et téléologique, parce qu'il s'est formé quand l'homme était déjà en possession de sa conscience et de sa volonté historiques. De là vient qu'il nous donne une idée si imparfaite de l'origine préhistorique et même préhumaine du droit. Pour la comprendre, il y a lieu d'écarter et de réformer notre terminologie juridique ; sans cela, quand nous nous assoierons au banquet de la vérité, la vieille erreur nous y poursuivra comme le spectre de Banco. Ainsi, je dis, en cherchant à me libérer de l'imperfection si complète de notre langage finaliste, que le droit se forme par un « acquiescement expérimental ». Mais puis-je être sûr que cette expression n'éveillera pas des idées téléologiques ? En effet, le mot « acquiescement » entraîne dans notre esprit l'idée d'une espèce de contrat tacite ; et le mot « expérimental » celle d'une sorte d'expérimentation consciente et volontaire. C'est presque l'erreur rationaliste du « contrat social ». Et cependant que cette erreur est loin de mon esprit !... Comment donc exprimer que l'homme crée les règles juridiques par de simples mouvements presque réflexes, sans se *rendre compte* de leur portée, de leur objet ultérieur, de leur finalité sociale ?... Je ne vois pas d'autre moyen de m'expliquer que de tendre la main à une métaphore secourable et de dire que le droit naît et croît comme un organisme, métaphore que beaucoup répètent et que très peu comprennent dans toute sa transcendance et sa précision, métaphore lancée par une intuition générale de Ihering et que lui-même ne paraît avoir comprise qu'à moitié... Elle signifie que le droit naît de simples mouvements vitaux, mécaniques et simples, analogues aux réactions adaptatives des micro-organismes inférieurs, qui flottent entre le règne végétal et le règne animal. Plus tard, après des milliers de siècles, la race acquiert la conscience et la volonté, ce que Maudsley appellera l'*épiphénomène*, ce que Ribot nommera le *suragrégat*. Eh bien ! le droit conscient et volontaire est une sorte d'épiphénomène ou de suragrégat du droit primitif et originel. Quand on croit, comme le croient presque tous les auteurs, sans omettre les plus notables de l'école historique, que le droit a toujours été un phénomène finaliste prédéterminé, on commet, en somme, une erreur semblable à celle des idées innées des cartésiens, ou à la conception de Linné et d'Agassiz faisant des espèces animales des types invariables depuis leur origine jusqu'à nos jours.

Je dois reconnaître que l'erreur téléologique, si elle est beaucoup plus grave en biologie qu'en jurisprudence, est aussi beaucoup plus facile à vaincre. Plus facile à vaincre, parce qu'en biologie, le fait s'impose au raisonnement et qu'en jurisprudence le raisonnement est aujourd'hui la partie principale du fait. Plus grave, parce que dans les sciences naturelles, l'erreur téléologique entraîne des doctrines absolument controuvées dans toutes leurs conclusions, et que, dans les sciences juridiques, elle implique des conceptions fausses relativement à l'origine et à la nature du droit, mais non par rapport à son développement historique et actuel. Effectivement, dès que l'homme acquiert sa volonté et sa conscience historiques, le droit arrive à former et à augmenter peu à peu la conscience et la volonté de ses fins. En quelque sorte, le droit historique est un épiphénomène et un suragrégat mieux caractérisé de jour en jour par sa surévolution biologique.

Si l'on pousse à l'extrême ma définition de la croissance spontanée du droit et de l'erreur téléologique dans la science du droit, je pense que l'on pourrait m'objecter que je conçois le droit, au moins à son origine, comme un phénomène dépourvu de toute conscience et de toute finalité... Assurément, ce serait une nouvelle erreur, en opposition complète toutefois avec l'erreur téléologique. Je ne suis pas exposé à y tomber, vu que j'incline à penser que partout où il y a vie, il y a une conscience plus ou moins vague et nébuleuse. Je ne veux donc pas dire que les réactions vitales qui ont constitué les règles juridiques primitives ont été aussi inconscientes que l'est la matière inorganique, mais seulement qu'elles manquaient de la *conscience finaliste de l'homme historique*, c'est-à-dire de ce que l'on appelle généralement « conscience » en psychologie. Depuis la vie psychique initiale des protistes jusqu'à la vie psychique arrivée chez l'homme à son summum, voyez ce qu'il peut y avoir de gradations et de nuances dans la conscience et la volonté des actes animaux. Eh bien ! supposer que les actes humains qui ont été l'origine du droit ne sont que la seule continuation de l'activité primitive de nos ancêtres animaux, c'est précisément ce qui constitue en substance l'erreur téléologique dans la jurisprudence. L'école théologique et l'école classique ont poussé cette erreur à l'extrême, et les théories rationalistes de la fin du xviiie siècle ont peut-être été plus loin encore dans cette voie. L'école historique a eu l'initiative d'une première réaction positive, accentuée plus tard par l'école économique... Mais ce n'est que la biologie qui a pu découvrir *l'ultima ratio* du droit, sa véritable genèse préhistorique, sa véritable nature de réactions spontanées dont la finalité utilitaire n'est arrivée que bien tard à notre connaissance et que nous ne connaissons encore qu'à moitié de nos jours. Il est logique de supposer que nos descendants arriveront à voir dans le droit des *finalités humaines nouvelles*, que nous-mêmes ne pouvons pas encore discerner, un but général que nous ne comprenons pas encore... Ainsi, de même que Ihering parle aujourd'hui du « matérialisme » grossier et inconscient du droit romain, ils parleront alors de l'inexplicable myopie des jurisconsultes et des législateurs du xxe siècle. Et s'ils appliquent à l'étude de notre droit actuel, la clairvoyance de ces temps futurs, ils commettront la même erreur téléologique que nous, — erreur qui se ramène, en dernière analyse, à un anachronisme.

Ayant ainsi défini l'erreur téléologique dans la conception du droit, il nous est bien facile de définir ce que j'appelle la « *télèse* » *du droit*. L'erreur téléologique consiste, nous l'avons vu, à supposer imaginairement au droit une causalité finale de justice absolue ou de perfectionnement absolu. La « télèse » du droit est, par contre, son résultat effectif et positif, ce que les juristes ont l'habitude d'appeler le « contenu » ou la « fin » du droit, et qui consiste, selon la tendance d'esprit des écrivains, dans la liberté, la sociabilité, l'égalité, le perfectionnement de l'homme, le développement harmonieux des facultés humaines, etc. Ce résultat est, nous le savons aussi, éminemment utilitaire. La sélection naturelle a conservé dans chaque race humaine les réactions favorables à son développement. Ces réactions constituent ensuite les sanctions juridiques. L'utilité du droit provient ainsi de la sélection naturelle et de l'hérédité biologique.

Dans le développement des espèces, l'homme acquiert graduellement la conscience et la volonté de ses actes; le développement de son intellectualité lui donne progressivement une meilleure prévision des conséquences de sa conduite. Cette prévision des conséquences de sa conduite et de l'utilité du droit est précisément ce qui constitue la véritable « télèse » du droit, qui consiste, en synthèse, dans le fait par les législateurs, les gens instruits et même le peuple, de concevoir d'avance son utilité.

En concevant ainsi la « télèse » du droit comme la transmission à distance de fins humaines au moyen de règles, on conçoit également la véritable *logique du droit*. La logique du droit résulte de son utilité et de sa « télèse ». Les règles du droit sont toutes réciproquement logiques, parce qu'elles sont toutes utilitaires, et que, de plus, à l'époque historique, l'homme les formule en ayant relativement conscience de leur nature et de leurs effets. Pour le rendre plus efficace, l'intelligence humaine, dans les temps historiques, tend unanimement à systématiser le droit. Elle forme une construction générale et objective de toutes les règles partielles et subjectives. C'est pourquoi *un* droit est toujours un pouvoir protégé par *le* droit.

On a dit que la logique et l'éthique sont deux « sciences de règles » par excellence. La logique, en effet, fournit et étudie les règles du raisonnement ; l'éthique, les règles de la conduite. Et, comme le raisonnement est, à l'égal de la conduite, un résultat de l'expérience, les deux phénomènes — logique et éthique — ont une même origine, due à l'expérience et à l'habitude. De plus, la conduite détermine le raisonnement et le raisonnement influe sur la conduite. De là vient l'intimité et la connexité de la logique et de l'éthique. Cette connexité trouve un développement admirable dans le droit, parce que la délimitation des intérêts humains exige un effort tout spécial de l'intelligence, un effort beaucoup plus grand qu'il n'en faut un pour la simple qualification des intérêts, qui est le propre de la morale. La « télèse » et la logique du droit, qui ont leur origine dans les lois de la vie animale, sont donc des produits connexes et réciproques de la culture humaine, et se lient et se rattachent dans l'unité organique de leur cause immédiate et efficiente : l'Homme.

CHAPITRE X

LE DROIT SUBJECTIF ET LE DROIT OBJECTIF

§ 49. Phase subjective du droit. — § 50. Phase objective du droit. - § 51. Inégalité subjective du droit. — § 52. Egalité objective du droit. — § 53. Fondements du droit pénal. — § 54. L'essence du droit.

IHERING, *Geist des Römischen Rechts auf den verschiedenen Stufen seiner Entwickelung, Zweck im Recht, Kampf um's Recht.* — THON, *Rechtsnorm und subjectives Recht.* — BIERLING, *Zur Kritik des juristischen Grundbegriffen.* — KORKOUNOV, *Cours de théorie générale du droit.*

§ 49.

Phase subjective du droit.

Le droit naît des réactions subjectives de l'organisme. Ces réactions déterminent des règles de conduite. Ces règles, à leur tour, se traduisent, au cours des progrès intellectuels des hommes et des peuples, en sentences ou préceptes dialectiques. Et fréquemment, dans le droit primitif des populations de race blanche, ces préceptes ont pris la forme rythmique. Le rythme, en suivant ou en imitant les pauses de la respiration, aidait à apprendre et à retenir ces phrases que l'on récitait en psalmodiant.

Sous cette forme dialectique, la règle acquiert déjà un certain caractère objectif. Elle existe comme un objet distinct et indépendant des réactions subjectives qui lui ont donné naissance. D'où les deux formes génériques du droit : le point de vue ou l'aspect subjectif, et le point de vue ou l'aspect objectif.

Pour comprendre ces deux formes, il suffit d'observer un cas juridique quelconque. Prenons-en, par exemple, un très simple : Jean cherche à s'emparer de la propriété de Pierre ; Pierre se défend et invoque la règle juridique applicable à son cas ; par suite, Jean, en vertu des dispositions de la règle, ne peut s'emparer de la propriété de Pierre. Ce cas, de même que tout autre, pourrait se réduire à un syllogisme. La règle forme la majeure ; la prétention anti-juridique, la mineure, et la conclusion du syllogisme est la solution du cas. Voyez, en effet, le schéma suivant de l'exemple proposé :

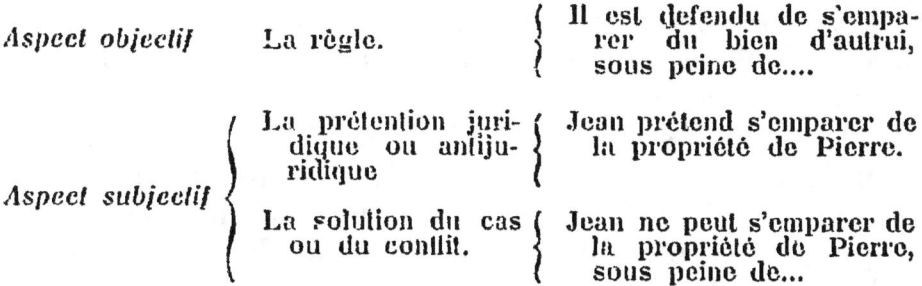

Dans la phase subjective, il y a toujours une *relation juridique*. Cette relation détermine une *prétention juridique*, qui peut être attaquée par une prétention contraire et par conséquent anti-juridique. Ainsi, dans l'exemple précédent, nous avons les éléments suivants : la relation, négative dans ce cas, entre Jean et Pierre ; la prétention, négative ou antijuridique, de l'intérêt de Jean ; la prétention, positive et juridique maintenant, de l'intérêt de Pierre.

La relation juridique peut être plus directe qu'elle ne l'est dans le cas d'un droit de propriété. Elle peut être une véritable relation de *dépendance*, un *droit-pouvoir*, auquel correspond une *obligation personnelle*. Jean doit quelque chose à Pierre ; Pierre a, par rapport à Jean, un droit-pouvoir, auquel correspond l'obligation de ce dernier. Le droit-pouvoir de Pierre s'appelle une « créance » ; l'obligation de Jean, une « dette ».

Ainsi, il y a deux classes de droits : les *droits réels* sur les choses et les *droits personnels* qui concernent les personnes. Les droits réels sont des droits *contre tous* ; les droits personnels ne sont des droits que contre le ou les débiteurs, c'est-à-dire, contre *un* ou *plusieurs* individus. C'est pourquoi l'on dit qu'il n'y a pas d'obligation personnelle correspondant aux droits réels et qu'il y en a toujours une par rapport à un droit personnel ou droit-pouvoir.

Qu'ils soient réels ou personnels, on peut toujours considérer les droits, soit au point de vue de la règle (phase objective) soit au point de vue de la relation juridique (phase subjective).

En fait, le sujet de tout droit est l'homme, la personne en chair et en os. Mais, dans la pratique juridique, on reconnaît l'existence de *personnes morales* ou juridiques, les corporations, qui, vues sous leur aspect légal, semblent de véritables sujets de droit. Cette subjectivité toutefois est plus apparente que réelle, elle a plus de forme que de fond.

Il convient, en effet, de préciser et de dire que les personnes morales ne sont qu'une addition, un ensemble d'intérêts semblables. La doctrine de Savigny et de Ihering est lumineuse à cet égard. Une corporation quelconque, une société anonyme par exemple, est comparable à une série d'intérêts de même sorte, intérêts dont on pourrait représenter chacun par un même signe mathématique $+O$. Or, dans les équations algébriques, les quantités qui portent le même signe se groupent entre parenthèses. La personnalité juridique de la personne morale est comme une parenthèse. Son objet est de faciliter leur représentation et leurs transactions.

Dans les associations commerciales et les sociétés anonymes, on aperçoit facilement les intérêts des actionnaires qui s'y trouvent additionnés, intérêts divers en quantité, mais non en qualité. On a plus de difficulté à expliquer que le véritable sujet de droit puisse être aussi un groupe d'hommes dans d'autres corporations, telles que l'Etat, l'Eglise, les communes, qui sont également considérées, dans la législation et la théorie comme de vraies personnes morales. En ce qui concerne l'Etat, je pense qu'en dehors de sa personnalité psychologique et sauf en certaines circonstances que nous étudierons plus loin, il n'est, en dernière analyse, que le groupe des intérêts analogues de beaucoup d'individus, qui constituent soit une classe dirigeante, soit un parti politique triomphant. Il en est de même des provinces, des communes, et des autres corporations politiques ; et quant à l'Eglise, il convient aussi de reconnaître en elle un agrégat d'intérêts ecclésiastiques. Ces intérêts sont représentés sous une autre forme et se basent sur des considérations théologiques mais, dans la réalité des faits, la représentation juridique de l'Eglise est essentiellement semblable à celle de toute autre corporation commerciale ou politique.

En droit romain, et chez les peuples latins, le tempérament de la race a fait généralement envisager les cas juridiques au point de vue objectif, c'est-à-dire par rapport à la règle ; chez les peuples germaniques, l'inverse s'est produit ; et l'individualisme de leur caractère national en a préféré le point de vue subjectif, c'est-à-dire celui de la relation juridique. Quoi qu'il en soit, il me paraît plus convenable, pour expliquer les personnes morales, de se placer au point de vue subjectif qui n'envisage que les intérêts personnels groupés : 1° parce qu'il a plus de réalité positive ; 2° parce qu'il évite l'emploi des généralisations métaphysiques et théologiques relativement à la conception de l'Eglise et de l'Etat.

On a discuté aussi la question de savoir si les animaux peuvent être dits sujets de droit, comme ils l'ont été fréquemment au moyen-âge et dans l'antiquité. Dans le cas d'un legs fait pour l'entretien d'un animal, on pourrait soutenir qu'il y a lieu de lui donner un tuteur ou un curateur, comme s'il était sujet de droit ; mais je crains que cette extension donnée à la subjectivité du droit n'engendre des confusions. A ce compte, on pourrait également regarder comme des sujets de droit, les propriétés foncières et les monuments, pour la conservation desquels il a été fait quelque legs.

Je ne vois donc d'autre subjectivité du droit que celle de l'homme, personne vivante, au physique. L'homme a formé le droit pour son usage particulier. La sanction du droit présuppose, non seulement en droit civil mais en droit pénal et en droit politique, la capacité humaine. Pour être sujet de droit, au sens complet du mot, il faut être capable de responsabilité juridique, dans toute l'étendue de ce terme, l'avoir été ou pouvoir le devenir. L'irresponsabilité pénale des corporations ou des personnes morales est la meilleure preuve qu'en tant que sujets de droit, ils ne sont que de pures *fictions* qui cachent d'autres sujets plus véritables : les hommes, les ayants droit des intérêts additionnés et représentés dans la corporation.

§ 50.

Phase objective du droit.

Le droit, qui a pris naissance dans des réactions subjectives, se concrète et se cristallise objectivement dans les règles créées par l'usage, dans les lois et dans les doctrines savantes. Pour que le droit devienne objectif, il faut donc : 1° de l'ancienneté et de la précision dans les réactions subjectives ; 2° un développement intellectuel suffisant pour abstraire des faits pratiques et particuliers, les principes généraux et théoriques : 3° un langage articulé assez riche et étendu.

Le droit objectif n'est ainsi qu'un *effet* du droit subjectif. Mais, comme c'est une des erreurs les plus fréquentes de l'esprit humain de prendre les effets actuels pour les véritables causes, surtout quand ces causes sont plus ou moins tombées dans l'oubli du passé, on a coutume de voir dans la règle la cause efficiente du droit objectif. Mais nous, en établissant ici la théorie réaliste du phénomène juridique, nous ne devons pas négliger son origine véritablement subjective, qui n'est autre que son origine biologique et coutumière.

Toutes les fois qu'un droit ou une règle juridique deviennent objectifs, on y trouve deux éléments : un ordre et une sanction contre qui viole cet ordre. C'est ce qui a fait considérer la règle juridique comme un ordre *conditionnel*. Toute règle juridique peut toujours en effet être présentée sous la forme suivante. « Si en telles ou telles circonstances un homme commet tel ou tel acte, il subira la peine suivante... ou, son acte sera nul ».

Beaucoup de juristes mentionnent encore les quatre catégories de règles juridiques admises par Modestinus, et disent que les lois ont pour objet de : *imperare, vetare, permittere, punire*. Ces distinctions sont, philosophiquement parlant, inacceptables. En principe, *tout est permis* en droit... Par conséquent, la règle juridique *défend* toujours, et ne contient qu'un ordre avec une pénalité correspondante, au cas où il ne serait pas obéi.

Il y a certainement des lois qui paraissent permettre ; mais, en réalité, on voit si on les analyse, qu'elles ont toujours pour objet, d'abroger ou de détruire d'anciennes règles prohibitives.

Les lois relatives à l'organisation de l'État, nous paraissent, en particulier, bien moins des ordres que de simples permissions, par exemple le droit de vote. Malgré cela, rappelons-nous que le droit de voter accordé aux citoyens comporte toujours des interdictions comme l'ordre de ne pas voter donné aux étrangers, aux femmes, aux enfants, et de plus qu'il abolit toujours d'anciennes formes de monarchie ou de pouvoir absolu.

Au point de vue subjectif, quand un droit est attaqué,

l'ayant droit doit faire valoir sa prétention juridique. Aux temps préhistoriques, il le faisait par de simples actes de défense personnelle. Aux époques historiques, il le fait, en intentant à l'injuste agresseur, ce qu'on appelle une *action*. Les *actions* constituent la forme subjective de la réaction juridique depuis l'organisation politique de la société ; on les divise en *réelles* et *personnelles*, selon qu'elles protègent un droit réel ou un droit-pouvoir.

Quand l'action a été intentée, les juges résolvent le conflit en vertu du droit objectif, de la règle. Ainsi, la réaction biologique subjective se répète, dans la civilisation, par une réaction sociale objective. Par suite, le droit objectif n'est qu'une surévolution du droit subjectif.

§ 51.

Inégalité subjective du droit.

Rien n'est plus difficile à établir que la véritable relation qui existe entre le droit et l'inégalité ou l'égalité juridique des hommes. La théologie, la philosophie et la politique ont lié si intimement l'idée de droit et celle d'égalité que, pour le vulgaire et même pour les juristes, il semble que le droit ait pour principe et pour fin cette notion métaphysique d'une prétendue égalité !... Et cependant, le droit, aussi bien par son origine que par ses effets, produit et consacre une inégalité bien visible de droits et de devoirs chez les individus.

Observons la réaction du sauvage en train de s'emparer d'une proie, quand un autre individu prétend la lui faire abandonner. Quel est son but dans cette réaction contre l'agresseur ? Evidemment, il lutte pour rester maître de sa proie. Il défend donc une propriété personnelle, ce qui signifie, pour lui, une situation avantageuse par rapport à celle de son agresseur. Cette situation implique ainsi une inégalité : l'exclusivité de la propriété d'un homme sur sa proie. L'égalité lui imposerait de partager avec le survenant.

Dans tout droit, il y a un ayant droit privilégié par rapport aux autres. Tout droit comporte ainsi une inégalité en faveur de l'ayant droit. S'il s'agit des droits patrimoniaux, le droit divise les hommes en riches et pauvres ; si c'est de droits de famille, en époux, pères, enfants ; si c'est de droits politiques, en citoyens et étrangers ; si c'est de droit pénal, en innocents et coupables... Où est alors l' « égalité » du droit, considéré subjectivement ? Fils de la vie, le droit est aristocratique comme la vie. Fils de l'histoire, il est aristocratique comme l'histoire. La vie divise spécifiquement les êtres organisés et leur donne des capacités individuelles différentes. Et le droit ne fait que reconnaître ces capacités dues au sort, à l'intelligence, à la force. L'histoire, aussi, divise les hommes en peuples et en classes ; et le droit se différencie selon les peuples et les classes. Il convient donc de dissocier les idées d' « égalité » et de droit, attendu qu'en vertu de leur origine biologique et historique, l'égalité et le droit s'excluent et se nient réciproquement.

Dans l'ordre subjectif, l'égalité en droit arriverait tout au plus à signifier la tendance à la liberté qui est propre à tout être vivant. Le droit, en effet, reconnaît généralement à chaque être humain, son dynamisme organisme interne. Ce dynamisme tend presque toujours à l'adaptation de l'individu au milieu, et sa manifestation la plus typique dans la vie sociale est ce que l'on appelle, en politique et en jurisprudence, la liberté. Protéger la liberté, c'est protéger la conservation et le développement de la vie individuelle.

Les juristes envisagent le droit subjectif sous la forme des « relations juridiques » et entendent par « relations juridiques » les liens qu'ont entre eux les intérêts positifs et négatifs des hommes. Or, une relation, quelle que soit sa nature, est toujours un *principe de dépendance*. La relation de causalité est le principe de dépendance de l'effet à la cause ; la relation de connexité est le principe de dépendance réciproque de deux ou plusieurs faits ou choses existant simultanément. Toute relation de droit est ainsi un lien de dépendance par rapport à l'ayant droit; dépendance indirecte et s'appliquant à tous, s'il s'agit de droits réels, directe et ne s'appliquant qu'à un ou quelques-uns, s'il s'agit de droits personnels.

C'est pourquoi au maximum de droit correspond toujours le maximum de dépendance. *Summum jus*, disaient les Romains, *summa injuria*.

En protégeant la liberté des plus forts, des plus capables ou des mieux placés dans le milieu social par la naissance ou le sort, le droit protège les inégalités humaines, *sous la réserve* qu'elles n'attaquent pas l'intégrité organique des plus faibles et des moins favorisés. La liberté de ces derniers se réduit donc à cete intégrité organique. En revanche, la liberté des premiers s'étend à la prédominance de leur pouvoir politique et économique. De là vient que la notion même de la liberté est substantiellement subjective. C'est qu'en résumé la liberté n'est qu'une forme sociale du principe de l'adaptation, c'est-à-dire du principe de la vie, et que la vie est l'essence de tout sujet. La vie est la raison de tout droit.

J'ai dit plus haut que l'homme est l'unique et véritable objet du droit. C'est maintenant le cas de se demander si tout homme a été et est un sujet de droit... Ce problème a, à première vue, différentes solutions, selon qu'on le pose par rapport au passé ou au présent, ou par rapport à la théorie ou à la pratique.

Dans l'antiquité, chez les peuples orientaux, ni l'esclave, ni l'étranger ne possédaient une subjectivité réelle en droit. L'esclave était considéré comme un animal domestique, l'étranger comme une bête sauvage. Les animaux sacrés avaient, en quelque sorte, une supériorité de subjectivité juridique, car ils étaient le sujet de certains droits-pouvoirs, que leurs représentants naturels, les prêtres faisaient valoir, en recourant à la coercition juridique et même aux peines les plus rigoureuses.

En Grèce, les maîtres avaient certains devoirs moraux envers leurs esclaves, et on y reconnaissait certains usages humanitaires à l'égard des étrangers. A Rome, on avait conçu un *jus naturale* applicable à tous les hommes et les animaux et un *jus gentium* applicable à tous les peuples. L'esclave et l'étranger acquièrent ainsi, dans l'ancienne civilisation européenne, une certaine personnalité morale. Mais ils ne constituent pas encore de véritables sujets de droit, parce qu'il leur manque de pouvoir intenter action, par eux-mêmes ou par leurs représentants, pour établir leurs droits présumés devant les autorités sociales.

Au moyen-âge, le vassal, le serf, l'*adscriptus glebæ* ont déjà une subjectivité juridique. Mais leur droit est distinct du droit du seigneur féodal. De plus, les classes dirigeantes et gouvernantes posent en principe que chacun ne peut être jugé que par ses pairs ; ce qui est à leur avantage exclusif, car on en conclut, par interprétation, que le supérieur est le juge naturel de l'inférieur et que le supérieur n'a d'autres juges que ses égaux en pouvoir ou en rang. D'où il résulte que la subjectivité de l'inférieur est nominale et relative et parfois même plus théorique que pratique.

Le triomphe de l'individualisme de la philosophie du xviiie siècle, amené par la Révolution française, pose, en droit moderne, le principe que tout homme est sujet de droit. C'est l'essence de la fameuse « Déclaration des droits de l'homme », que la démocratie proclamera en France, et que répètent ou contiennent toutes les constitutions politiques modernes. Telle est la théorie...

En pratique, il se produit que, bien que la règle générale soit que l'homme est toujours sujet de droit, il y a des cas où il ne l'est pas et ne peut pas l'être en fait. C'est le cas, notamment, des peuples sauvages vivant sur le territoire et sous la souveraineté de nations civilisées. Les Peaux-Rouges des Etats-Unis, les Fuégiens de l'Argentine, ou les Australiens et Néo-Zélandais des colonies anglaises de l'Océanie ont une infériorité mentale si évidente par rapport aux Américains du Nord, aux Argentins et aux Anglais et vivent dans un tel état de sauvagerie que leur subjectivité juridique n'est qu'un pieux mensonge de la loi. En réalité, ils n'ont pas de droits et ne peuvent pas les faire valoir en justice. Les incapables qui existent dans les pays civilisés sont dans une situation juridique bien différente. Ils ont, en effet, pour les représenter en droit, leurs tuteurs, leurs curateurs, le ministère public. Les sauvages aussi ont, à un certain point, une protection et une représentation légales ; mais, en général, elles ne sont pas effectives, l'Etat n'ayant ni moyens ni intérêt pour cela.

J'arrive ainsi aux conclusions suivantes : si tout sujet de droit est toujours un homme, tout homme n'est pas un véritable sujet de droit. Chez les peuples antiques, ni l'esclave ni l'étranger ne l'étaient en réalité. Chez les peuples modernes, la théorie énonce qu'il suffit d'être homme pour être sujet de droit ; mais, en pratique, les sauvages vaincus et soumis ne sont pas en réalité de tels sujets, et leur droit théorique n'est qu'une fiction de la loi.

§ 52.

Egalité objective du droit.

Le droit naît dans le sujet, et du sujet passe à la famille, au clan, à la tribu, à la cité ; il croît et s'élargit comme les cercles concentriques que dessinent les ondes, à la surface tranquille d'un étang, quand une pierre y tombe... Mais son point de départ est toujours la liberté du sujet.

La liberté subjective amène, en droit, à former des généralisations par classes et catégories. Ainsi s'est constitué, chez les anciens peuples de l'Orient, le droit des castes, basé sans doute sur un critérium ethnique. Ainsi, dans le droit de l'antiquité grecque et romaine, les principes du droit ont été généralisés pour les diverses classes sociales et les différentes catégories de citoyens. Et ainsi, également, dans le droit européen moderne, les règles juridiques ont pour fin primordiale d'assurer à chacun ses droits patrimoniaux et son intégrité organique.

Nous avons vu que l'éthique est essentiellement spécifique ou, si l'on peut dire, *circulaire*. Il en est de même du droit. L' « égalité » juridique n'est qu'une *généralisation objective*, qui place dans la même situation de droit tous ceux qui se trouvent dans les mêmes circonstances, qui sont embrassés par le même cercle de faits.

Analysons une règle juridique quelconque. Elle se rapporte soit aux pères de famille, soit aux propriétaires de droits réels, soit aux créanciers nantis de droits personnels, etc., etc., c'est-à-dire à un groupe ou à un ensemble de personnes placées sur un pied *d'égalité théorique*. Cette égalité théorique est ce qu'on appelle « l'égalité en droit ». Mais, au point de vue de la réalité psychique et physique, elle n'est que l'énoncé de l'une de ces fausses généralisations où se plaît tant l'intelligence humaine: Tous les hommes, en effet, ne sont pas pères, ni propriétaires de droits réels, ni possesseurs de droits personnels... Et tous les fils, en outre, n'ont pas des mérites semblables... tous les propriétaires des droits semblables, tous les créanciers des créances semblables... L'égalité de la règle n'est donc qu'un principe théorique, dont l'application sera d'une terrible efficacité pour établir l'inégalité pratique des hommes. La balance que les Grecs donnaient à la Thémis pour peser le droit, devait avoir une âme humaine ; sans cela, on ne comprendrait pas qu'elle pût être sensible à ces valeurs morales qu'Aristôte faisait entrer en compte pour établir ses proportions ou « équations » de justice « commutative », qui est la véritable justice sociale. Car la justice « distributive », prise au sens absolu, est plutôt un songe métaphysique qu'une réalité politique.

Dans le droit romain, l'égalité (*æquum jus, æquitas*) était un principe, selon lequel « tout ce qui était égal naturellement, devait être traité également par la loi ». Mais on y reconnaissait largement les inégalités naturelles. « L'égalité romaine marche la main dans la main avec la vraie liberté et par conséquent aussi avec le mouvement fécond et les inégalités de l'histoire. Elle peut être considérée comme une émanation de la liberté même. A Rome, tout ce qui est doué de force vive doit se développer librement. L'égalité romaine veut que la loi ne favorise pas artificiellement une force au détriment des autres. L'inégalité du résultat, qui est la suite naturelle de la différence des forces, ou qui est la conséquence du but de l'Etat, n'a pour les Romains rien de blessant. L'inégalité dans la position de vie, le rang, l'état, l'honneur, l'influence politique, la fortune, etc., ne paraissait pas au Romain une faute contre le principe républicain. Il accordait de bonne grâce son respect à ces avantages. »

Ce n'est que dans le droit moderne, à partir de la Révolution française, que l'on a pleinement conçu l'idéal du droit comme l'égalité absolue et harmonieuse entre les hommes. Depuis, on est arrivé à croire que cette égalité est réalisable dans une démocratie socialiste parfaite, que la suppression du système monétaire entraînera la suppression de la propriété privée, et que, non seulement tous les hommes d'un même peuple, mais même tous les peuples unis pourront vivre sous un régime qui annule les privilèges de classe et d'origine.

Jamais on ne méconnut plus complètement que dans

---

(1) Ihering, *L'Esprit du droit romain* (trad. française), T. II, p. 89.

ce cas la véritable nature de l'homme. Nous avons vu que la biologie et l'histoire nous démontrent, jusqu'à la satiété, le principe de l'inégalité naturelle, ce que j'ai appelé la « théorie spécifique » par opposition à la « théorie uniforme ». On ne peut concevoir cette théorie uniforme de l'homme et de la société politique, qu'à la façon d'un sophisme religieux et métaphysique, ou encore, comme je le ferai voir plus loin, qu'en raison d'une exagération ou généralisation des mouvements de réaction des classes souffrantes et opprimées, contre les classes fortunées et dirigeantes. Dans la vie, comme dans l'histoire, le droit à la liberté est le droit à l'inégalité.

Ayant ainsi posé ce que j'appelle « l'inégalité subjective du droit et son « égalité objective », il conviendrait de ne pas finir ce chapitre sans mettre ces deux termes en harmonie. Après avoir établi ce qui précède, la chose est bien facile. Si le droit consistait en une règle unique, déterminant chez tous les hommes et chez chacun d'eux la même capacité juridique, les mêmes droits, les mêmes obligations, et de plus des forces et des biens identiques, le droit serait toujours égalitaire ; il ignorerait toute inégalité subjective. Mais, comme nous l'avons vu, le droit, loin de consister en une règle objective unique, prend naissance dans des réactions subjectives, et constitue, dès son origine, des règles multiples, variées, infinies, que l'usage concrète, généralise, et diversifie ensuite sous toutes les formes possibles. Dans notre civilisation moderne, tout homme est régi par un grand nombre de règles et toute règle régit un grand nombre d'hommes. Et les règles relatives à chaque homme, de même que les hommes relatifs à chaque règle, n'ont pas une existence séparée et autonome ; mais sont mêlés, juxtaposés, confondus et enchevêtrés dans l'assemblage complexe de la société. L'égalité objective de chaque règle implique donc une inégalité résultant de la complexité des règles, puisque chaque règle, fût-elle égalitaire en elle-même, est antiégalitaire par rapport au reste des règles.

Supposons un individu X... Sa situation juridique est déterminée par des circonstances relatives à sa personne : il est père de famille, propriétaire de certains biens, et chargé de certaines dettes. Un autre individu Y... est aussi propriétaire et père de famille ; mais aucune dette ne pèse sur lui. La situation juridique de ces deux individus présente ainsi des points de ressemblance, que régissent les mêmes règles, et des points de différence, que régissent des règles distinctes. Et, en fait, les points de ressemblance et de différence sont, dans la réalité de la vie, plus nombreux et plus compliqués. D'un autre côté, ces deux individus X... et Y... changent constamment, au cours de leur existence, leur situation juridique ; ce qui ajoute encore à ce qu'il y a de capricieux et de variable dans leurs ressemblances et leurs différences. C'est ainsi que l'égalité objective des règles, si nombreuses et si inégales entre elles, entraîne, comme conséquence logique, ce que j'appelle leur inégalité subjective. On pourrait dire que le droit part du sujet et arrive à la règle objective, pour revenir ensuite à son point de départ, le sujet.

Qu'on me permette de représenter encore, par une image matérielle, cette harmonie existant entre l'égalité relative des règles du droit et l'inégalité de leur application aux sujets du droit. Sur une feuille de papier blanc, appuyons les pointes d'un compas et traçons, au hasard, sur toute sa surface, un grand nombre de circonférences, grandes et petites, concentriques et excentriques. Puis, sur l'enchevêtrement de lignes, qui noircissent presque toute la page, marquons n'importe où, un point x. Les circonférences représentent les règles de droit ; le point x, un sujet de droit déterminé. Ce sujet se trouvera forcément à l'intérieur de divers cercles, correspondant à une partie des circonférences dessinées, cercles que nous appellerons a, b, c, d, e, f... Un autre point y, représen-

tant un autre sujet, tombera dans d'autres cercles, appelés
A, B, C, D, E, F... Un troisième point z, placé entre les
deux premiers, restera dans une partie des circonférences
qui contiennent x et y, mais se trouvera aussi dans d'autres circonférences qui pourront être a, B, c, D, e, F, et m,
n, o, par exemple. Par suite, chaque point reste toujours
dans un groupe déterminé de cercles, et chaque cercle
comprend un groupe déterminé de points... Telle est,
effectivement l'harmonie qui existe entre l'inégalité subjective et l'égalité objective du droit : à chaque règle certains sujets, à chaque sujet certaines règles.

§ 53.

Fondements du droit pénal.

Mommsen, *Le droit pénal romain* (trad. française). — Ihering, *Geist des Römischen Rechts in verschiedenen Stufen seiner Entwickelung*. — Beccaria, *Des délits et des peines*. — Lombroso, *L'homme criminel* (trad. française). — Garofalo, *La criminologie* (trad. française). — Enrico Ferri, *La sociologie criminelle* (trad. française). — Lombroso, Ferri, Garofalo, Fioretti, *Polemica in difesa della scuola criminale positiva*. — Tarde, *Philosophie pénale*. — Schopenhauer, *Essai sur le libre arbitre* (trad. française). — Hamon, *Déterminisme et responsabilité*. — Colajanni, *La sociologia criminale*.

Les notions exposées dans ce chapitre permettent déjà
de résoudre succinctement une des questions les plus ardues et les plus débattues de la philosophie juridique :
les bases des sanctions du droit, c'est-à-dire le droit de
punir. L'État applique les sanctions juridiques, civiles
ou pénales ; mais sur quelles bases positives, historiques
ou biologiques se fonde ce droit d'appliquer les sanctions
juridiques ? Quel est le véritable principe éthique du
droit que l'État s'attribue d'appliquer ces sanctions, particulièrement celles qui sont les plus sévères et les plus
cruelles, celles que l'on appelle proprement des « peines »
en droit criminel ?

Rappelons-nous, à cet effet, que le droit prend sa naissance dans les réactions subjectives de l'homme, réactions provoquées par les agressions qui l'attaquent dans son intégrité organique ou dans la satisfaction de ses besoins. Le fait de repousser ces agressions est le germe, le principe, ou *primum movens* de toute règle juridique. On peut dire que par cela seul qu'un organisme naît avec des réflexes, des instincts et des besoins, il naît avec des droits, droits qui n'ont toutefois qu'un caractère purement animal ou biologique. Tous les mouvements de défense d'un organisme humain sont ainsi essentiellement pareils et identiques, quelle que soit l'attaque qu'il ait à repousser, et que ce soit celle d'une force inconsciente de la nature, ou d'un animal plus ou moins intelligent, ou d'un autre être humain.

Certes, cependant, il n'y a application de la sanction juridique que lorsqu'il s'agit d'actes humains, accomplis par des hommes en chair et en os. A proprement parler, quand on châtie un animal, ou quand on repousse une force de la nature, on n'applique pas une véritable sanction juridique. Xerxès, qui punissait la mer d'Hellespont, pour avoir commis le crime de détruire un pont de bateaux, se livrait à une conduite extravagante et paradoxale : il n'appliquait pas une sanction juridique. Celui qui tue un loup affamé n'agit pas plus en vertu du droit que celui qui fouaille un chien parce qu'il a volé une côtelette. L'homme étant ainsi l'unique sujet passible d'une sanction juridique, quand il transgresse une règle de droit, c'est le cas de se demander *pourquoi* l'homme a réservé et conçu le droit à l'usage de l'homme seulement…

L'explication de ce phénomène, de l'exclusivisme humain qui est propre au droit, réside dans le caractère intellectuel et surévolué du droit historique. L'homme se représente le droit comme une idée, qui peut et qui doit être consciemment respectée. L'homme établit la règle par l'usage et la traduit en formules orales ou écrites pour qu'elle soit observée. Or, comment la nature, qui est une force inconsciente ou tout au moins inintelligente, comment les animaux, « privés de raison », pourraient-ils avoir compris le langage humain, avoir connaissance de la règle juridique et l'observer ? Le contraire est évident. Pour que la règle juridique ait une utilité, il faut qu'elle soit plus ou moins comprise. Quand elle ne peut pas l'être, il n'y a pas lieu de l'appliquer, elle n'existe pas. Lorsqu'au moyen-âge on punissait et on condamnait même des animaux à des peines infamantes et terribles comme le bûcher, c'est qu'on supposait ces animaux possédés d'un esprit malin capable de comprendre et de respecter les règles juridiques ayant un caractère théologique. Ce n'était pas la bête stupide et sans défense, c'était le démon incarné dans son corps, que l'on voulait châtier. Et, quand il punissait la mer, Xerxès lui prêtait une âme humaine, pour justifier les trois cent coups de fouet qu'il lui faisait donner comme à un esclave.

Ces observations nous mettent déjà à même de pénétrer la notion de *responsabilité pénale*. Le droit de punir, que possède l'Etat, s'applique seulement à ceux que l'on suppose capables de l'intention de commettre un délit, car la peine a pour base son utilité, son *pouvoir d'intimidation*, ce que les criminalistes modernes de l'école anthropologique d'Italie appellent sa « temibilità ». On ne peut intimider par une peine que les hommes capables de s'en faire une idée, les hommes jouissant à un certain degré de leur intelligence et de leur conscience, les hommes que l'on se représente comme « responsables » de leurs actes.

Il y a des auteurs et des écrivains superficiels qui supposent que le droit de punir repose sur la notion du « libre arbitre » du délinquant. Le déterminisme, c'est-à-dire la théorie d'après laquelle l'homme agit en vertu de motifs, facteurs et antécédents forcés, serait ainsi une doctrine qui enlèverait à l'Etat le droit de punir. Si les actes de l'homme lui sont fatalement imposés, de quel droit peut-on l'inculper de délits ? Autant vaudrait punir une pierre, un arbre, un animal.

L'état actuel des connaissances scientifiques nous fait pencher vers l'hypothèse déterministe. L'homme, fragment de l'Univers, obéit aux lois de l'Univers ; tout effet a sa cause, toute cause produit son effet. La conduite de l'homme, elle aussi, est le produit de causes et d'effets. Le libre arbitre, sous sa forme classique, n'est qu'une image trompeuse et une vaine apparence, comme l'immobilité de la terre et son applatissement. L'homme se croit absolument libre parce qu'il ignore les causes dont sa volonté est l'effet ; et ces causes sont si subtiles, si variées, si compliquées, que l'on ne peut facilement les mettre en évidence. Voilà la notion du déterminisme. Mais cette théorie ne nie pas ce qu'on appelle d'ordinaire la « conscience morale », et ne méconnaît pas le pouvoir dynamique de l'idée. Un homme qui a pleine conscience de sa conduite est « moralement libre », parce que sa volonté peut subir l'influence des idées morales, agissant comme de véritables forces, comme des idées-forces. Dans ce sens, le droit est une véritable idée-force, qui pourra toujours s'exercer sur tout homme ayant l'usage complet de ses facultés, c'est-à-dire étant en pleine possession de ce que l'on appelle généralement sa « liberté morale ».

Le droit pénal, le droit, généralement parlant, n'a pas besoin du concept philosophique et métaphysique du libre arbitre. Il lui suffit de la notion de la responsabilité de l'homme capable de comprendre les principes juridiques et obligé à les respecter. Et l'on pourrait même dire que l'hypothèse déterministe, loin d'enlever au droit son efficacité et sa logique, devient au contraire, dans sa conception scientifique moderne, un de ses fondements les plus solides.

De plus, il ne faut pas oublier qu'historiquement, le droit de punir de l'État prend naissance dans la réaction subjective de l'individu. Le droit pénal des nations barbares tient par suite peu ou pas, compte de la notion moderne que nous appelons la « responsabilité psychologique ». Voyez à cet égard les délits et les peines du droit romain primitif. Des circonstances extérieures et purement accidentelles, où l'on ne considère en rien l'intention et la responsabilité du délinquant, déterminent la peine. Comme nous l'avons vu au paragraphe 45, le *furtum manifestum*, même si le voleur ne dérobait qu'un pain, même s'il était somnambule ou malade, était puni de l'esclavage à vie, et par contre, le *furtum nec manifestum*, même accompli lâchement et perfidement, n'entraînait comme châtiment que l'amende du *duplum*.

De nos jours, pour qu'il y ait crime ou délit, et en général, pour qu'il existe une transgression de la loi, on regarde comme indispensable le fait d'une volonté contraire à cette loi chez une personne capable d'agir. « Cette règle fondamentale du droit pénal développé, dit Mommsen, est étrangère aux débuts de ce droit ; primitivement on ne s'occupe que du fait et non pas de l'état d'âme qu'il suppose. L'homme est immolé, qu'il soit un délinquant ou un nouveau-né difforme ; quiconque a regardé une vestale nue doit mourir ; le meurtre de l'homme est une faute et réclame une expiation, qu'il ait eu lieu intentionnellement ou non ».

Cette conception barbare du droit pénal diminue naturellement quand la civilisation progresse, et déjà, lorsque fut édictée la loi des Douze Tables, elle était en décadence. Nous la rappelons seulement pour établir que les origines et l'organisation du droit pénal dans l'Etat sont antérieures à un état de la mentalité humaine assez avancé pour permettre d'apprécier l'intention et la volonté punissables. Deux éléments contribuent en conséquence à constituer la peine : le talion et l'indemnité pécuniaire. Le talion, que nous avons déjà défini — œil pour œil, dent

---

(1) Th. Mommsen, *Le droit pénal romain*. (Manuel des Antiq. Rom. XVII). (trad. française), t. 1, p. 98.

pour dent — comporte une certaine notion morale des *compensations*. C'est quelque chose comme la première idée du châtiment, idée engendrée par la réaction organique. Pour employer la comparaison adoptée par l'école historique, nous dirions que c'est un miroir dans lequel se reflète l'usage qui le crée. Par la suite, ce concept se consolide grâce aux croyances et aux principes religieux, spécialement grâce à la doctrine de la *grâce* et de *l'expiation*, d'après laquelle la divinité approuve le talion et le regarde même comme l'unique moyen de racheter les fautes (§ 9).

A cette notion du talion s'ajoute *l'indemnité* pécuniaire, ou compensation en argent — le *damnum* ou *pœna* des Romains, le *wehregeld* des peuples germaniques — indemnité qui est payée à celui qui a souffert du délit et dont l'effet est, en même temps, d'effacer ce délit, de le rendre non existant. Ce concept de l'indemnité se maintient, grâce à sa tendance éminemment humaine et juridique, tandis que celui du talion acquiert, au moyen-âge, en raison de l'influence de la théologie chrétienne et spécialement du judaïsme, un caractère profondément religieux. Le droit pénal arrive à devenir une sorte de délégation, faite par Dieu à l'Etat, pour châtier en son nom.

Le droit pénal prend ainsi dans l'ancienne école classique, un certain caractère mystique et terrible. Le prince tient dans ses mains les foudres vengeresses de Jéhovah, caché sur la cîme du Sinaï. Son droit de punir n'est autre que d'imposer *l'expiation* de ses fautes au pécheur délinquant.

Avec le déclin des conceptions théologiques et les progrès de la civilisation humaine acquérant peu à peu un caractère de plus en plus positif, commence une réaction contre la cruauté médiévale de la peine. Poussé plutôt par sa tendance humanitaire que par ses conceptions philosophiques, Beccaria proteste contre la sévérité du droit pénal dans son livre : *Des délits et des peines*. La nouvelle théorie de la philosophie pénale est éminemment humanitaire et démocratique. Et, pour finir, l'école moderne d'anthropologie criminelle, où brillent les noms des grands penseurs italiens, Lombroso, Garofalo, Ferri, Colajanni et autres, achève de prouver qu'il faut une espèce de dérangement mental pour vouloir donner encore à la peine une fin expiatoire. La peine n'a eu, à son origine, et ne peut avoir aujourd'hui qu'une fin utilitaire. Le droit de punir de l'Etat ne repose pas sur le principe de l'expiation, mais bien sur celui de l'utilité sociale.

§ 54.

L'essence du droit.

Comme nous l'avons vu, le droit est une extériorisation de la vie ; cette extériorisation se nomme vulgairement et d'une façon générique, la force ; l'essence du droit, c'est donc la force. Mais cette nouvelle conception scientifique du droit heurte certains préjugés et soulève des difficultés, qui vont jusqu'à lui donner l'aspect d'une boutade et d'un paradoxe. Si un voyageur tombe à l'écart sur une bande de voleurs, les voleurs ont la force de le voler, mais ils n'en ont pas le droit... Le droit paraît, dans ce cas, l'antinomie de la force... Le droit serait, selon les métaphysiciens, la raison, dont la fin pratique semble être de s'opposer systématiquement à la force.

De plus, suivant la théorie que nous avons établie, la morale n'est qu'une généralisation du droit ; le droit est le germe et le principe de la morale... Or, la morale se présente comme un *critérium* parfaitement indépendant de la force. L'antinomie ou la contradiction paraît ici encore plus violente entre la morale et la force. Comment donc le *critérium* moral a-t-il pu tirer son origine de la force ?

Pour procéder avec ordre, il faut distinguer, en premier lieu la coutume, le droit et la morale, et, en second lieu, l'éthique objective et l'éthique subjective. La coutume est constituée par la répétition séculaire de certaines réactions, propres à protéger la vie individuelle et sociale. Le droit est la traduction de ces réactions en langage articulé et leur adoption par les pouvoirs publics. Jusqu'ici il n'y a pas de difficulté à admettre la force comme étant ce qui dirige le droit ou du moins ce qui lui donne sa forme intrinsèque. Mais quand il s'agit de la morale, la force s'éclipse, si je puis m'exprimer ainsi, et s'efface devant le raisonnement et le sentiment. Puis, au cours de la longue évolution de la règle éthique, on achève de perdre de vue son origine et l'on n'aperçoit plus que ses derniers résultats. La raison devient ainsi le dernier résultat de la force. Le vulgaire et même les hommes de science commettent donc une erreur de logique en prenant la raison, qui n'est qu'un effet extrême pour une cause première et déterminante.

Il est certain que la raison semble en opposition avec la force. Mais le droit aussi est en opposition avec le droit! Un droit consacré n'est que la négation d'autres droits non consacrés. En autres termes, la réaction qui s'oppose à un non-droit implique l'existence d'une prétention anti-juridique. De cette façon, la raison n'est que la force triomphante ; l'irraison, n'est que la force vaincue. Dans l'exemple cité plus haut, les voleurs qui assaillent sur un chemin désert, dans un pays civilisé, un voyageur sans défense, n'ont pas réellement le droit, parce que derrière le voyageur, il y a pour le venger et punir les agresseurs, les lois et le gouvernement. En définitive, c'est le voyageur qui a de son côté la force la plus forte, la force qui, selon la règle et la coutume doit triompher. Les voleurs ne possèdent que passagèrement et anormalement la force la plus forte. Des voleurs et de l'Etat qui protège le voyageur, le plus fort est, sans aucun doute, l'Etat.

Jusqu'ici, dans ce paragraphe, je n'ai envisagé la coutume, le droit et la morale qu'objectivement. Subjectivement, le droit se présente comme critérium juridique, et la morale comme critérium moral. Or, le critérium juridique et le critérium moral semblent s'opposer, d'une façon que l'on dirait systématique, à ce qu'en langage courant on appelle les « abus de la force ». Le critérium juridico-moral incarnerait donc la raison luttant contre la force. Voilà, en apparence, ce qu'est le phénomène éthique.

Mais ce n'est qu'en apparence, et si l'on cherche à y voir la morale et le droit comme des facteurs essentiellement distincts de la force et même comme y étant opposés, on commet une réelle erreur scientifique : l'imagination se laisse décevoir par un faux mirage, par un vain reflet. On oublie l'origine biologique et coutumière de la raison juridique et morale et l'on oublie aussi ce fait incontestable que la raison juridique a pour support la force de l'Etat, et la raison morale, la force de l'opinion collective.

La scolastique et la métaphysique sont arrivées ainsi, au moyen d'une espèce de confusion entre l'origine réelle et la dernière apparence de l'éthique, entre l'éthique objective et l'éthique subjective, à produire une véritable interversion dans les mots et les idées. On est arrivé, dans les intellects modernes, à ignorer et à méconnaître substantiellement, la nature du droit et de la morale. C'est pourquoi des esprits prévenus ou obtus peuvent présenter ma doctrine comme un paradoxe ou, ce qui est plus grave, comme une justification des abus et des excès de la force. Loin de là, je pense que si l'on admet franchement que la force constitue l'essence de l'éthique et spécialement celle du droit, je pense que ma doctrine arrache à la force son masque de raison hypocrite, et que, par suite, en posant crûment que tout conflit juridico-moral est un conflit entre deux forces opposées, elle aboutit à des conclusions relativement conservatrices, puisqu'elle reconnaît la légitimité des forces supérieures. Si le droit n'est pas la force en dernière instance, il est toujours le résultat du triomphe des forces supérieures. L'injustice et le non-droit sont le triomphe des forces inférieures, triomphe accidentel et passager en vertu de la nature des choses et des lois de la vie.

LIVRE IV

Théorie de l'Etat et de la Législation.

CHAPITRE XI

L'ÉTAT

§ 55. Origine de l'Etat. — § 56. Nature de l'Etat. — § 57. Fins de l'Etat. § 58. Base biologique de l'Etat. — § 59. Caractère politique et juridique de la lutte pour la vie dans l'humanité. — § 60. Nature psychique de la société. — § 61. Base biologique de la théorie psychique.

BLUNTSCHLI, *Théorie générale de l'Etat* (trad. française). — SUMNER MAINE, *Ancient Law, Early History of Institutions*. — MAC LENNAN, *The Patriarcal Theorie*. — MORGAN, *Ancient Society*. — ENGELS, *Origine de la famille, de la propriété privée et de l'Etat* (trad. française). — SPENCER, *L'organisme social* (trad. française). — WILSON, *L'Etat*. — POSADA, *Théories modernes sur les origines de la famille, de la société et de l'Etat* (trad. française).— LAZARUS, *Einleitende Gedanken über Volkerpsychologie*. — LINDNER, *Ideen auf Psychologie der Gesellschaft*. — NOVICOW, *Conscience et volonté sociales*. — GIDDINGS, *The Principles of Sociology*. — SCHMOLLER, *Principes d'économie politique* (trad. française). — HOLTZENDORF, *Principes de politique* (trad. française). — KORKOUNOV, *Cours de théorie générale du droit* (trad. française).

§ 55.

Origine de l'Etat.

Les règles juridiques des coutumes sauvages et barbares sont la première forme du droit positif. Quand l'homme s'est initié à la civilisation, a perfectionné le langage et inventé l'écriture, il a traduit et écrit, sous forme de lois, ces règles du droit coutumier primitif. Mais, pour que la loi existe comme telle, il est nécessaire qu'elle soit imposée par l'Etat ; sinon, elle ne serait qu'un simple conseil juridique. Par conséquent, l'organe qui formule la loi et la fait accomplir, c'est l'Etat. Sans l'Etat, il n'existe proprement pas de loi. Sans étudier et connaître l'Etat, on ne peut donc étudier et connaître la genèse et l'origine de la loi.

Il me semble que l'Etat peut s'étudier et s'étudie aux trois principaux points de vue que voici : son origine, sa nature et son but. J'ai exposé, en temps opportun (chapitre VI) les diverses théories relatives à son *origine*, sans arriver à une solution concluante. La théorie du droit divin et celle du contrat social sont, comme nous l'avons vu, purement spéculatives ; elles manquent de toute base critique, — analytique et réelle. — Elles ne produisent par suite aucun concept scientifique défini. De son côté, la théorie de l'école analytique anglaise fait une analyse empirique et réaliste du phénomène politique ; elle se rapproche ainsi du critérium positif moderne ; mais son manque d'érudition et de méthode logiquement positive prive ses concepts d'une véritable valeur scientifique. Il n'y a que la théorie patriarcale de l'école historique et la théorie matriarcale de l'école économique, qui apportent réellement des matériaux d'une qualité scientifique indiscutable pour construire définitivement la théorie de l'origine historico-économique de l'Etat et de la souveraineté...

Des idées et des concepts variés, opposés même en apparence, sont encore en discussion par rapport à la genèse de l'Etat. Comme l'observe fort bien Posada (1), « Summer Main, Grote, Lange, Mommsen et tous ceux qui s'en inspirent pour leurs recherches sur l'origine des peuples civilisés actuels, dits de race « aryenne », admettent comme forme primitive, le patriarcat limité. En revanche, Bachofen, Mac-Lennan, Morgan, Lubbock

---

(1) A. Posada, *Théores modernes sur les origines de la Famille, de la Société et de l'Etat* (Appendice II de la trad. française), p. 139.

croient à un état familial primitif, horde ou tribu, fondé sur le lien qui suppose la filiation maternelle ou matriarcat, quand elle commence à s'organiser... A l'heure actuelle, la question n'est pas encore résolue. Hearne proteste contre le matriarcat, qui paraît à Giraud-Teulon, une chose définitivement démontrée. Spencer, de son côté, combat le patriarcat et en même temps l'hypothèse d'un état primitif de promiscuité, d'indifférence sexuelle et de communisme absolu. Starke se place à un point de vue différent des deux doctrines opposées, et, s'appuyant sur un grand nombre de faits et de raisonnements parfois difficiles à comprendre, signale la nécessité de tenir compte d'autres rapports que les rapports sexuels et de considérer le matriarcat comme un résultat de la confusion où le sauvage vit et travaille ». Posada, lui-même, fait de judicieuses objections au matriarcat... Malgré tout cela, je pense que toutes les doctrines et toutes les recherches peuvent légitimement être réparties dans les deux groupes de faits que j'ai mentionnés, dans les deux tendances pour la théorie patriarcale et la théorie matriarcale dont j'ai tracé les grandes lignes.

L'on prétend que la théorie patriarcale et la théorie matriarcale sont opposées et irréconciliables. Certains socialistes, partisans de la dernière, poussés par la passion politique, vont comme Engels, jusqu'à employer contre ceux qui soutiennent la première un langage violant et offensif qui détonne désagréablement dans une controverse scientifique. Je crois, cependant, et je vais le démontrer sommairement ici, qu'il n'y a aucune contradiction essentielle et forcée entre les deux doctrines ; l'une et l'autre ont des bases scientifiques, car elles interprètent des faits. — N'oublions pas qu'en sociologie, les faits ne sont jamais des affirmations absolues, mais bien des données relatives, susceptibles d'être interprétées d'après le critérium large et multiforme de la réalité même.

Les arguments en faveur de la théorie patriarcale sont,

en résumé, de trois ordres : d'ordre historique, biologique et anthropologique. Les arguments *historiques*, puisés dans le droit antique, sont assurément irrécusables et prouvent qu'à une époque immédiatement antérieure à l'époque historique, et même durant les premiers temps de celle-ci, l'organisation de la famille fut patriarcale ; que cette organisation familiale est antérieure à toute organisation politique ; et finalement qu'elle a exercé une influence transcendante sur les organisations politiques primitives. Les arguments *biologiques* se réfèrent à la théorie transformiste ; l'homme est un animal mammifère supérieur, le premier des primates ; les primates vivent généralement par couples monogames ; ils sont très rarement polygames ; par suite, l'homme primitif, par ressemblance à ses analogues dans l'échelle animale, a dû organiser sa famille, non pas dans la promiscuité ou la polyandrie, mais sous une forme rudimentairement patriarcale, — monogame ou polygame. L'argument *anthropologique* se tire de l'égalité du nombre des hommes et des femmes ; les statistiques n'ont jamais accusé la majorité numérique évidente d'un sexe ; par conséquent, la surabondance de femmes que supposent le matriarcat et la polyandrie n'a jamais pu se produire. Pour chaque mâle, approximativement, il y a toujours eu une femme ; le luxe ou le pouvoir excessif de certains individus a seul pu produire des cas exceptionnels de polygamie. — Tels sont, en synthèse, les arguments historiques, biologiques et anthropologiques en faveur de la théorie patriarcale ; voyons maintenant s'ils sont réellement inconciliables avec la théorie qu'on prétend lui opposer.

Nous savons que les arguments historiques se rapportent à une époque historique ou presque historique et, par conséquent, postérieure au mariage syndiasmique de la théorie matriarcale. Mais, en revanche, les arguments biologiques pourraient bien concerner l'homme primitif d'une époque *antérieure* à la promiscuité ; originairement monogame ou polygame comme les autres primates, l'homme a bien pu tomber dans la promiscuité, après son initiation au processus intellectuel, peut-être vers la fin de l'époque tertiaire. Enfin, l'argument tiré de la statistique a peu d'importance à des époques durant lesquelles la chasse et la guerre ont dû diminuer considérablement le nombre des mâles et augmenter proportionnellement celui des femmes ; cette circonstance forcée et accidentelle rend dès lors possible la promiscuité et la polyandrie. — En résumé, la théorie matriarcale peut se concilier avec la théorie patriarcale ; mais à condition seulement de supposer comme suit les phases successives de la famille : monogamie primitive, promiscuité, mariage punalua, mariage syndiasmique, patriarcat. Il faut de plus admettre que ces phases se sont succédées très irrégulièrement, selon les climats et les races.

L'argument le plus sérieux que pourraient maintenant mettre en avant les partisans de la théorie matriarcale réside dans le passage du lien familial du patriarcat au lien politique constitué par l'Etat ou la cité antique. Si j'ai bien compris les écrivains de l'école économique, les nouvelles circonstances économiques, produites par l'invention de l'agriculture et la domestication du bétail, transforment *simultanément* la famille syndiasmique en famille patriarcale et le clan syndiasmique, quand il existe, en *gens*, en phratrie, en tribu, en cité. De telle sorte que la constitution de la famille arrive à ne plus être nécessaire et forme presque un cas indépendant dans l'évolution politico-économique ; pour arriver au *basileus*, le patriarche n'a pas été indispensable.

Cette conception me paraît extrêmement conjecturale. Le droit antique et spécialement le droit romain, fait bien voir comment la famille forme la *gens* : les gentes, la tribu ; les tribus, la cité. L'organisation patriarcale de la famille est dès lors le premier maillon de la chaîne, le premier pas vers l'organisation politique. Il reste, toutefois très admissible que l'organisation patriarcale de la famille a été déterminée par les nouvelles conditions économiques. A ce point de vue donc on peut dire qu'il y a un parallélisme parfait entre l'évolution de la propriété et celle de la famille, et entre l'évolution de la famille et celle de l'Etat et de la Souveraineté. En résumé, l'Etat est une surévolution de la famille, produite par des antécédents économiques.

§ 56.
Nature de l'Etat.

On appelle généralement « Etat » la personnalité morale d'un peuple indépendant, incarnée par les autorités qui le gouvernent. Parfois le mot s'emploie dans le sens des autorités considérées en elles-mêmes ; parfois, on le conçoit comme la simple représentation du pouvoir social. Ainsi, de quelque façon qu'on le considère, l'Etat n'existe qu'en relation avec une société organisée et libre, avec un gouvernement propre, qui représente son organisation et son indépendance.

Nous avons vu que, par rapport à l'origine de l'Etat, il existe actuellement deux théories générales; la théorie patriarcale et la théorie matriarcale, dont la combinaison positive paraît nous donner la solution du problème. Quant à la *nature* de l'Etat, des concepts et des théories innombrables sont encore en discussion. Tout le monde sait à quoi se rapporte l'idée ou la notion de l'Etat ; mais « l'Etat réel, historique, l'Etat dans lequel nous vivons et nous mourons, qu'est-il ? Est-ce une entité substantive, une substance, une personnalité effective physiquement et juridiquement, quelque chose, en somme, de presque corporel, ou, si l'on veut, d'*incorporé*, ou qui se soutienne par lui-même avec une existence propre, bien que dépendant naturellement des conditions ? — ou bien l'Etat n'est-il pas plus qu'un simple ensemble, un agrégat d'individus, qui seuls sont des réalités physiques et juridiques possibles et non fictives ? » C'est ainsi que se pose la question de la nature de l'Etat.

On en a donné des solutions nombreuses et contradictoires ; elles me paraissent pouvoir se condenser en deux formules typiques et générales : l'Etat est une entité propre et substantielle, c'est l'*Etat-personne* ; l'Etat est une « administration sans substance », un fait occasionnel et secondaire, c'est l'*Etat-administration*. Le concept de l'école organique, ou de l'Etat-organe, peut être à bon droit considéré comme une forme de l'Etat-personne, puisque, selon cette école, l'organe-Etat sera toujours l'organe de la conscience et de la volonté de la société-organisme.

Dans toutes ces théories de l'Etat, je confesse trouver beaucoup d'idéologie vicieuse, de dialectique embroussaillée. Il me semble que discuter jusqu'à quel point l'Etat est ou n'est pas une « substance », est ou n'est pas une « personne » équivaut à perdre son temps en paroles et en formules. On ne peut en aucun cas douter que l'Etat n'est pas une personne physique, ni douter davantage qu'il a une représentation morale et juridique. Il y a, dans l'Etat, quelque chose de plus qu'une simple administration mécanique, et quelque chose de plus qu'une personne psychique bien idéalisée. On ne peut donc admettre aucune des deux théories extrêmes, ni celle de l'Etat-personne, ni celle de l'Etat-administration.

En observant les phénomènes sociaux sans préjugés philosophiques, avec un véritable « réalisme pur », nous découvrons facilement l'existence, l'existence vigoureuse et dont on ne peut douter un seul moment, de la *psyché sociale* (le *Volkgeist*, l'esprit du peuple). Il n'y a pas, et il n'y a jamais eu une société qui ne la possède. La communauté d'origine et d'intérêts, la coutume de vivre ensemble, les traditions, l'histoire, la langue, l'art, la ressemblance ethnique, tout forme et enracine dans les grandes collectivités humaines un fonds psychologique commun qui a sa conscience et ses modalités : c'est là la psyché sociale ou collective.

D'un autre côté, nous avons déjà vu comment se forme l'Etat. Il entre deux éléments dans sa genèse : la parenté ou organisation de la famille et les conditions économiques. Les conditions économiques amènent le patriarcat ; et le patriarcat évolue et forme les premiers gouvernements politiques, — monarchiques en général. Le patriarche, chef de la famille, devient le *basileus* ou *rex* de l'Etat. Il y a ainsi une part indéniable de vérité, dans les deux théories, patriarcale et matriarcale, dont la réunion logique doit constituer la théorie définitive de l'origine de l'État.

Une fois les autorités sociales créées et l'Etat établi, nous trouvons que la collectivité possède une psyché sociale, qui résume la psychologie de ses membres, et un groupe d'autorités, qui représente son autorité et réalise ses desseins. Si ce groupe gouvernant, si l'Etat, est l'interprète fidèle de la psyché sociale, la théorie de l'Etat-personne a une certaine vérité. Si l'Etat n'est pas cet interprète, il n'est qu'une autorité gouvernante, et alors la théorie de l'Etat-administration triomphe. Le problème étant ainsi posé, tout se réduit à rechercher les liaisons ou les différences qui rapprochent ou éloignent l'État de la psyché sociale, de l'esprit du peuple...

Pour cela, il n'y a qu'à mieux définir la psyché sociale. J'ai dit que c'est le fond psychologique commun, l'esprit de ressemblance et de solidarité de tout le peuple. Et cet esprit, pour préciser davantage, comment se manifeste-t-il ? Sans aucun doute dans les coutumes et les idées. Ainsi donc, si les idées et les coutumes étaient toujours les mêmes chez les membres de la société, la question se résoudrait facilement... Mais, comme je l'ai dit en étudiant la lutte pour le droit (§ 46), les coutumes et les idées évoluent et ne sont pas toujours représentées par une seule tendance ; dans un même peuple, au contraire, il se produit d'ordinaire des fractions et des tendances opposées les unes aux autres. Laquelle personnifie et synthétise la véritable psyché sociale ? On pourrait dire que c'est celle qui l'emporte, parce qu'elle représente ou la majorité, ou une minorité plus forte et plus agissante que la majorité. De là vient que l'Etat n'est pas toujours l'expression pure de la psyché sociale, attendu que quand une nouvelle tendance qui représente cette tendance entre en lutte, lui, l'Etat, incarne plutôt l'ancienne tendance, du moins jusqu'à ce que la nouvelle triomphe. L'Etat n'est donc qu'une expression *retardée* ou *retardataire*, si je peux m'exprimer ainsi, de la psyché sociale. C'est pourquoi il n'est pas clairement et définitivement un Etat-personne, ni, pas davantage un Etat-administration.

Je pense que le sociologue et le juriste doivent apprécier et compter en moins ce « retard » ou cette divergence qui résulte du caractère conservateur et pacifique de l'Etat, afin de supposer au moins à celui-ci l'expression approximative de la psyché sociale. Cela facilite la science et la pratique de la politique, et tend, d'un autre côté, à rapprocher le plus possible l'Etat de l'esprit public, de façon à rendre la lutte pour le droit plus généreuse et plus disciplinée. C'est pourquoi, sauf quelques exceptions, les théories modernes de l'Etat et du droit public reposent sur la théorie de l'Etat-personne, de l'Etat conçu comme une personnification de la collectivité, ainsi que l'a défini Bluntschli. Seuls, les mécontents du régime social actuel peuvent s'aligner sur les rangs opposés et soutenir la théorie de l'Etat-administration. C'est le cas des socialistes. Toutefois, quand même le socialisme serait aujourd'hui la véritable tendance de la psyché sociale, et serait destiné à triompher prochainement, les socialistes se tromperaient certainement dans leur concept de l'Etat, attendu que l'Etat contemporain est de plus en plus humanitaire et démocratique, et attendu que l'Etat suit déjà, bien que timidement, la tendance socialiste. Le fait de souffrir cette influence, et même de la reconnaître à un certain degré, suffit pour laisser entendre que cet Etat est plus qu'une simple administration. Et il y a lieu de se rappeler encore que la définition de l'Etat comme « une administration » sans substance est du cardinal Newman, qui avait répudié la religion protestante de l'Etat anglais.

En synthèse, politiquement et psychologiquement, il y a lieu de reconnaître à l'Etat une certaine personnalité. De même, juridiquement, il est une « personne morale »... Devons-nous admettre, pour cela, contrairement à ce qui a été exposé au § 49, que l'Etat est un véritable *sujet de droit*, distinct du groupe d'hommes qui le composent ? Si on analyse, au point de vue positif, la personnalité de l'Etat, on verra qu'il est toujours, — à la façon d'une corporation et comme je l'ai dit, — une fiction. Cette fiction représente une certaine somme d'intérêts : les intérêts d'autorité du groupe gouvernant, les intérêts économiques de la classe dominante, les intérêts patriotiques de toute la population... L'Etat est ainsi une somme d'intérêts plus ou moins concomitants. Derrière lui, il y a les hommes qui sont les véritables sujets de droit, ou ayant-droits. Mais nous ne devons pas oublier que s'il est des cas où l'on puisse donner une certaine valeur réaliste à la création fictive d'une personne morale, l'un de ces cas est celui où la personne morale est l'Etat. Donc, la psychologie collective d'un peuple est beaucoup plus complexe et variée que celle de toute autre corporation, et elle est si complexe et variée que, comme je le démontrerai plus loin, elle forme une espèce d'*organisme psychique*. Un pareil organisme peut, à la différence d'une société anonyme, d'une secte religieuse, ou d'une municipalité, être considéré jusqu'à un certain point comme un sujet, un véritable sujet distinct de la simple somme des instincts de ses membres. L'Etat, en tant qu'il représente cet organisme, peut ainsi constituer une exception, plus ou moins caractéristique, à la règle qui veut que le véritable sujet du droit soit toujours l'homme.

§ 57.

Fins de l'Etat.

L'origine et la nature de l'Etat déterminent sa fonction organique de gouvernant, généralement appelé son *autorité*. Donc l'attribut typique de l'Etat est « la réalisation du pouvoir coercitif d'une façon indépendante ». Toutes les autres associations et entités sociales, si indépendantes qu'elles soient à certains points de vue, n'usent de moyens coercitifs qu'avec l'autorisation et sous le contrôle de l'Etat. Ainsi l'Eglise, quand elle arrive à employer la force, ne peut le faire que dans les limites permises par le pouvoir politique local.

L'Etat apparaît pour protéger des situations économiques nouvelles, et il tire son principe de cohésion et son autorité des liens de parenté et de famille. Une fois la société organisée, l'Etat prend sa personnalité, en se constituant, là où il lui est possible, sous la forme d'Etat-personne. Comme l'Etat-personne n'est pas une personne physique, et qu'il ne représente qu'imparfaitement la psyché sociale, on peut le regarder également comme une simple administration... Mais, de quelque façon qu'on le considère, et quelles que soient son origine et sa nature, son attribut distinctif est toujours l'autorité. C'est pourquoi on le définit d'ordinaire comme « un groupe social et indépendant qui exerce un pouvoir coercitif sur des hommes libres ». Ce pouvoir est le droit positif, dont la forme est plus ou moins retardataire et conservatrice.

L'objet visible et immédiat de l'Etat est dès lors de réaliser le droit, de sorte que le *résultat* du droit est la *fin* de l'Etat. Pour mieux dire, le résultat général de l'éthique, c'est-à-dire le maintien de la cohésion sociale, est aussi la fin de l'Etat, lequel dispose de moyens coercitifs, pour faire appliquer le minimum effectif de l'éthique, soit le droit.

La question de la fin de l'Etat ainsi posée, cette fin apparaît claire et simple : c'est toujours la sociabilité, le principe social. Mais on a dépensé beaucoup d'encre et de papier pour élucider ce que sont les fins réelles et théoriques de l'Etat...

L'école philosophique du droit naturel considère l'Etat comme « une représentation historique des aspirations que les citoyens lui assignent d'avance ». C'est là le concept de Grotius, c'est la théorie du néo-humanisme et de la Révolution française. « L'Etat apparaîtrait, d'après cela, comme le moyen conventionnel, adopté pour arriver aux résultats qui intéressent les citoyens pris individuellement, mais qu'il est impossible d'obtenir isolément et sans l'emploi des moyens coercitifs qui sont à la portée de la société organisée ». Les hommes concluent un pacte social et créent l'Etat pour qu'il procure le bonheur général.

Contre cette école philosophique se produit la réaction de l'école historique. Pour elle « le principe actif de chaque Etat est dans le processus même de sa formation historique, de telle sorte que les fins de l'Etat doivent être toujours et exclusivement l'application du passé et de la tradition ». Il me semble qu'au fond, l'école historique ne nie pas la fin utilitaire de l'Etat ; mais elle nie catégoriquement que cette fin puisse être accomplie autrement qu'en obéissant aux coutumes, à la tradition, à l'histoire. Elle croit que le droit ne peut s'improviser par un effort de la raison ; le créer ainsi implique plus ou moins des attaques contre l'ordre et le bien-être social, c'est-à-dire contre la félicité commune, qui est la fin de l'Etat.

De nombreuses théories ont encore assigné comme fin de l'Etat, soit le « bien public », soit le « droit social », soit une « mission morale »... En réalité, il n'y a dans tout cela que l'expression plus ou moins impropre de ce que j'ai appelé le fondement biologique ou utilitaire du droit, c'est-à-dire les fonctions du plaisir et de la douleur qui le déterminent comme étant une nécessité sociale d'origine individuelle.

Si l'on applique une analyse critique et réaliste, on trouve facilement que, conséquemment à leur fin utilitaire générique, les fins particulières de l'État peuvent se diviser en intérieures ou nationales et en extérieures ou internationales. Les premières concernent principalement l'objet pratique du droit, la démarcation ou délimitation des intérêts particuliers, ou des intérêts de l'État par rapport à ceux des particuliers ; les secondes, les droits politiques de l'État par rapport aux autres États ou nations.

Ces fins sont toutes deux connexes. La sociabilité interne est impossible sans la défense politique externe et vice-versa. L'État qui ne sait pas soutenir ses droits comme tel dans la politique internationale court le risque d'être absorbé, annexé ou conquis par d'autres plus forts et plus capables. D'un autre côté, si l'État ne remplit pas ses fins nationales, qui sont de maintenir le droit à l'intérieur, il s'expose à ne pas imposer assez de cohésion sociale pour maintenir son action au dehors.

A l'extérieur, la fin primordiale de l'État, c'est, comme je l'ai dit, de réaliser le droit. Mais cette fin ne suffit pas à l'évolution des peuples. Tous les peuples évoluent en progressant dans l'économie, les sciences, les arts. Ces progrès améliorent la vie des citoyens, leurs conditions de plaisir et de bien-être. Pour le progrès, dont le résultat lui aussi est utilitaire, il ne suffit pas toujours que l'État se borne à limiter les droits individuels et sociaux. Le progrès nécessite aussi d'une certaine façon la protection et les encouragements de l'État. De là un nouvel objet de celui-ci : la culture sociale.

On peut ainsi ramener à trois les fins de l'État : puissance nationale, droit individuel, culture sociale. De ces fins, les deux premières sont primordiales et antérieures ; la troisième est postérieure et complémentaire. Mais elle n'est pas pour cela la moins importante. Sans la protection de l'Etat, la culture sociale peut stationner et rétrograder par rapport aux autres nations. Dans ces conditions, la fin de puissance nationale ne peut être remplie, parce que les peuples plus avancés en civilisation dominent facilement les peuples routiniers et retardataires. Et s'il ne remplit pas cette fin — la puissance nationale — l'Etat, comme nous l'avons vu, ne pourra également pas accomplir la seconde, la coercition juridique. Il y a donc une harmonie évolutive dans les fins de l'Etat. La première qui apparaisse est le droit individuel, la seconde la puissance nationale, la troisième le progrès. Et toutes se complètent entre elles et forment cette entité tutélaire des peuples modernes que l'on appelle l'Etat.

Il me paraît indispensable d'insérer ici mon concept de l'*erreur téléologique* dans les théories politiques de l'Etat. Nous avons vu que cette erreur était, à la fois, plus grave mais plus facile à corriger dans la biologie que dans le droit. Or, en politique elle me paraît encore moins grave, mais encore plus difficile à corriger, du moins si l'on étudie d'une part les origines préhumaines du droit, et, d'autre part, les formes déjà bien humaines et même presque surhumaines du droit.

Les auteurs admettent en général, à propos du problème de l'Etat, qu'il est une *fin consciente et volontaire* de la société et considèrent les actes de l'Etat comme des fins conscientes et volontaires du groupe qui le compose et le personnifie. Cependant, ce finalisme absolu de l'Etat est très discutable. Le déterminisme scientifique nous induit à penser plutôt que l'action de l'Etat est une résultante finaliste seulement en apparence.

Quoi qu'il en soit, vérité ou illusion, on ne peut nier que la volonté du groupe dirigeant ne donne, ou ne concrète, à notre époque historique, un certain caractère finaliste à l'Etat. Ce caractère est ce qui réduit l'erreur téléologique à une expression minima, qu'il est presque impossible de corriger ou de remplacer. En effet, l'Etat, tel qu'il existe actuellement, peut justement être considéré comme un produit surévolutionné de la conscience et de la volonté humaines. Le droit sans aucun doute peut également être considéré de la sorte ; mais, dans ce cas l'erreur est plus grave, en raison de ce que la règle juridique est une expression de beaucoup antérieure, et je dirais plus physiologique et moins consciente que les formes déjà très idéalisées de la politique. Dans le processus d'acquisition et de développement de la conscience et de la volonté, de l'épiphénomène de la conscience-volonté du genre humain, l'Etat serait la dernière conséquence, l'ultime transformation du droit ; comme il s'est formé à une époque historique, où l'esprit humain était déjà éminemment capable de prévisions et conscient de finalité, il a acquis la faculté de prévoir et d'avoir une fin qu'avaient ses créateurs. Au contraire, le droit a surgi bien plus tôt, dans la pénombre de l'insouciance préhistoque, et son finalisme est comme un suragrégat, un habit épais qui ne dissimule pas toujours le vieux diable habillé en moine.

§ 58.

Base biologique de l'Etat.

Le processus de l'adaptation au milieu, principe fondamental de la vie, a pris, à une époque récente, chez les animaux supérieurs, l'aspect d'une véritable lutte pour la vie, plus ou moins consciente ou inconsciente. Pourtant, chez eux, la lutte n'existe qu'entre espèce et espèce ; les animaux de la même espèce, même les félins les plus « féroces » se respectent mutuellement. S'ils luttent parfois entre eux, ce n'est que pour la femelle, ou pour le terrain où ils chassent, et ces luttes ont rarement des conséquences mortelles. L'homme seul, parmi les animaux supérieurs, tue ses semblables ou les réduit en esclavage. Il n'y a donc pas tant d'exagération à dire, comme on le répète en littérature, que l'homme est la bête féroce des bêtes féroces.

On peut expliquer cette férocité de l'homme par le phénomène de la spéciéité. Comme nous l'avons vu (§ 41) et comme je vais le répéter ici pour plus de précision, la théorie que j'appelle spécifique enseigne que les différences spécifiques deviennent d'autant plus fortes que l'on s'élève davantage dans l'échelle animale. Entre deux espèces de protozoaires, les différences sont presque nulles ; entre deux primates, elles sont très marquées. Dans le genre humain, qui occupe le plus haut degré de l'échelle zoologique, la spéciéité est telle que non seulement ce genre se sépare très nettement des anthropoïdes, mais que les hommes eux-mêmes sont bien distincts entre eux, selon leurs races qui forment en quelque sorte des espèces. Bien mieux, chaque homme est si différent de son « prochain » qu'il constitue presque une espèce individuelle. C'est de là que la sociologie ou anthropologie induit sa théorie spécifique de la théorie transformiste, évolutive ou généalogique, qui est généralement admise dans la biologie contemporaine.

Puisque les espèces luttent contre les espèces, l'extrême spéciéité de l'homme explique la lutte humaine. Cette lutte prend deux formes génériques : l'une, *interne*, au sein du groupement social ; l'autre, *externe*, contre les autres groupements sociaux. Toutes deux et surtout la dernière peuvent s'expliquer par les différences spécifiques.

L'état naturel des hommes, aux temps de sauvagerie et de barbarie est une lutte externe continuelle. « Les diverses races sauvages, dit Lubbock (1), n'ont entre elles que

(1) *L'homme préhistorique*, trad. française, t. II, p. 226.

peu de relations spécifiques. Elles sont presque toujours en guerre. Si leurs habitudes sont semblables, ce sont de mortelles rivales, car elles luttent pour les meilleures pêcheries ou les meilleurs territoires de chasse ; si leurs besoins sont différents, elles combattent pour avoir des femmes, des esclaves, des ornements, ou, si elles ne s'en soucient point, c'est alors pour le plaisir de se battre, pour obtenir des têtes, des chevelures, et autres emblèmes considérés comme glorieux. Dans de telles conditions d'isolement, chaque tribu vit soit à l'état d'isolement, soit à l'état d'hostilité avec ses voisins... Ils ne se rencontrent que pour se battre. » Dans ces luttes externes, il n'y a pas de règles éthiques possibles ; tout est permis : la fraude, la trahison, le vol...

C'est pourquoi l'éthique n'est pas née, comme un principe général de solidarité humaine. Pour mieux dire, ce n'est pas une éthique ni un droit qui se sont formés, ce sont des éthiques et des systèmes juridiques innombrables, chacun dans un groupement respectif. Ces groupements n'étaient pas seulement indépendants les uns des autres, ils étaient des ennemis naturels. A une époque déjà très avancée de la civilisation antique, la légitimité de la haine de l'étranger est encore admise par des philosophes comme Platon et Aristote, des poètes comme Euripide, des orateurs comme Isocrate, des historiens comme Polybe et Tacite. En Grèce et à Rome, le même mot sert pour dire « étranger » et « ennemi »...

Si la spéciéité humaine engendre les luttes humaines, il est logique de penser que plus les différences spécifiques seront grandes, plus ces luttes seront féroces. De là, la douceur relative des luttes internes toujours terminées par l'éthique et le droit ; de là, la rudesse sanglante des luttes externes dont la solution ne peut être que la soumission absolue ou la mort du vaincu. *Delenda est Carthago !* « Vaincre, nous enseigne César, c'est subjuguer l'adversaire ; c'est cela faire la paix ». Tel est le concept de la paix romaine : la subjugation de l'ennemi.

La lutte produit des vainqueurs et des vaincus. Les vainqueurs accaparent les postes et les places donnant le pouvoir et imposent le travail et la servitude aux vaincus. Voilà l'origine des castes ou classes. De la sorte, les classes sociales ou les castes sont une expression juridico-politique de la spéciéité humaine. Leur véritable base est donc fondée sur les *différences ethniques*. Le milieu géographique rend certaines races plus fortes et plus intelligentes que les autres ; ces races s'imposent par leur supériorité plus ou moins relative et passagère.

Dans son acception primitive, le mot « caste » signifiait pur, pureté du sang, du lignage. Il vient de *warna*, terme sanscrit, qui veut dire « couleur » attendu que la couleur, la coloration du teint est le signe distinctif le plus apparent des races. Les peuples de « meilleure » race faisaient la conquête des peuples de race « inférieure » et de leur territoire, et imposaient à ceux-ci, une fois absolument vaincus, leur « supériorité », leur caste, les castes !

La conquête, l'esclavage et les castes ont occasionné une division du travail accentuée et disciplinée ; cette division a fait la civilisation. Comme on demandait à un Pharaon comment avaient été construites les Pyramides, il montra un fouet d'esclave. Il avait raison : le fouet a élevé tous les grands monuments de l'antiquité ; le fouet a été le stimulus de l'histoire. C'est pourquoi l'histoire est essentiellement aristocratique. Comme l'ont enseigné Strauss et Renan, « toute civilisation est le produit d'une aristocratie ».

L'organisation de l'Etat, quelque rudimentaire qu'elle soit, implique l'existence d'une classe dirigeante, qui adopte un chef et provoque, par conséquent, la formation de classes sociales. L'origine des classes est l'origine de l'Etat. Le droit dit de *status* a fait l'Etat. Dans les sociétés primitives, les hommes se divisaient en classes fermées, les fonctions et les professions se transmettaient de père en fils. Avant même d'être né, l'individu était destiné à occuper tel ou tel poste dans la société. Le fils du prêtre, était prêtre ; celui de guerrier était guerrier ; celui de l'agriculteur, agriculteur. Quelles que fussent les aptitudes du sujet, il ne pouvait changer de classe ou de caste. Ce droit primitif à caractère héréditaire est ce qu'on appelle le droit de *status*, c'est-à-dire d'état ou de condition sociale. Si la formation des races est la conséquence de la spéciété humaine, le droit de *status* est le produit des races. Telle est la base anthropo-sociologique de l'organisation sociale en classes dirigeantes et en classes dirigées.

§ 59.

*Caractère politique et juridique
de la lutte pour la vie dans l'humanité.*

Mon concept du droit et de l'Etat est édifié sur les fondements biologiques de l'adaptation, de l'hérédité et de la sélection naturelle ou lutte pour la vie. Je mets ainsi à profit, pour ma théorie juridique, les découvertes modernes des sciences naturelles et je suis en cela la tendance positive de notre époque. Mais cette tendance conduit souvent les littérateurs et les sociologues à concevoir la lutte pour la vie dans l'humanité d'une façon essentiellement cruelle et destructive. Par l'appliction du principe de la sélection naturelle, on arrive à des doctrines aussi fausses et aussi antisociales que l'*immoralisme* de Nietzsche. On se figure la lutte de l'homme avec l'homme sous l'aspect brutal de la poursuite des herbivores par les félins : l'homme « fort » est le tigre qui doit dévorer, comme une brebis, l'homme « faible ». Sa compassion, ses sentiments de solidarité pour le « faible » sont des défauts, des vices, car le manque d'altruisme est la caractéristique du « surhomme ». « Soyez durs ! » c'est la conclusion et le suprême conseil de la vérité morale des temps nouveaux...

Soyez durs avec l'imbécile, l'incapable, le malade, avec la femme, le vieillard, l'enfant !

Rien de moins scientifique qu'une pareille doctrine, ainsi poussée à l'extrême... La lutte pour la vie, il y a lieu de l'observer avant tout, n'a pas chez les espèces animales un caractère si rigoureux. Les destructions qui en résultent ne proviennent pas du concept finaliste de supprimer les rivaux moins bien doués, mais des besoins immédiats de l'alimentation et de l'adaptation. La nature ne dit pas aux animaux : « Soyez durs ! » Elle se borne à les pousser à dévorer ce que requiert leur organisme et à éviter d'être dévorés.

D'un autre côté, la rigueur de la sélection naturelle est intensément tempérée par le phénomène de la sélection sexuelle. Les couleurs voyantes des fleurs ne servent pas à leur défense, mais elles attirent les insectes qui produisent la fécondation en transportant le pollen. Le plumage attrayant des oiseaux les dénonce de loin à leurs ennemis ; mais l'espèce le conserve parce que dans la lutte sexuelle elle aide le mâle à conquérir la femelle et vice-versa. La pesante ramure du cerf gêne sa vélocité à la course, mais à l'époque du rut, elle constitue un avantage pour les combats et les triomphes de l'amour.

Ce n'est donc pas la vérité que le principe de la sélection des espèces soit en lui-même d'une rigueur absolue ; et, le serait-il, que la sélection sexuelle y apporterait des tempéraments. Mais, de plus, l'expression « survivance du plus apte » n'est qu'une simple métaphore qui manque de précision exacte, surtout si on l'applique à l'homme. Un lion est-il plus apte qu'un cerf ? Mettez-le dans une prairie, à la différence du cerf, il y mourra de faim. Il se passe à peu près la même chose par rapport à l' « aptitude » de l'homme, notion bien vague et bien instable. Qui est le « fort » et qui est le « faible » parmi les hommes d'une même race ou de races qui se ressemblent ? Ce n'est que par exception qu'il se présente des occasions où un homme se révèle catégoriquement fort ou faible. En général, tous sont faibles ou forts suivant les circonstances et les moments. C'est à peine si les grandes différences ethniques présentent quelquefois une véritable supériorité pour la civilisation ; et, même alors, comme nous l'avons vu, le concept de « supériorité » ne peut être établi que d'une façon relative et occasionnelle.

Mais, outre que la lutte animale n'a pas le caractère que lui attribuent Nietzsche et ses disciples, la lutte humaine est en elle-même très différente de la lutte animale, car elle possède un trait essentiel que j'appellerai son *cyclisme*. La lutte animale, la plus typique du moins, la lutte entre vertébrés supérieurs, a lieu presque universellement d'*individu à individu*. Rarement, elle est le fait d'un groupement contre un autre groupement ou contre un individu. Et même alors, il y a dans le groupe, comme dans l'individu, unité typique et définie. En revanche, la lutte humaine se produit entre les *cycles*, les plus divers : individu, famille, association, classe sociale... Un homme ne lutte jamais seul ; il fait toujours partie d'un cycle, grand ou petit, composé d'un nombre variable d'hommes dont les intérêts sont considérés comme solidaires. Ainsi, la lutte animale est toujours plus ou moins individuelle, la lutte humaine plus ou moins cyclique. Il est clair qu'en certains cas la lutte animale paraît vaguement cyclique ; mais dans ces cas, son cycle est bien déterminé : c'est une famille, une meute, une ruche. Pour l'homme, il n'y a pas un cycle unique ; il y a d'innombrables cycles qui s'entrecroisent, se heurtent, se confondent, se resserrent, s'élargissent. Le cyclisme de la lutte humaine est ainsi multiple, équilibré, complexe, universel. Une même personne appartient aux cycles les plus divers, formés par sa nationalité, sa position, sa profession, son nom de famille. Un loup est toujours un loup ; un homme est un citoyen de son pays, un conservateur, un aristocrate, un clubman, un père ou un fils de famille et cent autres choses dont l'importance et la diversité sont plus ou moins grandes. Et j'appelle ce phénomène « cyclisme » et non solidarité, parce qu'il n'implique pas ce qu'on appelle faussement « solidarité humaine ».

La conséquence pratique du cyclisme de la lutte entre hommes est d'adoucir et d'atténuer cette lutte. Nul homme n'est isolé ; chacun appartient à des cycles divers, qui l'aident, le défendent, le protègent. Quand on dit « l'homme fort est l'homme seul », cela ne signifie pas qu'un homme puisse lutter seul contre tous, mais que l'indépendance de caractère est une force dans la vie. Mais l'indépendance de caractère ne détruit pas tout cyclisme ; il renforce au contraire et seconde certains cycles, comme la famille, l'association, la patrie.

Si la spéciéité humaine tend à donner à la lutte entre hommes un caractère de férocité extrême, le cyclisme la restreint et l'adoucit jusque dans les cas les plus terribles de luttes entre nations et entre races. C'est pourquoi je dis que la lutte pour la vie, malgré la haute spéciéité humaine, a chez les hommes des mouvements inhibitoires et des palliatifs, qui n'existent pas dans la lutte entre animaux. C'est pourquoi je soutiens que ce que l'on entend communément par « darwinisme social » ou par nietzschéisme n'est pas autre chose que de brillantes fantaisies littéraires, où l'on ne tient pas compte des données les plus importantes de la vie des hommes et des peuples.

En réalité, si la spéciéité humaine a déterminé la lutte et, par suite, l'éthique, le droit et la politique, le cyclisme de cette lutte est ce qui a le plus accentué le caractère stable et civilisateur de cette éthique, de ce droit et de cette politique. Donc, comme nous l'avons vu, les intérêts solidaires des premiers groupements ethniques ont toujours été un facteur, que l'on pourrait qualifier d'externe, dans la genèse de toute règle de conduite.

§ 60.

Nature psychique de la société.

Du moment que l'on considère l'Etat comme l'organe capital de la société, on ne peut concevoir une théorie juridico-politique de l'Etat, sans une conception sociologique qui lui corresponde. Je vais donc compléter ce chapitre par l'exposition de la théorie de la société. Et, les théories mécanique et organique mises de côté, je pense, comme je l'ai dit plus haut (chapitre VII), que la théorie psychique explique seule, clairement et positivement, le phénomène le plus important de la sociabilité humaine.

Observons avec soin, à cet effet, les diverses sociétés humaines. Nous trouvons tout d'abord que, pour les esprits modernes, l'idée de société est semblable à celle de nation. Par suite, une société est essentiellement composée d'un peuple, d'un territoire et d'un gouvernement autonome.

Au moyen âge, le lien de la nationalité était principalement formé par la communauté d'origine, qui se révélait par la communauté de langue et de croyances. Le « Royaume Uni » actuel, était ainsi divisé en quatre nations : Anglais, Gallois, Ecossais et Irlandais. En reculant encore plus avant, nous trouvons que dans les hordes barbares des Germains, l'idée de société correspond à celle de clan, ou tribu... Recherchons maintenant où réside, en dernier ressort, et comment se forme, cette unité sociale.

Si nous appliquons aux faits l'analyse du « réalisme pur », nous verrons que, parmi les facteurs composant une société quelconque, et spécialement les sociétés actuelles, on ne peut relever, dans la majorité des cas, ni unité d'origine ethnique, ni unité de langage, ni unité de croyances religieuses. Le territoire même de chaque société présente d'ordinaire une variété de régions qui est bien loin de former une unité géographique : c'est le cas de l'empire britannique. On doit dès lors rechercher l'unité sociale dans quelque chose de distinct et de supérieur à l'unité ethnique, linguistique, religieuse, géographique. Ce quelque chose consiste, à mon avis, dans l'unité des sentiments sociaux et des idées sociales, c'est-à-dire dans un sentiment et une idée de la patrie, les mêmes chez tous les hommes qui composent la collectivité sociale, ou du moins chez la plupart.

A titre de confirmation de l'importance effective du facteur psychique, c'est-à-dire de l'esprit social, je proposerai, par voie d'hypothèse *ad absurdum* un véritable *experimentum crucis*. Supposons que tous les enfants nés dans une société quelconque, à partir d'une date donnée, soient, aussitôt après leur naissance, envoyés, pour y être élevés, à l'étranger, où ils resteraient dans la plus complète ignorance de leur patrie d'origine. Après vingt ou trente années d'application de ce système, supposons encore que les jeunes expatriés retournent à leur pays d'origine, quand les anciennes générations y auront entièrement disparu. Comment se reconstituera la patrie d'autrefois ? Evidemment, si ces jeunes gens dépaysés sont maintenus dans une perpétuelle ignorance de leur origine et de leurs traditions, la reconstruction de la patrie ne sera pas possible. Naturellement, chacun d'eux tirera du côté du pays où il aura été recueilli et élevé. Il arivera, par conséquent, que l'ensemble des individus, au lieu de constituer une véritable unité sociale, se divisera selon leurs sentiments, leur langue et leurs mœurs, et formera des groupes d'Anglais, de Français, d'Allemands, composés respectivement de ceux qui auront été élevés, en Angleterre, en France, en Allemagne... Il se passait quelque chose d'analogue dans les universités du moyen âge, dont les étudiants se divisaient en « nations » ; dans celle d'Oxford, par exemple, où existaient quatre nations, anglaise, galloise, écossaise et irlandaise. Dans le cas où tous les jeunes gens auraient été élevés dans le même pays étranger, il y a lieu de croire que la nouvelle société qu'ils constitueraient serait semblable à la société du pays où ils auraient été élevés, et formerait presque une colonie de ce pays. De telle sorte que s'ils avaient été tous élevés en Angleterre ils tendraient probablement à prendre l'aspect d'une colonie anglaise. L'influence héréditaire n'agirait que plus tard, pour donner à la nouvelle société un caractère mixte, participant de l'éducation reçue et de l'hérédité. Ce caractère se modifierait encore sous l'influence du milieu géographique. Enfin le fait est que par suite de la suppression des traditions et du passé, la patrie manquerait de *l'unité psychique* indispensable et que la société cesserait d'exister, au moins sous la forme qu'elle revêtait antérieurement.

Korkounov (1) a donc raison quand il nous dit que la société est déterminée par trois éléments distincts : 1° les conditions actuelles où elle se développe ; 2° son passé ; 3° l'idéal constitué par l'expérience du passé. Et la comparaison que cet auteur emprunte au monde organique est très heureuse : « Selon une expression très juste de Claude Bernard, la complexité de la vie organique dépend de ce que l'organisme, en plus du milieu extérieur, se trouve enveloppé, si l'on peut dire, par un milieu particulier qui lui est propre et qui consiste surtout dans l'élément liquide de cet organisme. Grâce à ce milieu intérieur, l'organisme peut conserver une haute température en même temps qu'un degré d'humidité assez élevé, dans un milieu froid et sec ». C'est ce milieu intérieur qui crée une indépendance relative entre l'organisme et son milieu ambiant. Et la cause de ce milieu intérieur est également l'expérience du passé.

Si l'on applique cette comparaison à la société, il en

---

(1) *Op. cit.* p. 317.

résulte qu'on la trouve de même enveloppée dans un triple milieu : 1° le milieu extérieur ou ambiant, provenant de l'état géographique et de la coexistence d'autres sociétés ; 2° le milieu intérieur, formé par les usages et les coutumes reçues du passé ; et 3° un milieu spécial, idéal, intellectuel, constitué par les idéals communs des divers individus par rapport à l'avenir.

Les raisons qui précèdent, ainsi que l'inexactitude de la théorie mécanique et l'insuffisance de la théorie organique, autorisent, il me semble, à remplacer cette dernière par une conception psychique de la société. C'est dans la psychologie des individus, plutôt que dans leurs aspects matériels et extérieurs, que doivent se trouver les causes immédiates de l'unité sociale. La principale difficulté de l'étude de cette conception psychique consistera à pouvoir préciser les formes ou les états de conscience individuels qui contribuent le plus à déterminer la société. Sous ce rapport, je développerai plus loin certains points de vue qui me paraissent opportuns. Ces points de vue seront, entre autres : la sympathie sexuelle comme premier fondement de tout sentiment de solidarité sociale et de toute solidarité de l'espèce ; la sympathie sociale comme dérivé de la sympathie ou attraction sexuelle ; la conscience de l'unité sociale comme produit de la sympathie sociale ; la ressemblance de sentiments et d'idées comme facteur de la sympathie sociale ou spécifique ; l'unité des croyances religieuses et morales comme coadjuvant de la sympathie sociale...

Mais avant de passer à cette étude, il y a lieu de reconnaître que, chez la grande majorité des sociologues modernes, on remarque une véritable répugnance à expliquer les phénomènes sociaux dans leur phase psychologique, à baser les faits sociaux sur les lois et les principes de la psychologie individuelle. On appelle dédaigneusement cette tendance le *psychologisme* sociologique, en avançant que de toutes les méthodes d'investigation et d'étude, c'est une des moins sûres et des plus trompeuses.

Ce mépris retentissant du « psychologisme » sociologique s'explique facilement par des raisons qui méritent considération : le manque de sûreté des concepts psychologiques et la difficulté d'en tirer soit des règles pratiques soit l'explication de cas particuliers. En effet, les lois psychologiques sont plus vraies que réelles, attendu qu'elles représentent des abstractions simplifiées de réalités bien plus complexes et bien plus confuses. C'est pourquoi, si on les applique à l'étude du caractère des individus et des peuples, elles se prêtent à des dissertations plutôt littéraires que scientifiques. Aussi, le désir bien inspiré de donner à la sociologie un caractère véritablement scientifique détourne-t-il ces sociologues des explications psychologiques. Mais nous, nous ne pouvons pas oublier que, quels que soient les défauts de ces explications, le phénomène sociologique se présente plus clairement à nous comme un phénomène psychique, comme un produit de facteurs psychologiques, que comme un organisme ou un mécanisme.

Grande est la complexité de ces facteurs psychologiques. Essentiellement, ils consistent dans l'idée de solidarité collective, et dans l'idéal de l'amour pour la patrie. Ils sont constitués par un ensemble de tendances ou d'états de conscience, dont le résultat se présente, en dernier lieu, chez chaque individu, comme un sentiment, une idée et une volonté : le patriotisme, la patrie, la décision de servir la patrie. Naturellement, ces sentiments, cette idée, cette volonté n'existent pas, sous la même forme et avec la même intensité, chez tous les citoyens ; ce qui, chez l'un, est esprit de travail et de sacrifice, n'est chez d'autres qu'une simple vanité, et chez d'autres encore prend même parfois le caractère d'une sympathie inavouée et dont on a honte... Mais, le fait est que l'immense majorité des membres d'une société désirent, au fond de leur âme, son triomphe et ses progrès. Le déserteur lui-même, qui n'a pas voulu subir le service obligatoire et le régime militaire, ne souhaite pas la déroute des armées de sa patrie ; l'anarchiste le plus furieux ne verrait pas avec plaisir son pays d'origine conquis par des envahisseurs étrangers... S'il en est ainsi, je trouve dans ce fondement psychique l'une des bases les plus effectives, sinon la plus effective de toute organisation sociale. La société se présente ainsi à nous, avant tout, comme un *organisme psychique*, si l'on me permet cette expression. Tout au moins la société possède un *esprit social*, une psyché ou âme collective qui donne de la cohésion à l'ensemble de ses membres et constitue principalement son unité d'action. Cet esprit social ou âme collective n'est que le fond des sentiments patriotiques de tous les individus qui la composent ou de la plupart d'entre eux. Nous verrons même, quand le moment sera venu, qu'il existe une conscience sociale et une sympathie, ou cosympathie, sociale, corollaires de l'esprit collectif...

Je ne dois pas terminer ce paragraphe, sans exposer — car cela me paraît opportun — pourquoi j'ai exposé mes conceptions de l'éthique et du droit avant mon concept de la société. Les auteurs classiques ne concevaient le droit que comme un produit ou un résultat de la sociabilité humaine. Hors de la société, le droit n'était pas possible, pour eux. Nous, nous avons vu que le droit, essentiellement, n'est qu'une réaction vitale contre quelque chose qui attaque ou lèse le plein développement de la vie. L'amibe qui réactionne contre un choc externe exerce déjà un mouvement qui, par la suite d'une évolution animale très étendue, deviendra le coup qui repousse une agression dangereuse et pénible ; ce coup, dans l'histoire de l'humanité, se transformera en sanction juridique. Le droit existait donc en germe dans les mouvements vitaux de l'amibe.

La société, en revanche, implique déjà, comme précédent essentiel, l'existence de certains sentiments de sympathie spécifique qui sont sûrement postérieurs aux réactions vitales primitives des êtres plus simples. On ne peut donc pas dire que la société est antérieure au droit. Tout animal, même vivant isolé et d'une vie individuelle, possède un vague instinct de ses droits. Le carnivore a une évidente intuition de son droit de propriété sur la proie qu'il dévore, et certainement il est dépourvu de sentiments sociaux. C'est pourquoi l'on peut dire, bien que cela paraisse un paradoxe, que le droit est antérieur à la sociabilité, ou du moins que les premiers mouvements du droit sont antérieurs aux sentiments de sociabilité. Il y a donc une logique parfaite et un réalisme évident dans l'ordre que j'ai suivi, contrairement à l'usage, en présentant dans ce livre III, les phénomènes de l'éthique, du droit et de la société, et en mettant l'éthique et le droit avant la société.

§ 61.

Base biologique de la théorie psychique.

Tous les phénomènes et toutes les lois de la biologie contribuent, peut-on dire, à former l'esprit social ou psychisme collectif. La difficulté réside dès lors ici à distinguer les formes ou forces biologiques qui tendent d'une manière plus évidente et plus accentuée à constituer le sentiment, l'idée et la volonté de cet esprit social. Nous constatons, en fait, dès le premier instant qu'il se révèle par des sympathies et des antipathies : sympathie pour l'existence et la puissance de la patrie et pour les concitoyens, pour ceux surtout qui rendent des services plus efficaces à la patrie ; antipathie pour les nations étrangères et ennemies, et pour ceux qui les composent. Il n'est pas difficile de trouver la racine biologique de ces sentiments sympathiques et antipathiques.

Voyons ce que sont chez les espèces animales les formes

les plus inférieures de la sympathie spécifique, c'est-à-dire de la sympathie pour l'espèce. Nous trouvons d'abord les *premiers* êtres vivants, les protistes ; ce sont de simples cellules vivantes. La psychologie de ces cellules, ou plastides, qui a été étudiée par Hæckel, ne peut être que la conscience très vague des réactions vitales, qui s'accusent par des sensations de plaisir ou de douleur.

Les circonstances du milieu déterminent la formation d'êtres polycellulaires ou polyplastidaires. Nous arrivons ainsi à un *second* jalon de la psychologie animale : ces êtres individualisent et résument synthétiquement dans la conscience d'un seul moi les consciences partielles primitives des cellules qui les composent.

A la suite de l'individualisation des moi polycellulaires un *troisième* jalon se pose : c'est la formation des sexes et par conséquent l'apparition de la psychologie sexuelle. Jusque-là, chaque individu s'était reproduit seul et isolément ; désormais, la reproduction résultera de l'accouplement de deux individus de la même espèce. En fait, les espèces unisexuelles sont allées en acquérant peu à peu des organes reproducteurs ou génésiques, si complets chez chaque individu, que cet individu constituait un hermaphrodite se fécondant lui-même. De nouvelles circonstances ambiantes ont ensuite déterminé la nécessité de l'accouplement, pour que deux individus hermaphrodites se fécondent réciproquement. Et, enfin, par l'évolution de l'espèce, les organes de l'un des sexes se sont atrophiés chez les uns, et ceux du sexe opposé développés chez les autres, et il en est résulté la transformation des hermaphrodites primitifs en animaux nettement sexués. La sexuation détermine un nouveau degré psychologique : l'acquisition des instincts génésiques. Les instincts génésiques sont donc la première forme de la sympathie spécifique, le premier aspect de toute attraction ou sympathie pour l'espèce.

Après l'acquisition du sexe, survient un *quatrième* degré psychologique : la protection de la progéniture, origine de la sympathie pour la famille. Le moi individuel lointain du premier être polyplastidaire arrive ainsi à se compliquer et à se ramifier en une double sympathie, pour le couple sexuel et pour les produits de leur amour.

Cet amour sensuel et familial finit ensuite par engendrer un *cinquième* et dernier degré psychologique : la sympathie spécifique ou pour l'espèce, c'est-à-dire le fondement psychique de toute société. Pour s'en convaincre, il suffirait d'étudier à fond la théorie patriarcale et même la théorie matriarcale relativement aux premières origines de l'Etat. Si l'on accepte la théorie patriarcale, on trouve que les appétits sexuels sont la force cohésive et motrice des sociétés primitives. Si l'on adopte la théorie matriarcale, on trouve que, partis de la promiscuité primitive, les peuples évoluent, en vertu d'antécédents économiques, pour arriver à constituer la famille patriarcale de l'ancien droit. De nouveaux antécédents économiques amènent alors la transformation du patriarche en *basileus* ou *rex*, c'est-à-dire, amènent l'institution de l'Etat ; mais le facteur économique ne détruit ni n'annulle le facteur de la consanguinité ; au contraire, il l'affirme et le confirme. Les affections de la famille arrivent à servir ses intérêts et à aider son organisation postérieure sous la forme patriarcale. C'est pourquoi, les partisans eux-mêmes de la théorie matriarcale ne méconnaissent pas absolument l'existence de ce facteur psychique, l'affection familiale, bien qu'ils s'attachent de préférence au facteur économique. En tout cas le facteur économique peut coexister avec le facteur psychique. Bien mieux encore, si le facteur économique détermine la constitution première de la famille patriarcale, il y a lieu de ne pas oublier que ce facteur est constitué par les nouvelles circonstances résultant de l'invention de l'agriculture et de la domestication du bétail... Or, la domestication du bétail et l'invention de l'agriculture sont-elles possibles, sans qu'intervienne pour les réaliser la coassociation de tous les membres de la famille ? Et cette coassociation est-elle possible sans des sentiments d'affection qui modèrent et qui règlent l'égoïsme instinctif des impulsions vitales ?... De plus, l'exemple des mammifères et spécialement des primates est bien significatif, chez eux, les appétits sexuels se complètent par la tendresse pour leurs petits et on peut bien le dire pour leur famille. Il n'y a pas de raison pour supposer que l'homme fasse exception à la règle. Ainsi, quelle qu'ait été l'origine de la famille patriarcale du droit antique, il est certain que les liens d'affection ont consolidé la famille, et que le gouvernement patriarcal primitif, en se généralisant pour former le clan, la *gens* ou tribu, entraînait naturellement à se généraliser aussi les sentiments de coassociation, pour constituer l'amour de la patrie. La communauté des intérêts se développe parallèlement, ou plutôt consécutivement aux affections de famille et de classe, puisque ces sentiments sont antérieurs et font partie des circonstances déterminantes de l'existence de cette communauté d'intérêts.

Le petit nombre d'auteurs qui ont émis une théorie psychique de la société se spécialisent exclusivement dans l'étude des sentiments de sympathie qui donnent la cohésion à l'unité sociale. Ils oublient ou négligent, par conséquent, les sentiments d'antipathie ou de haine pour l'étranger. Cet oubli ou cette négligence s'expliquent, dans mon opinion, non par le fait que ces sentiments manquent de réalité et d'importance, mais à cause des préjugés d'humanité et de fraternité dus à la religion et à la philosophie, spécialement à la philosophie grecque et à la religion chrétienne, préjugés dont les sociologues modernes n'ont pu se libérer complètement.

En biologie, bien évidente est la lutte spontanée entre les espèces, dont les unes attaquent pour dévorer et les autres se défendent pour ne pas être dévorés. Et la règle générale est que le sentiment de l'espèce se manifeste par une antipathie instinctive pour les autres espèces, surtout pour celles que les circonstances de la lutte pour la vie tendent à mettre en opposition mortelle et immédiate.

En histoire, bien évident aussi est l'antagonisme des nations antiques, ainsi que leur isolement. Cet isolement a disparu pour les peuples modernes du fait de la civilisation, mais non leur antagonisme, qui se traduit par les guerres, conquêtes et extorsions. A tel point que l'on peut dire que sous certains rapports la haine de l'ennemi naturel corrobore et stimule l'amour de la patrie. L'antipathie arrive ainsi à être une force positive dans l'unité sociale.

D'où l'on peut conclure que les sentiments sociaux sont constitués par l'amour des siens et la haine des étrangers. La spéciéité produit, psychologiquement, en même temps, la haine et l'amour. Il y a impulsion et sympathie pour nos proches et nos semblables, et répulsion tendant à se convertir en haine dynamique, quand les intérêts et l'idéal de ceux-ci heurtent nos intérêts et notre idéal. On dirait qu'à chaque degré de développement et d'acquisition de la conscience, correspond dans l'évolution des espèces, du moins à l'état latent, un degré proportionnel de répulsion et de haine par rapport aux êtres différents et antagonistes.

En acceptant tout ce qui précède, on arrive facilement à ma vision scientifique de l'origine et de la nature de la société. On la conçoit, par suite, comme un produit combiné de sympathie et de répulsion. La sympathie forme la famille ; la répulsion pour l'agresseur étranger donne la cohésion à la famille ; et la sympathie pour la famille et la haine pour l'étranger engendrent et développent l'unité psychique de la société. Ces affections et ces inimitiés, dont l'amour sexuel et la faim furent le premier principe, s'étendent et se transforment ensuite, selon la communauté ou l'opposition des intérêts économiques et politiques.

CHAPITRE XII

LA LOI

§ 62. Définition de la loi. — § 63. Parties constitutives de la loi. § 64. Confection de la loi. — § 65. La coutume et la jurisprudence des tribunaux. — § 66. Base biologique de la législation.

Montesquieu, *Esprit des lois.* — Savigny, *Traité de droit romain* (trad. française). — Ihering, *L'esprit du droit romain* (trad. française). — Sumner Maine, *Ancient Law.* — P. Namur, *Encyclopédie du droit.* — Pradier-Foderé, *Principes du droit.* — Courcelle-Seneuil, *Préparation à l'étude du droit* (trad. française). — Bohlau, *Mercklenburgischen Landrecht.* — Roosevelt, *Discours* (trad. française).

§ 62

Définition de la loi.

Savigny définit ainsi la loi, d'après le concept du droit de l'école historique : « Quand le droit positif aurait atteint le plus haut degré d'évidence et de certitude, on pourrait encore chercher à s'y soustraire par ignorance ou par mauvais vouloir. Il peut donc être nécessaire de lui donner un signe extérieur qui le mette au-dessus de toutes les opinions individuelles. Le droit positif, traduit par la langue en caractères visibles, et revêtu d'une autorité absolue, s'appelle loi, et la confection de la loi est un des plus nobles attributs du pouvoir suprême de l'Etat. » (1).

A mesure que la condition économique et politique des peuples primitifs progressait et se compliquait, leur mentalité et leur civilisation se perfectionnaient. Ces progrès durent se manifester tout d'abord dans le langage parlé, jusqu'à la découverte si importante de l'écriture. Tant que le langage parlé ne se fût pas généralisé et suffisamment enrichi, les sanctions juridiques ne pouvaient

---

(1) *Op. cit.*

être que des actes, que des réactions plus ou moins réflexes. Ces actes se traduisent ensuite en maximes, qui, bien des fois, comme c'est le cas dans les anciens livres indiens, ont une forme rythmique qui aide à les retenir de mémoire. Quand l'écriture est inventée, il devient logique de graver et d'écrire de tels principes, pour que tous les connaissent et les appliquent. Ainsi naît la loi, *lex*, mot qui paraît venir de *legere*, lire, bien que l'on ait aussi supposé qu'il dérive de *ligare*, lier.

La confection de la loi implique nécessairement la connaissance de l'écriture ; mais il est inutile de supposer, comme antérieure, l'organisation déjà accomplie et bien définie de l'Etat.

En même temps qu'il créait l'Etat, le peuple créait la loi. Dans l'ancien droit romain, on appelle *senatus consulta* les décisions du Sénat, *plebiscita* celle de la plèbe, et *lex* celles seulement qui provenaient de tout le peuple, patriciens et plébéiens. La *lex* romaine a ainsi son origine dans le peuple plutôt que dans l'Etat ; mais pour garantir la loi et la faire exécuter, sinon pour l'établir, il lui faut l'existence, embryonnaire au moins, de l'Etat. Puis, quand le peuple est déjà organisé et nombreux, il devient impossible qu'il dicte lui-même les lois ; l'Etat, s'il ne les formule pas, doit intervenir dans leur confection. C'est un premier pas qui conduira l'Etat à un concept de la loi purement politique : au concept de la législation fonction de l'Etat. Quoique émanée des citoyens populaires et de la volonté du peuple, la loi finit donc par être « une règle juridique imposée par l'Etat ».

On compare fréquemment la loi juridique avec les lois de la nature. On appelle, comme on le sait, « lois de la nature » les principes de causalité ou d'uniformité des phénomènes physico-naturels. Sans doute, ces principes sont de milliers et de millions de siècles antérieurs aux lois juridiques. Mais c'est le cas de se demander quelle a été la signification primitive de ce mot *lex*, celle de loi juridique ou de loi naturelle. Sous ce rapport, il ne me paraît aucunement acceptable que le concept déjà compliqué et presque scientifique des lois de la nature ait pu entrer dans la mentalité d'esprits aussi rudes et aussi primitifs que ceux qui confectionnèrent les premières lois, celle des *Douze Tables*, par exemple. Imaginer la causalité et l'uniformité dans les phénomènes de la nature implique un développement intellectuel notable, un pouvoir déjà grand d'analyse et de généralisation. Lors de l'acquisition d'un développement et d'un pouvoir intellectuels pareils, on comptait déjà de bons siècles d'antiquité, dans l'existence des premières règles juridiques écrites, des premières lois. En effet, l'expression *leges naturæ*, se trouve pour la première fois, si je ne me trompe, dans la littérature latine, dans le génial poème de Lucrèce, intitulé *De natura rerum*. Il est donc possible que Lucrèce ait inventé la métaphore classique qui applique l'expression « loi » aux phénomènes de la nature, en supposant qu'ils sont réglés, eux aussi, par des principes uniformes et coercitifs. Cette métaphore s'est tellement généralisée qu'il faut aujourd'hui un raisonnement, comme celui qui précède, pour discerner quel a été le sens primitif du mot. « Le mot « loi », fait remarquer Blackstone, dans son sens général, désigne une règle d'action et s'applique indistinctement à toute espèce d'action, soit des corps vivants ou inertes, des êtres raisonnables ou irraisonnables. On dit les lois du mouvement, de la gravitation, de l'optique, de la mécanique; de même que les lois de la nature ou des nations ». Blackstone confond ainsi en une seule les deux acceptions typiques du terme.

La généralisation universelle du sens postérieur et métaphorique et sa confusion très fréquente avec le sens primitif et original prouvent que la loi juridique a présenté dans l'histoire les conditions de stabilité et d'uniformité qu'ont les lois de la nature. Si l'on avait eu, dans les temps antiques, le concept rationaliste et innovateur que le néohumanisme du xviii° siècle et la Révolution démocratique ont eu de la loi, Lucrèce aurait difficilement trouvé sa métaphore, et l'on aurait difficilement appliqué le vocable loi aux principes immuables de la nature.

§ 63.

Parties constitutives de la loi.

Il se trouve dans la loi deux idées fondamentales : l'*ordre* social et la *force*. Ces idées sont la fin et moyen du droit : la fin est la paix ou l'ordre social ; le moyen, la lutte ou la force pour réprimer les injustices qui pourraient altérer cette paix. La loi, concrétion suprême du droit, a pour objet l'ordre social et possède la force comme arme ou instrument de répression et de coaction. L'usage exclusif de la force coercitive constitue l'autorité exclusive de l'État. La loi renferme donc la même antithèse que le droit.

Cette antithèse essentielle entre la fin et le moyen du droit se manifeste dans les deux parties constitutives de la loi : les *dispositions* et la *sanction*. Dans ses dispositions, la loi ordonne une chose ou la défend ; dans sa sanction, elle indique la répréhension ou le châtiment encouru si l'on désobéit à ses dispositions. Les dispositions sont donc la fin de la loi, l'ordre social qu'elle « dispose » ; la sanction est le moyen dont se sert la loi pour être obéie, c'est une menace pour qui l'enfreint, c'est le principe coactif de l'autorité légale de l'État. Les dispositions établissent la paix juridique ; la sanction décrète la lutte contre l'injustice, afin que cette paix juridique triomphe et règne sans cesse.

Si la loi se bornait à ses dispositions, sans décréter comment se réprimeront les manquements vis-à-vis d'elle, elle serait un simple conseil, une règle morale plutôt qu'une règle juridique. Supposez que le code pénal, sans établir aucune peine contre l'homicide, dise seulement : « Il est défendu de tuer. » Cette disposition n'aurait que la signification d'une maxime morale, à qui manquerait l'efficacité coercitive du droit.

Dans les lois pénales, la sanction est évidemment la peine. Dans les lois civiles, elle réside dans les nullités et dans la responsabilité civiles. Les actes accomplis contre ses dispositions sont nuls ou annulables. De plus, en raison du préjudice subi du chef de ces actes, les tiers lésés peuvent réclamer des dommages et intérêts ; la responsabilité civile de celui qui méprise la loi consiste dans l'obligation de s'acquitter de ces dommages et intérêts.

Les auteurs qui ont recherché quels sont les « caractères » de la loi, lui en attribuent d'ordinaire trois principaux : la loi est obligatoire, générale et stable. Ils ont aussi essayé de « classifier » les lois ; et ce classement repose sur leurs effets, leur objet et leur durée. — Suivant leurs effets, les lois se divisent : en fondamentales et secondaires ; en impératives, prohibitives et permittives ; en préventives et d'exception ; en générales, locales, et personnelles... Suivant leur objet : en personnelles et réelles ; suivant leur durée, en permanentes, temporaires, et transitoires... Mais toutes ces classifications sont théoriques et empiriques ; elles n'ont, de même que l'étude empirique des « caractères » de la loi, ni importance scientifique, ni objet pratique. Nous verrons plus loin, à ce point de vue scientifique et pratique, quelles sont les deux catégories fondamentales de lois, ainsi que les diverses branches que le droit a formées, non plus théoriquement et empiriquement, mais dans la législation et les usages judiciaires.

La loi est toujours un ordre conditionnel et ses véritables caractères résident avant tout dans le genre et l'intensité de la sanction. Sous ce rapport, la classification la plus complète et la plus scientifique des lois est celle des jurisconsultes de l'antiquité, qui en reconnaissaient quatre classes ou catégories : *leges perfectæ, leges plus quam perfectæ, leges minus quam perfectæ* et *leges imperfectæ*.

On appelle *leges perfectæ* (lois parfaites) celles dont la sanction est la nullité du fait accompli contre leurs dispositions. Les lois civiles appartiennent en général à cette catégorie.

Dans les *leges plus quam perfectæ* (lois plus que parfaites), l'acte commis est non seulement nul, mais encore il entraîne une peine. Cette peine peut être civile, et au profit du tiers lésé (*pœna privata*) ou consister dans un châtiment imposé directement par l'Etat.

Les actes prohibés par cette classe de lois sont ceux qui causent des dommages graves et fréquemment irréparables. On les appelle « délits » en droit moderne ; et l'on nomme « droit pénal » la branche de la jurisprudence qui s'occupe de les réprimer…

Le délit ne se différencie essentiellement de tout autre acte antijuridique que par sa gravité au point de vue moral et l'importance des dommages qu'il occasionne. On peut donc dire que de même que le droit est un minimum d'éthique, le droit pénal est un minimum de droit. Le délit étant la transgression la plus violente du droit, aucun acte humain n'attaque plus profondément l'ordre social. D'où vient que le droit pénal est considéré, ainsi que nous le verrons, comme une partie du droit public.

Il y a des lois dont la violation n'implique pas la nullité de l'acte, mais entraîne une certaine sanction contre celui qui les viole. Ce sont les *leges minus quam perfectæ*, lois ayant un caractère civil comme les *leges perfectæ*. Leur sanction n'est pas la nullité *ipso jure*, mais l'annulation au cas où le transgresseur ne remplit pas certaines conditions.

Le nom de *leges imperfectæ* se donne aux lois qui ne contiennent pas une sanction expresse. On considère comme telles les lois politiques, qui règlent l'organisation de l'Etat. Mais nous ne devons pas oublier, comme je l'ai dit plus haut, que toute règle juridique contient en elle sa sanction, ne fut-ce qu'en ne reconnaissant pas pour valides les actes accomplis contrairement à ses dispositions. C'est ainsi, en la prenant pour exemple des *leges imperfectæ*, que la loi qui donne le droit de vote aux citoyens mâles ayant atteint leur majorité, contient implicitement la sanction de la nullité du vote des enfants, des femmes ou des étrangers qui prétendraient voter.

Les lois qui réglementent les attributions des fonctionnaires de l'Etat contiennent aussi une sanction ; c'est la nullité des actes qui s'écartent de leurs dispositions. On peut ainsi dire qu'en réalité, puisqu'il n'y a pas de règles juridiques sans sanction correspondante, on ne doit pas concevoir l'existence de *leges imperfectæ*, tout au moins dans un pays organisé constitutionnellement selon les principes du droit moderne. On le peut dans les autocraties orientales et il y a lieu de considérer comme telles les lois qui établissent les attributions du monarque absolu, bien que ces lois ne soient pas indispensables, puisqu'en fait la volonté du souverain est alors la loi des lois.

§ 64.

Confection de la loi.

Quels que soient les effets, la fin et la durée de la loi, sa *confection* est toujours un attribut de l'Etat. Dans la culture romaine antique, la *lex* proprement dite émanait directement des délibérations du peuple. Postérieurement, ce fut plutôt de celles de la classe dirigeante ; et, sous le Bas-Empire, c'était, en fait, l'empereur qui légiférait,

Dans la culture moderne, quand le prince incarne la loi, c'est le prince qui fait la loi.

La loi émane toujours de la souveraineté. Le souverain concrète sous la forme de lois, les règles de la coutume et de la doctrine juridique. C'est pourquoi l'Etat, qui personnifie la souveraineté, dicte la loi. Mais toutes les lois ne sont pas des ordres directs de l'Etat. L'Etat peut permettre qu'il y ait en vigueur des lois confectionnées par une autre autorité que la sienne. C'est le cas d'appliquer ici l'aphorisme des analystes anglais modernes : « Ce que le souverain permet, il le commande ».

C'est ainsi que l'on dit qu'en certains cas les usages locaux et les lois étrangères ont « force de droit ». Pareillement, les contrats entre particuliers et les statuts de corporations sont considérés comme la « loi des parties ». Mais il doit toujours être bien entendu que la loi émanant de l'Etat, la véritable loi, autorise, en pareil cas, l'application du droit coutumier et des lois étrangères, ou reconnaît la valeur et le caractère effectif des contrats privés et des statuts de corporations. Ce droit coutumier, ces lois étrangères, ces conventions ou statuts ne peuvent abroger les lois générales ou fondamentales de l'Etat. Ce n'est que quand ces lois générales et fondamentales le permettent, qu'il peut y avoir modification dans les dispositions des règles partielles et particulières du droit. Les règles étrangères dont la loi nationale autorise l'application doivent toujours rentrer dans l'esprit de cette loi. Nulle coutume, nul droit étranger ne peut contrevenir aux dispositions de la loi, et toute validité est enlevée, s'ils y contreviennent, aux contrats privés et aux statuts des corporations.

En synthèse, il ne peut y avoir abrogation de la loi, c'est-à-dire révocation totale, ni dérogation, c'est-à-dire révocation partielle, que du fait de la loi. Sa confection est la faculté propre de la souveraineté et elle s'exécute par le moyen de l'Etat. Pour la confectionner, l'Etat possède, d'après le droit moderne, une branche spéciale, le pouvoir législatif.

En effet, depuis la Révolution française, il domine universellement certains principes de droit politique ou constitutionnel, empruntés en partie aux institutions gouvernementales anglo-saxonnes. Ils ont amené la division des facultés de l'Etat en trois « pouvoirs » distincts : le législatif, le judiciaire, l'exécutif. Le législatif fait les lois, le judiciaire les applique, l'exécutif les fait accomplir. Ce qui caractérise principalement ces trois pouvoirs, est donc leur action par rapport aux lois. Leur division tripartite obéit à un idéal démocratique ; le gouvernement ainsi fractionné est plus responsable de ses actes ; la tyrannie est presque impossible. Mais cette division pourrait produire, dans le cas où la volonté respective des trois pouvoirs serait opposée et contradictoire, une anarchie funeste dans l'Etat. Pour l'éviter, il existe entre eux, spécialement entre le législatif et l'exécutif, des rapports et des dépendances réciproques. Si le législatif fait la loi, l'exécutif la promulgue, la sanctionne, la publie, et il peut, dans une certaine mesure, opposer au législatif le droit de veto. Tels sont les traits généraux du processus de la confection des lois, chez les nations modernes dont la constitution suit plus ou moins le principe de la souveraineté populaire.

§ 65.

La coutume et la jurisprudence des tribunaux

L'origine des premières règles éthiques réside, comme je l'ai dit, dans les besoins et les coutumes spontanées du peuple. La première forme du droit, même la première forme de l'éthique, est le droit coutumier, encore inconscient de ses fins utilitaires médiates. Il surgit, en dehors de la volonté, sans un concept clair de son importance et de ses effets sociaux ; il naît, dans l'organisme social, comme un nouvel être organique. C'est le miroir où le peuple qui le fabrique peu à peu va voir se refléter son image. Il est donc le véritable père du droit positif et la première forme de l'éthique.

La loi s'établit postérieurement, soit comme l'expression de la croissance spontanée du droit, soit comme le résultat de la lutte pour le droit. Quelle est l'importance du droit coutumier, une fois que la loi est établie ? La réponse à faire à cette question dépend du caractère de chaque peuple et de la nature de ses lois. Chez les peuples de l'antiquité, chez le peuple anglais, et même pourrait-on dire chez tous les peuples modernes avant le triomphe du principe rationaliste de la codification, le droit coutumier déterminait la loi, et, quand elle était établie, il la complétait.

A l'époque actuelle, le droit coutumier a perdu son importance d'autrefois. Déjà, au commencement du xviii⁰ siècle, il y a eu des auteurs, comme Thomasius, pour nier d'une façon absolue la force obligatoire de la coutume. Ils ne l'admettent qu'en tant qu'elle est l'expression d'une loi ou d'un contrat. La théorie du contrat social tend, en général, à priver la coutume de toute force effective. L'école analytique anglaise, rappelons-le une fois de plus, a sauvé sa doctrine, sur ce point faible, en supposant que la coutume, de même que la loi émane directement du souverain, parce que le souverain ordonne ce qu'il permet.

Le principe de la codification, émané du néo-humanisme du xviii⁰ siècle, en supposant le droit une création de la raison humaine, enlève toute vigueur à la coutume. Et, en effet, depuis la rédaction de codes complets et fermés, la coutume reste reléguée, chez les nations modernes, à un plan bien secondaire, où elle se perd dans une pénombre très modeste. Si les codes, à l'image du Code Napoléon, solutionnent tout le droit, il n'y a plus de place, ou bien peu, pour le droit coutumier. La loi résoud tous les cas (1).

Avant la Révolution française, le législateur avait plus de confiance dans la coutume. Justinien pose comme un principe incontesté que la coutume est une véritable loi : *inveterada consuetudo pro lege non immerito custoditur.* (*Digeste*, l. 32, t. III, l. 1.) Et il fonde son principe sur ce que la coutume est l'expression de la volonté du peuple : *nam quid interest, suffragia populus voluntatem suam declaret, ac rebus ipsis ut factis.* Le Code restreint cependant la valeur du droit coutumier, en déclarant que, si l'autorité d'une coutume ancienne n'est pas méprisable, elle ne doit jamais aller contre la raison ni contre la loi.

Dans les *Siete Partidas*, le législateur espagnol établit le même principe, en omettant toutefois d'en donner la raison (Ley, 6ª, tit. II, part. I.). Il établit également les conditions nécessaires pour que la coutume soit applicable : ... e tal pueblo, como este o la mayor partida del, si usaren diez o veinte años a facer alguna cosa, como in manera de costumbre, sabiendolo el señor de la Tierra, e non lo contradiciendo e teniendolo por bien, pueden la facer e debe ser tenida e guardada por costumbre si en este tiempo fueren dados concejeramente dos juicios por ella de homes sabidores entendidos de juzgar ». (Ley 5ª, tit. II, part. I.). — « Et les habitants d'un lieu comme celui-ci, ou la majeure partie d'entre eux, s'ils ont l'usage, pendant dix ou vingt ans, de faire une chose, comme en manière de coutume, à la connaissance du seigneur de la terre, sans qu'il y contredise et étant donné qu'il le trouve bon, ils peuvent faire cette chose, et elle doit être tenue et gardée pour coutume, à condition que durant ce temps il ait été rendu publiquement, d'après

---

(1) L'article 17 du *Code Civil* argentin statue que « les lois ne peuvent être modifiées en tout ou en partie, sinon par d'autres lois. »

cette coutume, deux jugements prononcés par des hommes sages et habiles à juger. »

Avant comme après la Révolution française, les juristes ont établi les conditions requises pour qu'une coutume puissent s'appliquer comme loi. Les vieux glossateurs du droit romain en exigeaient deux : « un temps assez long et un caractère raisonnable ». Ces conditions s'accroissent et augmentent par la suite. Barthole en signale trois : *longum tempus, tacitus consensus populi, frequentia actuum.* Ses successeurs indiquent encore, *quod consuetudo sic introducta non erronea, sed cum ratione et quod sit jus non scriptum.* Au commencement du XIX⁰ siècle, ces conditions vont en augmentant et on en compte jusqu'à huit : *rationabilitas consuetudinis, diuturnitas temporis consuetudo contradicto juditio formata, pluritas actuum, uniformitas actuum, continuitas actuum, actus publici actus consuetudinis introductivi opinio necessitatis...*

Les jurisconsultes modernes comme Böhlau réduisent à deux les conditions requises : 1° la coutume doit exprimer une conviction juridique ; 2° elle doit avoir une ancienneté suffisante. La première condition contient, à l'exception du *longum tempus*, toutes les autres conditions qu'établissaient si minutieusement les anciens auteurs. « Exprimer une conviction juridique », c'est poser manifestement une règle de droit implantée par l'opinion générale.

Pour les raisons exposées plus haut, l'étude de la coutume n'a pas de véritable importance chez les nations démocratiques modernes. Les procès ne se solutionnent plus par la coutume. En tout cas, le véritable droit coutumier contemporain réside plutôt dans la *pratique judiciaire* et dans la *jurisprudence des tribunaux*, c'est-à-dire dans l'ensemble des usages et des jugements des autorités judiciaires du pays. Ces jugements ne modifient pas la loi ; en principe, le juge doit toujours être d'accord avec la loi. Mais, en fait, les juges interprètent les lois selon leur sentiment et leur sens critique, et leur donnent ainsi dans les coutumes judiciaires leur signification et leur portée. Bien que ce ne soit qu'en de très rares occasions, il arrive parfois que la jurisprudence, s'inspirant de motifs d'équité et d'ordre public altère ou transforme le sens grammatical et logique de la loi. Ces interprétations, malgré leur précarité, constituent en quelque sorte l'équivalent de l'ancien droit coutumier ; tandis que celui-ci n'est presque jamais cité par les avocats et les plaideurs, la jurisprudence est couramment excipée, comme la source et le modèle de l'interprétation des lois.

§ 66.

Base biologique de la législation.

Dans le processus de la formation et de la constitution de l'Etat, il y a une base biologique fondamentale : la spéciéité humaine. Les différences d'homme à homme, de famille à famille, de race à race, ont pour fatale conséquence de produire dans la lutte pour la vie des vainqueurs et des vaincus. Vaincus et vainqueurs se divisent naturellement en classes sociales ou castes...

Cela étant, les classes dominantes forment l'Etat et, par son moyen, créent de nouvelles règles juridiques qui confirment et conservent l'organisation sociale acquise et conquise pendant la lutte. C'est pour cela, c'est en vertu de principes biologiques supérieurs, que le droit et la loi elle-même, tout en étant d'origine populaire, tendent peu à peu à devenir aristocratiques. Si Strauss et Renan ont dit que « toute civilisation est le produit d'une aristocratie », j'y ajouterai, moi, que toute loi a toujours eu pour effet de confirmer une aristocratie. Je n'en excepterai pas les lois démocratiques, puisqu'elles fortifient les inégalités économiques, ni même les lois communistes, s'il y en a jamais, parce que, comme nous le verrons, elles tendraient promptement à un néo-impérialisme démocratique...

Toute législation repose, je pense, sur *deux règles promordiales* : le respect de la vie et la condamnation de la fraude. Toutes deux ont pour objet direct de maintenir la situation économique et politique. Le respect de la vie impose la paix juridique dans la classe dominante, en ce qui concerne cette classe, et châtie principalement toute révolte possible de la classe dominée ; et en ce qui concerne les hommes appartenant à cette dernière classe, il assure leur sécurité et leur reproduction, de façon à ce qu'ils continuent leur rôle de travailleurs. Comme il est logique, le respect de la vie des dominés sera toujours beaucoup moins moindre que celui de la vie des dominants. Le sudrah qui commet un attentat contre un brahmane subissait les peines les plus sévères ; le brahmane qui tuait un sudrah n'en subissait aucune, ou n'en subissait qu'une très légère. La vie de l'esclave appartenait à son maître.

Le châtiment de la fraude, que ce soit une fraude contre l'individu ou contre le gouvernement, a une fin encore plus nettement marquée, s'il se peut, que le respect de la vie. Son objet est de préserver de toute attaque occulte les classes supérieures et l'État, afin de maintenir de la sorte la situation politico-économique. Il semble en quelque sorte que la classe qui triomphe s'efforce particulièrement, en cela, d'éviter quelque chose comme la sélection descendante qui pourrait se produire si la fraude était tolérée. Car, biologiquement, ainsi que nous l'avons vu, la ruse et la simulation ont plus d'importance pour les espèces faibles que pour les espèces fortes. *Ego nominor leo*, donc je ne me cacherai pas dans mon gîte comme un lièvre, je ne me dissimulerai pas dans le feuillage comme un insecte. Si ma peau a la couleur du désert, ce n'est pas moi qui ait peint ma peau, et peu m'importe cela, fût-elle blanche comme les nuées ou bleue comme les flots de la mer, j'attaquerais toujours en face et ma proie serait ma proie !

Ce n'est que dans des occasions très exceptionnelles et dans des sociétés déséquilibrées, où les dominateurs sont faibles et les dominés corrompus qu'il est possible d'ériger la fraude en système de droit et de politique. Et même, quand on l'érige ainsi, comme Machiavel l'a fait dans *Le Prince,* c'est plutôt à la façon de règles antiéthiques destinées aux gouvernants et non aux gouvernés. La fraude arrive de cette manière à prendre diverses significations, suivant ceux qui en sont les auteurs.

De même que la condamnation des attentats contre la vie et l'intégrité organique, la condamnation de la fraude a eu des critériums divers, déterminés par la spéciéité biologique de l'homme. La sanction de la fraude a toujours été dans l'histoire plus sévère pour les dominés que pour les dominants. Dans les théocraties orientales de l'antiquité, la caste sacerdotale imposait des croyances auxquelles les prêtres même n'ajoutaient pas foi. Les prêtres égyptiens possédaient pour eux-mêmes une cosmogonie presque scientifique et exigeaient de la foi populaire de grossières superstitions, favorables à la division sociale établie; ce qui revient à dire qu'elles justifiaient l'autorité des classes dirigeantes et obligeaient au travail les classes dirigées. Aujourd'hui même, on parle de l' « hypocrisie » de certaines classes conservatrices, comme l'aristocratie anglaise, qui, tout en enseignant au peuple une morale rigoureuse, en ont, pour leur usage particulier, une autre plus tolérante. Leur horreur du scandale, le fait que pour certaines fautes il n'y a de sanction morale que lorsqu'il y a scandale, s'explique alors facilement. Le châtiment du scandale a pour objet d'éviter la perversion du jugement du peuple qui pourrait suivre le mauvais exemple quand il se montre ainsi au grand jour. Et, en revanche, tant qu'il n'y a pas de scandale, la faute reste ignorée et le bon exemple triomphe grâce à la dissimulation.

Il me semble qu'en général les conceptions éthiques élevées de la religion et de la politique ne sont ni professées ni pratiquées avec la même sincérité par la classe qui gouverne et par la classe gouvernée. Le groupe dirigeant se sert de « mensonges conventionnels » pour maintenir la cohésion dans le peuple et assurer son obéissance aux règles. Les spéculations et les affaires abusives, que les bourgeois et les politiciens ont coutume de faire, en s'abritant du pouvoir, se dissimulent presque toujours sous des formes habiles qui échappent à la rigueur des lois et à la censure de l'opinion. Au contraire, les menues voleries de la basse classe se châtient avec une sévérité exemplaire... Aussi, bien que les lois soient démocratiques de nos jours, ne peut-on dire que la caste des prêtres égyptiens soit éteinte dans l'histoire... Et je crains bien qu'elle ne s'éteigne jamais, parce que, tant qu'il existera un homme, cet homme appartiendra au genre animal *homo sapiens*, et sera régi par des lois biologiques qui détermineront, à l'égal de ses sentiments, de ses idées et de sa conduite, ses caractères individuels et spécifiques.

Dans les lois antiques, le principe spécifique de l'inégalité sociale en droits et en devoirs se manifestait crûment et expressément. Dans les lois modernes, en raison de la tendance égalitaire de l'ère chrétienne et spécialement en raison des théories démocratiques et philanthropiques du néo-humanisme, ce principe déguise avec soin son caractère aristocratique. On arrive, dans les républiques, jusqu'à proclamer l'égalité absolue. Mais cette égalité, qui n'est que politique, couvre la plus réelle inégalité économique : celle des riches et des pauvres, des classes riches et des classes pauvres. C'est pourquoi les lois les plus démocratiques de nos jours conservent toujours, bien que caché et occulté, leur caractère original de protection politique accordée à des situations économiques qui sont essentiellement aristocratiques.

Même les monarques les plus puissants dissimulent aujourd'hui le mieux qu'ils peuvent les inégalités sociales. L'*Anti-Machiavel* de Frédéric-le-Grand est toujours de mode. Le Tsar, le Kaiser, le souverain du Royaume-Uni et de l'Empire des Indes font tous le silence sur la véritable tendance biologique de leur politique respective. Cas curieux ! Le plus explicite et le plus franc des chefs d'Etat contemporains paraît être, plutôt que Guillaume II, Roosevelt, le président des Etats-Unis de l'Amérique du Nord. Cet homme d'Etat insigne a coutume de parler très clair dans ses discours. Dans presque tous, il proclame, avec une virile franchise, la nécessité pour la République, de faire son éducation militaire et d'armer ses milices, sans doute pour soutenir la politique impérialiste qui la conduira à la conquête des Philippines.

Roosevelt arrive (*Devoirs nationaux*, discours prononcé dans l'Etat de Minnosotah, le 2 septembre 1902) à concevoir clairement la loi comme la protection de la lutte ouverte et loyale entre les hommes, les classes sociales et même les nations. « Chacun de nous, dit-il, a à travailler individuellement ; nous tous, nous avons à travailler ensemble. Nous ne pouvons sans doute faire notre effort comme nation, à moins que nous ne sachions tous aussi bien agir en combinaison qu'agir individuellement, chacun pour son compte. L'action combinée peut prendre diverses formes, mais naturellement la plus efficace doit être celle qui se présente sous la forme de la loi, c'est-à-dire l'action de la communauté prise dans son ensemble au moyen du corps législatif ». Et il établit ensuite, sans beaucoup d'ambages ni de subterfuges, que le véritable objet de la loi est de protéger les plus capables. « Mais, dit-il, il n'est pas possible d'assurer la prospérité au moyen de la loi. La loi peut faire quelque chose pour le bien et une mauvaise loi peut faire un mal infini ; mais, après tout, la meilleure loi peut seulement prévenir l'injustice et le dommage et donner aux hommes économes, à ceux qui voient loin et qui travaillent ferme, une probabilité d'exercer avec plus d'avantage leurs capacités spéciales et particulières. »

Sous quelle forme la loi doit-elle protéger ces hommes plus capables ? Roosevelt reconnaît que l'on ne peut établir un principe uniforme, et sans difficultés, il en établit explicitement deux : ne pas affaiblir l'initiative personnelle et réprimer la fraude, qu'il appelle élégamment l' « astuce ». « On ne peut poser aucune règle ferme et stable pour fixer où s'étendra notre législation dans son intervention entre l'homme et l'homme, entre l'intérêt et l'intérêt. Tout ce qu'on peut dire, c'est que, d'un côté, il est hautement juste de ne pas affaiblir l'initiative individuelle et que d'un autre côté nous trouvons à chaque instant plus nécessaire de réfréner l'astuce à l'avenir, comme dans le passé nous avons réfréné la force. Il n'est pas seulement juste, il est indispensable qu'il y ait une législation pour protéger les intérêts des travailleurs salariés et pour faire une distinction en faveur du patron honoré et humain, en tenant compte du désavantage qu'il subit, quand on le compare à ses concurrents sans scrupules qui n'ont pas de conscience et n'agissent que par peur du châtiment. » Et plus loin encore, il affirme que la loi ne doit pas protéger seulement le travail, mais aussi la lutte de la concurrence commerciale et industrielle, pourvu qu'elle ne soit pas frauduleuse.

De nos jours, et sous l'influence des idées démocratiques régnantes, il n'est pas possible à un chef de gouvernement de définir plus clairement le véritable objet de la législation. Les paroles de Roosevelt sont la plus éloquente réfutation de ceux qui supposent que la démocratie yankee s'inspire toujours des doctrines philanthropiques des rêveurs du xviiie siècle. Et plus éloquents encore que les paroles sont les faits de ces derniers temps...

Il y a lieu de noter la diminution de ces esprits rêveurs du xviiie siècle... Pendant tout le xixe, la politique et la loi furent égalitaires dans la forme et anti-égalitaires en fait. Les principes néo-humanistes n'ont été sincères que sur les lèvres des Sans-Culottes, des ouvriers socialistes et de quelques hommes au tempérament suggestionnable et artistique. J'ai vu bien des loups se vêtir de la peau de l'agneau écorché, mais jamais je n'en ai vu aucun se transformer en agneau... Erreur ! j'en ai vu un, pas un loup, mais un lionceau, encore à la mamelle d'une lionne au bonnet phrygien, j'en ai vu un, un peuple blanc, un peuple unique, qui a toujours pensé — nostalgie de l'Arcadie ! — que la victoire ne donne pas de droits. Oui, je sais un peuple enfant, si parfaitement ingénu encore, si parfaitement généreux qu'il voit des frères dans ses nègres et ses Indiens... Ce peuple s'appelle sur la carte et dans l'histoire, la République Argentine. Son enfance est l'enfance d'Hercule. Mais attendez qu'il fasse ses dents et abandonne la mamelle qui l'allaite, attendez !...

En résumé, vaccinés par l'école historique contre la variole noire de l'école philosophique, vaccinés par la théorie biologique contre la vérole bête du philanthropisme romantique, nous ne pouvons plus avoir de la loi qu'un concept positif. Ce concept, dérivé des fondements biologiques exposés plus haut peut se synthétiser ainsi : la loi est l'expression politique de règles juridiques imposées plus ou moins consciemment par les classes dominantes pour conserver un état économique qui les favorise.

CHAPITRE XIII

INTERPRÉTATION ET APPLICATION DE LA LOI

§ 67. Importance et concept de l'interprétation de la loi. — § 68. Interprétation rationaliste de l'école philosophique. — § 69. Interprétation de l'école historique. — § 70. Interprétation scientifique. — § 71. L'application de la loi. — § 72. Effets généraux de la loi. — § 73. Effets de la loi en relation avec le temps et l'espace.

BIERLING, *Juristiche Prinzipienlehre*. — P. NAMUR, *Encyclopédie du droit*. — PRADIER-FODRÉ, *Principes du droit*. — COURCELLE-SENEUIL, *Préparation à l'étude du droit*. — GÉNY, *Méthode d'interprétation et sources en droit privé positif*.

§ 67.

Importance et concept de l'interprétation de la loi.

On peut dire de l'ancien droit coutumier qu'il était appliqué avant d'être formulé ; au cours de la longue période des âges préhistoriques, des réactions spontanées créaient la règle juridique, que, plus tard, pendant l'époque historique, le langage devait traduire et établir sous forme de lois. C'est le contraire qui se passe pour la loi : elle est établie consciemment et volontairement et appliquée ensuite. Cela lui donne une apparence d'innovation, qui la rapproche de ce que j'ai appelé la lutte pour le droit, par opposition à la croissance spontanée du droit. Et cependant, la loi qui est dictée par l'effort graduel des idées et des coutumes qui l'imposent, sans changements violents ni véritable lutte, doit plutôt être regardée comme une expression de cette croissance. La loi moderne pourrait se comparer, en quelque sorte, à ces aliments pharmaceutiques, qui s'absorbent déjà digérés. La vie actuelle est si active et débordante que le peuple n'a pas toujours le temps de digérer le droit ; c'est pourquoi, le laboratoire des Parlements le lui sert tout fabriqué avec ses sucs gastriques et ses pepsines. Il y a de plus, pour la classe conservatrice, un intérêt évident à le présenter ainsi, de façon à le rendre plus facile et plus supportable. Mais cela n'empêche pas que les basses classes, ne cessent de digérer, dans leur sommeil de boa constrictor, la proie énorme, constituée par le principe égalitaire, démocratique et socialiste, que le xviiie siècle leur a servi et que le xixe a encore accrue.

Au moment précis de l'histoire dont je parle, les faits ne créent plus le droit, ce sont les paroles. Les faits, surtout dans l'ordre économique et dans celui de la politique internationale, ont pris l'habitude de suivre un chemin distinct de celui des lois. Les mots ne comprennent pas toujours les faits ; bien des fois ils les travestissent et les déguisent. Cette façon rationnelle et dialectique de concevoir la loi présage pour l'avenir de nouvelles luttes, — pacifiques ou sanglantes, comme on voudra... Il est si difficile de prévoir l'histoire !

Pour aujourd'hui même, ce qui est positif c'est que le droit se révèle à nous sous une forme presque exclusivement dialectique : la loi est toujours la loi, dans son application et son interprétation. Pour les peuples, chez qui serait déjà passé à l'état inconscient le principe juridique rationaliste du néo-humanisme, il n'y aurait même plus d'autre forme pour créer le droit. Les *mores majorum*, les jurés, les vieux statuts, tout disparaît devant les codes ; les codes eux-mêmes disparaissent sous l'interprétation de leurs idées ! Aussi, Napoléon disait-il, comme on lui communiquait le premier ouvrage contenant un commentaire de son code : « Mon code est perdu ! »

Le principe de la codification est maintenant universel... Mais Napoléon avait tort de se plaindre des commentateurs. L'interprétation, si elle est faite avec un véritable esprit positif et une abondante information scientifique, l'interprétation qui ne se borne pas à peser des mots et à résoudre des difficultés dialectiques, est la seule voie de salut du droit contemporain. Elle peut soulever la pierre de ces codes qui pèse sur sa tombe et dire, comme Jésus à Lazare : Lève-toi et marche ! » bien que la critique, comme Marthe, se soit écriée : « Il sent déjà ! »

Il faut donner la vie au droit ! Et pour la lui donner, il faut interpréter sa forme positive, la loi, parallèlement au fait politique, au fait économique, au fait biologique. Si nous ne voulons pas que l'ouragan renverse cet arbre vermoulu qu'est le droit contemporain, il faut lui faire prendre racine sur le terrain de la science. La loi d'après la loi..., ce sont des mots et des mots. La loi selon la science, voilà la véritable interprétation de la loi.

Vous me faites observer toutefois que, si j'entends par science les sciences physiques naturelles, elles ne sont pas toujours applicables au droit, à l'étude des relations et des cas juridiques... Je vous réponds que j'entends par science l'économie, la physiologie, la psychologie et surtout la biologie. Y a-t-il une théorie juridique, une loi, un article de loi, qui n'ait pas son fondement économique, physico-psychologique, biologique ? Quelle connaissance plus artificielle et plus stérile que l'étude casuistique d'une théologie du droit, dépourvue de ses bases scientifiques, de ses fondements positifs ? Non ! le droit, comme tout phénomène, soit physique, soit psychique, soit physio-psychique, ou sociologique, le droit a son germe dans le déterminisme scientifique universel. S'il fait partie du cosmos, il obéit aux lois du cosmos. Il n'y a qu'à l'en abstraire, en le tirant du rationalisme très antirationnel des pseudo-juristes de l'école philosophique et même de beaucoup d'autres qui se prétendent les adeptes de l'école historique.

L'objet pratique de l'interprétation de la loi est de toujours appliquer ses règles d'après le critérium de l'utilité individuelle et sociale. Ces règles ne sont pas toutes catégoriquement spécifiées dans la loi, et, de plus, bien des fois, leurs formules concrètes paraissent se contredire en tout ou en partie. De là les trois manières typiques dont se produit l'interprétation : 1° elle induit des principes particuliers posés explicitement dans la loi, un principe général tacite ; 2° elle déduit d'un principe général, posé explicitement dans la loi, les principes particuliers qui s'y rapportent tacitement ; 3° elle fait concorder les dispositions diverses, en cherchant leur unité logique. — Tout cela est possible, en vertu de cette condition essentielle, intrinsèque et subjective du droit que j'ai appelée déjà sa logique et sa finalité, tout cela est possible si on analyse scientifiquement les facteurs qui ont déterminé la loi...

Interpréter la loi comprend donc quelque chose de plus que débrouiller la signification de son texte et même que d'en connaître l'origine historique ; cela implique l'analyse de ses fondements biologiques et économiques, l'étude complète de son objet, de sa nature, de sa portée, de ses répercussions sociales, de ses lacunes et même de l'antithèse qu'il pourrait provoquer, en cas de lutte pour le droit, en raison des tendances de l'époque et des passions du milieu... Et ne me dites pas que cela est impossible avec de bonnes méthodes, de solides connaissances scientifiques et un travail intellectuel intense ! Non, ne le dites pas, parce que nous avons déjà quelques exemples de l'application de la science au droit, par exemple avec l'école anthropologique de droit pénal, avec l'école économique, avec l'école moderne de droit allemande, dérivée des hautes conceptions de Ihering... Le point important c'est que le droit abandonne une bonne fois son vieux conceptisme, son babillage de perruches et de perroquets. Le point fondamental, c'est qu'il change promptement le vêtement râpé qu'il use encore. Ne voyez-vous pas comme il est percé aux coudes et comme il tombe en loques sales et crasseuses ?

L'école historique nous donne, par l'intermédiaire de Savigny, une doctrine consciencieuse pour l'interprétation des lois. Mais l'école historique et son herméneutique se trouvent aujourd'hui bien vieillies. Elles sont vieillies, parce que, si Savigny, dans un moment historique, a triomphé dans la théorie en Allemagne, en fait le rationalisme juridique a triomphé dans toute la législation moderne. Savigny établit sa théorie de l'interprétation pour le droit romain actuel ; il reconstruit le vieux droit pour l'appliquer dans le présent. Or, maintenant, il n'y a aucun vieux droit à reconstruire pour interpréter les lois ; les codes sont des aliments digérés avant d'être ingérés. Si le grand jurisconsulte allemand était né de nos jours, appliquerait-il aux codes en vigueur son système d'herméneutique ? Evidemment non ; son génie, si enthousiaste à donner la vie et la réalité au droit, inventerait une interprétation plus appropriée aux temps nouveaux. Et quelle pourrait-elle être, sinon l'interprétation biologique et économique, en un mot l'interprétation scientifique ? Ihering, peu d'années après Savigny, paraît l'apercevoir dans l'ombre, loin, bien loin, quand il repousse ou traite avec dégoût, l'herméneutique de l'école historique. Il est lamentable qu'il n'ait pu établir la nouvelle interprétation scientifique ; mais des raisons contre lesquelles il n'y a rien à faire s'y opposaient : d'une part, les sciences naturelles n'avaient pas acquis alors le degré de généralité et de certitude qu'elles ont aujourd'hui ; et d'autre part Ihering, dont l'éducation avait été exclusivement philologique et juridique, devait les ignorer. En effet, dans son *Esprit du droit romain*, il arrive à l'analyse de l' « élément intrinsèque et essentiel » des droits privés, et dès cet instant, on dirait qu'il surgit devant lui une conception de la jurisprudence lumineuse et très nouvelle. C'est pourquoi il critique l' « élément logique » qui prédominait dans l'interprétation de l'école philosophique et même de l'école historique. Il le remplace par l' « élément intrinsèque et essentiel » et fait ressortir avec plus de force, à chaque fois, l'idée d'une finalité utilitaire ou basée sur l'intérêt. Mais cette notion de la fin du droit (*Zweck im Recht*), bien qu'il se rapproche relativement de la base biologique, substantiellement utilitaire du droit, s'en éloigne cependant en ce qu'elle ne comprend que très vaguement ce qu'on pourrait appeler l' « élément animal » du droit, sa lente formation au travers du transformisme évolutif vital qui produit le type *homo*.

§ 68.

Interprétation rationaliste de l'école philosophique.

J'ai exposé ci-dessus en termes généraux l'importance de l'interprétation des lois et le concept que je m'en forme. Je vais préciser ce concept. — J'entends dire à cet effet que, critiquement et doctrinairement, toutes les méthodes d'interprétation employées et conçues jusqu'à ce jour peuvent être synthétisées dans l'un des trois systèmes suivants : système rationnel, système historique, système scientifique.

Le système *rationnel* dérive de la théorie rationaliste du droit, c'est-à-dire qu'il provient de l'école philosophique. Si le droit est une invention de la raison humaine, c'est le législateur qui lui donne des formes dialectiques précises. Connaître le raisonnement du législateur, c'est connaître la loi. Et cela à tel point que, la loi étant considérée comme un véritable « dogme juridique », cette interprétation est appelée « méthode dogmatique ».

La fausseté d'un pareil système d'interprétation est la conséquence de la fausseté d'une pareille école de droit. Si, comme nous l'avons vu, le droit n'est en aucun cas une invention de la raison humaine, en aucun cas aussi le droit ne devra être étudié par une simple analyse interprétative de la loi, c'est-à-dire de la raison du législateur. En réfutant la théorie rationaliste, on réfute du même coup son herméneutique.

Le produit législatif le plus typique du rationalisme philosophique et juridique du xviii⁰ siècle est sans doute le Code Napoléon. Et les commentaires du Code Napoléon sont, en effet, les exemples les plus caractéristiques d'interprétation rationaliste. « Ma devise, disait Demolombe, ma profession de foi est aussi : Les textes avant tout ! Je publie un cours de Code Napoléon ; j'ai donc pour but d'interpréter, d'expliquer le Code Napoléon lui-même, considéré comme loi vivante, loi applicable et obligatoire ; et ma préférence pour la méthode dogmatique ne m'empêchera pas de prendre toujours pour base les articles mêmes de la loi ». On attribue au professeur Bugnet un mot encore plus caractéristique : « Je ne connais pas le droit civil, je n'enseigne que le Code Napoléon ». Pour Blondeau, les lois sont la source unique des décisions juridiques. Huc observe que l'on a tant légiféré pendant ces soixante-dix dernières années, que la législation résoud tous les cas. Enfin, les plus célèbres commentateurs français, — Demante, Marcadé, Aubry et Rau, Laurent, Baudry-Lacantinerie, Vigié, — peuvent être considérés comme des partisans plus ou moins exclusifs de l'interprétation rationaliste, conceptiste et dialectique, que Gény (1) appelle, pour ce motif, l' « interprétation traditionnelle ». Le résultat forcé de cette méthode c'est le dégoût et le mépris où la science juridique est tombée en France vers la fin du xix⁰ siècle. Ce n'est même plus, dans certains cas, une science, mais un art stérile, difficile par sa technique, utile dans ses applications, mais toujours un art mécanique, scolastique, routinier et même rétrograde.

Dans mon opinion, une décadence si marquée du droit devrait être considérée, si elle était décisive et incurable, comme un symptôme de décadence générale. Le droit, c'est la vie sociale ; c'est une sécrétion de l'activité hu-

---

(1) *Méthode d'interprétation et sources en droit privé positif*, p. 22.

maine, une idéalisation et un régulateur de la lutte pour la civilisation... Par suite, si le droit décline, ce sera parce que déclinent aussi la vie sociale, l'activité, la lutte, la civilisation. Un droit conceptiste et fait de mots est le produit d'une civilisation factice, d'une civilisation de charlatans. Pour éviter une pareille défaillance de la civilisation, améliorer le droit est toujours un moyen, parce que le droit, comme nous l'avons reconnu, est une partie très importante de l'éducation du peuple... Eh bien ! nous allons voir comment l'interprétation historique est une amélioration par rapport à la rationnelle, l'interprétation scientifique par rapport à l'historique.

§ 69.

Interprétation de l'école historique.

Pour Savigny (1), pour l'école historique, interpréter une loi, c'est « reconnaître sa vérité ; en autres termes, la loi, soumise au critérium de notre intelligence, doit nous apparaître comme vraie. Cette opération est indispensable pour toute application de la loi à la vie réelle, et c'est précisément sur ce caractère de nécessité constante que se fonde sa légitimité. Cette opération n'est pas restreinte comme plusieurs le pensent, au cas accidentel de l'obscurité de la loi, mais elle peut alors prendre plus d'importance et avoir des conséquences plus étendues. » « Toute loi étant destinée à fixer un rapport de droit, exprime une pensée simple ou complexe, qui met ce rapport de droit à l'abri de l'erreur ou de l'arbitraire. Pour que la loi parvienne à ce but, il faut que sa pensée soit saisie tout entière, et dans toute sa pureté, par tous ceux qu'atteint ce rapport de droit. Ceux-ci doivent alors se transporter au point de vue du législateur, reproduire artificiellement ces

(1) *Op. cit.*, t. I.

opérations et recomposer la loi par la pensée. » Tel est, pour le grand jurisconsulte allemand, le procédé de l'interprétation historique, qui peut, par conséquent, être ainsi défini: reconstitution de la pensée contenue dans la loi. Ce n'est que par ce moyen qu'on arrive à en avoir une connaissance certaine et complète et qu'on se met en situation de remplir l'objet qu'elle se propose...

Pour effectuer cette interprétation, Savigny signale l'emploi d'une quadruple méthode ou manière de procéder, qui est : grammaticale, logique, historique et systématique. L'emploi combiné de tous ces moyens nous donnera la véritable interprétation de la loi, leur usage isolé serait insuffisant et inefficace. « La méthode *grammaticale* a pour objet les mots dont le législateur se sert pour nous communiquer sa pensée, c'est-à-dire, le langage des lois. La méthode *logique* est la décomposition de la pensée du législateur, ou les relations logiques qui unissent ses différentes parties. La méthode *historique* s'occupe de l'état du droit existant sur la matière, à l'époque où la loi a été édictée ; elle détermine le mode d'action de la loi et les modifications qu'elle a introduites. La méthode *systématique* étudie le lien intime qui unit les institutions et les règles du droit au sein d'une vaste unité. »

Ainsi, le concept de l'interprétation que professe l'école historique est bien net et bien défini. Il a toujours pour objet de pénétrer la véritable pensée du législateur, en étudiant la loi elle-même et dans ses précédents historiques. L'interprétation rationelle a, elle aussi, pour objet de comprendre l'intention du législateur, mais d'après la formule ou le texte de la loi. L'école historique ajoute donc à l'élément dialectique et logique de l'interprétation rationaliste, un élément historique et traditionnel. De la combinaison et de l'amalgame de ces éléments — dialectique et logique, traditionnel et historique — il résulte une compréhension plus claire et plus positive des dispositions de la loi ; et cet amalgame et cette combinaison sont produits par l'emploi convenable et simultané des quatre procédés sus-mentionnés.

Le nom d' « interprétation historique » donné à l'usage d'ensemble du procédé grammatical, logique, historique et systématique est exact : 1° parce que le système vient de l'école qui porte ce nom ; 2° parce qu'il ajoute à l'interprétation rationelle l'élément historique, auquel il donne une transcendance et une prépondérance spéciales.

§ 70.

Interprétation scientifique.

Bien que l'interprétation historique contienne un élément positif étendu, à savoir la situation historique dont s'inspire et d'après laquelle se détermine le législateur, cette interprétation, il faut le reconnaître, ne satisfait pas toutes les aspirations et tous les besoins contemporains. Les codes actuels sont des constructions plus ou moins rationnelles, dans lesquelles le facteur historique ne figure qu'au second plan et, pour ainsi dire, en jouant un rôle honteux. Nos lois ne peuvent plus s'interpréter comme le droit romain de Savigny ; l'élément logique et idéologique prédomine dans leur élaboration et dans leur esprit, et ne laisse qu'une marge étroite à l'élément traditionnaliste...

Je me suis fait ainsi, de l'interprétation des lois, un concept beaucoup plus étendu que le concept historique, puisque je crois qu'elle doit avoir pour objet de connaître la loi d'après ses bases scientifiques et de prévenir ses conséquences possibles. Ce qu'a pensé, ou n'a pas pensé, ou a omis de penser, ou aurait dû penser le législateur, ne me paraît pas devoir être le but principal de l'interprétation, si on la conçoit, ainsi que la loi, non pas à un point de vue casuistique et avocassier, mais à un point de vue réel et sociologique. La pensée du législateur a sans doute de l'importance dans toute interprétation ; mais je pense qu'il faut y faire entrer bien autre chose que cette fragile pensée humaine, si l'on veut arriver à une véritable connaissance positive de la loi.

Evidemment, c'est intéressant de savoir l'intention dialectique, logique, historique, synthétique du législateur, c'est très intéressant même... Mais avant cela, par dessus cela, en dehors de cela, il y a tout le déterminisme scientifique qui a produit la loi. Qu'est dès lors le législateur, sinon un simple accident ? Sa pensée est-elle quelque chose de plus qu'un symbole ou une résultante de facteurs très puissants, indépendants de lui et qui lui sont étrangers ? Sa volonté, sa volonté individuelle purement humaine, a-t-elle en soi d'autre valeur que de condenser des tendances et des volontés plus qu'humaines ?... La loi n'est qu'une expression du droit ; si l'on veut connaître la loi scientifiquement, il faut donc *interpréter le droit* qu'elle exprime.

Du temps de Savigny, la théorie de Savigny était excellente. Elle était excellente comme principe scientifique et elle était excellente comme doctrine pratique. Mais depuis lors jusqu'à nos jours, quelle violente révolution ont subi les sciences physiques naturelles ; quels vastes horizons se sont ouverts à la biologie ; que d'idées nouvelles a enfantées la science naissante de la sociologie ! Pourquoi faire échapper le droit aux nouvelles conceptions de l'univers, s'il est partie intégrante de l'univers ? Produit de la vie humaine, produit de la psychologie humaine, comment ne devrait-il pas s'appliquer les nouvelles notions positives acquises sur la vie et la psychologie ? Que nous restions surpris d'admiration devant ce que Savigny a fait à son époque, c'est juste... Mais proclamer sa méthode définitive à l'avenir, immuable *in sœcula sœculorum*... c'est refuser au droit le caractère d'une science. Le moment n'est pas encore venu — et Dieu sait s'il viendra jamais — où n'importe quelle science sera étale ou commencera à se retirer. Cela ne se produit que pour les arts. Et, précisément, la première chose que doive combattre le jurisconsulte, c'est cet étonnant sophisme du droit-art, du droit étranger à la science.

Gardez-vous de ce droit-art, gardez-vous de ce conceptisme juridique de sophiste, gardez-vous-en, jeunesse des écoles, gardez-vous-en, vieilles sociétés ! Ne voyez-vous pas que le droit qui vient marche sur les talons du droit qui s'en va ? Ne voyez-vous pas que, si vous ne les mettez pas en harmonie l'un avec l'autre, leur conflit chez les peuples blancs et chrétiens peut déséquilibrer et corrompre ces peuples, et cela au moment où vous avez mis entre les mains patientes et habiles d'autres hommes qui ne sont ni blancs ni chrétiens, des fils des empires du Soleil-Levant, ces admirables joujoux guerriers de précision que fabriquent les Krüpp et les Armstrong ? Et comment mettre en harmonie ces deux droits, sinon à l'aide de l'analyse scientifique ? Où peuvent se concilier les passions politiques sinon dans la région imprégnée de la science ? Enterrez donc, une bonne fois, au sein de notre mère la terre, le droit-art, le droit pourri, pour que ses détritus alimentent les vigoureuses racines du droit-science nouveau, dont la semence a déjà été arrosée par la main généreuse du positivisme moderne ! Ses fruits seront doux et savoureux, comme les dattes au désert...

L'interprétation *scientifique* de la loi doit consister, ainsi que je l'ai déjà esquissé, dans l'étude des bases scientifiques de la loi et de ses conséquences. Ces bases scientifique en sont les fondements biologiques, sociologiques, psychologiques, économiques. Toute loi humaine doit posséder ces fondements ; toute œuvre humaine les possède. La difficulté se trouve principalement à en découvrir la véritable relation de causalité...

Les bases scientifiques qui sont le plus à appliquer varient suivant les diverses branches du droit. Les principes généraux du droit civil ont de profonds fondements biologiques et économiques. Si je veux étudier la famille argentine, je ne le ferai pas seulement à l'aide des dispositions ambiguës du *code civil* ; j'analyserai aussi la genèse de cette famille, de ses origines biologiques, son développement historique, son évolution économique, son caractère à l'époque coloniale, son nouveau caractère à l'époque de l'indépendance, sa situation actuelle... Et je mettrai en corrélation chacun des articles de la loi avec ses facteurs et ses précédents. En revanche, pour le droit commercial, je devrai me restreindre au domaine économique, avec de bonnes statistiques à l'appui. Au droit pénal, j'appliquerai les vieux principes éthiques et les recherches modernes d'anthropologie et de psychiatrie. En droit politique, je me livrerai à des investigations sociologiques véritables. Jusque dans la procédure, la moins scientifique des branches du droit, je puis faire une place à l'évolution de la forme et du fond du droit, de ses liens et corrélations, étude dont l'importance historique est élevée et dont les racines philologiques sont profondes. Il n'y a pas, il ne peut y avoir, une branche de la législation ou du droit qui ne soit alimentée par la sève scientifique. Si bien que la branche tomberait, si cette sève lui manquait... Si le mal s'étendait, ébranché, rongé aux vers, l'arbre lui-même tomberait, l'arbre de la loi et du droit, et il écraserait les cabanes qu'élève sous son ombre, la très misérable... que dis-je, l'admirable civilisation humaine.

L'étude réaliste du droit éveille, seule, le véritable intérêt intellectuel ; l'interprétation réaliste des lois peut, seule, leur ôter leur apparence conceptiste, si mortellement ennuyeuse. Pour donner de la vie au droit, pour donner de l'animation aux lois, il n'y a d'autre moyen que de leur injecter le sang nouveau de la science. Sans cela, les études juridiques, déjà sans utilité, peuvent même devenir nuisibles ; elles peuvent habituer l'intelligence à des discussions dans le vide, à des distingo puérils, à des théories amphibologiques, à ne voir que des cas et des cas, des incidents de droit et des incidents de droit, à ne s'occuper enfin que de ce qui rend tant de traités de jurisprudence haïssables aux intelligences viriles. Lorsque vous les prenez, et avant même de les ouvrir, des essaims de bâillements vous démantibulent les mâchoires. — Et notez qu'il est bien certain que je ne chante pas ici, sur un mode lyrique et platonique, des sérénades à Madame la Science, comme Pierrot à la Lune. Tant bien que mal — chacun fait ce qu'il peut — ma théorie du droit est scientifique, mes amours sont aristotéliques.

Il y a deux caractères saillants et constituant des innovations dans l'interprétation scientifique des lois, telle que je la conçois ; cette interprétation est synthétique et elle est évolutive : *synthétique*, en tant qu'elle fusionne en une seule construction scientifique tous les facteurs et précédents des règles ou de la règle contenues dans la loi ; *évolutive*, en tant qu'elle reflète la tendance transformiste et progressive de tout phénomène sociologique. En conformité avec les variations des circonstances sociales, l'objet et la finalité de la loi se modifient. D'où vient que la législation contient par avance des effets que n'avaient pu prévoir ses propres auteurs. La loi est une expression du droit, le droit est une expression de l'homme, l'homme est une expression de l'échelle animale... L'acquisition graduelle de l'épiphénomène de la conscience et de la volonté humaine doit se manifester dans la loi à la façon d'une augmentation progressive de sa finalité pratique. Ainsi, de même que, lors de la création d'une règle juridique primitive, on a dû ignorer ses conséquences sociales, de même, lors de la promulgation d'une loi, on ignore toutes les applications qu'un avenir lointain peut lui réserver. La loi sort donc des mains du législateur, comme sortaient du port les caravelles des vieux conquistadores, devant qui à chaque pas, allaient s'élargissant des horizons inaperçus, allaient apparaissant du fond des mers des terres inconnues, allaient surgissant dans le ciel de nouvelles constellations.

Pour mieux préciser, je dois dire que l'interprétation scientifique, telle que je la préconise, forme trois étapes typiques, bien enchaînées cependant les unes aux autres : 1° interprétation logique et historique de la pensée du législateur ; 2° synthèse des facteurs scientifiques qui ont créé les règles relatives à la loi, d'où dérivent les principes tacitement contenus dans le texte légal ; 3° évolution de la portée de la loi selon l'évolution sociologique totale. L'interprétation rationnelle s'arrêtait à la première partie de la première étape ; l'interprétation historique arrivait à faire toute la première étape.... Nous, nous arrivons jusqu'au terme de notre route : nous sondons les horizons inaperçus, nous découvrons les terres inconnues ; nous arrachons aux cieux le secret de leurs nouvelles constellations.

§ 71.

L'application de la loi.

On peut m'objecter que mon concept de l'interprétation des lois en fait une étude trop générique et variée et lui enlève son véritable caractère spécifique et son objet... Or, précisément ce que je cherche, c'est de détourner l'interprétation du système rationnel et même du système purement historique, c'est de la dépouiller de son vieux caractère dialectique, de lui faire perdre son objectif casuistique. Puisque je considère comme fausse l'interprétation rationnelle et comme incomplète l'interprétation historique, mon dessein est de tenter une réaction contre l'une et l'autre, en adoptant la seule qui me paraisse exacte et positive, c'est-à-dire l'interprétation scientifique qui, par certains côtés, se rapproche de celle que des juristes contemporains ont appelée « synthétique ».

Assurément, cette nouvelle interprétation exige des connaissances positives, très positives même... C'est que le droit, la véritable science juridique, n'est pas une science facile, oh ! non ! Son étude présente des difficultés plus grandes que celle de tout autre science, et cela en raison de son imprécision et de sa généralité. Et son utilité est pareillement aussi grande et même plus grande que celle de tout autre science, parce que de l'organisation juridique d'une société dépend en grande partie le bonheur de chacun et de tous.

Ce n'est cependant pas une science universelle et très transcendantale que je prétends nécessaire de posséder pour l'interprétation des lois. Ce qu'il y a à faire c'est plutôt d'appliquer à cette interprétation la science universelle... Et c'est une besogne bien faisable, puisque, du commencement à la fin, ce sont les principes fondamentaux, uniquement les principes fondamentaux, qui ont de l'importance dans l'herméneutique juridique. Elle n'exige pas, sauf en des cas bien rares, une étude de détail de leurs bases scientifiques. C'est pourquoi les connaissances scientifiques du juriste moderne doivent être plus solides qu'étendues. Il n'a pas besoin, par exemple, de savoir l'embryologie, mais il ne peut aucunement ignorer que le développement ontogénétique rappelle l'évolution phylogénétique.

La préparation préalable du juriste a donc à s'orienter vers les sciences relatives à l'individualité humaine : la biologie, la psychologie, l'anthropologie, la sociologie. Pour certaines études économiques, la connaissance des mathématiques est aussi nécessaire. Et pour l'exégèse légale des vieux textes, ceux qui s'y consacrent doivent être versés dans la philologie, spécialement dans la philologie latine, en raison de l'importance fondamentale du droit romain, type accompli et achevé, entre tous, du droit de l'antiquité.

Les lois *s'appliquent* et se *modifient*, selon le jugement des hommes. Plus ce jugement sera exact et bien averti, meilleur sera leur application et meilleure, leur évolution... Les juges et même les législateurs fixent leur jugement d'après l'interprétation des juristes ; c'est un fait évident et incontestable. Par suite, les progrès réalisés par l'interprétation des juristes tendent à pénétrer dans la jurisprudence des tribunaux et dans la législation. La tâche des juristes est donc aussi pleine d'effets que de difficultés, l'effort de l'interprétation vaut la peine d'être fait !

Certains jurisconsultes, faute de connaissances scientifiques pour étayer leurs recherches et animés néanmoins du louable désir de produire une œuvre vaste et étendue, se sont mis à établir des règles pour les cas les plus simples et les plus élémentaires, par exemple au sujet de l'application des lois. Voici quelles seraient ces règles :

« Qu'il n'y a de juridiction qu'en vertu de la loi ; que les juges ne peuvent procéder d'office ; qu'ils ne peuvent se refuser à juger sous prétexte d'obscurité ou de vices dans la loi ; que le juge doit motiver ses jugements ; que le juge doit juger selon la loi et non pas selon ses idées, que les jugements sont irrévocables ». Presque tous ces préceptes sont ou des corollaires de la théorie générale du droit, ou des dispositions déjà inscrites explicitement dans les codes. Dans le premier cas, ils rentrent dans l'étude de cette théorie générale ; dans le second, ils se rapportent à l'interprétation des lois, plutôt qu'à leur application.

Je tiens, pour moi, que le principal précepte en la matière devrait être le suivant : le juge aimera la justice et connaîtra suffisamment la loi... Mais les jurisconsultes bien intentionnés, auxquels j'ai fait allusion, ne s'aventureront jamais à énoncer un axiome aussi simple. Ils chercheraient au moins trois ou quatre incises limitatives avec une terminologie appropriée, et cela va de soi, sans oublier une ou plusieurs maximes latines, qui les confirmeraient d'une façon érudite et élégante.

§ 72.

Effets généraux de la loi.

Les règles juridiques, concrétées dans les lois, produisent des effets généraux par rapport aux personnes, aux choses et aux actes. De notre temps, toute règle juridique possible est contenue dans une loi d'une façon au moins tacite ou expresse. C'est pourquoi l'application des lois règle toute relation de droit.

Les lois déterminent, par rapport aux *personnes*, leur état civil et leur capacité. On appelle « état civil » la situation de la personne relativement à ses liens de famille, et « capacité » sa faculté d'agir en droit.

L'homme a besoin, pour le développement naturel de ses forces, de l'usage et de la jouissance des *choses*, susceptibles d'être appropriées. De là, un certain lien de dépendance entre les hommes et les choses. Cette dépendance varie selon chaque homme et chaque chose, en raison des inégalités humaines, d'origine biologique ou historique. Le droit, par l'organe de la loi, reconnaît les droits des sujets sur les choses en leur donnant ainsi leur véritable caractère individuel et spécifique.

Suivant les lois, les *actes* humains peuvent modifier validement ou non les relations juridiques de la famille, ainsi que les relations de droit patrimonial. La loi détermine donc la validité ou l'invalidité des actes. Les actes accomplis contre la loi ne sont pas valides. Parfois même, ils sont punissables de « peines » physiques et infamantes, et alors ils se nomment « délits ».

Les situations et les relations de droit dépendent donc de la loi. Mais on ne doit pas en inférer que la loi réglemente tout. En principe, au contraire, j'ai dit que tout est permis. Il en résulte que la loi ordonne plutôt qu'elle ne permet telle ou telle action, sous peine d'invalidité ou même de châtiment. On peut dire, en termes généraux, que la présomption juridique est toujours favorable. On présume que tous les hommes sont capables, que les choses occupent en droit la situation qu'elles ont en fait, que les actes accomplis sont des actes valides. C'est pourquoi le droit romain stipule que le demandeur doit prouver l'action, et le défendeur l'exception. (*Actor probat actionem, reus exceptionem*).

Les lois produisent aussi des effets généraux par rapport à l'Etat. L'organisation de l'Etat, généralement établie par la coutume durant les premiers temps historiques, repose toujours maintenant sur les lois. La nature démocratique de la théorie de la souveraineté qui est actuellement en vigueur rend à présent indispensable une réglementation juridico-politique minutieuse.

Par ses effets sur les personnes, les choses et les actes, la loi remplit la fin utilitaire du droit : elle maintient la paix sociale. En instituant l'Etat, elle se crée, de même, son organe d'action sur les sujets qui composent le peuple. La loi donne ainsi de la stabilité et de la précision aux règles du droit et à l'organisation de l'Etat.

De nos jours, l'action de la loi est la véritable finalité du droit. La liberté, l'harmonie sociale, l'obtention du bien-être, l'égalité, le progrès, toutes les fins utiles du droit, peuvent, d'une certaine manière, être considérées comme les effets généraux de la loi. Au moins la loi y contribue-t-elle et se manifestent-ils dans la loi. Mais nous ne devons pas oublier qu'avant la loi et comme son élément déterminant, il y a toujours la psychologie humaine. L'homme est la cause efficiente du droit, de même que la vie est la cause efficiente de l'homme.

§ 73.

Effets de la loi en relation avec l'espace et le temps.

Le droit ayant eu pour origine les règles de conduite particulières de chaque groupement humain, la loi, fille du droit, doit toujours être appliquée à la collectivité ou nation qui l'a édictée. Chaque nation a un territoire déterminé, et la loi s'applique sur l'étendue de ce territoire ; c'est ce principe que l'on a appelé la *territorialité* de la loi. Mais la nation ne se compose pas que d'un territoire, elle comprend aussi un peuple qui l'habite et pour lequel la loi a été établie. Les membres ou individus de ce peuple peuvent se transporter sur d'autres territoires, chez d'autres nations ; ils se soumettent alors, du fait de leur changement de résidence, aux lois respectives des pays qu'ils sont venus habiter. Cependant, il peut se présenter des cas où, malgré leur domicile étranger, la loi de leur pays d'origine leur soit encore applicable. Il arrive aussi, à l'inverse, des cas, où des étrangers, qui ont accompli des actes juridiques chez une nation, continuent, après l'avoir quittée, à être régis, par rapport à ces actes, par la loi de cette nation. En conséquence, dans certaines circonstances, les lois peuvent être appliquées hors du territoire. Ce fait s'appelle l'*exterritorialité* de la loi ; quoiqu'en principe la loi soit toujours territoriale, elle a donc des effets exterritoriaux dans des occasions déterminées. Quelles sont ces occasions ? En quel cas doit-on appliquer les lois étrangères ? L'étude de ces questions correspond à une branche spéciale du droit, le droit international privé ; elle présente de grandes difficultés.

L'isolement belliqueux des anciens peuples a disparu chez les nations modernes. Toutes ont un intérêt pareil à ce que leurs lois s'appliquent à l'étranger, dans telles ou telles émergences juridiques. C'est pourquoi toutes reconnaissent le principe de l'extérritorialité de la loi ; bien quelles ne soient pas encore parvenues à le codifier sous forme d'un statut général et international, le principe est universellement accepté. Les codes de chaque pays l'admettent aujourd'hui, en spécifiant toutefois que la loi ne sera applicable qu'autant qu'elle est d'accord avec l'esprit des lois nationales et avec l'ordre public. En pareil cas, son application se fera toujours à la demande des parties intéressées, qui devront prouver son existence, attendu que l'on ne peut demander à un juge de connaître les lois du monde entier (1).

Il existe divers systèmes ou théories sur l'exterritorialité des lois. Il y a d'abord la théorie classique des *statuts*. On les divise en statuts personnels, réels et mixtes. Toutes les lois peuvent être classées dans ces trois catégories. Les statuts ou les lois sont personnels quand il ont pour objet la personne et se rapportent à la naissance, la liberté, la légitimité, la capacité, la majorité, etc. Les statuts réels concernent les choses, comme sont les ventes, les donations ; dans les statuts mixtes entrent à la fois les personnes et les choses. Le statut personnel suit toujours la personne, il est exterritorial ; par contre, le statut réel est territorial... Et quand on arrive au statut mixte, la théorie devient si confuse qu'elle ne peut servir, malgré que, si on considère bien les lois, la majeure partie d'entre elles appartiennent à cette catégorie, et qu'il est parfois assez dif-

---

(1) Le *Code civil* argentin établit ce qui suit par son article 14 : « Les lois étrangères ne seront pas applicables : 1° quand leur application est opposée au droit public ou criminel de la République, à la religion de l'État, à la tolérance des cultes, ou à la morale et aux bonnes mœurs ; 2° quand leur application est incompatible avec l'esprit de la législation de ce code ; 3° si elles sont de simples privilèges ; quand les lois de ce code en conflit avec les lois étrangères sont plus favorables à la validité des actes. »

Plus loin, article 15, le Code dispose que : « L'application des lois étrangères, dans le cas où le Code l'autorise, n'aura jamais lieu, sinon à la requête de la partie intéressée, à la charge de qui incombera la preuve de l'existence desdites lois. Sont exceptées les lois étrangères qui seraient rendues obligatoires dans la République par des conventions diplomatiques ou en vertu d'une loi spéciale. »

ficile de classifier les lois personnelles et les lois réelles.

La théorie des statuts mise de côté, on a proposé celle de la *nationalité*, celle du *domicile*, celle du *tribunal* appelé à juger, celle de la *volonté présumée* des parties, et bien d'autres. Mais en pratique, elles sont toutes d'une application difficile et présentent des vides et des lacunes, au point que l'on n'a pas pu jusqu'à présent soumettre le fait juridique de l'exterritorialité à aucune théorie générale et absolue. L'application des lois étrangères se trouve ainsi faire l'objet de principes et de cas particuliers plutôt que de généralisations philosophiques.

Quoiqu'ils n'aient pas l'importance pratique ni la variété casuistique des controverses concernant les effets de la loi en relation avec le territoire, les effets de la loi en relation avec le temps ont donné lieu également à bien des désaccords. Ils roulent autour des principes de l'*irrétroactivité* ou de la *rétroactivité* des lois. En termes généraux, pour les uns, les lois doivent régir seulement l'avenir, sans avoir, pour ce motif, d'effets rétroactifs ; pour les autres, les cas où les lois régissent le passé sont si nombreux qu'il y aurait plutôt lieu de soutenir le principe de la rétroactivité.

Comme base des théories de la rétroactivité, on invoque toujours l'*intérêt général*. Toute loi posséderait un intérêt général qui donne de la convenance à sa rétroactivité, alors même que celle-ci frapperait des intérêts particuliers, attendu que les intérêts particuliers doivent venir après l'intérêt général. Cependant, comme nous le verrons, l'intérêt général n'est pas une notion opposée en aucune façon aux intérêts particuliers. De plus, les théories favorables à la rétroactivité admettent tant d'exceptions indispensables, que l'exception obscurcit grandement la règle, ou tend même à devenir la règle...

Les partisans de l'irrétroactivité arguent généralement de l'existence de *droits acquis*. Les lois nouvelles ne doivent pas détruire les droits acquis en vertu des lois anciennes, sous peine d'enlever à l'organisation juridique de la société, la stabilité dont elle ne peut se passer et que réclament les intérêts particuliers aussi bien que l'intérêt général...

Franchement, je ne vois pas, pour moi, qu'il convienne de faire de longues recherches et des distinguo compliqués pour établir quand et comment les lois doivent avoir un effet rétroactif. Aujourd'hui, étant donné l'esprit rationaliste et éminemment légal qui inspire le droit, il est clair que la loi innove et qu'elle innove pour l'avenir. En général, donc, la loi est établie *pour l'avenir*. C'est là le principe de l'irrétroactivité de la loi.

Il peut se présenter cependant des cas où les lois règlent le passé et ont des effets véritablement rétroactifs. C'est au législateur à faire alors sur ce point des dispositions expresses ; quand le législateur ne le fait pas, personne ne l'entend ainsi (1). Et ce fait suffit pour prouver que l'intention du législateur est que l'irrétroactivité soit une maxime tacite et inébranlable de toute loi. Poser le principe de la rétroactivité, c'est aller contre un fait aussi réel et aussi irréfragable.

Après avoir établi que les lois n'ont d'effets rétroactifs que si le législateur le dispose, certains auteurs étudient dans quel cas il doit disposer ainsi. En recourant à un critérium libéral et positif, je réduirai ces cas à trois : 1° quand l'intérêt public l'exige d'une façon péremptoire ; 2° quand la nouvelle loi est plus favorable à la validité des actes juridiques ; 3° quand la nouvelle loi frappe les délits de peines plus légères. L'importance suprême de certaines circonstances d'intérêt public, la convenance qu'il y a à faciliter les transactions et les actes juridiques, enfin la philanthropie qui caractérise notre époque justifient dans de pareilles occasions, la rétroactivité expresse des lois.

(1) Le *Code civil* argentin établit (art. 3) que : « les lois disposent pour l'avenir, n'ont aucun effet rétroactif et ne peuvent altérer les droits déjà acquis. » Et, dans les articles 4444, 4445 et 4446 il applique ce principe à différents cas spéciaux.

CHAPITRE XIV

DIVISIONS DU DROIT ET DE LA LÉGISLATION

§ 74. Distinctions essentielles et formelles entre les droit public et le droit privé. — § 75. Différenciation du droit public et du droit privé. — § 76. Théorie d'un droit unique, privé et public. — § 77. Divisions du droit positif.

Savigny, *Traité de droit romain* (trad. française). — Ihering, *L'esprit du droit romain* (trad. française). — Puchta, *Vorlesungen über des heutigen Römischen Rechts.* — Ahrens, *Encyclopadie.* — A. Posada, *Tratado de derecho administrativo.* — P. Namur, *Encyclopédie du droit.* — Courcelle-Seneuil, *Préparation à l'étude du droit.* — Korkounov, *Cours de théorie générale du droit* (trad. française).

§ 74.

Distinctions essentielles et formelles entre le droit public et le droit privé.

Les relations juridiques sont si variées que leur étude complète ne peut se faire qu'en les classant par groupes. La pratique, plutôt que la théorie est venue constituer ces divers groupes et former les différentes branches du droit et de la législation. Quand on vient à connaître ces branches, on trouve premièrement une division fondamentale, celle du droit public et du droit privé. Bien que généralement admise, cette division a donné lieu à beaucoup de discussions et provoqué beaucoup de théories en ce qui concerne son essence et ses limites exactes.

Les Romains avaient déjà établi une distinction entre le droit public et le droit privé ; le premier se rapportait aux intérêts publics ou sociaux, le second aux intérêts privés ou particuliers. « *Publicum jus*, dit Ulpien, (*De justicia et jure*, § 2, l. 1), *est quod ad statum rei romanæ spectat, privatum, quod ad singulorum utilitatem pertinet, sunt enim quædam publice utilia, quædam pri-*

vatim. Cette définition a été acceptée par beaucoup de jurisconsultes, même de nos jours.

Si les intérêts particuliers se présentaient toujours comme distincts de l'intérêt public, ou opposés à cet intérêt, la théorie romaine serait acceptable. Mais ce n'est pas la vérité que les intérêts humains puissent être rangés ainsi en deux catégories si radicales et absolues. Au contraire, il y a généralement coïncidence entre eux. L'individu étant le sujet d'intérêts de toutes sortes, l'intérêt privé et l'intérêt public ne concernent au fond que lui et c'est son utilité, sa vie qui sont le résultat des actes et des règles juridiques quelles qu'elles soient. La législation de la famille, par exemple, touche à la fois aux intérêts publics et privés, quoiqu'elle appartienne en grande partie au droit privé. De plus, beaucoup de faits juridiques sont réputés de droit privé, bien qu'ils soient relatifs à ce qu'on entend généralement par l'intérêt public, et vice-versa. Les marchés de fournitures militaires sont d'un intérêt public évident et on les considère cependant comme faisant partie du droit privé. Les lois sur l'hygiène et la santé publique atteignent très souvent des intérêts privés et cependant elles font partie du droit public... Dès lors, la distinction entre l'intérêt particulier et l'intérêt général n'est ni claire ni substantielle, et elle ne peut donner la clef pour différencier le droit public du droit privé.

L'insuffisance de la définition romaine a porté Savigny à poser la question sous une autre forme, et la théorie qu'il a proposée a été adoptée et amplifiée par Stahl. Chez Ulpien, on distingue le droit d'après les intérêts qu'il règle ; Savigny et Stahl, en revanche, différencient les relations juridiques d'après leur fin ou leur objet. Dans le droit public, l'Etat est la fin, et l'individu n'occupe qu'une place secondaire. A l'inverse, dans le droit privé, c'est l'individu qui est la fin, et l'Etat n'est que le moyen.

Ihering a développé postérieurement une théorie semblable, en distinguant trois classes de droit, suivant que le destinataire est l'individu, la société ou l'Etat. Mais cette distinction n'est pas comme son auteur le reconnaît lui-même une division fondamentale du droit, attendu que toute institution juridique peut avoir comme destinataire l'individu, la société ou l'Etat ; la propriété, par exemple, peut être privée, sociale ou publique. De plus, dans la pratique, la société et l'Etat sont synonymes. Restons-en donc à la théorie de Savigny et de Sthal…

Savigny et Stahl admettent que le droit public et le droit privé sont conjointement relatifs aux individus et à la société. Mais, dans le droit public, le sujet est considéré comme membre de la société ; dans le droit privé comme individu indépendant. Suivant ces idées Ahrens distingue, dans le droit, l'objet immédiat et l'objet final. L'objet final de tout droit est la personnalité humaine. Mais la personnalité humaine peut être la fin immédiate de la relation juridique ; si la relation juridique a cette fin immédiate, elle est de droit privé ; si, au contraire, elle a pour objet la société ou l'Etat, cette relation est de droit public.

Comme l'observe justement Korkounov (1), la « classification donnée par Ahrens est insuffisante ; sa théorie, de même que celle de Stahl et de Savigny, n'explique pas comment il peut arriver si souvent que l'Etat soit le sujet de relations juridiques d'un caractère purement civil et privé » « Quand l'Etat achète, vend, échange, loue, etc., il est lui-même la fin et non le moyen, contrairement à la théorie de Stahl ; une fourniture de bottes à la troupe n'a pas pour objet l'intérêt personnel que Stahl considère tant comme caractéristique du droit privé ; et dans ce cas de fourniture, la fin qui se recherche n'est pas celle où tendrait la volonté individuelle qu'Ahrens présume dans le droit privé, l'Etat entier étant celui qui payera les dépenses et en profitera. »

Ces différenciations du droit privé et du droit public

(1) *Op. cit.*, p. 257 (trad. française).

dérivent d'Ulpien, car elles font entrer principalement en compte les intérêts individuels et les intérêts collectifs. Elles sont essentielles, parce qu'elles distinguent un droit de l'autre, d'après son contenu et son objet. Leur fausseté consiste dans une conception empirique des fins utilitaires du droit qui est erronée et incomplète. Cette conception ne procède pas d'une véritable analyse positive des intérêts que protège le droit. On y parle fréquemment de l'intérêt général comme s'il ne résidait pas aussi bien dans les intérêts particuliers.

En réalité, le droit n'a pas pris naissance et ne s'est pas développé pour protéger des intérêts lointains et idéaux, mais bien les intérêts des individus dans leurs relations sociales. Du fait que l'on dit que le droit a pour objet la sociabilité, on doit entendre que les intérêts individuels créent la sociabilité, et qu'en même temps, pour la maintenir, ils créent le droit. La société et le droit ne sont pas l'œuvre de pactes et de conventions conscientes ; ils se forment d'après les circonstances et la nature des choses, d'une manière inconsciente et réflexe. Ils naissent tous deux comme un organisme.

Dès son origine nébuleuse, instinctive et inconsciente, le droit se présente à la fois comme public et privé. Avant que le groupement social eût pris la forme d'une véritable organisation politique, il a dû exister des règles juridiques, protégeant de toute attaque la souveraineté et la propriété générale. C'étaient les règles d'un droit public, embryonnaire encore et mal défini. Mais à peine, avec le début de la civilisation, le droit eût-il revêtu à Rome des formes dialectiques et légales, qu'Ulpien différencie le *jus publicum* du *jus privatum*. Et la différenciation a pour objet de faire primer les intérêts primordiaux de la collectivité sur les intérêts particuliers d'une moindre utilité générale. *Salus publica suprema lex esto !*

Le prestige historique de la théorie d'Ulpien et l'ignorance où l'on était alors du principe scientifique de l'utilitarisme biologique universel entraînèrent les jurisconsultes, vers le commencement du XIXe siècle, à se placer généralement au point de vue des intérêts généraux et des intérêts particuliers, pour distinguer les droits d'ordre public et d'ordre privé. Mais, comme cette différenciation essentielle éveillait à juste titre des critiques et des réfutations, on s'est plutôt efforcé, depuis lors, d'établir une distinction purement *formelle* entre les deux branches du droit. Les jurisconsultes allemands, surtout, se sont distingués en établissant des groupements logiques des droits, suivant qu'ils correspondent à l'individu considéré comme tel, ou à l'individu considéré comme membre de l'Etat. Dans le premier cas, les droits appartiennent au droit privé, dans le second au droit public. La difficulté consiste ici à différencier, dans tous les cas et dans chacun d'eux, quand l'individu doit être considéré comme simple particulier, et quand comme citoyen de l'Etat...

Une autre distinction formelle entre le droit public et le droit privé a été proposée par Thon. Dans son *Rechtsnorm und subjektives Recht*, il prend pour base les conséquences de la violation de la règle juridique. Si les particuliers peuvent seuls demander la répression de cette violation, il s'agit d'un droit privé. Si l'Etat peut procéder *motu proprio*, le droit en question est public.

C'est une théorie acceptable dans la plupart des cas ; mais elle laisse forcément bon nombre de faits en dehors d'elle. Ainsi, quand il existe une justice administrative, il est fait droit à la requête des particuliers, même si la matière est de droit public. D'autre part, il y a des contestations juridiques dont la solution peut être demandée à la fois par les particuliers et par l'Etat. C'est ce qui arrive pour les poursuites engagées à propos d'un grand nombre de délits, à propos d'homicide par exemple. L'Etat peut poursuivre l'homicide au criminel ; et le particulier lésé, au civil. — Nous verrons, d'ailleurs, dans le paragraphe suivant, la portée de cette théorie de Thon, et la valeur, complémentaire à certains égards, que je lui attribue en ce qui concerne la véritable différenciation du droit public et du droit privé.

§ 75.

Différenciation du droit public et du droit privé.

La théorie essentielle d'Ulpien et les conceptions de Savigny, de Sthal et d'Ahrens, qui lui font suite, ne sont pas acceptables, à cause de leur inexactitude. Les théories formelles sont aussi peu satisfaisantes, en raison de leur empirisme et de leur manque de précision scientifiques. Bien que parfois partiellement exactes, elles ont le défaut de ne pas pénétrer la nature relativement philosophique de la division bi-partite du droit. Et cependant, l'ancienneté et le caractère général de cette division font penser qu'il doit exister des limites plus ou moins essentielles entre l'un et l'autre droit. Sinon, on s'expliquerait difficilement l'unanimité presque absolue des opinions à ranger les droits humains dans ces deux catégories fondamentales...

Différents jurisconsultes russes ont tenté, dernièrement, de découvrir par un procédé mental d'analyse et de généralisation cette différence plus ou moins essentielle entre le contenu du droit public et le contenu du droit privé. Parmi ces théories, celle de Korkounov (1), suggérée, je crois, par Zitovich, présente une très remarquable lucidité. D'après elle le droit privé est toujours un droit *de distribution ;* le droit public, un droit *d'adaptation.* « Le droit, dit-il, est en général la faculté de se servir d'une chose. Cette faculté peut être garantie à un individu sous une double forme. La forme la plus simple est de répartir l'objet en diverses parties, chacune desquelles sera pos-

(1) *Op. cit.*, p. 373 (trad. française).

sédée à titre de propriété. Ainsi s'établit la différence entre le mien et le tien. Toute la conception de la propriété privée se fonde sur cette distribution ». Conjointement à cette forme de distribution du mien et du tien, existe aussi l'adaptation de l'objet à la réalisation de certains intérêts collectifs. Conjointement à la propriété particulière, la propriété sociale a sa place.

C'est de préférence sur les droits patrimoniaux que raisonne Korkounov ; mais sa théorie peut, de même, être généralisée à d'autres catégories de droits, à ceux par exemple qui concernent l'autorité ou la puissance. L'autorité résultant de la puissance paternelle et de la tutelle constituent des droits distributifs, appartenant à telles ou telles personnes, c'est-à-dire distribués entre telles et telles personnes. C'est pourquoi ce sont des droits privés. L'autorité de la loi ou de l'Etat, en revanche, est adaptée à toute la société ; c'est une autorité générique et commune. Même quand la société se divise en classes et que l'autorité de l'Etat retombe diversement sur elles, elle doit être adaptée tout au moins au groupe que forme chaque classe. Ainsi, le principe de l'autorité de la loi et de l'Etat est-il de droit public, contrairement à celui de l'autorité du père ou du tuteur.

Quand l'Etat agit comme un particulier, il se fait le sujet de droits distributifs, il opère des actes de droit privé. On pourrait cependant objecter que ces actes de droit privé ont une fin d'usage général. L'Etat achète des chevaux comme un particulier quelconque ; mais ces chevaux sont destinés à une institution d'ordre public, l'armée. De sorte que, si en achetant des chevaux, l'Etat opère un acte de droit distributif, en les utilisant, il en exécute un autre de droit adaptatif.

Précisément, dans les cas où l'Etat agit comme un particulier, ses actes sont de droit privé. Mais, une fois ces actes effectués, — l'achat des chevaux fait — ils peuvent devenir la base d'autres actes, qui eux sont de droit public.

En achetant des chevaux, l'Etat est un particulier qui agit selon le droit privé ; en les utilisant, l'Etat agit dans le domaine du droit public. En effet, l'armée est une institution d'ordre public.

Toutes les fois que l'Etat agit comme un particulier, il n'y a qu'à *décomposer* ses actes en deux parties : le moyen et la fin. Le moyen est de droit distributif ; la fin de droit adaptatif à l'usage général. L'objection soulevée, — celle que certains actes de droit privé peuvent s'exécuter par l'adaptation sociale, — n'est pas fondée, puisque ce n'est pas l'acte *en soi* qui est d'adaptation sociale, mais que ce sont ses conséquences. L'acte *en soi*, l'achat des chevaux, est une simple distribution de droits, bien que l'un des sujets qui y intervienne soit l'Etat lui-même. L'emploi des chevaux ensuite est adaptatif ou de droit public ; mais là il s'agit d'un fait juridique nouveau et distinct, — régi par conséquent par d'autres règles.

Il arrive fréquemment qu'un droit public soit en opposition avec un droit privé ; ainsi lorsqu'il y a expropriation. En pareil cas, le droit public prime le droit privé, mais en le reconnaissant toujours ; par exemple, quand l'Etat exproprie, il indemnise le particulier exproprié de la valeur de sa propriété.

Voici comment j'interprète, en la généralisant, la théorie proposée par Zitovich et Korkounov. On peut, d'après elle, reconnaître deux formes dans la justice, chacune desquelles correspond à un objet ou contenu différent. Quand la justice distribue quelque chose entre tous les citoyens, ou du moins entre une catégorie déterminée de citoyens, il s'agit de droits privés, et de droits publics quand elle adapte des choses, des actes ou des hommes à l'usage commun de la société. Telle est la distinction entre les deux droits, distinction plus ou moins essentielle, plutôt moins que plus, attendu, comme je l'ai dit, que tous les droits utilitaires par essence, ont l'individu pour fin dernière, qu'ils procèdent tous des réactions individuelles de plaisir et de douleur et qu'ils tendent tous au libre développement de la personne, au principe de la liberté.

Pour compléter cette différenciation que j'appellerais semi-essentielle, la distinction formelle de Thon, exposée ci-dessus, me paraît devoir être acceptée. Il n'y a qu'une réserve à y introduire, celle-ci : quand l'individu seul peut requérir la sanction de la violation d'une règle juridique quelconque, cette règle appartient au droit privé ; quand l'Etat, selon les principes généraux peut intervenir dans cette requête, soit seul, soit en concurrence avec l'individu, la règle appartient au droit public, mais avec les restrictions qu'impose le droit administratif de chaque pays.

§ 76.

Théorie d'un droit unique, privé et public.

Divers auteurs ont nié, dans ces derniers temps, l'existence de toute distinction entre le droit public et le droit privé. Parmi eux, se trouve Posada, l'éminent professeur de l'Université d'Oviédo, qui soutient qu'il y a lieu de rompre une bonne fois avec la tradition romaine imposant cette division, et cela pour de bonnes raisons philosophiques et aussi de convenance juridique...

La distinction, dit-il, ne répond ni à la nature théorique du droit, ni à ses exigences pratiques. Aussi, le droit anglais, l'ignore-t-il ou peu s'en faut. Elle ne fournit pas un critérium adaptable à toutes les circonstances et ne peut servir de base pour une classification des institutions juridiques. Au moyen-âge, la souveraineté était patrimoniale, c'était un droit privé ; les fonctions publiques étaient alors considérées comme une propriété de droit privé. Les contrats, qui sont généralement considérés comme faisant partie du droit privé, constituent, pour certains auteurs, un acte de droit public, puisqu'il les appliquent à l'explication des relations ayant pour objet le payement de l'impôt, la prestation du service militaire, les traitements des fonctionnaires publics. Le concept du mandat s'applique de même à la représentation politique... « La distinction généralement admise est seulement historique. Elle ne répond pas à des exigences universelles et permanentes ; elle ne contient pas un critérium accommodable à toutes les circonstances et n'implique pas une différenciation essentielle dans le concept du droit. Sans doute, elle exprime une différence qui a eu et a encore de la réalité ; mais elle ne peut réaliser une classification des institutions juridiques. Son apparition dans le droit romain s'explique comme une conséquence de l'affirmation au sein de l'Etat, de l'élément privé, avec son propre droit, protecteur et régulateur de ses intérêts ; mais de là il ne peut arriver à constituer les sphères très variées de l'activité sociale, hors et indépendamment de l'Etat, car il faut tenir compte que l'évolution, dans le sens de la désintégration juridique, des relations sociales, ne s'est pas arrêtée au point où l'on peut supposer le dédoublement de la vie en vie publique et privée, mais qu'elle a continué à se désintégrer dans le public. Le *public*, au sens romain du mot, correspond plutôt aujourd'hui au *politique* » (1).

Le public et le privé n'expriment pas deux sphères substantiellement distinctes, puisque l'individu et la famille ont une vie publique et sont des éléments de droit politique ; c'est une erreur, comme le dit Giner (2), de penser qu'il y a un droit public, qui se rapporte uniquement et exclusivement à l'Etat, et un droit privé qui se rapporte à l'individu et aux siens. Cette division, ajoute Posada, part de la supposition erronée que le droit est l'œuvre

---

(1) A. POSADA, *Tratado de Derecho administrativo*, T. I, p. 72.
(2) *Resumen de la Filosofía del Derecho*, p. 240, cité par Posada, loc. cit., T. I, p. 71.

objective de l'Etat. De plus, elle met en opposition deux termes : l'individu et le tout social, qui ne doivent pas être considérés comme formant seuls les relations juridiques. Il existe d'innombrables autres centres et groupes d'associés qui sont susceptibles de droits et d'obligations...

Tous ces arguments sont, les uns d'ordre philosophique, les autres d'ordre pratique. Les premiers rejettent la différenciation substantielle de l'individu et de l'Etat, parce qu'en dernière analyse, l'individu est le sujet de tous les droits. Les seconds relèvent la confusion facile du public et du privé et aussi l'existence d'un grand nombre d'associations ou de personnes morales qui ne sont ni l'Etat, ni l'individu...

Je pense, contrairement à cette théorie de l'indivisibilité théorico-pratique du droit, qu'il y a lieu de maintenir, tout en lui assignant de justes et relatives limites, la division bi-partite : 1° parce qu'elle n'est pas dépourvue d'une certaine base philosophique et logique ; 2° parce qu'elle a une utilité pratique, dérivée de son caractère historique et traditionnel ; 3° parce qu'on ne connaît pas jusqu'à maintenant d'autre division qu'on puisse lui substituer.

Tout d'abord et sans discussion, il me faut admettre qu'il n'y a pas une divergence radicale et inévitable entre le droit public et le droit privé. Mais il n'y a pas plus de doute qu'il n'y ait entre l'un et l'autre, une différenciation doctrinaire et philosophique, plus ou moins catégorique et plus ou moins essentielle. J'ai déjà trouvé cette distinction dans le contenu de la justice distributive et celui de la justice adaptative, si l'on me permet d'employer cette expression ; la première partie de mon argumentation se trouve donc exposée dans le paragraphe précédent.

D'autre part, malgré les observations de Giner et de Posada, la division, bien qu'un peu indécise parfois, a une certaine utilité pratique, qui réside dans les différenciations et classifications des droits, des règles et des intérêts. Elle est de plus comme incrustée dans l'organisme du droit. Droite ou déviée, elle est sa colonne vertébrale organique et historique. En reconnaissant ses déformations, le mieux est de l'accepter comme elle se présente, sous peine de faire perdre à cet organisme sa position spontanée la plus commode. Méconnaître l'existence relative et plus ou moins nébuleuse de la division, c'est risquer de tomber, par manque d'esprit positif, dans le rationalisme de l'école philosophique, qui est imprudent, lorsqu'il n'est pas stérile. Jusqu'à présent, en effet, on n'a pas établi, et on ne peut pas établir, je crois, théoriquement ni rationnellement, une nouvelle division juridique qui soit plus acceptable et qui remplace celle que l'on prétend supprimer.

Il est certain qu'il y a, en plus de l'individu et de l'Etat, un grand nombre d'associations et d'organismes intermédiaires dans l'organisme social : l'église, les communes, les sociétés commerciales et savantes, etc... Mais ces organismes intermédiaires s'assimilent, en fait, aux individus, comme l'Etat lui-même s'assimile à eux quand il vend, achète, loue. Dès lors, étant donné que ces organismes s'appellent en droit « personnes civiles, juridiques ou morales », on peut dire que la justice distributive du droit privé se rapporte, non seulement aux personnes physiques, mais aussi aux personnes morales, quand elles accomplissent des actes de droit privé. Je conviens que cette explication préalable n'a rien de précis ni de mathématique ; mais si elle est fondée sur la réalité pratique, le juriste ne peut que la commenter et l'améliorer. Il n'est pas en son pouvoir de la détruire, et cela serait-il qu'il ne le devrait pas en raison de la commodité historique qu'elle présente, soit dans la doctrine, soit dans la législation.

Je trouve qu'il est relativement facile de distinguer, selon les règles juridiques applicables, quand et dans quels actes les personnes morales revêtues d'un caractère politique — l'Etat, les provinces, les communes — procèdent comme personnes de droit privé. Je suppose à cet effet le principe suivant : la règle juridique sera de droit privé si elle est susceptible d'être appliquée aux particuliers. Par suite, l'acte régi par la règle est aussi de droit privé. Il n'y a que certains actes de l'église dans des pays dont la constitution est religieuse, comme en Russie, qui puissent échapper à la division bi-partite. Aussi, certains juristes ont proposé une division tri-partite : droits publics, droits privés, droits ecclésiastiques. Mais ces derniers peuvent être mis de côté, parce qu'ils ne peuvent exister que dans des nations dont le gouvernement politique et religieux est plus ou moins absolu.

Il ne me semble pas que la reconnaissance et l'étude de la division du droit public et privé contienne, en aucune façon une notion objective du droit qui soit fausse. Qu'à d'autres époques cette notion fausse ait exagéré le *distinguo*, c'est exact. A notre époque, on ne conçoit la loi que comme fonction de l'Etat, comme objet de l'Etat ; mais il n'est pas plus nécessaire de la concevoir ainsi pour distinguer l'ordre public et l'ordre privé. Quoique la loi soit une création subjective du peuple, de l'individu, l'individu et le peuple, en raison du fondement biologique et utilitaire du droit, doivent reconnaître l'ordre public et lui accorder la primauté dans la loi. Et de fait, c'est ce qui s'est passé, depuis Ulpien jusqu'à Savigny.

Quant à ce que les « institutions » humaines soient à la fois de l'un et l'autre droit, cela est vrai, sans qu'on puisse le nier en rien. Les droits patrimoniaux, par exemple, sont publics et privés... La cause en est que sous la rubrique « institutions » on entend les principes et les faits les plus divers. En réalité, il n'existe d' « institutions » juridiques bien définies que par une abstraction et une généralisation de l'intelligence humaine : ce qui existe, ce qui a existé et existera toujours, ce sont les règles, les relations de droit, les droits et les devoirs. Le concept de la propriété, en tant qu' « institution » est fondamentalement antiscientifique ; il y a des droits patrimoniaux et des règles juridiques s'y rapportant, mais il n'y a jamais eu, que dans les imaginations, la propriété comme fait absolu et uniforme. Peut-on comparer, par hasard, la propriété d'une tribu sauvage sur son territoire de chasse, celle d'un barbare sur ses armes et ses femmes, celle d'un seigneur féodal sur son fief, celle d'un millionnaire contemporain possesseur d'une *estancia* dans l'Argentine, d'actions des mines du Transvaal et de titres de la rente russe ? Et il en est de même que de la propriété, de la famille et de toutes les « institutions » qui ne sont que des groupements ou des généralisations de l'esprit humain. Leur existence réelle ne se présente en droit que sous forme de règles ; et toutes les règles peuvent être rangées soit dans le droit privé, soit dans le droit public, sans entendre par cette distinction, l'existence de deux substances différentes et moins encore opposées.

Je dirai, pour conclure, que je ne crois pas davantage que l'on puisse identifier le droit public à la politique. Le droit public traite, en général, des règles de justice adaptatives ; la politique en forme une branche : la branche qui traite de l'organisation gouvernementale interne et externe. La relation entre celui-ci et celle-là est donc une relation de genre à espèce. Et il n'est pas difficile de distinguer pratiquement le droit politique des autres branches du droit public, attendu qu'il existe un concept clair et précis du gouvernement politique, fait historique et actuel. En outre, à la différence de toutes les autres règles juridiques, celles de la politique se rapportent fréquemment à des institutions positives ; institutions concrètes et bien délimitées. La nation, les provinces, les communes sont des *choses* instituées avec une uniformité relative, ce qui n'est pas pour l'individu, l'intérêt, la propriété, la famille, simples *abstractions* dialectiques et objectives. Bien qu'en droit le concept d'institution soit spéculatif, irréel et antiscientifique, il peut en politique être parfaitement positif.

§ 77.

Divisions du droit positif.

Si le droit naît comme un organisme et comme un organisme aussi se développe, son développement doit être sans nul doute un processus de différenciations faites peu à peu. En effet, ce que j'ai appelé le principe féminin du droit, sa croissance spontanée, a été dans des temps reculés, quelque chose comme l'ovule maternel de l'éthique. Fécondé par la lutte pour le droit, par ce que j'ai nommé le principe mâle, l'ovule a acquis une vie indépendante. Cette vie, comme celle de tous les organismes, allait de l'inconscient vers le conscient. Un ensemble informe de réactions vitales la constituait ; l'éthique était encore indivisible.

Les premières luttes externes pour le droit, celles des groupes d'habitants et des tribus entre elles, achevèrent de concréter certaines règles éthiques et en firent des lois ; c'est là où le juridique se sépara pour la première fois du moral. Au début, le juridique est en général le politique, comme en Grèce. Mais à Rome, il se crée et s'établit déjà un droit positif qui embrasse des règles juridiques dont l'espèce ne peut être regardée comme politique. C'est le *droit civil*. La cité forme son droit civil, son *jus civile*. Tout le droit positif n'était que *jus civile*. Néanmoins, dès Ulpien, apparaît la tendance à diviser ce droit de la cité en *privatum* et *publicum*. De sorte qu'à peine est-il formé, on voit se former dans le droit, du moins dans le droit européen, une esquisse de la division bi-partite. C'est ainsi que la croissance organique du droit commence ses différenciations progressives, bien que le droit romain ancien, malgré la grandeur de son en-avant et l'abondance de ses règles, de ses symboles et de ses formes, n'ait pas poussé plus loin la classification et la division de ses branches.

Dans les temps modernes, le droit civil s'est circonscrit et individualisé, en formant l'une des diverses branches du droit et de la législation. Il règle spécialement les relations de la famille et les relations du droit patrimonial. On l'appelle souvent *droit privé*, en raison de ce que la majeure partie de ses règles appartiennent à cette catégorie du droit et aussi *droit commun*, parce qu'il régit la capacité des personnes et leurs droits patrimoniaux en général. Les autres branches du droit appelé généralement droit privé concernent la législation de cas ou de formes spéciales, comme le commerce ou les salaires ; mais leurs dispositions rentrent toujours dans les principes du droit civil, qui en vient ainsi à servir de source indirecte et de complément à la législation commerciale ou ouvrière.

Au moyen-âge, une division bien concrète s'introduit dans le droit positif. A l'égal de l'Etat, l'Eglise crée une nouvelle catégorie de droit, le *droit canonique*, qui est aussi organique et effectif que le droit civil ; l'un et l'autre constitue alors ce qu'on appelle les « deux droits ». Cette division a été conservée, en Angleterre, avec tant d'autres formes de la civilisation médiévale, de préférence à celle du *jus publicum* et du *jus privatum*. Sur le continent, la diminution progressive de la puissance de l'Eglise a fait perdre chaque jour plus d'importance au droit canonique ; depuis la Révolution française, il est resté relégué, chez les nations démocratiques, dans la catégorie d'un droit d'exception qui ne régit que les affaires intérieures de l'Eglise.

Le droit canon se divise en public et privé. Public, il traite de l'organisation de l'Eglise ; privé, des droits particuliers régis par l'Eglise. Ses sources, dans ses deux branches, sont toujours les canons et les décisions des autorités ecclésiastiques.

Les plus anciennes règles juridiques, par conséquent les premières règles du *jus civile* sous leur forme primitive d'usages, ont dû être des règles pénales. Et de même, pendant tout le moyen-âge, les dispositions pénales qui étaient édictées prenaient toujours place dans le droit civil ou étaient comprises dans le droit canonique ; d'origine laïque ou ecclésiastique, elles avaient alors un caractère théologique, et partant très sévère. Le fameux livre de Beccaria, *Des délits et des peines*, inspiré par le courant philanthropique de l'humanisme et particulièrement du néohumanisme, contribua à la formation d'une école d'un *droit pénal* indépendant du droit civil, en donnant une forme concrète aux critiques qui étaient dans l'air. Cette école détermina plus tard la séparation complète de ce droit pénal, séparation qui n'est devenue un fait positif que dans la législation moderne.

Les besoins du négoce amenèrent, de même, à l'époque médiévale, la promulgation de statuts d'un caractère commercial. Néanmoins, ces statuts, comme les statuts pénaux, faisaient encore partie du droit civil. Mais l'augmentation continuelle du trafic mercantile rendit promptement nécessaire la création de tribunaux spéciaux. Ces tribunaux finirent par produire un droit également spécial, qui, dans la législation moderne, constitua plus tard une nouvelle branche du droit, le *droit commercial*.

Le néo-humanisme créa indirectement la science du droit politique et, en appliquant ses théories, la Révolution française les condensa en lois constitutionnelles, dont l'étude allait former une catégorie toute nouvelle du droit positif, le *droit constitutionnel*. L'application de ce droit à certains conflits entre particuliers, qu'il doit régir en raison de leur fin et de leur nature, porte aujourd'hui le nom de *droit administratif*.

Les procédés judiciaires à suivre devant les autorités et les pouvoirs de l'État engendrent, de leur côté, une autre branche indispensable de la législation, le *droit de procédure*, branche qui, depuis son origine fut confondue avec le droit civil. Il fallut l'en séparer, au début du xix° siècle, à cause de son extension et de sa complication.

Dès la fin du xviii° siècle, les relations internationales, de plus en plus continuelles et importantes, achèvent de généraliser le vieux *jus gentium*, en lui donnant une forme nouvelle, plus ou moins rationaliste avec tendance à la conciliation des intérêts politiques ; c'est ainsi qu'apparaît, au début du xix° siècle, le *droit international public*. Le commerce universel et les rapports réciproques d'habitants de divers pays finissent ensuite par rendre nécessaire, en certains cas, l'application des lois étrangères ; le principe de l'exterritorialité légale se pose, et une subdivision s'établit dans le droit international : c'est le *droit international privé*.

Cependant, les besoins contemporains créent et continuent à créer, de nouvelles législations spéciales : législation agricole, législation des mines, législation ouvrière, etc.

Telle est, présentée sous une forme un peu générique et schématique, le processus de la diversification du droit positif ; chaque branche est allée en se divisant en espèces, selon les besoin de la société et de la législation. Par suite, ces branches, qui ne sont que des créations empiriques et occasionnelles, ne répondent pas en réalité, à des concepts rationalistes, à des théories philosophiques et transcendantes. Et c'est pourquoi les auteurs d'encyclopédies juridiques se heurtent à des difficultés insolubles quand ils veulent les définir. Leur définition se trouve bien plutôt dans leur contenu et dans leur forme que dans leur objet et leur fin. Définir d'une façon encyclopédique le droit civil c'est en donner un concept incomplet ou équivoque. L'ensemble de ses règles et de ses tendances permet seul de nous en former un concept véritable. Et il en est plus ou moins de même, peut-on dire, pour les autres branches du droit.

Les classifier est encore plus difficile et plus aventuré

que de les définir. Toutes ces branches sont composées d'une vaste réunion de règles appartenant au droit public et au droit privé. Partant, c'est une erreur d'en dresser un tableau où elles soraient rangées dans l'une ou l'autre de ces catégories.

Le mieux, pour les classer et les définir d'une façon encyclopédique, serait plutôt d'étudier les espèces successives qu'elles ont formé historiquement, d'analyser en détail ce que j'expose ici sommairement. Mais cette analyse, que j'appellerais une analyse embryologique des branches du droit est très compliquée, et suivant les peuples elle varie. C'est pourquoi il m'a paru préférable de n'en tracer ici qu'un tableau tout à fait général et simpliste, en laissant leur étude spécifique plus approfondie, aux recherches spéciales sur chacune de ces branches.

Si l'on tient, cependant, à en établir une classification empirique et approximative, on peut la synthétiser, d'après Namur, dans le schéma suivant :

$$
\text{Droit positif} \begin{cases} \text{public.} \begin{cases} \text{interne.} \begin{cases} \text{constitutionnel.} \\ \text{administratif} \\ \text{pénal.} \end{cases} \\ \text{externe.} \begin{cases} \text{international.} \\ \text{canonique.} \end{cases} \end{cases} \\ \text{privé.} \begin{cases} \text{théorique.} \begin{cases} \text{civil.} \\ \text{commercial.} \\ \text{législation minière.} \\ \text{législation ouvrière.} \\ \text{législation agricole.} \end{cases} \\ \text{pratique} \ldots \text{Procédure.} \end{cases} \end{cases}
$$

Ce schéma peut nous servir à comprendre la classification de la nomenclature courante. Mais il ne nous faut pas oublier que le droit est un tout harmonique. De la connaissance de son origine et de sa nature découle que les règles du droit public sont nées pour protéger les règles du droit privé ; les règles du droit privé sont donc contenues dans les règles du droit public.

Les branches de l'étude du droit que j'ai signalées se rapportent spécialement à la législation. Il y en a d'autres, comme l'économie politique, qui sont plutôt d'ordre philosophique et doctrinaire ; leur énumération serait, suivant le critérium employé, plus ou moins longue et variée, attendu que toutes les sciences sociales sont susceptibles d'être étudiées, sous leur aspect juridico-politique, c'est-à-dire sous un aspect plus ou moins relatif au droit positif et à la législation.

Comme se rapportant aussi au droit positif, on a individualisé et fait une science spéciale, au même titre que tant d'autres, dans le dernier tiers du xix° siècle, de la *législation comparée*, ou l'étude comparative des lois à travers le temps et l'espace. On a fait remarquer, par rapport à cette dénomination, que le droit n'embrasse pas seulement les lois, mais aussi la coutume et la théorie juridique, et que, par suite, il serait peut-être plus scientifique, — attendu que la loi ne doit pas être étudiée isolément et en elle-même — d'appeler la nouvelle science le *droit comparé*.

Mais si l'on tient compte qu'en droit moderne, et par l'effet du système généralisé de la codification, la loi a une valeur unique et quasi-absolue, je pense que l'étude comparative du droit moderne peut légitimement s'appeler « législation comparée ». En revanche, en raison de l'insuffisance de la loi, et de l'importance prépondérante de la coutume et de la théorie juridique, l'étude comparative du droit ancien pourrait se nommer *droit comparé*. De la sorte, la première expression s'appliquerait à l'évolution juridique du passé ; la seconde, aux concordances et aux désaccords des situations juridiques du présent.

La législation comparée peut être étudiée, sous forme d'un commentaire de la législation nationale, ou bien séparément, comme une branche distincte du droit. Des deux façons, et spécialement de la dernière, son étude, quoique difficile et embarrassante, mérite d'être faite, parce qu'elle fixe et élargit le critérium juridique. Par opposition à la législation comparée, le droit comparé ne deviendrait ainsi rien moins que la connaissance des origines et de l'évolution du droit. Quelque nom que l'on donne à cette connaissance, son importance est évidente. Les origines et la genèse historique du droit sont la meilleure confirmation de la théorie générale du droit, quelle qu'elle soit, historique, économique ou biologique.

CHAPITRE XV

UNITÉ SOCIALE DU DROIT ET DE LA LÉGISLATION

§ 78. L'unité psychologique du droit et la conscience sociale. — § 79 Facteurs psychiques de la conscience sociale. — § 80. Le facteur religieux dans la conscience sociale. — § 81. L'unité intrinsèque et les divisions extrinsèques du droit et de la législation.

SAVIGNY, *Traité de droit romain* (trad. française); *Vom Beruf unserer Zeit für Gesetzgebung und Rechtwissenschaft.* — PUCHTA, *Encyclopadie als einleitung zu Institutione; Institutiones.* — IHERING, *Zweck im Recht.* — NOVICOW, *Conscience et volonté sociales.* — LINDNER, *Ideen zur Psychologie der Gesellschaft.* — LE BON, *Psychologie des foules.* — WUNDT, *Ethik.* — PAULSEN, *System der Ethik.*

§ 78.

L'unité psychologique du droit et la conscience sociale.

L'école organique compare la société à un organisme, elle la compare même à un surorganisme ; elle lui attribue donc une conscience et une volonté. Ce concept a été généralement accepté ; tous les auteurs reconnaissent que le peuple, ou la représentation de sa classe dirigeante — l'Etat — est capable de posséder et d'agir suivant une conscience et une volonté générales, qui sont celles de la société ou du moins du groupe qui gouverne. L'Etat a ainsi, tout au moins, à défaut de la conscience de lui-même, celle des forces qu'il incarne et personnifie. « Il a, dit Wundt, une conscience sociale, incomparablement plus forte et plus respectable que toutes les volontés individuelles qui le servent, une conscience sociale qui se compose des représentations et des aspirations de la masse de ses membres. Mais il lui manque la conscience de lui-même (*Selbsbewusstscin*, « connaissance de soi-même »), la possession immédiate d'un moi.

Le fait est que la société possède une conscience et une

volonté et que l'Etat possède l'une et l'autre ; mais ce ne sont pas les mêmes ; et tous deux manquent de la possession *immédiate* d'un moi. Ils ne peuvent l'avoir, parce que leur unité n'est jamais aussi intime que celle d'un animal inférieur ou supérieur. Cependant, à certains égards, la société et l'Etat ont une volonté et ont conscience de leur action et de leur vie ; mais ces consciences et ces volontés sont *médiates*, parce qu'elles n'existent que chez les individus qui composent la société, ou chez les membres du groupe qui forme l'Etat.

Pour procéder scientifiquement, il conviendrait, dès lors, de fixer où se trouve cette conscience-volonté sociale et comment elle s'établit et elle agit. Nous savons avant tout qu'elle réside chez les individus. Mais en quelle partie de l'individu et sous quelle forme ?... Je pense qu'il n'y a que la théorie de l'hérédité psychologique, d'une part, et la psychologie des foules, de l'autre, qui puissent nous donner la clef du phénomène.

La psychologie des foules, telle que l'exposent Le Bon et Sighele, consiste essentiellement dans un processus de contagion et de suggestion des passions et des idées. Toutes les foules subissent cette contagion, spécialement dans les moments de danger et de réaction ; elles ont leurs *meneurs*, leurs agitateurs, qui les dirigent, les impressionnent et se présentent comme des exposants ou des stimulants sociaux.

Or, les groupements primitifs ont dû vivre continuellement dans l'état psychologique des foules. Les intérêts communs formant des passions sociales agissaient sur tous les individus et sur chacun d'eux. Suggestionnés les uns par les autres, ils subissaient des réactions générales, où se formaient des règles générales de droit et de morale. Les intérêts, les passions, les mouvements de réaction, tout contribuait alors à fixer un certain critérium éthique et juridique. Ce critérium, en se développant inconsciemment dans ce que j'ai appelé la croissance spontanée du droit, a gravé sans doute, dans la conscience de chaque individu, certains jugements élémentaires, lui faisant discerner le défendu du permis, l'injuste du juste, le mal du bien. Après bien des générations, par une transmission opérée sans cesse par l'hérédité psychologique, l'individu finit par naître, sinon avec certaines idées éthiques innées, du moins avec certaines prédispositions éthiques, avec certaines capacités héréditaires, qui constituent ce que j'ai appelé son orientation éthique. De telle sorte que l'expérience individuelle fait seulement passer à la pleine conscience des idées préconscientes, acquises par l'expérience ancestrale. C'est pourquoi les idéalistes, Kant surtout, ne sont ni des imposteurs, ni même les victimes d'une illusion quand ils supposent les préceptes de l'éthique des « impératifs catégoriques de la raison ». En pareil cas, la raison n'est qu'une forme de l'hérédité psychologique. Dans la lutte pour le droit, on se bat pour faire pénétrer les nouvelles règles du droit, d'abord dans la mémoire individuelle, ensuite dans la mémoire sociale. Une fois gravées dans la mémoire de tous et de chacun, elles passent à leur tour dans l'hérédité de la race. La croissance spontanée du droit, aussi bien que la lutte pour le droit, tendent donc à former, dans l'orientation éthique des individus, un critérium juridique. Ce critérium sera semblable chez les sujets tant que leur hérédité sera semblable. D'où vient que la ressemblance, ou le fonds commun des critériums de tous, forme quelque chose comme un seul critérium en résultant : c'est la *conscience sociale*, éthique et juridique.

Le mot « conscience » a eu deux significations en philosophie : celle de critérium interne pour distinguer le bien du mal, et celle de connaissance de l'existence de soi-même, de ses sensations et de ses idées. (*Selbsbewusstsein*). Ces deux significations, la première théologique et scolastique, et la seconde, proprement psychologique, sont analogues, malgré leur très apparente diversité, car elles ont leur principe et leur base dans l'hérédité. L'hérédité fait acquérir aux organismes vivants la conscience psychologique et, plus tard, spécialement aux organismes humains, la conscience éthique. Si la conscience psychologique est une surévolution de la sensibilité primitive, la conscience éthique est une surévolution de la conscience psychologique.

La conscience sociale arrive ainsi à être la partie commune ou semblable de la conscience de tous et de chacun. Elle n'est pas, par conséquent, une conscience psychologique immédiate (*Selbsbewusstsein*) ; elle est doublement médiate : 1° parce qu'il y a un organe social qui l'établit ; 2° parce qu'il l'établit *dans sa forme morale* surévolutionnée.

De même que le droit est une partie de l'éthique, la conscience juridique est une partie de la conscience sociale. Quant à la conscience de l'Etat, elle est celle du groupe dirigeant ou dominateur. Cette conscience de l'Etat coïncide-t-elle avec la conscience juridique de la société ? C'est là, précisément, ce que j'ai analysé, en d'autres termes, au paragraphe 56. Et le résultat de ces recherches est que la conscience de l'Etat est l'expression plus ou moins conservatrice et retardataire de la conscience juridique générale.

Le principe de la conscience juridique, comme entité qui formule et traduit le droit en paroles et en lois, étant établi de la sorte, on comprend que de l'unité de cette conscience, résulte l'unité psychologique du droit. Psychologiquement, le droit est un et unique. Sa division en droit public, en droit privé et en branches distinctes de ces deux droits, ne repose directement sur aucun principe biologique. Il n'y a là que des approximations de classement plus ou moins formelles. J'ai pourtant essayé d'établir scientifiquement la division bi-partite ; mais ce n'a été que pour faciliter une classification, qui est la plus générale et la moins illogique possible. Si j'ai cherché une théorie délimitant cette division d'une manière presque essentielle c'est parce que la nature de la division s'y prête.

§ 79.

Facteurs psychiques de la conscience sociale.

La forme primaire, la forme la plus apparente et la plus spontanée de la conscience sociale, c'est la sympathie sociale ; j'appelle ainsi le sentiment de cohésion sociale par excellence, celui qui nous pousse à désirer le bien de nos parents, de nos concitoyens, de nos semblables. C'est quelque chose de plus que la justice et quelque chose de moins : quelque chose de plus parce qu'il est plus intense et plus désintéressé ; quelque chose de moins parce que ce sentiment n'a pas de sanction officielle ni coercitive. En Grèce et à Rome, ce fut l'*amitié*, si exagérée, de Platon et de Cicéron ; dans le christianisme, c'est la *charité ;* sous la Révolution française, la *fraternité...* Amitié, charité, fraternité, ne sont que les noms et les aspects divers d'une même force psychologique, d'un même sentiment fondamental, la sympathie.

Avoir de la sympathie pour son prochain, c'est ressentir ses douleurs et ses plaisirs ; c'est s'identifier, par un effort inconscient de l'intelligence, à sa situation triste ou heureuse. Ce sentiment est naturellement plus intense dans les circonstances douloureuses, parce qu'alors l'effort d'identification s'accompagne d'un autre, d'un sentiment de réaction contre la douleur, comme si celui qui sympathise occupait la place de celui avec qui il sympathise, comme s'il « était dans sa peau ». Les sensations agréables ne produisent pas une réaction semblable, il est donc clair qu'elles ne provoquent qu'une sympathie beaucoup plus faible. Ainsi, la sympathie la plus pure et la plus effective est toujours celle de la douleur, celle qui se traduit par la compassion.

Il résulte logiquement de ce concept de la sympathie humaine qu'elle dépendra en quelque sorte de la similitude ou ressemblance entre celui qui sympathise et celui pour qui il sympathise. Plus forte sera cette ressemblance, plus marquée pourra être la sympathie. C'est pourquoi il y a des gradations dans la sympathie humaine : l'affection paternelle, fraternelle, filiale, maximum de ressemblance, maximum de sympathie ; l'affection entre parents, entre amis ; la sympathie de classe sociale, de race ; la sympathie pour le genre humain, enfin... La sympathie peut même se ressentir pour d'autres espèces animales que l'homme ; et dans ce cas, elle est d'autant plus forte que l'espèce est plus analogue à l'homme ; on pleure la mort d'un chien, mais non celle d'un insecte, et moins encore d'un microbe.

On dit, il est vrai, « ton pire ennemi, c'est celui qui fait ton métier ». Mais ce phénomène, que l'on pourrait appeler « l'inimitié professionnelle » obéit à des causes ambiantes qui étouffent la sympathie spontanée ; ces causes sont les difficultés de la lutte pour la vie, l'ambition, la concurrence de tous les instants... Supprimez ces difficultés, cette ambition, cette concurrence, et vous obtiendrez chez les co-professionnels, un coefficient de sympathie assurément plus fort que chez des personnes ayant des professions distinctes.

C'est une profonde vérité que l'on ne connaît que ce qu'on aime. Aussi n'y a-t-il que l'amour, que la sympathie qui nous permettent de nous identifier à ce que nous désirons connaître ; il n'y a que la ressemblance, naturelle ou cherchée, qui facilite cette identification mentale.

L'amer aphorisme de La Rochefoucauld, disant que « nous nous réjouissons des malheurs de nos meilleurs amis » a cependant sa part de vérité et aussi son explication psychologique. Quand notre sympathie nous identifie mentalement à ces malheurs, cette identification nous cause un tel malaise, que notre organisme réactionne et réactionne avec l'idée qu'au bout du compte ce n'est pas notre moi qui souffre, mais celui d'un étranger, dont nous pouvons bien nous séparer et nous désidentifier... C'est cette réaction égoïste qui constitue la joie mystérieuse, diabolique, qui nous pénètre au plus profond de notre être quand nous compatissons à un ami qui nous est cher. Mais quand le malheur tombe, non plus sur un ami, mais sur un parent à qui notre vie et nos intérêts nous lient plus étroitement, alors la réaction n'est pas possible et la sympathie de la douleur nous anéantit.

L'aptitude à sympathiser est sans doute une capacité héréditaire qui tend à définir notre orientation éthique. C'est pourquoi le « surhomme » de Nietzsche serait avant tout un type atavique, ou mieux encore un *homunculus* créé, sans aucune trace héréditaire d'amitié ou de sociabilité humaine, dans les cornues d'un alchimiste métaphysicien. Il n'est pas possible, qu'après tant de siècles d'expérience ancestrale, d'éthique européenne ou gréco-chrétienne, un homme sain naisse exempt de sympathie humanitaire. Plus ses ascendants ont été cultivés et civilisés, plus sa capacité mentale et affective tend à être grande, pourvu que la dégénérescence n'intervienne pas ; et la sympathie humaine fait partie de cette capacité. D'où vient que l'homme blanc moderne peut être considéré comme organiquement altruiste, surtout quand il possède une intelligence supérieure. Nietzsche a présenté ainsi, dans sa vie pratique, un contraste saisissant avec ses doctrines ; il ressort de ses relations avec sa sœur, qu'il a chérie si profondément, malgré qu'elle fut femme, faible et stérile. Et l'idée me vient que ce qui a poussé ce singulier philosophe à formuler son éthique, c'est peut-être une sensibilité sympathique excessive, si excessive que, dans un milieu égoïste et médiocre, elle fut choquée au point de provoquer chez lui une lutte intense et définitive contre lui-même, qui eut ensuite pour résultat son œuvre surprenante. Des chocs et des crises pareilles ne sont pas rares dans la vie des hommes bien doués au point de vue affectif. Je les ai subis moi-même, et, par réaction, je suis allé alors spontanément aux extrémités opposées de la morale anti-altruiste. Ce ne fut, par bonheur, qu'une évolution passagère de mon adolescence, car je trouvai promptement un *modus vivendi*, qui remit l'équilibre entre les exagérations de ma philanthropie intérieure et la tiédeur du philanthropisme ambiant...

Il résulte de ma conception de la sympathie qu'elle est la forme la plus nette de la conscience sociale. Si la conscience sociale est le fond semblable et commun de tous et de chacun, ce fonds, à son tour, se manifeste premièrement sous forme de sentiments sympathiques.

L'utilité de ces sentiments sympathiques est évidente, tant qu'ils se maintiennent logiquement dans l'orbite social, sans s'étendre à des races en antagonisme et à des nations naturellement ennemies. Ce sont eux qui facilitent l'action de la conscience sociale, ce sont eux qui donnent de la sincérité et de l'efficacité à la conscience juridique, ce sont eux, enfin, qui constituent le *trait d'union* de la société, le plus fort et le plus intime. Qu'elle s'appelle amitié, charité, fraternité, la sympathie sociale est le ressort indispensable de toute unité morale, juridique et politique. Vient-il à manquer, le peuple se désagrège et s'épuise en luttes intestines, le peuple tombe. Carthage, Rome, Byzance, la Pologne, et tant et tant d'orgueilleux empires ont été renversés dans la boue de l'histoire, pour avoir manqué de sentiments sympathiques : de là est venue leur chute, plus que de la force de leurs ennemis. Il y a toujours eu des peuples puissants et avides, à côté de peuples petits et modestes, sans qu'en règle générale ces derniers aient péri de la main des premiers. Pour qu'un peuple soit une proie facile, sa petitesse et sa pauvreté ne suffisent pas, il faut plus encore, qu'il soit miné, ébranlé, épuisé par des luttes intestines, fratricides et suicides.

Les juristes indiquent le sentiment de la justice comme

suffisant pour maintenir et préserver l'ordre social. Je crois, pour moi, que ce sentiment de la justice est insuffisant en lui-même ; la conscience juridique a besoin de s'identifier à la conscience sociale, et celle-ci à la sympathie sociale.

La conscience sociale est moins la conscience psychologique, la conscience de soi de la société (*Selbstbewusstsein*) que sa conscience morale, celle de ses droits et de ses devoirs. La partie la plus intime de la conscience sociale, celle qui se rapproche le plus de la conscience psychologique est, dès lors, la sympathie sociale, l'amour de nos concitoyens, la conscience que nous avons de leurs peines et de leur joie. En ne m'appuyant plus sur un sentiment religieux, mais sur le positivisme scientifique et sur ce qu'il y a de plus pur dans mon idéal patriotique, je puis donc vous répéter, jeunes gens, la divine parole de Jésus : « Aimez-vous les uns les autres ». Et sachez que l'amour de vos proches contient parfois la violence et, je dirais, la haine, à l'égard de l'étranger.

La sympathie humaine dérive de la ressemblance spécifique entre celui qui a de la sympathie et celui pour qui il en a, elle est donc un produit de la spéciéité humaine. Cependant, dans les chapitres précédents, j'ai posé ce phénomène de la spéciéité, comme étant plutôt un principe d'antagonisme et de conquête, un sentiment plus ou moins accentué d'antipathie et de haine... La haine n'interviendrait-elle pas elle aussi dans l'engendrement de la conscience sociale. Evidemment, il résulte de ma théorie que les différences spécifiques produisent la lutte humaine et que la lutte engendre la politique. Par suite, les différences spécifiques forment l'antipathie, de la même façon que les ressemblances déterminent la sympathie. En conséquence, la haine est quelque chose comme le stimulant et le coadjuvant de l'amour. La conscience sociale, tout en étant le résultat direct de l'amour pour les siens, est aussi le résultat indirect de la haine pour l'étranger. Et il serait difficile, sinon impossible, de dire lequel de ces deux sentiments, qui ont engendré la conscience sociale, a le plus contribué au développement de la culture dans les premiers temps de l'histoire ! D'où vient que, quand on néglige la haine pour expliquer la genèse sociale, on commet une profonde erreur psychologique et biologique. Il a été exposé dans ce chapitre que la sympathie est la base de la conscience sociale, mais j'ai simplement voulu dire par là que la spéciéité humaine est à la fois l'origine de la sympathie et de l'antipathie ; que ces deux formes psychologiques sont cohérentes et concomitantes ; et, enfin, que l'antipathie pour les dissemblables resserre la sympathie pour les semblables et produit la conscience sociale. On peut donc dire que la société est un résultat de l'amour et de la haine. L'amour fait la cohésion sociale, et la haine la féconde. De leur accouplement, comme du choc de deux silex, sortira l'étincelle qui doit allumer le flambeau resplendissant de la civilisation. De leur accouplement vont naître l'éthique, le droit, l'Etat, le progrès.

§ 80.

Le facteur religieux dans la conscience sociale.

Cette étude synthétique des facteurs psychiques de la conscience sociale, base immédiate de l'unité subjective du droit, serait incomplète si nous omettions l'élément religieux. On discute beaucoup, en effet, sur la « vérité » de la religion et très peu sur son utilité pratique. Et cependant, les derniers fondements de toutes les religions reposent toujours sur l'infini, sur la *causa causarum*, c'est-à-dire sur ce que l'on appelle aujourd'hui « l'Inconnaissable » parce qu'il échappe à la faiblesse de l'intelligence humaine. Il serait plus scientifique de laisser de côté ces discussions transcendantales et d'étudier les avantages positifs ou les inconvénients que la religion entraîne pour le peuple. Cela rentre dans les limites du critérium de l'homme et peut avoir évidemment un effet ; car si l'on trouve dans la religion de l'utilité, il y aura tendance à la conserver ; ou à la corriger et à la diminuer, si elle offre des désavantages.

Il n'est pas douteux que les religions n'aient toujours provoqué, en même temps qu'une fortifiante antipathie pour les croyances des étrangers, un sentiment plus ou moins développé de sympathie sociale. La communauté de culte est, pour les hommes, un lien plus fort que celui de la communauté de langage et même d'origine. Croire au même Dieu, c'est sentir l'infini de la même façon, c'est se ressembler par les parties les plus nobles et les plus cachées de l'esprit ; c'est sympathiser au degré le plus élevé. Dès lors, quelle que soit une religion, sa première fonction est d'affirmer et de garantir un système éthique ; et elle compte pour cela, comme base psychologique, sur la sympathie réciproque qu'elle engendre parmi ses adeptes. Il n'importe qu'elle justifie les haines et les châtiments ; il n'importe qu'elle méconnaisse les réalités de la vie ; il n'importe que ses mythes soient cruels ou bienveillants, le seul fait de l'unité de ses sentiments mystiques signifie la cohésion sous son aspect essentiel de co-sympathie. Et cette relation directe entre la co-sympathie et la co-religion suffit pour établir, en termes généraux, l'utilité des sentiments religieux.

Aucune religion, sans excepter le bouddhisme, ne présente un lien aussi clair entre la co-religion et la co-sympathie que la religion chrétienne et cela dans sa genèse et ses mythes. Jéhovah, pour racheter les hommes, envoie son fils sur la terre, et ce fils se personnifie dans le plus pauvre des mortels, Jésus de Nazareth. Jésus ne prêche pas seulement la charité et l'humilité ; il les pratique au plus haut degré : il souffre toutes les douleurs et toutes les tentations de la vie humaine. Il enseigne : « Tu aimeras ton prochain comme toi-même » et il réalise cet amour sans limite; il pousse son sacrifice jusqu'au martyre. Il ne préconise pas seulement la sympathie, mais il la stimule en périssant sur la croix. Tous ses actes tendent à ce que les hommes s'identifient à son sort, l'applaudissent et même le souhaitent. Auparavant, ce même précepte de l'amour se lisait dans le *Pentateuque*, mais les scribes, les prêtres et le peuple s'attachaient peu à le suivre. Il fallut que le Christ se fît chair, dans un homme en chair et en os comme eux, et qu'il souffrît comme eux, et qu'il souffrît avec eux. Alors, quand ils virent le Christ agonisant sur la croix, ils sentirent ses angoisses et ses peines. Alors, ils comprirent ses doctrines.

Marc-Aurèle, lui aussi, enseigne dans ses admirables *Pensées*, une morale admirable ; mais la sympathie qu'il inspire n'est pas suffisante pour créer une nouvelle secte plus ou moins religieuse, car Marc-Aurèle ne souffre ni ne se sacrifie. C'est que la sympathie a beaucoup plus de force dans les cas de douleur ; ce n'est que dans la douleur, qu'elle provoque des réactions, qui ne se produisent pas quand elle se manifeste à propos de plaisir. Le plaisir de celui pour qui l'on sympathise peut laisser bien tranquille celui qui sympathise pour lui, et que la douleur du premier agiterait cependant comme si ce fût lui qui souffrait.

La religion, quelle qu'elle soit, présente ainsi, d'abord, deux formes d'utilité : elle resserre la sympathie sociale ; elle donne des bases à l'éthique. Outre ces formes générales d'utilité, chaque religion peut en offrir de spéciales. Dans la religion chrétienne, ou pour mieux dire, dans les religions chrétiennes, ces avantages particuliers consistent surtout en de puissants dérivatifs aux grandes amertumes de la vie. La prière est, pour beaucoup, un soulagement dans les grandes tribulations, et la croyance à l'immortalité les console de la perte de ceux qu'ils aiment. Croire en un Etre suprême, qui s'occupe de leurs petites misères et qui entend leurs prières leur fait l'effet d'une caresse qui les réconforte et rend plus légères leurs peines et leurs charges.

Cette façon d'envisager les sentiments religieux, sur le terrain d'une argumentation utilitaire choquera sans doute les cerveaux unilatéraux. Ils posent encore la question comme au temps de saint Paul : la religion est-elle vraie ou fausse ? Les esprits modernes doivent reconnaître que le problème est aujourd'hui bien plus compliqué. La question de la vérité ou de la fausseté des religions est reléguée aujourd'hui dans l'*Inconnaissable*, dans ce qui ne doit pas être discuté scientifiquement. Nous sommes fixés, en revanche, d'une part, sur l'utilité des sentiments religieux, de l'autre sur leur sincérité... L'hérédité d'une longue série d'ascendants, tous plus ou moins mystiques, a gravé dans notre âme une tendance religieuse qui s'affaiblit aujourd'hui, mais que deux ou trois siècles de scepticisme n'effaceront pas facilement. C'est pourquoi, il est parfaitement possible en ce moment, que même chez les tempéraments positifs, même chez des hommes incrédules, il existe des sentiments religieux sincères. Darwin fréquentait le temple. Gladstone, chef du parti libéral anglais, a écrit, avec plus de bonne volonté que d'érudition, le livre intitulé : *Le Roc inexpugnable des Evangiles*. L'attachement de Pasteur à ses croyances religieuses est bien connu... Le cas de ces savants, de cet homme politique, offre des exemples d'un dualisme. *sui generis* éminemment actuel : la coexistence de l'esprit critique et du sentiment mystique.

Et cette coexistence ne semble pas déraisonnable. En effet, quelle que soit l'étendue des connaissances scientifiques, elles laissent toujours, avec l'Inconnaissable, une porte ouverte sur le spiritualisme. Wundt, lui-même, le chef actuel de l'école allemande de psycho-physiologie, incline, si je le comprends bien, vers un vague spiritualisme. Du spiritualisme au théisme, il n'y a que quelques pas ; il y en a moins encore du théisme aux religions.

Les *théories* scientifiques n'ont, en aucun cas, à entrer en lutte avec les *sentiments religieux*. Leur sphère d'action est distincte. Le transformisme sera admis par les croyants, comme l'est la rotondité de la terre. D'un bout à l'autre de leur œuvre, ni Darwin, ni Galilée ne touchent à la cause première ; leurs découvertes laissent toujours place aux conjonctures théologiques... Dieu a pu donner à l'homme un *quid divinum*, aussi bien qu'en le tirant directement du limon, en le formant d'autres espèces animales tirées auparavant du limon.

Rien n'est plus imprudent de nos jours que la lutte religioso-libérale. Elle sépare en deux camps les forces vives du peuple ; elle leur inspire un dégoût mutuel ; leur résultat forcé est un affaiblissement national... Les sentiments religieux et la critique scientifique ont leur utilité respective et même leur utilité commune. Loin de se contredire, ils doivent se contrôler, se faire valoir, et même se compléter. Tandis que les sentiments religieux maintiennent un milieu de moralité favorable, la critique, à la faveur de ce milieu, avance sur le chemin du progrès.

On met en avant, contre les sentiments religieux ou plutôt contre les croyances religieuses, les victimes si nombreuses qu'elles ont faites, depuis Iphigénie jusqu'à Dreyfus... S'il s'agit des formes modernes du christianisme, cet argument a bien peu d'importance, et il semble que le mal résultant dans le passé de l'immolation de victimes religieuses a toujours été moindre que les effets sociaux bienfaisants que j'attribue aux sentiments religieux.

On dit du christianisme qu'il affaiblit la virilité, qu'il empêche l'étude critique et raisonnée de l'éthique. Sur le premier point, je suis loin de croire que les sentiments chrétiens affaiblissent toujours l'énergie vitale ; je reconnais, pourtant, que sous une certaine forme, ils peuvent manquer de force et avoir même des inconvénients dans la lutte pour la vie... Mais cette forme des sentiments religieux, dont je m'occuperai plus loin, concerne plutôt la vie extérieure ou internationale que la vie intérieure ou nationale. D'autre part, je me borne à reconnaître, en vertu de ce qui précède, l'utilité incontestable des sentiments religieux quelconques par rapport à la sociabilité, par rapport à la sympathie sociale.

Je ne crois pas davantage que les systèmes religieux empêchent l'étude critique de la morale. Chez les sectes protestantes, le libre examen laisse la morale au pouvoir de la critique théologique. Dans les pays catholiques, elle est de fait entre les mains de la philosophie. Le principe dogmatique n'a pu empêcher la discussion scientifique, l'importance du principe dogmatique repose plutôt dans la doctrine que dans la pratique. Ce n'est donc heureusement pas la vérité que la religion empêche toute critique de l'éthique. Et la preuve en est des hautes études morales qui se font chez les nations catholiques, études dont ce livre est un témoignage.

On dit aussi que la croyance en l'immortalité de l'âme n'est plus nécessaire. L'homme moderne se sentirait plus satisfait et plus léger, quand ne pèserait plus sur lui le poids de cette conception d'une existence consciente sans fin... Peut-être. Mais il n'est guère possible de détruire en un jour les sentiments religieux, œuvre de l'expérience ancestrale de tant de siècles. S'ils doivent disparaître, ils s'en iront d'eux-mêmes, petit à petit, lentement, comme le reflux de la mer laisse, en se retirant, de nouvelles terres à découvert.

§ 81.

L'unité intrinsèque et les divisions extrinsèques du droit et de la législation.

Dans le chapitre précédent, j'ai exposé les divisions objectives et en quelque sorte extrinsèques du droit et de la législation. Dans celui-ci, j'ai expliqué son unité intrinsèque et subjective, en la rapportant à ses antécédents et à ses facteurs psychiques et historiques. Pour compléter ces deux chapitres, il me faut encore mettre en harmonie ces divisions extrinsèques avec cette unité intrinsèque... Je l'essayerai donc dans le présent paragraphe, en synthétisant certaines lignes générales de ma théorie du droit.

Le droit, comme phénomène objectif et social, répond, à l'époque historique, à un sentiment héréditaire et individuel de la justice. La croissance spontanée du droit et la lutte pour le droit ont gravé dans l'âme de la race et dans celle de chaque homme, une certaine tendance à distinguer le juste de l'injuste ; cette tendance est l'orientation éthique, dont une des formes constitue ce que j'appelle la conscience juridique. C'est pourquoi, sans avoir étudié les lois, lorsque nous sommes en présence d'un conflit de droit, nous trouvons dans notre critérium une propension à lui donner une solution que nous proclamons la seule juste. C'est pour cela, plutôt qu'en vertu de l'influence de la tradition consciente, à laquelle Savigny attribue tant de poids, que tout nouveau cas qui se pose est résolu d'avance dans l'esprit du juge. La conscience juridique est, dès lors, un *critérium* général, ou pour mieux dire, une prédisposition psychologique, qui tend toujours à s'appliquer aux cas particuliers. Son origine n'est ni divine, ni rationnelle ; elle n'en a d'autre que l'expérience héréditaire, les lois biologiques au travers de la préhistoire et de l'histoire, les principes de la vie à travers le passé.

La conscience juridique n'est qu'une forme de la conscience éthique ; la conscience éthique, qu'une partie substantive de la conscience sociale ; le fondement psychologique de cette conscience sociale, que la sympathie basée à son tour sur la ressemblance. Des hérédités semblables produisent des consciences semblables chez les individus ;

la similitude facilite alors une sorte d'identification mentale entre celui qui sympathise et celui pour qui il sympathise, ce qui est, à bien dire, la forme interne et spirituelle de la sympathie. Et la fonction biologique de la douleur rend d'autant plus forte la réaction de celui qui sympathise que le cas de celui pour qui il sympathise est plus douloureux. Cette force subjective de réaction est la forme psychologique du sentiment de la justice. Le juriste, le législateur, le juge se mettent mentalement à la place de celui qui souffre l'injustice et réactionnent par lui contre elle. La vengeance et la loi du talion ne sont que des formes primitives, — aujourd'hui antisociales ou extra-sociales de la réaction vitale de la justice.

Les religions se sont créées pour soutenir un ordre éthique déterminé ; les sentiments religieux ont donc toujours leur transcendance morale et juridique. Ils font partie de la conscience de la société et de la conscience du droit. De nos jours, un scepticisme marqué éloigne les esprits des croyances religieuses. Cela ne fait pas obstacle à ce que les principes moraux du plus sceptique n'aient eu leur passé ancestral plus ou moins mystique ; et cela, partant, ne s'oppose pas à ce que l'incrédule ne professe des tendances morales qui ne sont que des sentiments religieux renouvelés sous forme laïque. Alors même que cette forme laïque marquerait une évolution plus avancée, j'estime que le culte des sentiments religieux n'est pas forcément contraire au criticisme scientifique. La conservation de ces sentiments religieux convient à cause de leur efficacité pratique. Le progrès ne fait pas de saut, il va pas à pas. Rompre brusquement avec le passé peut, dans la société, produire des réactions rétrogrades, et, chez les individus, enlever à la psychologie du sujet une part utile de son équilibre mental et de sa santé physique.

En ce qu'il y a d'intrinsèque, de subjectif, de biologique, de psychologique, de physiologique, de sociologique, — enfin dans son essence scientifique — le droit est un et unique. Mais pratiquement, critiquement, objectivement et historiquement, il se divise en deux grandes catégories, le droit public et le droit privé, et en une série de branches. J'estime qu'il y a une convenance évidente dans ces divisions, parce que, malgré leur inexactitude relative, elles sont les seules possibles ; elles sont, de plus, consacrées par l'usage, et consacrées à tel point que cet usage les a séparées presque essentiellement, en dépit de leur origine et de leur nature véritables. Telle est la simple réalité des faits.

Si l'on considère comme des « institutions » les divers groupes de relations juridiques, la division du droit en devient impossible. La famille, la propriété, le mandat appartiennent au droit privé et au droit public, ils appartiennent encore au droit civil, pénal, constitutionnel, à toutes les sortes de droit. Le fait est que cette forme de groupement par « institutions » juridiques est antipositive ; c'est une généralisation irréelle, due en partie à l'insuffisance des langues. Les relations et les faits juridiques les plus divers se classent dans la même « institution », de sorte qu'on peut leur appliquer les règles les plus diverses du droit public et privé...

Si, laissant de côté les « institutions », à cause du manque absolu d'exactitude scientifique qu'elles présentent, nous étudions seulement les faits, nous trouvons que là aussi, le fait juridique en soi n'est pas la forme-limite du droit. Tout fait donne lieu, en effet, à une multitude de relations juridiques, auxquelles les règles les plus variées peuvent, à leur tour, être applicables.

Par suite, le fait en lui-même n'est pas la forme-limite du droit, et la relation juridique ne l'est pas plus ; cette forme-limite est la règle. Lorsqu'un individu en tue un autre, il y a un fait, l'homicide. Ce fait anti-juridique crée une relation juridique par rapport à l'État, parce que l'ordre public a été troublé, et une autre relation juridique par rapport aux personnes lésées par ce délit.

La première est de droit public et pénal, la seconde de droit privé et civil. Voici donc un seul fait, l'homicide, qui se prête à des conséquences juridiques bien diverses. C'est pourquoi la manifestation du droit, en dernière analyse, se trouve moins dans les institutions, les faits et les relations juridiques, que dans les règles. Et les règles, comme nous l'avons vu, peuvent toujours être rangées en groupes et en classes. Ces groupements ont principalement un caractère graphique et législatif ; ce sont des produits occasionnels et expérimentaux ; mais la tradition juridique, continuée pendant longtemps et qui a presque pénétré jusqu'à l'essence et la conception du droit historique, leur donne un certain caractère, à la fois semi-extérieur et semi-organique, enfin, une individualisation vaguement substantielle et philosophique. Bien qu'extrinsèques et postérieures, les divisions du droit peuvent ainsi être considérées comme stables et comme scientifiques jusqu'à un certain point.

Dans la législation d'un État, l'unité est toujours produite par la souveraineté qu'exerce le groupe gouvernant. L'unité intrinsèque et subjective du droit, conçue par ce groupe, se traduit, pour la nation, par l'unité de lois. Cette unité présente, cependant, une certaine diversité, quand il existe à la fois un État fédéral et des États provinciaux fédérés ou des corps municipaux relativement autonomes. En pareil cas, la souveraineté nationale délimite les pouvoirs législatifs des divers corps politiques unis ou fédérés ; et, par cette délimitation, elle établit l'unité de la loi. Par dessus la variété des lois provinciales ou municipales, il y a l'unité de la loi nationale.

LIVRE V

Évolution du droit.

CHAPITRE XVI

L'ÉVOLUTION UNIVERSELLE DU DROIT

§ 82. La spéciéité humaine et le principe aristocratique. — § 83. La dégénérescence et le principe égalitaire. — § 84. La réaction égalitaire en Orient. — § 85. La réaction égalitaire en Occident.

§ 82.

La spéciéité humaine et le principe aristocratique.

RANKE, *Weltgeschichte*. — LASAULX, *Philosophie der Geschichte*. — J.-A. GOBINEAU, *Essai sur l'inégalité des races humaines*. — GUMPLOWICZ, *Verwaltungslehre, Philosophie du droit de l'Etat, La lutte des races* (trad. française).

Nous avons vu que le droit peut être considéré comme universellement produit par deux principes combinés : la coutume, qui est le principe conservateur, l'élément femelle, et l'innovation, le principe progressiste, l'élément mâle. Mais la combinaison de ces deux facteurs séculaires ne suffit pas pour nous expliquer le phénomène historique de l'évolution démocratique et égalitaire du droit. Pourquoi tous les privilèges, tous les droits de caste et de classe vont-ils chaque jour en se perdant de plus en plus et de mieux en mieux ? Comment expliquer le fait de l'évolution uniforme, lente, continuelle du droit vers l' « égalité sociale » ? Cette évolution est-elle inhérente à la nature humaine, le principe de l'égalisation de la condition juridique des hommes est-il une tendance fatale de l'esprit humain ? Comment expliquer alors la réalité historique des castes et des conquêtes ? La narration historique des faits ou leur description économique suffirait-elle à fournir cette explication ?...

En recourant ici à la méthode de chercher la cause directe, je trouve, dans la biologie, l'explication du processus égalitaire du droit, explication qui s'applique naturellement aussi à la religion, à la morale, à la politique. Je vais donc développer, dans ce chapitre, ce que j'estime être les causes premières des castes et de la lutte des classes. Ce que je tente ainsi n'est rien moins qu'une théorie biologique de l'histoire. Ce n'est que grâce à elle que l'on peut, je présume, déterminer l'importance et la portée du mouvement socialiste actuel, qui tend à troubler si profondément notre vieux concept du droit.

Le mot « droit » renferme aujourd'hui en lui une série de préjugés théologiques et métaphysiques, qui obscurcissent et changent même sa véritable signification scientifique. Il se passe, au sujet de ce mot, quelque chose de semblable à ce que Spencer fait observer, comme je l'ai indiqué au § 38, par rapport aux termes « douleur » et « plaisir ». Par une vague association d'idées, le droit évoque les principes d'égalité, de dignité, de philanthropie et même de justice divine. Cependant, à toutes les époques et dans toutes les langues, un droit, c'est toujours un pouvoir reconnu à un individu ou à un groupe. Le droit de puissance paternelle est un pouvoir de père sur sa famille ; le droit de propriété, celui d'une personne sur un objet ; le droit de souveraineté, celui de l'Etat sur les citoyens, etc., etc... Ces pouvoirs ne consacrent pas le principe de l'égalité, mais bien celui de l'inégalité. Les droits divers de chaque homme, de chaque groupe, de chaque Etat distribuent de telle sorte tous les pouvoirs qu'ils impliquent, par leur seule existence, l'inégalité humaine. Le droit à l'égalité politique de la Révolution ou le droit à l'égalité économique du socialisme sont, eux-mêmes, dans leur essence, un pouvoir octroyé aux opprimés et aux déshérités contre les oppresseurs et les capitalistes ; c'est un droit de rébellion donné aux uns par rapport aux autres et qui pose comme cause finale une égalité utopique. Et je dis utopique, parce qu'elle est contraire au principe biologique de la spéciéité humaine que nous avons étudiée. Nous allons voir ici comment cette spéciéité se manifeste, avant tout, sinon dans les « races », car ce mot est un fantôme bien difficile à définir, mais dans les *différenciations ethniques ;* qu'il soit donc entendu que je désigne ces *différenciations* indiscutables, lorsque j'emploie le terme de races.

Les phénomènes biologiques peuvent légitimement se réduire aux trois formes ou modalités suivantes : Le milieu crée la fonction. La fonction crée l'organe. Les organes créent les espèces.

Comme tous les animaux, le genre ou l'espèce *homo* est sujette à cette succession causale de la vie. Quelles que soient les doctrines que l'on professe sur l'origine des races, il est évident que le *milieu géographique forme les races*. Le résultat de l'adaptation et de l'hérédité n'est pas autre chose que les différenciations ethniques plus ou moins accentuées et durables. La physiologie et la psychologie des races dépendent des ambiances où elles ont respiré, de la température, de l'alimentation. Plus longue est la durée du séjour d'une race dans un milieu géographique, plus forte est l'influence de ce milieu. C'est pourquoi, si l'ancienneté de l'homme remonte au delà de l'époque quaternaire, c'est la vie préhistorique, immensément plus longue de durée que la vie historique, qui a formé les races ; la vie historique n'a pas eu le temps d'y apporter des modifications profondes autrement que par les croisements.

En plus de cette ancienneté très reculée que démontrent la paléontologie et la géologie, l'isolement causé par les guerres des époques sauvages et barbares a enfermé et circonscrit les races et a facilité leurs différenciations ethniques. Gumplowicz (1) observe ainsi fort bien que le développement de l'humanité préhistorique se présente à l'inverse de celui de l'humanité historique, puisque le premier comporte un *processus de différenciation*, et le second, au contraire, un processus d'*assimilation des éléments hétérogènes*. Que l'origine de l'homme soit une ou diverse, monogénistes et polygénistes ne peuvent nier le fait d'un isolement ethnique des tribus préhistoriques relativement beaucoup plus grand que celui des peuples modernes. La fusion systématique des races est un phénomène historique, dont les exemples les plus importants, ceux que fournissent l'Empire austro-hongrois et l'Amérique, sont, on peut dire, récents.

Deux grands principes politiques maintenaient, à mon sens, l'isolement des races à l'époque préhistorique et dans les premiers temps de l'époque historique : l'un était le système des castes et de l'esclavage qui avilissait et prohibait les croisements entre les tribus conquérantes et les tribus conquises. Nul peuple de ces époques n'a échappé à ce régime, plus ou moins strict dans les lois, plus ou moins relâché dans les mœurs.

Le second principe politique auquel je fais allusion est le concept de la conquête et de l'organisation des empires antiques. Toute l'histoire de Rome démontre jusqu'à la satiété que son idée, en fait de conquête, n'était pas d'assimiler, mais de dominer par les armes pour lever des tributs. Ce caractère est encore plus accentué en ce qui concerne la conquête des peuples asiatiques, spécialement des Egyptiens, des Perses ou des Mèdes. L'*Edit perpétuel* ou la *Loi qui ne change pas* des Mèdes et des Perses est une loi édictant des impôts très onéreux. D'autres fois, le tribut ne se levait pas en argent, mais il était payé directement en travail, par l'établissement de l'esclavage ou des

(1) *La lutte des races*.

castes, ce dernier cas se produisant quand le vainqueur s'établissait sur le territoire du vaincu, ou bien, ce qui est plus rare, quand il transportait en masse le peuple vaincu sur son territoire. Tributs en argent ou tributs en travail, c'étaient toujours des tributs que la conquête et l'impérialisme imposaient dans l'antiquité.

Le tribut en argent ou en travail, la conquête romaine, supposent une différenciation ethnique accentuée et déjà spécifique. Le processus préhistorique est arrivé alors à un degré où il produit l'histoire, puisque « toute civilisation est l'œuvre d'une aristocratie ». Le fait préalable à toute aristocratie, à toute civilisation, à toute histoire, est ainsi la différenciation ethnique produite par l'adaptation de l'homme à des milieux divers. De ces milieux, les uns peuvent être favorables et les autres défavorables au progrès de la mentalité et de la force humaine. C'est pourquoi, en même temps que les races se forment, les unes acquièrent des aptitudes pour la domination et les autres ne le font pas, ou encore toutes acquièrent ces aptitudes mais à des degrés différents.

Nous avons vu que la lutte humaine peut être interne et externe : interne au sein du groupement social ; externe, entre un groupement et un autre. La lutte interne a dû établir les premiers droits : ceux de l'individu sur ses armes, ses prises, ses femmes, ses enfants. La lutte externe a engendré déjà quelque chose comme un embryon de droits politiques sur le territoire de chasse et ensuite sur le travail des vaincus. Car toute guerre ou lutte externe a pour cause la spéciéité ethnique, qui fait des tribus fortes et des tribus faibles.

De sorte que par le prolongement des anciens principes biologiques dans la surévolution humaine ou historique, nous trouvons que : la géographie fait les races c'est-à-dire la spéciéité du genre humain ; la spéciéité humaine fait la guerre et la conquête ; la conquête fait les classes ; les classes font l'État.

Tel est le schéma bio-sociologique. Les lois de la vie, les phénomènes de l'adaptation engendrent, au cours du processus ethnique, le principe politique de l'Etat. Ce principe engendre à son tour la législation. L'ancienne différenciation ethnique se transforme en différenciation juridico-politique.

Il est de l'intérêt des classes dominantes de maintenir cette nouvelle différenciation. Et pour cela, elles combattent afin de lui donner une force effective et des bases. Les bases, elles les découvrent dans leurs systèmes religioso-moraux ; la force effective, elle, réside dans les règles juridiques, qui se fixent ensuite dans les lois. Ainsi, la règle juridique, dont l'origine première se trouve dans la lutte interne, acquiert, grâce à la lutte externe, des formes dialectiques tendant à lui donner plus de précision et de stabilité.

Il n'importe en rien que l'on discute si les quatre grandes races — la blanche, la jaune, la noire et la rouge ou américaine — peuvent réellement être considérées comme des « espèces », ou si ce sont de simples « variétés », ou même des « sous-variétés » d'une seule « variété ». Il n'importe, pas plus, de savoir pourquoi, selon la théorie transformiste, toute espèce provient d'une variété et toute variété tend à se transformer en espèce. Car les concepts d'espèce et de variété sont élastiques et relatifs. L'unique principe fondamental est celui de l'adaptation ou de la lutte pour la vie, c'est-à-dire, celui de la spéciéité, celui des genres, des espèces, des variétés, des sous-variétés, de tout ce qu'on voudra...

Dans la lutte interne, le droit humain est pareil à un droit animal. La propriété de l'homme primitif sur sa prise à la chasse ne diffère pas beaucoup de celle du chien sur son os ; l'autorité des pères sur leurs enfants est celle de n'importe quel primate sur ses petits. Le *jus naturale* d'Ulpien est donc le droit de l'homme sauvage. Mais, de même que l'homme sauvage est en évolution vers l'homme civilisé, les premières réactions juridiques sont en évolution vers une justice sociale. La société, la civilisation, l'histoire, sont une surévolution biologique de l'*homo*. Il en est de même du droit. Il est une surévolution de la spéciéité humaine. C'est pourquoi droit signifie toujours inégalité. Le droit d'un père sur son enfant répond à la co-existence de deux hommes inégaux : un père, avec plus d'âge et d'expérience, et un fils. Le droit d'un homme sur une chose implique la co-existence de cet homme, qui a un plus grand pouvoir sur cette chose et d'autres hommes qui peuvent y prétendre. Le droit de souveraineté d'un Etat sur un territoire comporte la co-existence d'un Etat qui a une plus forte autorité sur ce territoire et d'autres Etats qui le convoitent. Le plus d'âge et d'expérience du père, le plus grand pouvoir de l'homme sur la chose, la plus forte autorité de l'Etat sur le territoire ne sont possibles que s'il existe plusieurs hommes et plusieurs Etats ayant des pouvoirs inégaux les uns aux autres. En dernière analyse, un droit est une inégalité tolérée ou autorisée par le droit. Le droit est un ensemble de règles qui obligent tous et chacun à respecter les droits d'autrui et qui les autorisent à maintenir les leurs.

Mon intention n'est pas de résoudre à l'aide du principe de la spéciéité humaine la *vexata quœstio* des « races supérieures » et des « races inférieures » qui ont tant fait bavarder en ces derniers temps les anthropologo-sociologues, et plus encore les innombrables *dilettanti* de l'anthropologie et de la sociologie. Comme je l'ai déjà dit, rien de moins scientifique, rien de plus grotesque que leurs idées sur la supériorité des Anglo-Saxons ou des Latins. La race blanche est si mêlée, elle possède des qualités si diverses qu'il en devient comique de discuter ses prétendues « supériorités » absolues, celles que Vico appelle la « vantardise des nations ». Je retrace simplement ici le phénomène de la différenciation, qui implique sans aucun doute, à certains moments de l'histoire, une supériorité ou une infériorité, non pas entre des « races » aussi semblables les unes aux autres que les peuples blancs européens, mais plutôt entre d'autres groupes ethniques mieux différenciés — supériorité ou infériorité qui ne sont pas toujours génériques, mais qui sont du moins caractérisées par l'aptitude politique, économique et guerrière. Cette différenciation a naturellement été plus accentuée chez les tribus préhistoriques et, dans les empires antiques, que chez les peuples modernes, car, si celles-là vivaient à l'état d'isolement, ceux-ci se communiquent entre eux tous leurs progrès et toutes leurs découvertes et parfois bien imprudemment...

En résumé, la spéciéité est d'autant plus forte que l'on s'élève dans l'échelle animale. L'homme occupe le sommet de cette échelle. Par suite, la spéciéité est plus forte chez lui que dans n'importe quel autre genre ou espèce. La conséquence de cette spéciéité maximum est la surévolution sociale de l'homme. La forme juridico-politique de cette surévolution est le *principe aristocratique*, ou principe des castes. Ce principe crée et détermine la forme déjà civilisée, historique ou surévolutive du droit, et, en même temps, crée l'Etat. Sans l'Etat, le droit demeurerait comme un embryon confus de simples réactions animales. Pour donner de la stabilité au surorganisme social, l'homme complète ainsi l'œuvre du droit, en constituant l'organe politique qui lui donnera l'efficacité nécessaire.

§ 83.

La dégénérescence et le principe égalitaire.

Si les races dominantes pouvaient maintenir leur supériorité à l'état stationnaire, l'organisation sociale, une fois formée, serait invariable. Les castes ou classes sociales resteraient séparées, *ad eternum* ; les conquérants continueraient indéfiniment à posséder la supériorité politique et économique sur les conquis. Mais de même que la biologie nous enseigne que la spéciéité est d'autant plus forte que l'organisme est plus compliqué, de même elle nous montre, je pense, que plus l'organisme est compliqué, plus il est exposé à la *dégénérescence*. Rien n'est donc plus susceptible de dégénérer que l'homme ; et parmi les races humaines, que celles dites « supérieures ».

Les castes entraînent une organisation sociale qui n'est pas toujours favorable à la santé physique et psychique des dominateurs. La richesse, les plaisirs continuels, les excès de table tendent à les affaiblir et à les intoxiquer. D'où vient que l'on peut comparer physiologiquement la domination aristocratique au parasitisme ; leur dégénérescence n'est pas, à proprement parler, un cas de sélection descendante, mais elle peut être considérée comme une contre sélection, une sélection à rebours. Plusieurs générations de vie purement intellectuelle et d'oisiveté physique produisent dans les races humaines une certaine diminution de vitalité, qui se traduisent par l'épuisement et les névroses.

A l'inverse, il arrive fréquemment dans l'histoire que les classes ou castes dominées se fortifient et se régénèrent par la vie des champs et le travail. La domination de l'étranger sert plutôt à les stimuler qu'à les affaiblir. Dans des circonstances plus ou mois favorables, plusieurs générations d'agriculteurs donnent un résultat inverse à celui des générations simultanées d'aristocrates ; tandis que ceux-ci se dépriment, ceux-là se relèvent. Et quand les dominés se sont relevés, le contact continuel avec la civilisation supérieure de leurs dominateurs agrandit leurs idées, élargit leurs horizons. Ainsi, la victoire des castes fortes, qui faisait des vaincus, des agriculteurs et des artisans, et des vainqueurs, des nobles, des prêtres et des guerriers, peut pousser à la dégénérescence des forts et à la régénération des faibles ; à leur régénération complète : physique grâce au travail hygiénique, morale grâce à la contagion de la civilisation. Naturellement, tant que la spéciéité maintient la supériorité des castes qui commandent, leur domination est juste, elle est imposée par la fatalité des lois biologiques et historiques. Il n'en est plus de même quand les dominés finissent par acquérir une énergie vitale plus forte que celle de leurs conquérants en décadence ; leur domination devient alors, sinon tout à fait *injuste*, tout au moins *irritante*. Les inférieurs dominent les supérieurs ! Et ceux-ci, poussés par leur instinct animal utilitaire, se révoltent. Ils engagent une *lutte de classes*. L'oisiveté des vainqueurs en arrive à devenir l'origine de leur ruine ; le travail des asservis, à constituer la base de leur future grandeur. L'idéal de la lutte des classes sera, par suite, une nouvelle *tendance égalitaire*, opposée à une aristocratie irritante. De la même façon que les classes dominantes avaient inventé précédemment le droit à l'inégalité, les dominés inventent maintenant, par réaction, le droit à l'égalité.

L'histoire arrive, par là, à présenter deux cycles : la tendance aristocratique et la tendance égalitaire. Celle-là émane de la *spéciéité originelle* ; celle-ci de *l'inversion de cette spéciéité par la dégénérescence* si je puis m'exprimer ainsi. Au premier cycle, correspondent, en quelque sorte, les luttes externes, internationales, les luttes de conquête ; au second, les luttes nationales, les luttes de classes, les guerres civiles.

A un moment donné quelconque, les hommes sont théoriquement, pratiquement et religieusement égaux, ou inégaux. S'ils sont égaux, la spéciéité humaine tend à produire des dominations aristocratiques et à créer des empires. S'ils sont inégaux, la dégénérescence de ceux d'en haut ou des plus riches et la régénération de ceux d'en bas ou des plus pauvres engendrera la lutte des classes, la tendance démocratique. Ce dualisme de la supériorité et de la dégénérescence est, je pense, l'*antinomie essentielle* de l'homme ; c'est là le secret de l'instabilité des religions, de la philosophie, de la politique ; c'est là, en un mot, le ressort de l'histoire.

Si pour des causes biologiques, les hommes ne dégénéraient pas inégalement, ceux d'en haut plus vite que ceux d'en bas, les riches plus vite que l'ensemble des pauvres, les aristocraties seraient définitives. Mais, tout est pris dans l'antinomie essentielle de la spéciéité et de la dégénérescence et rien ne peut être définitif dans l'histoire des hommes et des peuples...

D'un autre côté, sans ses différences spécifiques, le genre humain pourrait adopter, comme n'importe quelle espèce animale, une finalité relative et apparente quelconque. Sans ces différences, il n'y aurait, chez les individus et chez les peuples, ni conceptions distinctes du progrès, ni capacités distinctes d'*aspirabilité*. L'*aspirabilité* ne serait pas possible : l'homme vivrait dans la nature, comme l'anthropoïde, l'homme ne serait pas l'homme !

Pour que la lutte des classes ait lieu, il faut une accentuation suffisante du double processus, dégénératif et régénératif, ou du moins du premier. Une classe dominante, même si elle déchoit physiquement, dispose de bien des moyens pour conserver sa domination. La religion, les lois, la tradition, tout la favorise ; il suffit, de sa part, d'un peu de jugement et de prudence. Mais quand la dégénérescence s'accroît et s'accentue, la classe dominante, n'ayant plus de freins pour modérer ses passions, impulsive et cruelle du fait de sa morbidité même, pousse son pouvoir à l'extrême, jusqu'à le rendre intolérable, jusqu'à dépasser les limites de sa forme primitive, en y ajoutant des abus nouveaux et une tyrannie nouvelle. C'est alors que la classe dominée se révolte, et crée, contre le vieux droit aristocratique, un droit égalitaire nouveau.

La domination produit presque toujours un processus dégénératif plus ou moins marqué chez les dominateurs ; mais elle n'amène évidemment pas toujours la régénération des dominés. Dans l'antiquité, par exemple, la situation faite aux esclaves leur causait plus de dégénérescence que les plaisirs, le travail de tête et la suralimentation n'en causaient aux classes aristocratiques. D'autre part, il s'est trouvé dans l'histoire, des classes dominées qui se sont montrées absolument inaptes à se régénérer. Il n'y a qu'un concours de circonstances heureuses qui puisse produire la régénération. Elle n'est pas d'ailleurs, indispensable comme valeur absolue ; elle suffit comme valeur relative à la dégénérescence de ceux qui dominent.

On pourrait admettre en règle générale que la cruauté et l'avarice des dominateurs entraîne la dégénérescence des classes dominées, esclaves ou parias. Mais l'histoire nous présente, cependant, assez de cas, plus ou moins exceptionnels, où des races dominées se sont régénérées et se sont soulevées contre leurs anciens conquérants. Ces cas peuvent me servir à justifier mon concept de la spéciéité et de la dégénérescence, ma théorie de l'histoire.

§ 84.

La réaction égalitaire en Orient.

Manou, *Lois* (trad. française). — A. Bahrt, *Bulletin des religions de l'Inde.* — H. Oldenberg, *La religion du Véda, Le Bouddha* (trad. française), — H. Kern, *Histoire du Bouddhisme dans l'Inde.* — Minayeff, *Recherches sur le Bouddhisme.*

Il est indubitable que le droit et la politique ont montré, pendant toute l'histoire humaine, une tendance égalitaire marquée. Chaque civilisation naît de l'inégalité ; mais l'inégalité tend ensuite à l'égalité. Cette évolution se remarque particulièrement dans les systèmes religieux, qui, ainsi qu'on le sait, ont fixé leur route à l'éthique et au droit. C'est, en effet, contre les deux formes aristocratico-impérialistes, les plus caractérisées de l'antiquité — le brahmanisme et la domination romaine, — que surgirent les deux religions égalitaires qui comptent aujourd'hui le plus grand nombre d'adeptes. En Orient, la civilisation primitive, celle de l'Inde, amena la réaction bouddhiste ; en Occident, l'impérialisme romain facilita, s'il ne la provoqua pas, la réaction chrétienne. Voyons à grands traits et sommairement ces deux mouvements universels.

En vertu des deux *faits* de la spéciéité du genre humain et de la dégénérescence des classes dominantes, l'histoire, je veux dire le passé de l'humanité en remontant jusqu'aux temps reculés de l'anthropopithèque, du pithécanthrope ou de l'homme-singe, — du préhomme — pourrait se diviser en deux immenses époques : l'époque *castocratique* (qu'on me passe ce néologisme, parce qu'il est plus précis que les mots « aristocratique » ou « impérialiste ») et la période *égalitaire*. Durant la première, les hommes étaient très nettement partagés en castes ou classes, suivant que leurs races avaient été fortes et victorieuses ou faibles et vaincues : celles-là opprimaient et exploitaient celles-ci. Mais certaines castes d'oppresseurs dégénérèrent par l'usage du pouvoir et l'habitude de ne rien faire et quelques classes d'opprimés se régénérèrent, conformément aux lois de la physiologie, par la vie à la campagne et le travail ; les puissants devinrent parfois ainsi les plus faibles et les opprimés les plus forts. Les personnages étaient changés et cependant ils continuaient, anormalement, à tenir leur ancien rôle dans la comédie humaine...

Il arriva ainsi dans l'Inde, berceau de la civilisation, un moment où le droit consacré par la religion brahmanique était en désaccord avec la réalité, un instant historique critique où ce droit était devenu *injuste*. Car, il ne pouvait plus être *juste* que ceux qui *maintenant* étaient inférieurs en fait, c'est-à-dire les supérieurs d'autrefois, opprimassent les supérieurs d'à présent, parce qu'ils avaient été les inférieurs dans le passé. En d'autres termes, les agriculteurs et les artisans, étant parvenus, par la régénération à valoir autant que les prêtres et les guerriers, il n'était plus logique qu'ils se laissassent tyranniser comme auparavant... Un droit qui n'est pas juste, n'est pas un droit ; un droit qui *se rend* injuste cesse d'être un droit. Et, contre un vieux droit qui tombe, surgit un droit nouveau qui s'impose ; contre la vérité *insincère*, qui cesse d'être vérité, surgit la vérité *sincère*, qui est, pour son temps, la vérité unique, « éternelle ». C'est alors qu'apparaît Bouddha, avec sa doctrine égalitaire. Comment lutter, en effet, contre un droit castocratique, sinon en lui opposant un droit opposé, c'est-à-dire démocratique ? Comment déraciner la religion de castes qui tombait en pourriture sinon en plantant sur son fumier la semence d'une religion *contre* les castes ? A chaque idéal qui meurt, son contre-idéal qui naît ! L'idéal d'oppression, le droit de la force au service de la faim et de l'amour, avait persisté des siècles de siècles. Depuis l'époque quaternaire, peut-être depuis l'époque tertiaire, toute la préhistoire et les débuts de l'histoire furent castocratiques, jusqu'à ce que la réaction bouddhiste vint commencer, avec la lutte des classes, l'ère égalitaire, qui dure, à son tour, depuis quatre ou cinq mille ans.

Le Brahmanisme fut le *summum*, la création la plus typique et la plus vigoureuse du principe castocratique ; le bouddhisme en fut autant pour le principe égalitaire. Comme individus ou comme peuples, les hommes sont tous inégaux entre eux ; ils sont les uns plus aptes, les autres moins, à vaincre les difficultés de la vie. Leurs inégalités tendent, dans un état originel ou idéal de démocratie universelle et parfaite, à produire la lutte, pour subsister, d'abord, et ensuite aussi pour acquérir la suprématie, attendu que chez l'homme, il n'y a pas seulement la faim et l'amour, comme chez les autres bêtes, mais qu'il y a aussi l'*aspirabilité*. Extérieurement, ostensiblement, *politiquement*, la lutte divise les hommes en forts et victorieux et en faibles et vaincus. La lutte, ainsi, forge les castes. Ergo, pour éviter les castes, *il est nécessaire de supprimer la lutte.* Le dilemme se posa ainsi pour Bouddha : ou la lutte, et avec elle les castes, ou abolir la lutte. C'est en raison de cette situation historique, que Bouddha imposa le quiétisme, le Nirvana, la non-action, le non-être, la perfection par la connaissance, la connaissance par la contemplation. C'est là l'essence du bouddhisme, du bouddhisme philosophique (ce qu'on appelle communément bouddhisme « ésotérique » n'est qu'un amas de superstitions religieuses antérieures à l'avènement de Bouddha, et reliées artificiellement plus tard à ses doctrines par certains de ses adeptes).

Il est vrai que les auteurs versés dans la science du sanscrit et les mieux informés contestent la signification que la tradition historique donne au Nirvana et font observer qu'il n'est pas certain que les textes le mentionnent tant et si fondamentalement et qu'il n'est pas davantage certain qu'on puisse toujours le traduire par « annihilation », car cette traduction rendrait beaucoup de passages absurdes ou inintelligibles. On peut répondre à la première observation que, si le mot lui-même ne se trouve pas fréquemment répété dans les textes, la chose, elle, existe dans la réaction bouddhiste et va jusqu'à constituer son essence psychologique et sociologique. Par rapport à la seconde observation, la traduction que ces mêmes auteurs donnent du terme « Nirvana » est « exemption de passions humaines », « sainteté », « béatitude », plutôt que « non être » au sens absolu. Il semble aussi qu'il signifie parfois « repos après la mort ». Les Hindous, en effet, croyaient à la transmigration des âmes, qui, par un mouvement continuel, passaient successivement du corps des hommes dans celui des animaux ; ils symbolisaient ces passages par l'océan Sansgara, et représentaient les transmigrations rapides des vies corporelles par les vagues qui se succèdent, passent, vont et viennent.

Or, dans le symbolisme hindou on représentait le Nirvana par une île de repos éternel après la mort, située au milieu du tumultueux Sansgara. Donc, « Nirvana » peut se traduire par vie bienheureuse sur la terre et par repos infini de l'âme. Et cela est, précisément, l'idée fondamentale du « Nirvana » religieux et philosophique : la *non-lutte*, que le fanatisme, logique dans son exagération, transforme en non-être, non-action, non-vie, en annhilation complète. De plus, nos intelligences modernes distinguent facilement les idées de béatitude sur la terre et de repos ou de destruction *post mortem* ; mais cette distinction élémentaire ne devait pas être si facile pour la mentalité de l'Hindou antique, formée, — à une époque primitive et dans un milieu apocalyptique où tout était gigantesque, la faune, la flore et la météorologie — pour et par le dogme de l'immortalité et de la transmigration éternelle des âmes. L'Hindou trouva dans le Nirvana, la *libération*, non seulement de ses oppressions terrestres, des tourments de sa vie humaine, mais aussi de ses vieilles divinités implacables. Le Nirvana est ainsi l'exemption de la douleur et de la peine par le quiétisme et la non-lutte. Excelsior !

§ 85.

La réaction égalitaire en Occident.

Nouveau Testament. — E. Reuss, *La Bible.* — M. G. Lichtenberger, *Encyclopédie des sciences religieuses.* — B. Krainsky, *Le catholicisme d'après les autorités catholiques.* — Renan, *Œuvres.* — Harnack, *L'essence du christianisme.*

Nous savons tous, d'une façon large et générique, qu'il y a dans le christianisme une tendance égalitaire accentuée. Comme dit saint Paul (*Epître aux Galates*, iii, 28), « il n'y a ni esclave, ni homme libre, ni juif, ni grec, ni homme, ni femme, parce que nous sommes tous un en Jésus-Christ ». Jésus établit l'égalité de tous les hommes, et s'il donne la préférence à quelqu'un, c'est au déshérité et à l'humble. Par là il entre en opposition et réactionne contre le principe aristocratique organique des sociétés antiques ; il méprise le riche pour exalter le pauvre et le glorifier. Mais ce système d'égalité absolue est impossible dans les sociétés humaines, toujours et partout organisées sur la base de la division inégale du travail. C'est pourquoi Jésus dit admirablement : « Mon royaume n'est pas de ce monde. »

Pour arriver à l'égalité, Bouddha préconise la non-lutte, la contemplation, ce qu'on appelle Nirvana. Avec plus de sens pratique, et une parfaite intuition du caractère, Jésus se borne à garder le silence par rapport au travail des peuples occidentaux. Le travail est toujours une forme de la lutte ; le travail engendre la division du travail, c'est-à-dire l'inégalité dans l'exercice de l'activité humaine. Si le Christ avait proclamé le travail un moyen de perfectionnement, il aurait proclamé indirectement l'inégalité des hommes. Aussi les critiques et les exégètes ont-ils fréquemment signalé, comme une « lacune » du *Nouveau Testament*, cette absence d'appréciation en ce qui concerne le travail.

Harnack (1) reconnaît l'existence de cette lacune et l'explique par deux raisons : la première est fondée sur ce que le travail dépend toujours des phases de l'histoire : lier la religion au travail, c'est la lier pour toujours à une phase déterminée du travail. Or, l'histoire est variable et ses phases sont passagères ; lier la religion au travail serait donc faire une grave injure à son caractère universel, abstrait et éternel. La seconde raison consiste en ce que le travail n'est pas une « fin de l'homme ». Quelle que précieuse que soit la civilisation ou la culture, le travail n'est qu'un moyen de réaliser le bien général. Nous ne vivons pas pour travailler, mais pour aimer et être aimés. Faust a raison quand il dit que le travail est répugnant

(1) *L'essence du christianisme* (trad. française.)

quand il n'est que le travail pour le travail. Le travail doit avoir l'amour pour objet. Le plaisir que le travail en lui-même peut procurer est secondaire et il y a beaucoup de rhétorique dans les éloges conventionnels qu'on lui décerne...

Ces explications de la « lacune » des évangiles me paraissent puériles. La véritable explication se trouve dans le caractère historique, économique et psychologique du Christianisme, dans sa tendance égalitaire, en antagonisme si marqué avec la notion réelle du travail. Bien plus positif que les socialistes modernes, Jésus semble s'apercevoir que l'activité communiste sous sa forme d'égalité absolue et anti-biologique, est contraire au vrai caractère spécifique de l'humanité. C'est pourquoi, bien que Jéhovah ait imposé le travail à l'homme dans la *Genèse*, et que le travail communiste soit, *en théorie*, l'unique conciliation possible du travail et de l'égalité, le Christ ne conseille pas ce travail communiste... Rien de plus prudent. D'autre part, il ne se risque pas à préconiser l'inaction absolue, ce qui, exprimé trop catégoriquement aurait rendu sa doctrine impopulaire chez le peuple hébreu, actif et entreprenant par tempérament.

En ne concevant l'égalité absolue que pour le royaume de son Père, Jésus condamne l'inégalité humaine et par conséquent sa consécration sociale et juridique, autant dire les lois et l'Etat. Cependant rien n'est plus loin de son esprit que de se poser en révolutionnaire politique, en champion d'un programme politique. Quand on veut le faire roi, il fuit la foule. Comme il chérit l'humilité, le mépris des biens terrestres et même le sacrifice de soi, il tolère, sans hésitation, la soumission aux puissances de ce monde. « Allez et présentez-vous aux prêtres », dit-il à ses disciples, lorsqu'ils sont accusés. Mais il ne veut pas dire par là qu'il reconnaisse comme légitimes les autorités civiles et les autorités religieuses. C'est contre ces dernières qu'il lance sa plus terrible imprécation (saint

Mathieu XXIII, 27) : « Malheur à vous, scribes et pharisiens hypocrites ! vous êtes semblables à des sépulcres blanchis, qui paraissent beaux au dehors, et au dedans sont pleins d'ossements et de pourriture. » Ainsi, bien qu'il ordonne de se soumettre, il prêche avec indignation contre toute autorité, particulièrement contre l'autorité religieuse. Il dit du roi Hérode, avec une poignante ironie : « Allez et dites à ce renard... ».

Il y a des exégètes qui prétendent que Jésus n'attaquait d'une manière franche et décidée que l'autorité religieuse et qu'il respectait les « autorités légales ». Une distinction si précise entre l'autorité légale et l'autorité religieuse est trop subtile et trop moderne pour l'époque ; on peut la considérer comme un anachronisme évident ; c'est à peine si le Christ innove en ébauchant une vague différenciation entre Dieu et César... Sans doute, son indignation était plus forte à l'égard des scribes et des pharisiens, plus faible et presque nulle à l'égard des autorités romaines. Il est logique qu'il en fût ainsi, puisque ces dernières, à la différence des précédents, n'opposaient à ses doctrines aucune religion transcendante. Et c'est pourquoi, s'il fulmine contre les uns, il tolère presque les autres. Mais presque toutes les autorités, celles qu'il anathématise, comme celles qu'il tolèrent, tombent sous l'essentielle réprobation, dans laquelle il enveloppe toute inégalité humaine, tout droit et toute politique.

L'herméneutique erronée et anachronique que je signale, a été enfantée par une fausse application du critérium moderne aux choses de l'antiquité et, de plus, par le louable désir de ces exégètes, protestants en général, de concilier les principes du christianisme pur avec l'organisation sociale actuelle de leurs nations respectives. La « lacune » des Ecritures en ce qui concerne le travail et quelques autres passages ambigus, qui s'y trouvent, facilitent cette confusion, évidemment faite par intérêt... Mais une critique scientifique désintéressée conduit infailliblement à cette conclusion que le Christ, bien que d'une manière moins absolue que Bouddha, repousse les différenciations sociales et, par là, la civilisation et la culture. Si toute civilisation est fille d'une aristocratie, si toute culture est le produit d'une répartition plus ou moins aristocratique du travail, — et si Jésus abomine toute aristocratie et méprise tout travail n'ayant que des fins humaines — il est clair qu'il sape par leurs bases, la civilisation et la culture. Il a mille fois raison de dire : « Mon royaume n'est pas de ce monde ». En écartant ainsi le principe du travail des sanctions de l'éthique, le vrai christianisme originel supprime donc ce que l'on pourrait appeler la *contradiction essentielle* du socialisme, l'antinomie irréductible du travail et de l'égalité...

Pour arriver à l'égalité théorique et morale, Jésus *intervertit* les valeurs humaines : « Mais Jésus, lit-on en saint Marc (x, 42), une fois qu'il les eût appelés, leur dit : Vous savez que ceux qui dominent sur les nations les maîtrisent et que les grands d'entre eux usent d'autorité sur elles. Mais il n'en sera pas ainsi entre vous ; mais quiconque voudra être le plus grand entre vous sera votre serviteur. Et quiconque d'entre vous voudra être le premier, sera le serviteur de tous ». Ainsi celui qui commande est l'égal ou l'inférieur de celui qui est commandé.

Jésus ne transmute pas seulement la valeur du commandement, mais aussi, et par conséquence le mérite de la force... « Mais moi, je vous dis : Ne résistez pas au mal. Mais si quelqu'un te frappe à la joue droite, présente-lui aussi l'autre. Et si quelqu'un veut plaider contre toi et t'ôter ta robe, laisse-lui encore le manteau ». (*Saint Matthieu*, v, 39-40). De cette manière très expressive, Jésus enseigne qu'il faut non seulement respecter toute autorité, quelle qu'illégitime qu'elle soit, mais souffrir encore toutes les vexations. « Obéissez, souffrez, chrétiens, aurait-il pu dire à ses prosélytes — mais n'oubliez pas, ah ! n'oubliez jamais que vous êtes meilleurs, infiniment meilleurs, que ceux qui vous commandent et vous offensent. Et si cette satisfaction intime de votre vanité humaine ne vous suffit pas, rappelez-vous que je vous récompenserai avec usure, dans le royaume de mon Père, où les premiers seront les derniers, de votre orgueilleuse humilité et de vos sacrifices volontaires. »

Tout droit, nous l'avons vu, est un pouvoir garanti par la force sociale et dont l'objet est l'ordre social ; il y a ainsi dans le droit, une antithèse entre sa fin, la paix, et son moyen, la force. Le Christ réprouve la force et le pouvoir, mais il n'attaque pas la paix. Des deux termes de l'antithèse, il détruit l'un et préconise l'autre. Mais alors, étant donné l'égoïsme de la nature humaine, comment obtenir la paix sans recourir à la force ? Par un idéal suprême de béatitude éternel et un idéal inférieur des supériorités humaines. Si Jésus méconnaît la légitimité et la bonté du droit humain, il crée un *droit divin*, le seul bon et légitime. Ce droit divin est absolument opposé au droit réel, historique, économique, biologique, enfin au droit véritable ; c'est un idéal irréalisable dans le royaume des hommes, possible seulement dans le royaume de son Père. Mais, bien qu'irréalisable d'une manière absolue, *cet idéal peut influer sur le droit humain ;* il peut en adoucir les aspérités, en affaiblir les sanctions, et lui *donner une nouvelle route à suivre...* Cette nouvelle route correspond à la tendance égalitaire de l'ère chrétienne.

CHAPITRE XVII

ÉVOLUTION DU DROIT EUROPÉEN

§ 86. Evolution de la tendance égalitaire dans l'ère chrétienne. — § 87. Critique de la doctrine démocratique. — § 88. Critique de la doctrine socialiste. — § 89. Schémas de l'évolution du droit.

§ 86.

Evolution de la tendance égalitaire dans l'ère chrétienne.

Taine, *Les origines de la France contemporaine.* — Barnave, *Introduction a la Révolution française.* — A. Lichtenberger, *Le Socialisme et la Révolution française.* — Jaurès, *Histoire socialiste.* — Le Bon, *Psychologie du socialisme.*

Le christianisme représente donc comme une seconde éclosion du bouddhisme, son éclosion occidentale. De lui part le mouvement égalitaire d'Occident, l'époque égalitaire où nous vivons encore, nous peuples de race blanche. Il n'y a pas à élucider ici si Jésus fut réellement l'auteur d'une si belle religion, ou si ce fut saint Paul, comme le soutiennent certains exégètes qui donnent au « Fils de Dieu » un rôle quasi secondaire, celui d'un simple précurseur. Cela n'offre ni importance ni intérêt. Le Christ est pour les Européens, ce que Bouddha est pour les Asiatiques : un symbole. Voilà ce qui importe et ce qui nous intéresse. L'autre question n'est pas une étude fondamentale de synthèse historico-philosophique ; c'en est plutôt une d'érudition et d'analyse.

Comme Bouddha, le Christ naquit à un moment opportun de l'histoire, celui de la décadence de l'empire romain. Après avoir imposé leur hégémonie au monde, les Latins avaient dégénéré. A partir de César, cette dégénérescence s'accentuait. Au point que, comme en Orient lors de l'avènement du bouddhisme, la caste dominante, les citoyens romains, les plébéiens et patriciens, s'étaient rendus inférieurs aux peuples qu'ils dominaient, spécialement aux barbares d'Europe. A l'intérieur même de la péninsule italique, les Romains étaient inférieurs à la population du Nord, les habitants de la capitale aux provinciaux, et même les patriciens aux plébéiens. L'inégalité était rendue irritante, car elle ne se justifiait plus par une spéciéité effective ! Elle était *invertie* par la dégénérescence.

Après ses débuts sur ce terran propice, l'ère égalitaire chrétienne des peuples d'Occident passe par une série d'étapes et de transformations, parmi lesquelles il faut retenir les suivantes, en raison de leur importance historique :

1° Le christianisme proprement dit, c'est-à-dire la religion chrétienne, dont les trois vertus théologales sont la foi, l'espérance et la charité, mais dont la plus essentielle est la charité ;

2° Le régime féodal, première pénétration du christianisme dans la politique. Sa caractéristique est de n'avoir compris le christianisme que d'une façon barbare et rudimentaire, je veux dire, en y faisant surtout place à la foi et à l'espérance, les deux vertus les plus simples et les plus faciles, d'après lesquelles il modèle le type de son système gouvernemental, sans donner à la charité toute l'importance transcendante qu'elle avait à l'origine... Mais, quoique constituant un régime aristocratique, la féodalité forme toujours une aristocratie moins féroce, plus modernisée, plus *chrétienne*, que celle des castes antiques et même que celle de la cité grecque ou romaine ;

3° La monarchie chrétienne, où non seulement les aristocrates, mais le peuple entier ont droit à une certaine représentation politique... Sinon en fait, du moins en théorie, la monarchie de droit divin a pour premier idéal, le salut de toutes les âmes, nobles ou roturières, nationales ou étrangères ;

4° La Réforme. C'est peut-être la plus pure manifestation du christianisme évangélique. Elle se produit une fois que la scolastique a dégrossi la barbarie des barbares ;

5° Le néo-humanisme démocratique de la philosophie romantique qui, laissant la religion de côté, pose sur le terrain politique le problème de l'égalité de tous les hommes en droits et en devoirs. La Révolution française est sa conséquence logique ;

6° Et enfin, le socialisme. On peut le définir comme une tendance politique qui réclame pour les hommes la plus grande et la plus réelle égalité possible en droits et en devoirs. Cet idéal n'ayant pu être atteint par l'égalité politique du système démocratique individualiste, le socialisme réclame en plus une réforme complète du régime économique de la propriété privée ; dans tous les cas cette réforme ne peut consister que dans le communisme plus ou moins général ou relatif.

Tout ce que l'humanité a écrit depuis l'invention de l'écriture jusqu'à notre siècle est peu de chose en comparaison de ce qu'il y aurait à écrire sur les détails et les aspects aussi multiples que variés de l'évolution égalitaire pendant l'ère chrétienne. Il serait long, par conséquent, de présenter une esquisse complète des formes où s'est manifestée la tendance égalitaire dans les grands mouvements mentionnés ci-dessus. De plus ce n'est pas toujours indispensable... Le fonds de charité qu'il y a dans les sentiments chevaleresques est bien clair et évident par comparaison avec les vieux sentiments de l'autocratie et de l'impérialisme païens. Tout en étant une époque de luttes et de violences, le moyen-âge contient les germes des temps modernes. C'est pourquoi la Renaissance, la Réforme, la Contre-Réforme et l'humanisme sont des tendances plus ou moins nettement marquées de philanthropisme et d'un philanthropisme chrétien, c'est-à-dire, différencié de celui de l'antiquité gréco-latine par la reconnaissance tacite de l'égalité morale de tous les hommes, libres ou esclaves, seigneurs ou sujets. Ce n'est cependant que dans le néo-humanisme du xviiie siècle que cette tendance philanthropique, tacite et inapaisable, arrive à prendre des formes bien concrètes. Ces formes sont : d'abord une vague utopie socialiste, ensuite un édifice démocratique catégoriquement bâti.

Aucun historien n'a jamais nié l'essence égalitaire de la Révolution française, à considérer cette fin d'égalité dans l'égalité de tous les hommes en droits politiques. Mais il y a plus. L'humanisme et la Révolution française contenaient à l'avance le mouvement socialiste actuel, bien qu'ils n'en aient eu qu'une perception obscure et qu'ils l'aient même combattu. Les néo-humanistes les plus caractéristiques, les encyclopédistes et les matérialistes les plus notables, réclamaient principalement la liberté politique, avec la formule donnée par Diderot, d'Alembert, d'Holbach et par dessus tout par Rousseau ; mais tout proche de ces démocrates, et en dessous d'eux, se glissait déjà un fort courant de communisme, dont Saint-Simon, Fourier et Proudhon sont les expressions les mieux caractérisées. On trouve, en effet, quand on étudie les prodromes du socialisme, d'innombrables doctrines et chimères communistes dans les écrits des promoteurs de la Révolution française.

L'établissement même de la Révolution peut être considéré comme une attaque à toute propriété. L'expropriation des droits féodaux sur les terres n'est qu'un premier pas vers le communisme démocratique possible... Les révolutionnaires réclament « liberté » et « égalité » ; la liberté, dans l'esprit de tous, c'est l'abolition du système monarchique ; l'égalité, dans celui de quelques-uns, c'est l'annihilation du régime de la propriété... Ces deux formes ne se présentent pourtant pas d'une façon catégorique et précise ; leur ensemble plus ou moins confus constitue la tendance révolutionnaire. Ainsi, dès le premier moment de la lutte, le concept démocratique bien défini et le concept communiste encore inconnu et indéfini apparaissent parfois réunis, parfois séparés et même opposés l'un à l'autre. Raconter comment le premier arriva à dominer et à obscurcir le second, serait faire l'histoire complète de la Révolution. Qu'il me suffise donc de poser comme établi que la tendance égalitaire était alors, en même temps, politique et économique. Pourquoi donc les révolutionnaires se sont-ils contentés d'instituer la démocratie sans arriver au communisme ? On peut répondre d'une manière large et générale, que si les circonstances et les esprits étaient plus ou moins médiocrement préparés aux formes démocratiques, ils ne l'étaient en aucune façon au communisme.

L'établissement d'un régime communiste impliquerait, s'il était possible, des conditions très spéciales de civilisation et de cohésion que la France du XIX° siècle ne pouvait pas posséder et que même aujourd'hui aucun peuple ne possède peut-être. De là l'impopularité fondamentale des « utopies socialistes » ; de là les accusations réciproques, que s'adressent les uns aux autres, les hommes et les partis révolutionnaires de vouloir détruire le régime de la propriété, car si la propriété est détruite, les esprits les plus passionnés d'innovations eux-mêmes ne conçoivent plus l'ordre social indispensable, la pierre angulaire de la théorie de Rousseau. La démocratie était juste, était facile, était possible ; mais que deviendrait la France, une fois disparu tout respect pour la propriété bourgeoise et populaire ? Robespierre, Marat, Danton, Saint-Just, Mirabeau, tous les chefs révolutionnaires paraissaient comprendre que la Révolution se discréditerait, et que sa situation deviendrait par suite intenable, si l'on proclamait la suppression absolue du tien et du mien. Le concept communiste ne revêtait pas de formes définies chez le peuple ; ce que celui-ci demandait, au contraire, c'était de dépouiller les classes privilégiées de leurs richesses pour être seul à en jouir exclusivement, chacun s'appropriant le plus qu'il pourrait des dépouilles générales. Tel est l'objet des fameuses « lois agraires ».

Les vrais théoriciens du jacobinisme furent Robespierre et Saint-Just, dont il est facile de connaître les opinions. Selon Robespierre, la propriété individuelle n'était pas un droit primitif. Elle se définissait : « Le droit qu'a chaque citoyen de jouir et de disposer de la portion de ses biens qui lui est garantie par la loi ». Cette propriété n'est pas préjudiciable aux autres hommes, parce que la société qui l'a créée n'a pas pour unique objet de procurer des avantages à tous et de faire subsister tout le monde. Chaque homme a droit au nécessaire. Nul ne disposera de son superflu jusqu'à ce que l'ensemble des citoyens satisfasse à ses besoins. Théoriquement, l'Etat aura le droit de refaire le système social. Mais, en pratique, il s'en abstiendra. La loi agraire est une chose absurde : « Le cerveau le plus délirant ne peut l'avoir conçue. L'égalité de biens est essentiellement impossible dans la société civilisée. Elle suppose nécessairement le communisme qui est sans doute chimérique. » On respectera la propriété et une certaine inégalité inévitable. Mais il faut combattre l'inégalité économique actuelle qui concentre tous les grands avantages sociaux entre les mains des riches égoïstes au préjudice des pauvres. L'égalité civile et politique la diminuera. De plus, l'Etat assurera à tous les citoyens leur subsistance en leur procurant du travail, en secourant les indigents, en maintenant la vie à des prix supportables, en multipliant le nombre des propriétaires. Un sévère impot progressif et des taxes supplémentaires réduiront le luxe des riches qui se limitera aussi par des lois sur les successions et peut-être jusqu'à mettre une limite à leur fortune. » (1)

La théorie jacobine triomphe. Il y aura l'égalité politique, mais non l'égalité économique. Elle est impossible ; et, d'un autre côté, le nouveau régime, sans arriver

---

(1) LICHTENBERGER, *Le Socialisme et la Révolution française*, p. 85.

au communisme, favorisera efficacement la situation des pauvres et rendra plus difficile l'accumulation excessive des richesses. Cependant, la limitation des fortunes et même la philanthropie de l'Etat n'arrivent pas à devenir des faits accomplis, parce que la nouvelle bourgeoisie ne le permet pas. Celle-ci restreint, dans la mesure du possible, l'intervention de l'Etat dans la distribution des biens, et produit, grâce aux progrès de la technologie et au développement du crédit, le système actuel de capitalisme industriel.

C'est une observation très importante à faire qu'après le succès de la Révolution, la tendance égalitaire politico-économique rencontre, en elle-même, un mouvement inhibitoire antinomique ou conservateur, en ce qui concerne la nouvelle propriété bourgeoise. Quand les biens féodaux ont trouvé des acquéreurs, quand l'absolutisme monarchique est aboli, le peuple, la société entière, demande de la stabilité dans le régime démocratique récemment institué. Et la stabilité ne peut se rencontrer que dans le respect des droits de propriété, droits que le Code Napoléon doit consacrer ensuite par des dispositions solennelles et minutieuses.

Quand la Révolution est passée, le mouvement inhibitoire et conservateur, auquel j'ai fait allusion, prend des formes qui deviennent de plus en plus concrètes et arrivent à se condenser dans les écrits de Thiers et de Taine. En Allemagne, l'école historique de Savigny et de Puchta élève, à son tour, une digue contre la marée montante du jacobinisme et du rationalisme. Et en Angleterre, l'esprit prudent et conservateur de l'école analytique maintient la Révolution en deçà du canal de la Manche. L'école historique allemande, la tendance réactionnaire française, et à un moindre degré, l'école analytique plus isolée et trop particulière, trop britannique, interrompent donc, si l'on peut parler ainsi, le mouvement égalitaire des *Sans-Culottes*, et ouvrent la parenthèse opportune du xix° siècle entre la démocratie du xviii° siècle et le socialisme pratique qui se manifeste vers le xx° siècle. C'est le manque de cette parenthèse évolutive, la jonction de la tendance jacobine avec la tendance marxiste, légèrement aggravé par un vague esprit de séparatisme politique, qui donne comme nous l'avons vu, sa périlleuse violence au socialisme catalan en Espagne.

§ 87.

Critique de la doctrine démocratique.

KANT, *Critique de la raison pure* (trad. française). *Critique de la raison pratique* (trad. française). — COMTE, *Cours de philosophie positive*. — TAINE, *Les origines de la France contemporaine*. — SUMMER MAINE, *Le gouvernement populaire* (trad. française). — BOUGLÉ, *La démocratie devant la science*.

De toutes les conceptions de Kant, aucune n'a jamais été aussi attaquée que sa fameuse dualité entre le monde de la raison pure, celui des noumènes et de la liberté absolue, exposé dans sa *Critique de la raison pure*, et le monde des phénomènes soumis au déterminisme des causes et des effets, dont il traite dans sa *Critique de la raison pratique*. On dit qu'il y a entre eux une contradiction si irréductible qu'elle enlève toute unité et toute efficacité au système philosophique du grand penseur de Kœnigsberg. Si la raison pure et la raison pratique se détruisent mutuellement, elles laissent sans solution les grands problèmes métaphysiques relatifs au lien du subjectif avec l'objectif, de l'infini avec la réalité finie, de la liberté avec le *libre-arbitre*... Cependant, à mon avis, la dualité antinomique du système kantien est ce qu'il y a de plus profond dans ce système et constitue sa plus grande, sinon son unique conquête. En effet, pour Kant, l'intuition ne donne, d'elle-même, que les phénomènes relatifs, et lorsque l'on veut passer de ces phénomènes aux noumènes abstraits, on tombe dans un véritable « vice de transition », dans un paralogisme, que le philosophe appelle *amphibolie* et qui consiste à confondre l'empirique avec le transcendantal. Les métaphysiciens précédents, les cartésiens en particulier tombaient dans ce vice de raisonnement et englobaient dans un seul concept leurs édifices bâtis *a priori* et le réalisme empirique. Comme ils ne concevaient qu'un monde subjectivo-objectif, leur plus grave erreur consistait à subordonner, plus ou moins inconditionnellement, l'objectif au subjectif. Je pense, moi, que le dualisme kantien a fait faire un grand pas dans le sens de la vérité positive, car je crois que, sous des formes moins absolues et moins claires, ce dualisme existe dans tout système de philosophie juridique et politique... Par malheur, les philosophes venus après Kant ont oublié son observation si fondée ; ils méconnaissent sa division et en confondent les deux parties, commettant ainsi de véritables *amphibolies*.

Chez aucun auteur, le paralogisme de l'amphibolie, l'antinomie de la réalité et de la métaphysique, n'apparaît avec autant d'évidence que chez Auguste Comte, le « père de la philosophie positive ». Etudiez, en vous y arrêtant, l'édifice construit par Comte et vous verrez sans difficulté qu'il s'y trouve deux moitiés parfaitement séparables. D'un côté, une vue critique et matérialiste de toutes les connaissances humaines, réunies dans un seul système vaste et complet, et voici pour la partie positive. Mais, d'un autre côté, il se trouve que Comte se figure la démocratie rationaliste comme la véritable fin de l'humanité. Elle passe, suivant lui, par les trois stades — théologique, métaphysique, positif — dont le dernier est le désidératum de la philosophie, la panacée universelle de nos erreurs, le repos au bout du long chemin de nos pensées et de nos connaissances. Rien moins que cela ! Il n'y a qu'à relire ses paragraphes enthousiastes sur « la partie déjà accomplie » de la Révolution française et sur le « régime pacifique et rationnel » vers lequel tendent indéfectiblement tous les progrès humains dans l' « âge de la généralité »... Or, cet âge de la généralité sous son aspect juridico-politique, ce régime pacifique et rationaliste cimenté sur l'égalité humaine introduisent des conceptions aussi métaphysiques, sinon plus, que celles qui sont développées dans le monde des noumènes de la *Critique de la raison pure*. Si Comte avait distingué, comme Kant, son monde nouménal du monde phénoménal, son cosmos objectif du cosmos subjectif, il aurait exposé, à propos de l'un, ses très remarquables conceptions positives, et relégué dans la partie qui traite de l'autre, ses idées finalistes sur la liberté, la démocratie, la généralité. Ce qui est chez le premier philosophe une franche et courageuse antinomie, constitue chez le second une contradiction diffuse et honteuse. Ainsi, à ce point de vue, Kant est-il beaucoup plus prudent, beaucoup plus *vrai* que Comte, et par conséquent, du fait de la plus grande pénétration de son esprit, plus « positif » !

C'est un cas très fréquent et presque universel dans l'histoire de la philosophie que les systèmes des grands philosophes ne sont compris, à leur époque et dans la période qui suit, que dans leurs pensées secondaires, et que la partie la plus neuve, la plus innovatrice de leur idée reste d'abord méconnue. Ce n'est que dans des temps postérieurs que les critiques attardés s'aperçoivent de ce qui n'avait pas su être compris plus tôt, et cela quand, en proie aux vers et à l'humidité, les livres originaux du penseur sont regardés comme « vieillis ». La philosophie d'Emmanuel Kant — comme celle de Vivès, celle d'Averroès, d'Aristote, de Platon, — a subi ce sort triste... mais glorieux. Ignorant ou oubliant, à la manière de Comte, tout ce qu'il y a de perspicacité profonde dans l'antinomie du criticisme kantien, les philosophes positivistes du xixe siècle ont englobé, en très grande généralité, dans une seule conception tout à fait confuse leur monde subjectif et nouménal et le monde phénoménal et objectif. Et beaucoup, non sans avoir fait une moue de dédain à la « métaphysique » voire à la « scolastique de Kant ».

Il serait interminable d'analyser toutes les formes prises par la dualité métaphysico-positive chez les philosophes positivistes modernes de deuxième et de troisième ordre. Il nous suffit de l'avoir constaté chez Comte, le maître et l'initiateur de cette école, car il est aisé de présumer combien ce défaut doit être plus accentué par la médiocrité de ses disciples. — On remarquera que je n'implique pas dans cette dualité la conception matérialiste moniste, quoiqu'elle soit une hypothèse aussi transcendante que l'idéalisme pur. Je ne l'y implique pas parce qu'en réalité elle ne nuit pas, par elle-même, au positivisme scientifique, auquel elle ajoute au contraire un esprit de prudence et d'analyse qui est avantageux.

Peut-être les grands penseurs anglais — Hobbes, Locke, Bacon, Hume, Stuart-Mill, Spencer — sont-ils les seuls, ou à peu près, à avoir, chacun pour leur époque, réduit à une quantité minime et secondaire, la partie subjective, nouménale et métaphysique de leurs théories, idéalistes ou matérialistes. La notion de l'Inconnaissable, due à Spencer, est admirable à cet égard. On dirait que le sens profond de la vie que les Anglo-Saxons apportent dans les affaires pratiques, passe aussi dans leur activité d'ordre théorique, bien qu'il manque généralement à leurs idées la grandeur de proportions qu'ont les systèmes bâtis par les philosophes les plus remarquables du Continent.

En synthèse, la conception philosophique de la démocratie part d'une série de fausses hypothèses, telles que le contrat social, l'individualisme originel, la souveraineté populaire etc. Ces fausses hypothèses n'ont pas été enfantées par l'analyse scientifique, pure et simple, des phénomènes sociaux, mais par un sentiment de protestation et de réaction contre l'absolutisme théologique. On y confond ainsi la réalité objective avec les sentiments subjectifs, l'inégalité biologique et historique, avec les aspirations de l'humanité vers une fantastique égalité. Telle est ma critique de la *philosophie* de la démocratie.

Cette critique n'implique pas que je méconnaisse les grands services qu'a rendus et que rend encore à l'humanité le *droit* public et privé de la démocratie. Ce droit, plus que tout autre, tend, spécialement sous sa phase politique, — et pourvu qu'on n'exagère pas dans la pratique les erreurs de sa théorie — au renouvellement pacifique et continuel du groupe dirigeant, de telle sorte que ce sont les plus capables qui gouvernent. La démocratie, fausse comme concept philosophique, peut être très utile comme usage pratique. Elle abaisse les barrières entre les classes sociales, elle pousse les individus les mieux doués des basses classes à la conquête de la richesse et du pouvoir. Elle a, par là, le double avantage d'améliorer le gouvernement et d'aviver les activités humaines.

Cet avantage est compensé par l'inconvénient pour la démocratie d'enlever d'ordinaire à l'Etat l'unité d'action et la stabilité indispensables à son œuvre d'ordre et surtout de culture. C'est pourquoi j'ai dit que la politique et le droit démocratiques sont utiles tant qu'on n'exagère pas leurs erreurs. Ces erreurs sont, entre autres; l'égalité absolue, le mépris des traditions, l'individualisme anarchique et dissolvant ; il faut donc, en pratique, les réduire à un minimum, et pour cela, favoriser le développement naturel des inégalités intellectuelles, reconnaître la valeur de l'expérience du passé, stimuler les associations logiques et fécondes. Et il convient que les peuples reconnaissent les utopies de leur législation, afin de ne pas user leurs forces en discussions stériles sur des concepts aussi abstraits que l'égalité absolue et de les employer, en revanche, à un idéal plus réalisable de bien-être et de grandeur.

§ 88.

Critique de la doctrine socialiste.

Marx, *Das Kapital*. — Menger, *L'Etat socialiste*. — A. Loria, *Les problèmes sociaux* (trad. française). — Jaurès, *Histoire Socialiste*. — E. Faguet, *Le Socialisme en* 1907. — J.-B. Justo, *El Socialismo* (conférence).

Je trouve chez Karl Marx, quatre grands concepts générateurs, ou idées-mères. Le premier consiste dans sa théorie de la valeur comme résultat du travail. Le second, le plus connu et le plus étendu, consiste à considérer tous les phénomènes politiques, religieux, juridiques et moraux, comme dépendant exclusivement du facteur économique ; ainsi, l'évolution humaine est fatale et obéit aux transformations économiques. Le troisième affirme que la base des transformations économiques est l'instrument de production. A chaque stade de l'instrument de production correspond une nouvelle situation économique, laquelle, à son tour, est cause de toute la phénoménologie sociale. L'instrument de production évolutionne sans cesse, et quand il acquiert de nouvelles formes qui ne coïncident pas avec le régime économico-politique en vigueur, il éclate une révolution sociale qui détruit ce régime déjà vieilli pour lui substituer un régime supérieur. On peut ainsi envisager quatre périodes dans la constitution économique : période asiatique, période antique, période féodale, période bourgeoise moderne. L'évolution séculaire de l'instrument de production ne s'est pas arrêtée avec cette dernière période ; il s'impose donc aujourd'hui un changement de la situation économique : le socialisme ou communisme.

Les trois premiers concepts peuvent être admis comme réalistes et même comme exacts, si on ne les pousse pas à l'extrême en en faisant un critérium exclusif. Par malheur, la « dialectique matérialiste » de l'école marxiste recourt à ce critérium avec une fréquence et une intensité déplorables... Puis, si nous laissons de côté ce qu'il y a de métaphysique dans une pareille forme dialectique, et si nous acceptons la partie positive du fond, nous trouvons que le quatrième concept générateur est d'une modalité métaphysique encore bien plus marquée. La forme dialectique s'y confond avec le fond, qui est plus sentimental et subjectif qu'objectif et positif. Pour mieux faire comprendre ces critiques, j'en viens de suite à analyser succinctement, et dans l'ordre où ils se présentent, les quatre concepts classiques de Marx ; il résultera de cette analyse qu'entre ces trois premiers concepts et le quatrième, il existe un véritable paralogisme, de l'espèce de ceux que Kant appelait *amphibolies*.

1° Je crois qu'il n'y a pas un seul économiste d'esprit scientifique pour nier aujourd'hui que le travail soit une cause importante de toute valeur d'échange, sinon la cause *immédiate* principale de cette valeur. Il n'y a qu'à ajouter à cette cause, d'autres causes moins immédiates, mais cependant nullement négligeables et que l'on pourrait synthétiser dans l'utilité et la rareté...

Prise au sens absolu, l'équation de la valeur d'après Marx me paraît inacceptable. A mon avis, la cause fondamentale et première de la valeur est toujours la *spéciéité* humaine. Elle se manifeste doublement : 1° dans le désir d'acquérir l'objet ; 2° dans la difficulté de l'obtenir. Si l'on envisage la production à ce dernier point de vue, qui est celui dont Marx s'occupe de préférence, on pourrait observer, en synthétisant des conclusions déjà exposées : que la spéciéité engendre le *droit* ; que le droit détermine le *partage du travail* ; que le partage du travail fixe le *travail de chacun* ; et que du travail de chacun dépend principalement la *valeur d'usage et d'échange*. Si l'on voulait exprimer cette idée par une formule, nous trouverions, en appelant M la valeur d'usage et d'échange d'une marchandise :

$$\frac{\text{Spéciéité humaine}}{\text{Droit}} = \frac{\text{Droit}}{\text{Partage du travail}} = \frac{\text{Travail individuel}}{\text{Partage du travail}} = \frac{\text{Travail individuel}}{M}$$

En somme, la *spéciéité humaine est la première cause du travail de chaque homme. En d'autres termes, la valeur du produit dépend en partie des conditions spécifiques du travailleur qui le produit*. Une année de travail d'Edison, de Rodin, ou de Ramon y Cajal vaut des milliers, des millions d'années de travail d'un ouvrier, et même de beaucoup d'ouvriers, et même encore de peuples entiers, si ces peuples sont des Iroquois et des Fuégiens... Si je soupçonnais que ma besogne en composant ce livre n'eût pas plus de *valeur* que le travail exécuté pendant le même laps de temps par mon cordonnier, croyez-moi, je me mettrais à faire des souliers... Vous me direz que j'englobe dans l'expression « valeur », non seulement la valeur d'usage et d'échange mais aussi l'utilité sociale... C'est qu'en réalité, il n'est pas facile de délimiter dans la valeur théorique, ce qui est valeur d'usage, valeur d'échange et utilité sociale. Ce sont trois notions qui, en fait, s'unissent et se séparent pour revenir ensuite indéfiniment à s'unir et à se séparer... Ce qu'il y a d'uniquement et d'absolument positif dans les théories et les équations de la valeur, c'est, je pense, que *l'homme évalue les marchandises d'après le plaisir qu'elles lui procurent et la difficulté qu'il a à les obtenir*. Et rien n'est plus complexe que ce postulat ; dans l'un de ces termes, le « plaisir », il y a place pour les appréciations les plus diverses et les plus variables, et dans l'autre, dans la « difficulté à obtenir » les marchandises désirées, interviennent le travail, la rareté, l'offre et la demande. Et encore ce second des deux termes de mon postulat contient, comme élément principal, la qualité du travail, dont la cause première réside dans les différences spécifiques du travailleur.

2° La plus scientifique et la plus vraie des quatre conceptions de Marx est certainement la seconde. J'ai démontré, au cours de cet ouvrage, que toute situation juridico-politique est précédée par une situation économique qui la détermine. Mais j'ai démontré, pareillement, que cette situation économique, loin d'être une « forme-limite », comme le dit Loria, n'est qu'une *forme intermédiaire* entre les premières causes biologiques et les derniers effets politiques et moraux.

3° Il me paraît indiscutable que la transformation des instruments de travail, que les progrès de la technologie sont la cause immédiate de toute évolution économique. Sous cet aspect, la théorie marxiste est évidemment vraie. — Seulement ce troisième concept devient faux, quand on suppose, en faisant dévier peut-être la pensée de Marx, que l'instrument se transforme comme de lui-même, sans obéir à un autre ordre d'antécédents — biologiques, physiologiques, psychologiques. Les instruments de production, en employant cette expression dans le sens étendu que lui a donné Marx, ne sont que des formes techniques inventées par l'intelligence humaine, suivant son développement psycho-physique, et les véritables causes de ce développement sont les lois de la vie. L'instrument de production, au lieu d'être une première cause, est simplement ainsi un *résultat du partage du travail produit par la spéciéité humaine,* ou si l'on veut, par la lutte pour la vie chez les espèces ou variétés humaines. En quelque sorte, le droit et la politique, par le fait d'imposer et de consacrer un partage déterminé du travail, sont antérieurs à ce partage, du moins dans leur état latent et tacite de différences spécifiques encore inconcrètes. Il est bien entendu que j'appelle ici « droit » et « politique » de simples réactions vitales accompagnées de tendances éthiques et juridiques. On pourrait donc dire que l'évolution humaine est une chaîne interminable de facteurs psycho-physiques, économiques et politiques... Le premier anneau de la chaîne rentre dans les principes généraux de la biologie.

4° La partie la plus vulnérable de la théorie marxiste concerne la nécessité urgente de transformer le régime capitaliste actuel en régime communiste. On suppose que la transformation dernière du capital usuraire en capital industriel, ainsi que le machinisme moderne, entraînent un changement tel dans les instruments de production qu'il rend indispensable une réforme complète du système politico-économique ; cette réforme est le socialisme. La tendance chrétienne, qui avait été démocratique à la Révolution française, devient maintenant économique.

Le mouvement égalitaire de notre ère passe ainsi par une série de phases successives : du Christ à saint Augustin, il est thaumaturgique ; de saint Augustin à Voltaire, théologique ; de Voltaire à Kant, métaphysique, romantique et rationaliste ; de Kant à nos jours, métaphysico-positif. La phase thaumaturgique comprend saint Paul ; la phase théologique, saint Thomas, la scolastique, la Réforme, la Contre-Réforme ; la phase romantico-rationaliste, le néohumanisme du XVIII° siècle et la Révolution française ; la phase métaphysico-positive, en substance, le... socialisme. Au point de vue de son *efficacité actuelle*, on pourrait considérer Karl Marx comme plus chrétien que saint Paul et plus romantique que Rousseau... L'horizon couvre ces phases pour les collectivistes et leur cache ce qu'il y a derrière, parce qu'ils le regardent de près ; s'ils étaient plus loin pour regarder le panorama, et se plaçaient plus haut, ils verraient, à vol d'oiseau, que leur socialisme n'est que la dernière cîme d'une chaîne de hauteurs qui part du Calvaire, ou mieux encore, de l'Himalaya !

La métaphysique est la science de l'absolu, la science qui cherche les relations absolues... et le socialisme, en dehors de ses remarquables recherches en matière économique, est métaphysique : 1° parce qu'il repose sur une « dialectique matérialiste », 2° parce qu'il croit que l'humanité doit arriver à une organisation pacifique, stable et finale.

L'absolu peut donner lieu à deux ordres d'études : la cause originelle et la cause finale. La théologie et la scolastique s'occupaient de préférence de la *causa causarum* ; le socialisme, beaucoup plus positif, envisage surtout la finalité sociale. En cela, sa métaphysique est beaucoup moins imaginaire et spéculative que celle du rationalisme. La philosophie rationaliste a été qualifiée de « philosophie ivre » ; on pourrait se figurer la philosophie socialiste comme une philosophie endormie. Ce n'est qu'en dormant qu'elle a pu rêver ses beaux rêves d'une Arcadie humaine.

Il est certain que beaucoup de socialistes professent un « réalisme ingénu », qui n'est pas de la métaphysique, mais de la *peur de la métaphysique*. Mais ces socialistes sont les moins importants, ce sont des socialistes bâtardés. Les vrais, les purs, sont ceux qui croient que la société de l'avenir s'organisera sous une forme idéalement « juste » (sic) et que cette forme sera la fin des idées politiques et des institutions. Ceux qui ont peur de la métaphysique me paraissent plutôt des anarchistes, avoués ou non, que des socialistes.

Marx et Engels ont nommé leur système d'interprétation économique de l'histoire « dialectique matérialiste ». Ils ont raison. Le socialisme doctrinaire, c'est-à-dire le socialisme original, directeur, n'est pas autre chose… Et qu'est-ce que la dialectique sinon la logique des abstractions métaphysiques ? Qu'est-ce que le matérialisme sinon une hypothèse métaphysique, sœur jumelle de l'idéalisme.

Cette origine a été pleinement reconnue. On sait que les « pères du socialisme », ceux qui lui donnèrent son caractère, « relient à la philosophie allemande leur grandiose et féconde conception de l'histoire ». « Nous autres, socialistes allemands, disait Engels en 1891, nous nous enorgueillissons de descendre non seulement de Saint-

Simon, d'Owen et de Fourier, mais aussi de Kant, Fichte et Hégel. Le mouvement ouvrier allemand est l'héritier de la philosophie classique allemande ». « Cette filiation intellectuelle a été admirée et respectée par les disciples, et, aujourd'hui encore, les théoriciens allemands du socialisme greffent des controverses métaphysiques sur les questions de programme et de tactique ». Or, par son caractère même et dans l'opinion de ses créateurs, le mouvement ouvrier d'Allemagne est intimement mêlé au socialisme universel et lui sert, en quelque sorte, de règle et de modèle...

On objecte, pour contester ce recours du socialisme à la métaphysique : 1° que ces théories métaphysiques n'ont été formulées que pour donner plus d'aplomb au nouveau système ; 2° que ni Marx, ni Engels, ni aucun des grands penseurs socialistes, ne professent un credo métaphysique déterminé, qu'ils ne sont ni kantiens, ni fichtiens, ni hégéliens, ni quoi que ce soit...

Par rapport à la première objection, je soutiens qu'il est absurde, anti-psychologique, de supposer de pareilles puérilités chez des penseurs de grande envergure. Par rapport à la seconde, je prétends que, les systèmes métaphysiques étant quelque chose comme des sensations raisonnées, il ne peut en réalité y avoir deux métaphysiciens absolument égaux, de même qu'il n'y a jamais eu deux cerveaux absolument identiques. Jamais on ne pourra mieux dire, qu'à propos des métaphysiciens que « comprendre, c'est égaler ». Comprendre un système métaphysique déjà inventé, c'est presque en inventer un autre. C'est pourquoi je croirais bien que Marx, qui est peut-être un des métaphysiciens les plus originaux, est un « Hégel à rebours ». Marx dit dans la préface de la seconde édition du *Capital* : « Ma méthode dialectique non seulement diffère fondamentalement de celle d'Hégel, mais elle lui est directement opposée. Pour Hégel, le processus mental, dont il arrive à faire un sujet indépendant sous le nom d'idée, est le démiurge de la réalité, laquelle n'est que sa manifestation extérieure. Pour moi, à l'inverse, l'idéal n'est que le matériel, transposé et interprété dans le cerveau de l'homme ».

On a fait fréquemment observer que certains passages de Marx, ainsi que de Lassalle et d'autres écrivains socialistes sont écrits, directement ou indirectement, en « style métaphysique ». Il me semble que cet argument, qui concerne une forme accidentelle de composition, a peu d'importance. Cette forme peut être une imitation inconsciente chez des hommes ayant reçu la même éducation que Schelling et Jacobi. Le fond en ce qui est en cause ici, et quant au fond, il suffit de la théorie que j'ai exposée et que l'on pourrait développer dans de longues et savantes dissertations... On a dit de même de Nietzsche, par exemple qu'il était théologien, à cause du style de ses écrits ; et, cependant, avec son brutal pseudo-positivisme, sa philosophie est tout ce qu'il y a d'antithéologique, en s'en tenant au concept chrétien de « Dieu ».

Pour conclure, et en résumant tout ce qui précède, je soutiens que, de même que la philosophie de Kant, que celle de Comte, que celle de tous ou presque tous les philosophes, idéalistes ou positivistes, les théories de Marx présentent deux parties, deux phases : l'observation réaliste et l'idéalisation métaphysique.

A l'observation positive, appartiennent, sous réserve d'une certaine tendance à la dialectique finaliste, qui les affaiblissent et les faussent un peu par son exagération, ses concepts générateurs de la valeur, des facteurs économiques de la politique, de l'importance des transformations de l'instrument de production dans l'évolution économique. A l'idéalisation métaphysique incombe, en plus de sa dialectique, son quatrième concept, c'est-à-dire, la doctrine socialiste proprement dite. De la sorte, et en ne séparant pas de la phénoménologie scientifique, les abstractions effectives et intuitives, de la façon préconisée par Kant et réalisée par lui, si elle n'est pas toujours réalisable,

Marx tombe dans le « vice de transition », dans le paralogisme de l'*amphibolie*, et, de même que Comte, il comprend les deux parties ou phases dans une seule conception sociale et politique. Et il y a lieu de noter que cette *contradiction essentielle* du socialisme, que cette erreur irréfragable du socialisme, prend chez les disciples et successeurs du maître, les formes les plus grossières et les plus absurdes, comme celle du « concept-limite » de l'économie soutenue, contre toute évidence scientifique par un sociologue cependant aussi distingué qu'Achille Loria.

§ 89.

Schémas de l'évolution égalitaire.

Pour éclairer les idées que je viens d'exposer, je trace les schémas suivants. Par les courbes du premier (fig. 1), je synthétise l'évolution du principe castocratique et du principe démocratique en Orient. La ligne II' représente l'égalité absolue ; la ligne DD', les castes absolues. L'humanité part d'une égalité chaotique, — l'état silvestre de l'anthropopithèque, — et évolue, quand les races sont formées, vers l'impérialisme castocratique. Lorsque le brahmanisme est arrivé à ce point que j'ai appelé l'*in-harmonie* entre la faiblesse des dominants et la force des dominés, lorsque ceux-là sont dégénérés et ceux-ci régénérés, il se produit la réaction bouddhiste, la réaction égalitaire.

Dans le second schéma (fig. 2) je présente le même phénomènes chez les peuples d'Occident, en marquant toutes les étapes particulièrement caractéristiques que j'ai énumérées plus haut. Et arrivé au socialisme, je schématise, d'accord avec les principes que j'ai exposés, l'hypothèse de la possibilité d'une nouvelle réaction vers la castocratie, qui rappelle vaguement la théorie des *corsi* et *recorsi* de Vico.

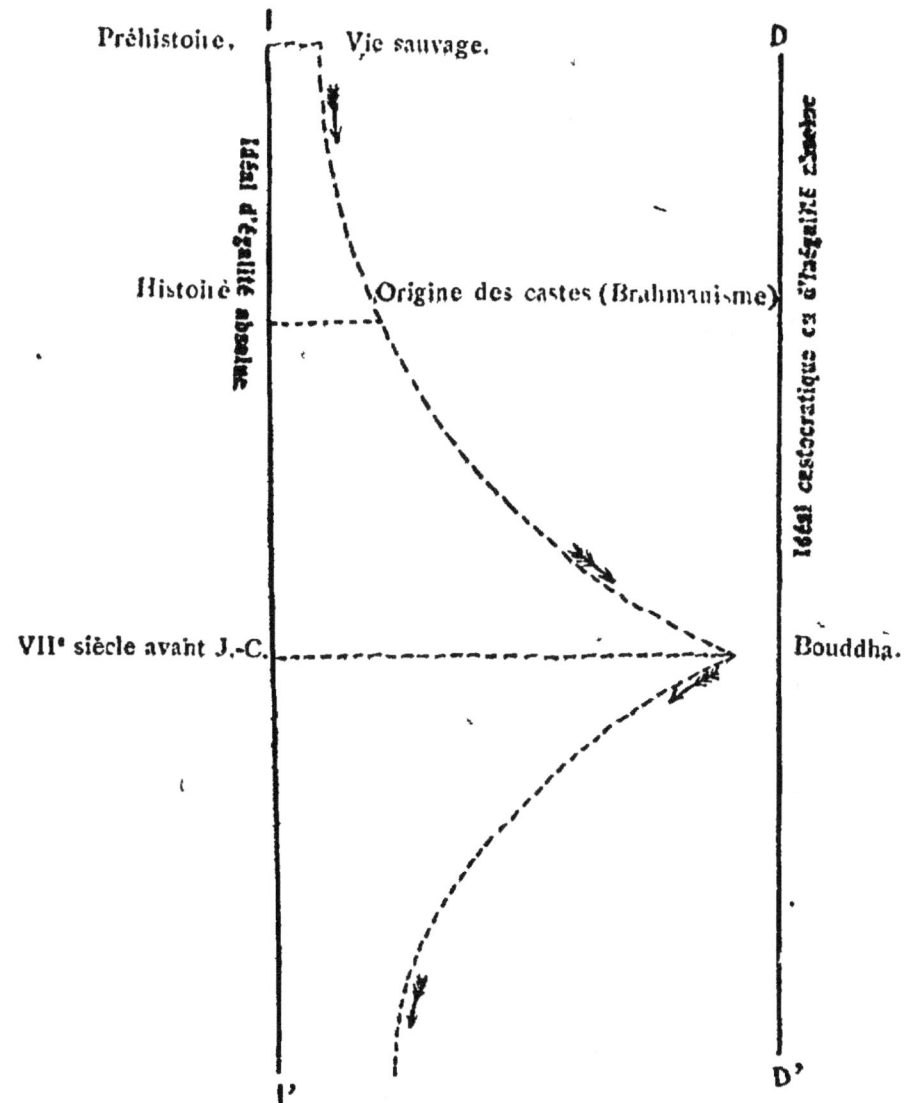

Fig. 1. — Schéma de l'évolution égalitaire en Orient.

Il y a lieu de noter que dans ces deux schémas, la partie du dessus devrait être considérablement plus longue que celle du dessous, en raison de l'antiquité très reculée de l'homme, et de la durée qu'ont eue la préhistoire et l'histoire primitive, durée beaucoup plus grande que celle de l'histoire soit après Bouddha, soit après Jésus-Christ. J'ai resserré la première partie des schémas pour les rendre plus clairs et plus maniables.

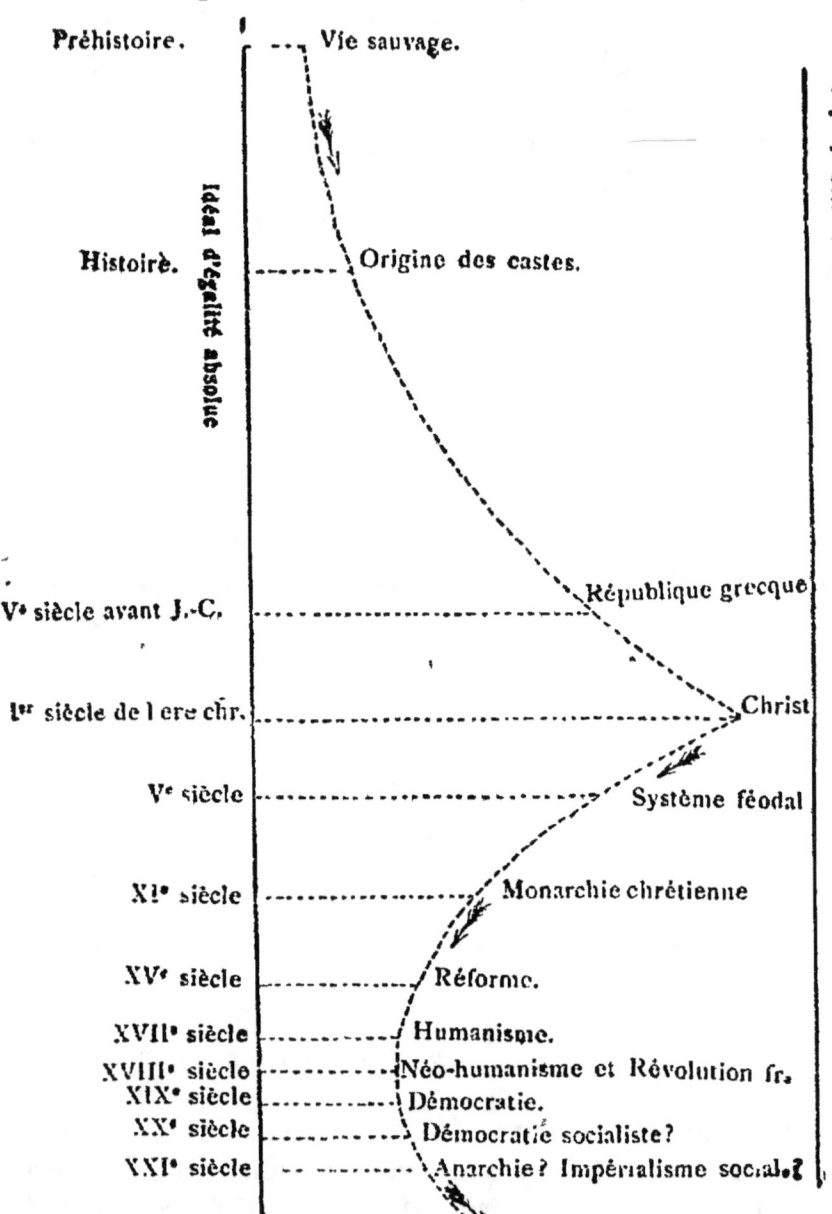

Fig. 2. — Schéma de l'évolution égalitaire en Occident.

CHAPITRE XVIII

AVENIR DU DROIT

§ 90. Caractères du droit contemporain. — § 91. La tendance conservatrice et la tendance innovatrice dans le droit contemporain. — § 92. Formes de la tendance innovatrice et critique de cette tendance. — § 93. Avenir du droit. — § 94. Avenir de la science juridique.

§ 90.

Caractères du droit contemporain.

Rien de plus vain en sociologie que de prédire un avenir reculé. Tout phénomène social a tant de facteurs qu'on en oublie forcément quelques-uns, dans une pareille étude. Et ces facteurs oubliés dans les calculs de prévision sont fréquemment les plus décisifs et les plus féconds. La rapidité vertigineuse de notre civilisation moderne contribue, elle-même, à rendre erronés les mieux faits de ces calculs de prévision... Mais, puisque, suivant le fameux aphorisme de Liebnitz, « le présent contient le devenir », nous ne devons pas renoncer à toute espérance, je ne dis pas d'imaginer de lointaines prédictions, mais au moins de prévoir un avenir rapproché. Cela rentre dans la critique scientifique, et rien n'est plus digne d'attention et d'étude. Je vais donc appliquer les théories développées dans cet ouvrage pour essayer d'établir ici une synthèse de l'état de notre droit contemporain et en inférer ce que seront, à mon sens, ses plus prochaines et probables transformations. Et, après l'avoir d'abord considéré comme phénomène social, comme partie de l'éthique, je rechercherai également son avenir comme science.

Il n'y a qu'un seul procédé logique pour se rendre compte de l'avenir du droit, c'est de connaître d'abord l'état actuel du droit. Et il n'y a de même qu'un procédé logique pour se rendre compte du droit contemporain, c'est de le comparer avec le droit du passé. Cette comparaison a pour résultat de nous faire voir que les caractères du droit peuvent de nos jours se réduire à trois principaux ; il est *rationnel*, il est *démocratique*, il est *individualiste*. Tous trois dérivent du néo-humanisme ; en droit, comme en politique, nous sommes encore régis par les idées du xviiie siècle.

Nous avons déjà vu que les caractères typiques de l'ancien droit romain, étaient le matérialisme, le formalisme et le symbolisme... Eh bien ! le rationalisme du droit contemporain est un caractère précisément opposé à ces caractères. Le droit, maintenant, se conçoit objectivement, à la façon des principes généraux. On le réunit en codes bâtis rationnellement. On le conçoit, comme s'il était une idée *a priori* et absolue. Et on l'applique d'après un critérium téléologique, en essayant de présumer et de prévoir ses conséquences et son utilité sociale. L'intelligence l'emporte sur la réaction, la finalité sur l'acte réflexe.

Le droit antique reconnaissait, plus ou moins catégoriquement, l'existence de diverses classes sociales ou castes superposées. Chacune avait en quelque sorte son droit, sans cesser pour cela d'être sous l'*imperium*, ou sous ce que j'appellerai la tolérance impérative, si l'on me passe l'expression, du droit même de la classe gouvernante. Les castes et les peuples co-existants dans les empires antiques de l'Orient étaient régis par des règles qui leur étaient propres. Les citoyens romains en général, et les patriciens et les nobles en particulier, avaient aussi leur droit propre, de même que les provinciaux et les étrangers. Après les invasions barbares, les peuples du midi de l'Europe furent régis par des lois, ou des droits nationaux. Chacun vivait soumis aux règles juridiques de son pays d'origine. Puis, sous le régime féodal, quand furent amalgamés les divers éléments ethniques qui ont formé les nationalités modernes, il co-exista encore un droit de privilège pour la noblesse et le clergé et un autre ou droit commun, pour le peuple. On peut ainsi dire que jusqu'à la Révolution française le droit était franchement et politiquement aristocratique. Après la Révolution, et même dans les pays monarchiques, le droit a supprimé les principaux privilèges et nivelé les classes sociales. La démocratie triomphe donc dans la conception actuelle du droit.

Cette démocratie n'arrive cependant pas jusqu'au communisme. Loin de là, elle reconnaît pleinement le droit de propriété et le droit d'héritage. Elle fixe aussi la notion de la monnaie comme représentation d'une valeur garantie par l'Etat. D'où un régime social d'économie monétaire, franchement et libéralement individualiste, institué et maintenu par le droit contemporain.

§ 91.

La tendance conservatrice et la tendance innovatrice dans le droit contemporain.

Contre ce droit rationnel, démocratique et individualiste est entrée aujourd'hui en lutte la tendance innovatrice de l'idéal communiste. Le socialisme tente de rénover le système actuel d'économie monétaire, pour lui substituer un nouveau régime où les hommes seront égaux et où seront supprimés ou réduits au minimum la propriété privée et l'héritage.

Si nous soumettons à une analyse concrète et pratique la tendance innovatrice du droit contemporain, nous trouverons que ses attaques contre le régime actuel sont dirigées de préférence aux quatre points de vue suivants : 1° La répartition du travail ne se fait pas, dans notre société, suivant les capacités des individus; 2° le capitalisme et le machinisme produisent la dégénérescence de l'ouvrier ; 3° la mortalité infantile excessive de la classe ouvrière entraîne la destruction de beaucoup de vies utiles ; 4° l'amélioration de la race est rendue impossible parce que les besoins d'argent et la vanité sociale restreignent les affinités électives, surtout dans les classes riches et imposent des mariages de convenance. — Je passe à l'analyse de ces quatre points, en présentant les arguments des socialistes et les réponses qui leur sont faites du côté conservateur.

1° La production totale, allèguent les socialistes, sera d'autant plus forte que la répartition du travail sera faite suivant les aptitudes de chacun. Sous le régime actuel, l'inégalité économique déprime et rend inutiles un grand nombre d'aptitudes. Les professions intellectuelles ne sont pas accessibles aux plus intelligents, mais aux riches. Beaucoup de ces derniers se montrent incapables d'occuper les professions qu'ils ont choisies. D'autres se livrent aux plaisirs, perdent ainsi leur activité et donnent les pires exemples. De plus, le bien-être, dont ils jouissent, leur enlève parfois le stimulant nécessaire à l'action. En revanche, le pauvre, quelles que soient ses incapacités, se voit toujours condamné à des travaux obscurs et mécaniques.

Sans aucun doute, ces observations sont en partie fondées. La répartition du travail est bien loin d'être parfaite dans la société moderne. — Mais où prend-on l'assurance que le régime de la communauté absolue procurerait une meilleure répartition et fournirait un stimulant plus effectif que l'inégalité économique ne le fait ?... Nous savons que les plus hautes intelligences qui se soient révélées appartiennent, en grande majorité, et par un phénomène héréditaire évident, aux classes cultivées et intellectuelles. Il a été fait des statistiques à ce sujet. Bouglé (1) en cite quelques-unes, et il attribue ce phénomène aux facilités plus grandes que trouve la classe riche pour élever et développer ses capacités mentales. N'y a-t-il pas lieu aussi

(1) *La Démocratie devant la science*, p. 59.

de se rappeler que dans les cas, où des intelligences exceptionnelles se font jour dans les basses classes, le désir de « trouver leur niveau » est alors le plus puissant des éperons ? En un mot, les défauts que présente l'organisation du travail social sont aujourd'hui relativement corrigés et l'introduction du communisme absolu ne les réduirait pas beaucoup. De plus, l'Etat actuel peut intervenir, au moyen de primes et de bourses, en faveur de ceux qui se distinguent, et par là nous marchons vers un progrès qui rachète en certain cas les imperfections du régime démocratico-capitaliste.

2° C'est une vérité, une triste vérité, que le machinisme tend à causer la dégénérescence de certaines catégories d'ouvriers. Le mal est très grave. — Mais, sous le régime communiste, qui effectuera ces travaux ? Ne courra-t-on pas le risque qu'ils soient confiés à des individus supérieurs à ceux qui les exécutent aujourd'hui ? Leur suppression, d'autre part, ne nuira-t-elle pas au progrès ? Au moins, me direz-vous, les travaux anti-hygiéniques d'aujourd'hui seront réglementés sous le nouveau régime ; on prendra des mesures d'hygiène pour éviter leurs funestes conséquences ?... Ne pourrait-on faire cela maintenant ; cela ne se fait-il pas déjà actuellement sous l'autorité de l'Etat ? La législation ouvrière peut donc arriver, en respectant le système individualiste, à diminuer ce grave inconvénient.

3° Réellement, la mortalité infantile est aujourd'hui désolante dans les classes pauvres. Dans les familles nobles d'Allemagne, la mortalité des enfants de moins de cinq ans est de 5,7 %, d'après Casper, tandis que chez les pauvres de Berlin, elle est de 34,5% (1). A ce point de vue, il me paraît qu'effectivement la situation s'améliorerait avec le régime communiste. — Mais une bonne législa-

(1) A. LORIA, *Problèmes sociaux contemporains*, p. 20. — M.-A. Vaccaro, *La lutte pour l'existence*, p. 199 (trad. française). — J. Novicow, *L'avenir de la race blanche* (trad. française).

tion ouvrière ne peut-elle aussi bien amener cette amélioration ?

4° Les intérêts économiques, en produisant des mariages d'argent contrairement aux affinités électives des contractants, dégénèrent et affaiblissent la race... Les conservateurs pourraient y objecter que l'instinct génésique est si puissant chez tout homme bien constitué qu'il l'emporte généralement sur les intérêts, au point de réduire l'inconvénient signalé à une quantité minime. D'autre part, comme il y a beaucoup de futurs conjoints des deux sexes qui sont dans des conditions équivalentes, il reste toujours quelque place pour le libre choix, étant donné surtout, qu'en règle générale, la passion attire l'un vers l'autre les individus ayant la même position sociale, ou pour mieux dire, une idiosyncrasie héréditaire analogue. Il n'y a que dans les contes de fées que les princes s'amourachent de bergères et les princesses de paysans.

§ 92.

Formes de la tendance innovatrice et critique de cette tendance.

Si l'on se représente ainsi le conflit existant entre un droit communiste tout nouveau et le droit démocratique actuel, on aperçoit facilement le caractère et l'importance de la lutte pour le droit au xxe siècle. Il abonde des esprits suffisants, myopes ou éblouis, qui pensent et soutiennent que tout progrès dépend aujourd'hui de la force et de la capacité de la tendance « libérale », et, que, partant, les sentiments conservateurs les plus tièdes et les plus prudents signifient toujours routine et recul. Le fait que le mouvement égalitaire n'a cessé de gagner de plus en plus de terrain depuis son point de départ, au début de l'ère chrétienne, infuse dans les esprits la présomption du triomphe fatal du socialisme. On croit qu'il doit s'imposer, comme s'est imposée la démocratie avec la Révolution française. — N'oublions pas cependant que le courant du néo-humanisme du xviiie siècle trouva dans la théorie de la souveraineté populaire, une forme pratique et réalisable, dont il existait déjà, à certains égards, un précédent historique dans le gouvernement parlementaire anglais. Voyons maintenant si la nouvelle tendance économique, ou si l'on veut, la nouvelle forme économique de la tendance égalitaire amène avec elle une contre-doctrine, qui soit assez logique et assez opportune pour conquérir la majorité indispensable qui lui donnera la victoire sur le droit démocratico-socialiste actuellement en vigueur. Pour amener cette doctrine, il faudrait que la vérité de la nouvelle tendance soit capable de lui attirer de plus en plus d'opinions et de volontés. Or je crains beaucoup, au contraire, que la critique positive ne tende aujourd'hui à enlever sa force et son prestige à l'impulsion égalitaire du socialisme...

J'ai appelé, par antonomase, le mouvement égalitaire de nos jours, la tendance innovatrice du droit contemporain. Cette tendance, qui constitue génériquement le socialisme, prend, dans la pratique, différentes formes et se formule en différents programmes ; on peut les résumer en trois : communisme absolu, communisme relatif, socialisme d'Etat.

Le *communisme absolu* consiste, pour quelques-uns, dans la répartition par tête de tous les biens ; pour d'autres, plus instruits en économie et en histoire, dans une division forcée du travail, basée sur l'équité et d'après les capacités de chacun, mais sans oublier autant que possible le principe égalitaire... De quelque façon qu'il s'implante, le communisme absolu bouleverserait donc le système juridique actuel, en modifiant complètement le concept de la propriété, de l'héritage, du salaire.

A côté du socialisme intégral ou communisme absolu, beaucoup d'innovateurs proposent d'autres projets de socialisme partiel ou *communisme relatif*; ainsi, le communisme agraire, ou communisme de la terre, le communisme des maisons d'habitation, celui de certaines marchandises mobilières... Dans ces projets, il n'y aurait pas d'innovations dans l'ensemble du système juridique, mais uniquement dans certaines de ses parties et sur certains points de détail.

Le socialisme d'Etat, sous ses formes extrêmes, tend au socialisme absolu ; mais, sous ses formes modérées, qui sont les plus générales, il consiste simplement à accentuer parmi les fins de l'Etat actuel, la tendance philanthropique à protéger les classes pauvres. Ainsi, il n'entraîne pas une transformation du droit actuel, mais seulement un concept plus étendu du gouvernement. De plus, il n'a pas besoin de se baser sur un idéal métaphysique d'égalité, car le principe même de l'utilité sociale ou nationale peut servir de solide fondement à l'amélioration économique et hygiénique du prolétariat ouvrier.

Bien des pages et des plus diverses pourraient s'écrire — et s'écrivent — au sujet de l'imminence et de l'efficacité de ces trois formes de socialisme. De suite l'on peut dire qu'il n'y a pas de doute que le socialisme d'Etat ne gagne lentement du terrain dans les lois et dans les mœurs. Le socialisme partiel, le suivra-t-il d'aventure sous forme d'essai ? le socialisme absolu arrivera-t-il à s'implanter ?.. On ne peut nier que la tendance égalitaire ne fasse encore des progrès dans la conquête des esprits ; et elle continuera sa marche en avant, tant qu'elle ne sera pas interrompue par une réaction anti-égalitaire accentuée... La difficulté consiste donc à prévoir *jusqu'où* peut aller le mouvement socialiste avant qu'il ne provoque sa contre-force ou contre-tendance inhibitoire... Comme je l'indique à la fin du paragraphe précédent et comme l'indique toute ma théorie de l'éthique, du droit et de la politique, cette contre-tendance a commencé et se poursuit dans le positivisme scientifique actuel.

Le mouvement inhibitoire du socialisme est latent dans la nature même de l'homme. Les instincts humains sont égoïstes et le genre humain est éminemment spécifique. Les hommes ne sont pas égaux, et une éthique de l'égalité ne convient pas aux plus forts et aux plus intelligents. L'*internationalisme* me paraît une utopie, pour le moment du moins. Je conçois un régime communiste dans un cycle d'hommes déterminé : chez un peuple plus ou moins homogène, par exemple. Mais il me semble que c'est un concept absolument chimérique et antiscientifique que celui d'un communisme universel, qui imposerait une égalité absolue entre certains peuples dégénérés habitant les régions très fertiles des tropiques et certaines nations illustres et puissantes qui possèdent des terres pauvres et en partie stériles. Je m'imagine la possibilité d'un communisme relatif entre les habitants du Royaume-Uni ; mais je doute que ceux-ci partagent jamais ce droit communiste avec les indigènes de l'Australie et les Kabiles de l'Egypte.

Pour le moment, on ne peut nier qu'aucun peuple ne soit préparé pour le communisme total. Il faudrait pour cela une sur-éducation, capable de pousser toute la masse à accepter *spontanément* une répartition égalitaire du travail. Imposer par la force cette division spontanée des activités humaines serait de toutes façons prouver qu'elle est impossible, parce que personne ne voudrait se résigner aux besognes les plus obscures et les plus pénibles. Obliger chacun à une petite dose de ces besognes n'est pas non plus possible dans l'état actuel des industries qui réclament toujours des spécialistes et des professionnels. La seule issue possible serait que les uns se résignent à exploiter les mines et à conduire les machines et que les autres se résignent aux travaux des arts et des sciences. Qui sont ceux qui se résigneraient aux labeurs des ouvriers, en laissant à d'autres, plus heureux, les besognes dont s'acquitte aujourd'hui la bourgeoisie et dont il sera indispensable de conserver une partie ?... Je ne vois à cela d'autre solution que le *communisme volontaire*, auquel, je l'ai déjà dit, aucun peuple n'est préparé, et auquel Dieu sait si aucun le sera un jour...

J'accepte, cependant, comme possible l'établissement d'un régime plus ou moins communiste chez un peuple déterminé, le peuple allemand, pour en nommer un. J'accepte aussi que l'activité humaine trouve, sous ce régime, un stimulant au travail assez fort pour remplacer la concurrence individuelle... Pensez un moment, messieurs les novateurs, à ce que serait l'empire allemand après une semblable révolution socialiste. Tout ce qui se dilapide maintenant pour les superfluités de l'administration impériale, se dépenserait à éduquer et à hygiéniser le peuple... Que serait ce peuple ? Evidemment le plus fort, mais le plus fort sur un territoire relativement resserré et pauvre. Permettra-t-il alors que les tropiques restent en la possession de nations faibles, épuisées, complètement dégénérées ? Seul un utopiste ou un ignorant de la nature humaine, que dis-je ? de la biologie ! pourrait le supposer. Forcément, il se produirait une conquête et un partage des tropiques par les peuples les plus forts, les peuples socialistes. Et j'appellerai, quant à moi, cette nouvelle forme politique... l'*impérialisme socialiste*. Il se passerait donc pour les Allemands, avec leur révolution, ce qui s'est passé pour les Français avec la leur, pour les Etats-Unis de l'Amérique du Nord avec leur démocratie. Ce n'est plus, comme autrefois, les empereurs-hommes qui feraient des conquêtes, mais les peuples-empereurs. On peut ainsi se figurer l'impérialisme républicain des Anglo-Saxons comme un prodrome de cet impérialisme socialiste, de la même façon que la république des Grecs le fut, à certains égards, du christianisme-démocratie.

D'autre part, penser que les découvertes scientifiques doivent ralentir cette marche, qui est la marche naturelle des hommes me paraît maladroit. N'est-il pas plus logique de supposer qu'ils l'accéléreront, comme ils ont accéléré jusqu'à présent tous les mouvements du progrès ? (De plus il est à craindre qu'il n'arrive un jour où toutes les inventions seront épuisées, où il ne restera plus rien à découvrir... un jour, enfin, où les phénomènes de l'avenir seront connus et coordonnés aussi bien que le sont aujourd'hui ceux du passé ! Mais, ce jour-là, s'il arrive, tous les hommes ne mourront-ils pas d'ennui et de dégoût ?)

La philosophie individualiste de la Révolution française a été romantique ; la philosophie socialiste, qui lui a succédé et la continue légitimement, est métaphysique ; où se trouve donc la véritable philosophie *scientifique*, celle qui ne contredit pas les lois et les vérités de la science, mais s'y conforme au contraire, celle qui n'établit pas, mais détruit, la fatale *amphibolie* des pseudo-positivistes ou semi-positivistes modernes ? Sera-t-elle ce qui n'a pas été formulé encore ?

Un socialiste comme homme, comme type définitif de l'homme, est très distinct de l'animal-homme darwinien ; c'est une utopie. Comme utopie, il doit s'évanouir, aussitôt après son triomphe, quand il oubliera la métaphysique qu'on lui a apprise et qu'il sera pressé par ses ambitions et ses besoins... Ainsi, par exemple, les socialistes allemands s'indignent à la fin du xix° siècle de ce que les ouvriers australiens réclament l'établissement d'un fort droit d'entrée sur les *coolies* chinois, qui empêche la concurrence que leur font ces rivaux redoutables par leur activité et leur sobriété... Et ces socialistes allemands s'indignent de même des grèves faites par les ouvriers de l'Amérique du Nord contre les ouvriers nègres et chinois. Qui est dans le juste, des socialistes anglo-saxons ou des allemands ? Il me semble que le temps donnera raison, quand le socialisme s'établira, s'il s'établit jamais, d'abord aux Allemands, mais plus tard, quand le socialisme se convertira en impérialisme socialiste, aux Anglo-saxons, à ces Anglo-saxons que j'ai considéré comme les précurseurs du système, eux et leur néo-impérialisme démocratique.

Je trouve donc qu'il y a une muraille infranchissable entre les lois de la biologie et les principes du socialisme ou du communisme absolu. Chez les hommes de science qui professent le socialisme, je rencontre une curieuse dualité : d'un côté leur sentimentalisme métaphysique post-romantique ; de l'autre, leur science positive. Ils ont deux demi-têtes. Il n'en est pas de même pour ceux qui n'embrassent le socialisme que comme parti politique : ceci est autre chose; pour eux il y a lieu d'admettre qu'ils soutiennent les principes socialistes, non comme justes et immuables, mais parce qu'ils y voient un moyen pratique, — l'unique moyen pratique — d'améliorer et de guérir pour aujourd'hui, la société. Il est indiscutable que la supériorité des nations modernes s'extériorise par la diffusion de l'éducation : or, la diffusion de l'éducation produit dans le prolétariat, surtout chez les ouvriers, des poussées de socialisme... Il se peut que la société qui arrivera la première à une organisation socialiste, sera la plus cultivée.

Sous cet aspect, les ouvriers socialistes et leurs meneurs sont beaucoup plus dans la vérité que les grands théoriciens du parti. Tandis que ceux-ci divaguent sur le « réalisme ingénu » de l'action, tandis que les uns, les grands rêvent l'impossible, les autres, les petits, pratiquent ce qui est possible. Au lieu de proclamer l' « inutilité de la philosophie », ce qui est paradoxal, même en considérant la phase économique comme le premier point de départ de toute construction sociologique, Marx et Engels auraient dû signaler la *fausseté* de la philosophie elle-même et commencer par là. C'est pourquoi, bien que moins inexacts que les néo-humanistes et les métaphysiciens empiriques, les économistes métaphysiciens ne laissent pas pour cela d'être à leur tour inexacts. L'inexactitude plus ou moins grande des uns et des autres n'est qu'une question de degrés et de points de vue. La philosophie, sous ses formes politiques du moins, n'a fréquemment été qu'un *art* ; et comme art, elle a moins vécu de la réalité elle-même que des exagérations de la réalité, ou pour mieux dire, des réactions violentes contre une réalité *actuelle*, réactions que la prochaine réalité à venir applique vaguement et faiblement...

De tout ce qui vient d'être exposé découle une série de conséquences : 1° le socialisme n'est qu'une impulsion morale et affective, une forme sur-évolutionnée du principe chrétien ; 2° le socialisme absolu manque de véritables bases scientifiques ; 3° il n'y a pas encore de milieu suffisamment préparé pour l'accepter, et il n'a pas encore trouvé pour l'appuyer une conception ayant assez de prestige et excitant assez les sympathies, comme fut jadis la théorie du contrat social ; 4° sa forme la plus réalisable est, pour le moment, l'intervention modérée et relative de l'Etat en faveur des classes pauvres ; 5° son triomphe, s'il arrivait à se produire sous la forme du communisme, serait aussi passager et aussi trompeur que celui de la démocratie moderne.

Si je professais le socialisme et même l'anarchie, je n'y verrais donc qu'un *système de transition* menant au néo-impérialisme socialiste... Et après ? Qu'y aurait-il après ? C'est en vain que je m'écarquille les paupières et que je fixe mes pupilles dans le vide, je ne parviens pas à voir si loin ! Qu'importe ! Si l'homme savait toujours où il marche, il ne marcherait peut-être pas...

La marche de la civilisation, le progrès est un perfectionnement indéfini. « Le monde marche », parce que l'homme se perfectionne. Eh bien ! alors, quelle formule pourrait embrasser ce perfectionnement ? Evidemment, l'homme se perfectionne *par rapport* à ses congénères. Donc, se perfectionner, c'est se rendre supérieur, en intelligence et en caractère, aux autres hommes et aux autres peuples. Et ici nous rencontrons la formule biologique du progrès : *progresser, c'est se spécifier.* Elle pourrait avoir comme formule correspondante, la formule historique ou humaine du progrès : *progresser, c'est s'aristocratiser.* C'est-à-dire se perfectionner, par rapport aux autres hommes et aux autres peuples, afin de cimenter en une supériorité réelle, le principe d'autorité, de pouvoir et d'inégalité qui constitue la substance intransmuable de tout droit pratique et effectif.

§ 93.
Avenir du droit.

Tout droit est une forme de pouvoir ; tout pouvoir est une forme de propriété. En effet, on appelle propriété, le droit d'user d'une chose, et tout pouvoir contient le droit d'user, en tout ou en partie, d'une chose ou d'une volonté. Tous les droits sont pareils en substance. Tous les droits sont des phases du droit, ils sont des aspects du pouvoir, dont l'essence est l'*idée de propriété.*

La propriété, à son tour, est une conséquence fatale des besoins humains et même, pourrait-on dire, des besoins animaux. Où l'on trouve la vie, on trouve la propriété. Le chien conçoit un droit de propriété sur l'os qu'on lui jette ; toute bête a la notion d'un droit de propriété sur son gîte ou sa tanière. Les animaux les plus inférieurs, les protistes eux-mêmes, ressentent, dirait-on, comme un vague instinct de propriété sur la place qu'ils occupent, puisque, quand on exerce une pression sur eux pour les déloger, ils réactionnent comme contre une agression « injuste ». L'amour pour leurs petits et l'instinct sexuel lui-même tirent leur caractère chez les animaux de diverses espèces du sentiment de propriété. D'une façon ample et générique, la propriété est, par suite, une résultante de l'adaptation au milieu ; c'est l'usage que tout animal fait, selon ses besoins, des choses et des êtres qui l'entourent. Ainsi, la base intrinsèque de tout droit est-elle, *l'idée d'un usage exclusif, attribué à un homme ou à un groupe d'hommes sur un objet déterminé ou sur une volonté déterminée.* D'où découle fatalement cette conséquence : la vie engendre le droit. Il n'y a pas de droit sans vie, il n'y a pas de vie sans droit.

La tendance innovatrice poussée à l'extrême exagération, envisagée sous ses derniers aspects de communisme absolu et d'anarchie, demande l' « abolition de tout droit ». C'est une absurdité. Supprimer la propriété équivaut à nier l'adaptation ; supprimer le droit équivaut à abolir la vie...

Aussi, le socialisme, sous ses formes savantes et raisonnables, réclame-t-il simplement la réforme et non la suppression du droit de propriété. Or, jusqu'à quel point les droits patrimoniaux, les droits de propriété, sont-ils susceptibles de réforme ? C'est ici le *quid* le plus grave de la question. Tout droit de propriété a pris son origine dans le *pouvoir spécifique*, autrement dit, dans la *spéciéité individuelle* de celui qui le possède ou de ses ascendants ou auteurs. La spéciéité entraîne donc l'inégalité des patrimoines. C'est pourquoi, en restant dans les limites de la théorie spécifique, le socialisme ne pourrait jamais aller plus loin qu'à rendre équivalents — et d'une façon précaire et relative — les patrimoines de chacun dans *l'intérieur du cycle de la patrie*, c'est-à-dire au sein d'un groupe composé, mais cependant plus ou moins homogène. Mais si l'on a en vue toute l'humanité, on ne conçoit pas, sans sortir de la théorie spécifique, que la théorie du communisme absolu soit possible, aussi longtemps du moins qu'il subsistera des races aussi différentes que les races blanche, jaune, nègre et américaine. Loin de concevoir cette possibilité, l'hypothèse qui se présente c'est qu'un régime socialiste modéré, — un régime, qui, sans toucher au système juridique actuel, réduirait à son minimum l'ignorance et la misère — vaudrait au peuple qui l'appliquerait, un tel accroissement de force, que l'expansion de ce peuple en serait la conséquence forcée. Cette expansion serait-elle pacifique ? Rien de plus difficile à prévoir. Mais ce qu'il y a de vérité dans la théorie de Malthus donne à penser qu'elle ne le serait pas toujours.

En synthèse, tout droit est un pouvoir et tout pouvoir une forme plus ou moins vague de la propriété ; de plus, la propriété et le pouvoir sont des conditions indispensables de l'adaptation vitale ; aucun système juridico-politique n'est donc pas concevable s'il ne se base pas sur ce *fait primaire* du pouvoir-propriété. Cela ne signifie pas que je nie au droit la faculté d'évoluer et de se transformer ; mais cela m'entraîne à reconnaître que, quelles que soient son évolution et ses transformations, le droit reposera *toujours* sur le fait : pouvoir-propriété, forme pratique de sa base spécifique, qui est l'inégalité humaine. Les causes inéluctables de cette inégalité sont les lois même de la vie ou de l'adaptation. Par conséquent, croire que l'on puisse créer un non-droit, c'est-à-dire un droit négatif, anti-propriétaire et anti-autoritaire, serait commettre l'erreur du villageois de la fable, qui voulait apprendre à son baudet à ne pas manger. Le baudet l'apprit, oui il l'apprit... mais hélas ! ce fut au moment où il mourut de faim ! En effet cette utopie du non-droit, du droit négatif, que peut-elle être sinon la *passion de la mort* ? A l'opposé de Tolstoï et de Kropotkine, qui, sans le savoir, prêchent un si horrible sentiment, il faut enseigner aux hommes à s'incliner et à se résigner devant les inégalités *justes* et *réelles*, devant la propriété et l'autorité, c'est-à-dire leur enseigner à avoir la *passion de la vie !*

Je trouve qu'en tout droit il y a deux parties : 1° un pouvoir-propriété ; 2° la reconnaissance de ce pouvoir-propriété. Or, cette seconde partie entraîne la *condamnation de la fraude*, dans les rapports cycliques, dans les rapports entre co-associés. Hobbes a donc raison quand il fait reposer l'organisation intérieure de la cité sur le respect de la parole donnée, sur la bonne foi, sur la vérité. Le droit repose sur la vérité. Sans vérité, le droit se transforme en anarchie. D'où vient que la loi doit avant tout punir la fraude ; d'où vient que l'éthique doit reconnaître comme une faute capitale la tromperie à l'égard du co-associé...

Mais, suivant les idées déjà exposées, le *démérite de la fraude et du mensonge dépend directement du lien qui rattache le trompeur au trompé*. Mentir à un parent ou à un ami est plus grave que de mentir à un étranger... Et quand il n'y a pas une étroite solidarité entre le trompeur et le trompé, le bon sens public envisage alors le fait selon ses résultats, et les mensonges diplomatiques de ministres d'État comme Pitt et Bismarck, passent pour des actions d'éclat, de glorieux exploits, qui sont le plus beau fleuron de leur couronne de lauriers. Pour des esprits simplets et romanticolatres, Pitt, Bismarck et presque tous les grands hommes d'État seraient de misérables fripouilles. Cependant, les peuples de leur pays respectif les ont immortalisés par le bronze et le marbre !... Ces peuples ont eu raison. L'instinct sain de la vie a pris le dessus dans leur jugement, sous la forme d'un vigoureux amour de la patrie, et il a pris le dessus, en détruisant par sa force innée, la fausse orientation éthique que prétendaient lui imprimer de pauvres et naïfs esprits évangéliques.

Le grand danger qu'il y a à proclamer à haute voix mon système d'éthique serait, sans aucun doute, d'induire les gens simples et qui ne voient les choses que par un côté à une *fausse généralisation* qui serait l'inverse de la généralisation évangélique ; il consisterait à appliquer à nos frères et à nos similaires le critérium de la défiance et de la haine... C'est en ceci que se trouve l'œuvre fondamentale de l'éthique : inculquer l'amour harmonique et nécessaire. C'est en ceci que se trouve l'œuvre primordiale du droit : réprimer la fraude et la ruse. S'il manque au droit sa base de vérité et de loyauté, son importance comme élément de sélection ascendante peut s'annihiler au point qu'il se produira par opposition une sélection descendante, parce que les meilleurs n'auront pas les garanties indispensables à l'exercice de leurs droits de propriété et d'autorité. Sans ces garanties, le partage du travail n'aura plus son stimulant, la production et la civilisation diminueront... Le triomphe sera alors le lot des incapables... Le papillon a traversé la flamme sans périr encore, mais il s'est brûlé les ailes.

Il ne faut pas oublier que, conjointement à cette œuvre cyclique et primordiale de l'éthique et du droit, il en existe une autre secondaire et extracyclique ; il ne faut donc pas oublier que, si l'amour est nécessaire, la haine, elle aussi, est nécessaire. Ce dernier principe, ce principe de la haine, ou du moins de la défiance, échappe à ce qu'on appelle le droit à proprement parler, il ne rentre pas dans le « minimum d'éthique » du droit. C'est pourquoi l'astuce et la déloyauté sont extra-juridiques et même anti-juridiques. Le droit, par sa nature essentiellement cyclique, implique comme condition, à la base de son existence, le mérite de la vérité.

Il résulte de tout ce qui vient d'être exposé : 1° que je crois que le droit existera tant qu'existera la vie ; 2° que quelque soit l'avenir du droit, son premier fondement éthique consistera dans la condamnation de la fraude, au moins par rapport aux co-associés.

Puis, de cette dernière conclusion, je déduirai un corollaire relatif à l'organisation juridique moderne : la nécessité de perfectionner la loi, pas tant dans ses formules que dans son application ; la nécessité de reconnaître plus de force au *droit* qu'à la *législation*. Comment ? En donnant plus de place, dans la loi, à l'équité, afin que les juges puissent régler leurs arrêts plus sur leur conscience que sur les dispositions légales. Encore imbu des tendances jacobines, vous me direz peut-être : « Que les dieux nous préservent de l'équité ! » Je vous répondrai : « Que Thémis nous protège des lois ! » Croyez-vous, par hasard, qu'il n'est pas plus facile à un mauvais juge de rendre des jugements arbitraires basés sur la loi que basés sur l'équité ? Observez bien les procès, et dites-moi, cas par cas, si le plus terrible obstacle à la justice n'est pas le formalisme judiciaire... S'il en est ainsi, réduisez au minimum la casuistique des codes et portez au maximum la conscience des juges... De la sorte, parfois, il y aura de la justice.

§ 94.

Avenir de la science juridique.

Dans le langage courant et consacré, on entend par « science » la connaissance raisonnée et systématique des choses et des phénomènes. Cette connaissance sera donc d'autant plus précise et parfaite que l'expérience acquise sera plus abondante et que l'intelligence humaine aura plus de force et de subtilité. En face de deux formes de connaissance, l'esprit choisit toujours spontanément celle qui satisfait le mieux son désir de connaître, celle qui explique le mieux la co-existence des phénomènes et leurs causes. D'où vient que les formes de connaissance se succèdent et que le concept de la *science* évolue.

Pour les Grecs, au début de la civilisation européenne, la connaissance suprême, nous dirions la « science » suprême, consistait à traduire par le langage, par la dialectique concrète, leurs sensations intérieures encore confuses ; c'est pour cela que l'on donnait le nom de *logos* à l'intuition personnelle des esprits les plus puissants exprimée sous forme de « discours ». Tout ce qui se savait émanait d'un empirisme ingénu ; l'expérience était dans son enfance. Pour les théologiens, la *science* suprême fut ensuite la révélation ; puis pour les scolastiques, le raisonnement dialectique. L'information expérimentale était toujours encore puérile.

Mais voici que, dans les temps modernes, Newton, Képler et Leibnitz conçoivent une mécanique céleste qui explique d'une façon naturelle le mécanisme de l'univers ; voici que Lamarck, Darwin et Hæckel réussissent à présenter, à leur tour, d'une façon non moins naturelle, la formation et la diversification des espèces animales ; et voici encore que, de l'école de Hume à celle de Wundt, on arrive à disséquer les procédés de la pensée, en même temps, qu'à partir de Comte, on réussit à enchaîner et à analyser les phénomènes sociaux... Tant de découvertes et d'investigations extraordinaires, mises en application par d'innombrables chercheurs de la vérité, conduisent à une conception très nouvelle de la science, le positivisme, dont l'avantage sur toutes les conceptions antérieures est de s'appuyer, comme je l'ai dit, moins sur de meilleurs procédés logiques, que sur une information scientifique bien plus avancée.

Ceci posé, pour la *logos* grecque, l'éthique, dialectique et empirique était évidemment une science supérieure. Les Romains, qui n'étaient pas en progrès sur les Grecs dans leurs concepts philosophiques, conservent à la vieille éthique, son caractère scientifique, tout en élevant à son côté le gigantesque édifice de leur droit. Le droit est-il alors une science ou un art ? Pour l'intelligence romaine, peu avertie, le droit est, à la fois, un art et une science. L'esprit latin ne se plonge pas dans les hautes spéculations métaphysiques ; pratique et précis, il réduit son droit à une espèce de criticisme de la justice effective et politique, et ce droit est parmi les connaissances de l'époque, aussi scientifique sinon plus que la philosophie même. La théologie et la scolastique ne marquent aucune avance sur le *jus* romain ; il n'y a que la métaphysique néo-humaniste qui conçoive un droit *a priori*, créé par la raison immanente et éternelle. Peu après vers le xix° siècle, se produit la réaction du positivisme, qui relie et généralise toutes les connaissances humaines dans une conception scientifique unique. Le droit moderne échappe-t-il à cette conception scientifique révolutionnaire ?

Des esprits étroits et mesquins, bien que parfois très au courant de la science, résolvent la question par la négative. Ils soutiennent que le droit ne peut être aujourd'hui considéré comme une véritable science positive. Pour cela, ils invoquent une série de raisons, plus ou moins vagues et diffuses, que je synthétiserai dans les deux arguments que voici : 1° le droit n'est pas une science, parce qu'il se développe en dehors du mouvement scientifique, et s'embastille toujours dans sa logique et son conceptisme ; 2° alors même que l'on voudrait appliquer au droit les connaissances scientifiques modernes, il resterait toujours isolé de la science, parce que toutes les recherches dont il pourrait être l'objet n'ajouteraient pas un iota à l'évolution de nos connaissances positives.

Ces deux arguments me paraissent des paralogismes. J'admets, en effet, en ce qui concerne le premier, que les lois, les livres, et même les meilleurs cours universitaires s'occupent de préférence du droit, d'une façon casuistique et rationnelle, en l'envisageant comme l'art de solutionner par des mots et des syllogismes toutes sortes de conflits juridiques... Mais le droit n'en est pas moins un phénomène social, dont la nature est aussi susceptible d'être étudiée positivement que celle de la chaleur ou de la gravité. Ensuite, le fait que le droit est mal enseigné aujourd'hui n'implique pas qu'on ne puisse l'étudier mieux demain. C'est là précisément où tend ma conception de la méthode biologique. Au temps d'Hippocrate, la physiologie n'était pas ce que nous nous figurons comme une science...

J'admettrai, pareillement, relativement au deuxième argument, que la nouvelle science juridique ne soit pas destinée à avoir une influence très prépondérante sur le mouvement général des autres connaissances positives, comme l'a, par exemple, la psychologie... En effet, la psychologie est une science que j'appellerai *antérieure* ou *causale*, et le droit en est une *postérieure* ou *causée*. La biologie, la théorie transformiste, exercent, à leur tour, une influence de causalité sur la psychologie, influence qui n'est pas réciproque et, cependant, la psychologie est universellement reconnue aujourd'hui pour une science. En général, les sciences sociales tirent leur information des sciences physico-naturelles, à qui elles ne fournissent pas, en échange d'information. Cela vient de ce que le phénomène social est une forme sur-évolutionnée du phénomène biologique. La biologie influe sur la sociologie et la sociologie n'influe pas sur la biologie ; elle constitue plutôt sa forme-limite, sa forme dernière. Mais il ne faut aucunement en inférer que les études sociales manquent de caractère scientifique. La science est l'étude des relations causales, aussi bien dans les premières causes que dans les derniers effets. La biologie est aussi bien une science que la physique, la chimie et la dynamique ; et les sciences de la société et du droit sont aussi bien des sciences que la biologie.

Toutes ces raisons réfutent les deux arguments exposés ci-dessus contre la possibilité d'une véritable science du droit, il en résulte que : 1° la science juridique étudie des relations causales, et que, loin de s'isoler en elle-même, elle se base sur la corrélation de toutes les connaissances humaines ; 2° que la nature sur-évolutionnée du phénomène juridico-social donne à cette science un caractère résultant et synthétique, propre d'ailleurs à toutes les sciences sociales.

Le nouveau concept scientifique du droit impose au juriste une tâche aussi vaste que difficile. Pour l'accomplir, il doit, avant tout, mettre à l'écart les vieux préjugés rationalistes et acquérir une préparation préalable en sociologie, en histoire, en économie politique, en psychologie, en biologie... Cette préparation achevée, on peut diviser sa tâche en deux parties : concréter le phénomène juridique, l'analyser.

La concrétion du phénomène juridique n'est pas ce qu'il y a de plus simple, dans sa tâche. C'en est, peut-être, la partie la plus difficile. Nous savons tous que le droit existe, nous le voyons tous, nous le respirons. Mais, quand il s'agit de le définir, en principes, en faits clairs et harmoniques, il s'esquive d'ordinaire de nos mains, comme une ombre fugitive. C'est cette ombre qu'il faut fixer. Nous avons pour cela des éléments aussi précieux que les lois et les mœurs et coutumes. C'est donc dans les lois et les mœurs et coutumes qu'il faut débrouiller les principes directeurs, les tendances opérantes, le finalités encore vagues et même encore vierges...

Quand le phénomène — règle, principe, fait, cas — est ainsi circonscrit, vient la seconde partie de la tâche, l'explication scientifique de ce phénomène, l'étude systématique de ses précédents et facteurs positifs. Il faut se rappeler à cet égard, ce que j'ai dit plus haut au sujet de l'étude et l'interprétation des lois. Cela étant, la grande difficulté pour le juriste, aussi bien dans la concrétion que dans l'explication du phénomène, consistera à trouver la pensée et à enchaîner, avec sérénité et érudition, les données, les mots, les causes. Et cela, parce que le phénomène juridique, comme tout phénomène sociologique, est un complexus si vaste qu'il se présente sous des formes successives, multiples et interminables. Il faut donc négliger tout ce qui est secondaire, accessoire, puéril et aller directement au fond des questions. Le grand travail de la future science sera, avant tout, de synthétiser les phénomènes et de mettre en valeur les causes principales.

Pour conclure, le droit peut et doit être étudié comme une science positive ; et cette étude aura pour avantages une meilleure connaissance théorique des choses et des phénomènes, un perfectionnement pratique de la vie sociale, du bien-être, du bonheur des hommes.

CHAPITRE XIX

AVENIR DE L'ÉTHIQUE

§ 95. Le principe égalitaire dans l'éthique contemporaine en Occident. — § 96. Système anti-égalitaire de l'éthique contemporaine en Orient. — § 97. Ebauche d'un système positif d'éthique. — § 98. Avenir de l'éthique.

§ 95.

Le principe égalitaire dans l'éthique contemporaine en Occident.

L'étoile, qui guida les rois Mages vers l'étable de Bethléem, brille encore dans le firmament des peuples de l'Occident. Elle était nouvelle alors, cette étoile ; elle est vieille aujourd'hui. Elle a parcouru un long orbite, et, après plus d'une éclipse causées par de funestes comètes, elle est réapparue plus brillante chaque fois. On dirait une divinité qui préside de là-haut aux destinées des peuples de race blanche, en les baignant de sa clarté diffuse et ténue.

Comme tout dans la nature, l'étoile symbolique a évolué. L'idéal égalitaire, proclamé mystiquement par les évangélistes comme une religion de rédemption et de charité, en est venu à prendre peu à peu des formes matérielles et positives. L'égalité, entrevue d'abord dans la cité de Dieu seulement, est réclamée maintenant pour la cité de l'homme. Et dans la cité de l'homme, elle a influé sur les idées, sur les lois et les institutions ; elle a déterminé successivement la monarchie de droit divin, la Renaissance, la Réforme, l'humanisme, la Révolution française, la démocratie moderne et la tendance socialiste actuelle. Jusqu'où nous mènera-t-elle, cette étoile, si elle continue à luire dans nos cieux ? Ou s'éteindra-t-elle peu à peu, comme tant d'autres nées et mortes avant elle, dans leur course silencieuse à travers le temps et l'espace ?

Le principe égalitaire du christianisme peut être synthétisé dans une maxime suprême que contiennent les Evangiles : « Aime ton prochain comme toi-même ». L'idée-force de l'égalité reçoit de cette manière, en s'abstrayant des diverses formes objectives de la civilisation, une base dynamique et immuable : les sentiments subjectifs. Ces sentiments règleront la conduite des hommes. Le postulat évangélique peut donc se traduire par les deux corollaires que Thomasius présente comme étant la formule, l'un du droit et l'autre de la morale : « Ne fais pas aux autres ce que tu ne voudrais pas qu'ils te fassent à toi-même ; fais aux autres ce que tu voudrais qu'ils te fassent à toi-même ». Ces formules synthétisent parfaitement l'application pratique du postulat de l'amour universel de l'humanité qui forme l'axe du christianisme.

Quels que soient les concepts de l'éthique que nous ayons actuellement, il me paraît indiscutable que le christianisme a été d'une haute utilité aux civilisations occidentales. En ce qui concerne la morale, cette utilité consiste, avant tout, a avoir donné des formes précises et sévères aux principes de la culture antique, déjà tombés dans le relâchement, et spécialement à ceux de la doctrine stoïcienne. L'amoralité du peuple romain sous le Bas-Empire, menaçait d'entraîner, comme conséquence du relâchement des mœurs, une dégénérescence physique telle qu'elle eût peut-être mis fin à la civilisation païenne. Le christianisme intervint, d'abord en épurant les mœurs des païens, puis en unissant et en amalgamant les nouveaux peuples barbares.

Si nous arrivons à l'époque contemporaine, le principe égalitaire a produit, en droit et en politique, un avantage inappréciable : il facilite le renouvellement continuel de la classe dirigeante et gouvernante. Tous les hommes étant égaux, tous les hommes peuvent aspirer au commandement et au gouvernement. Ce ne sont plus les castes ethniquement les meilleures qui sont appelées à dominer, mais les individus les meilleurs, quelles que soient leurs castes.

L'individualisme démocratique de la philosophie du xviii° siècle triomphe chez tous les peuples, au xix° siècle, sous la forme de l' « égalité politique ». Mais les progrès de la technique industrielle produisent, dans l'économie monétaire de notre temps, une profonde inégalité économique, aussi pénible, plus pénible peut-être, pour la classe des travailleurs que l'ancienne organisation impérialiste et aristocratique. L'idée égalitaire adopte la forme nouvelle du socialisme que l'on peut définir comme une tendance à l'égalité *réelle* entre les hommes.

Les socialistes instruits reconnaissent que cette égalité « réelle » ne pourra jamais détruire les « inégalités naturelles ». C'est pourquoi ils précisent leur intention, en disant qu'il faut seulement détruire les « inégalités artificielles », produites par les conventions et les usages, spécialement les inégalités qui résultent de l'héritage des fortunes et des titres : « A chacun selon ses capacités, à chaque capacité selon ses œuvres ». Tel serait le principe directeur de la future organisation sociale.

Cette nouvelle conception de l'égalité sociale est, malgré son apparence, essentiellement aristocratique. De fait, elle entraînerait l'organisation sociale la plus individualiste qu'ait connue l'histoire. Elle renferme une contradiction, parce qu'elle se base sur une confusion de termes. Les « inégalités artificielles » qu'elle attaque ne sont que les conséquences indirectes, les expressions approximatives des « inégalités naturelles ». Du moment que l'on admet ces inégalités, il faut admettre qu'*avec n'importe quel système*, il y aura toujours des hommes occupant des fonctions élevées, ayant le pouvoir et l'autorité, et des hommes attachés à des travaux modestes et pénibles. L'inégalité politico-juridique n'est pas seulement dans les lois : elle est dans la vie.

Nous venons d'esquisser les diverses formes prises par le principe égalitaire chrétien dans les civilisations occidentales, ainsi que les bienfaits qu'il a produits ; voyons s'il n'a pas aussi occasionné des dommages et s'il n'a pas ses désavantages... Je pense en effet qu'il a des désavantages et qu'il a occasionné des dommages. Dans la politique intérieure ou nationale, l'idée d'égalité poussée à un degré d'exagération extrême pousse à des révolutions sociales continuelles. Les basses classes vivent dans un mécontentement perpétuel, et, par suite, leur travail matériel, si indispensable à la civilisation, s'exécute avec irrégularité et imperfection. Le malaise dans la production économique et l'anarchie intérieure peuvent être les conséquences d'un tel état de choses. D'où vient une décadence nationale qui tend à se révéler par un véritable affaiblissement de vie internationale. Un pays en proie à l'anarchie n'a plus assez de moyens de défense et même de cohésion pour repousser les agressions des peuples rivaux et ennemis.

Dans les relations extérieures ou internationales, l'exaltation du sentiment d'amour universel enlève à l'esprit du peuple, le ressort, le stimulant, indispensable de la défiance, de l'antipathie, de la haine envers l'ennemi naturel. On aime l'ennemi comme un frère. La réaction collective en cas de guerre n'est plus suffisamment dynamique, parce qu'on ne peut improviser un sentiment jusqu'alors absent. Une évangélisation excessive peut ainsi conduire à la déroute un peuple intelligent et cultivé.

Si, dans le monde il n'y avait qu'une seule race, qu'un seul peuple, une seule famille, oh ! alors, l'idée égalitaire et le sentiment d'amour universel seraient des éléments d'ordre et de bonheur. Mais, par malheur, ou par hasard, la terre est habitée par beaucoup de familles, de peuples et de races, qui luttent entre eux, d'une façon ouverte ou dissimulée ; tous ont une propension presque illimitée à l'expansion, et les régions habitables de notre planète sont limitées, ses richesses sont limitées, ses productions sont limitées... La lutte est donc fatale entre les collectivités humaines comme entre les espèces animales. Supprimer la lutte serait supprimer la vie.

En résumé, le principe égalitaire a pris un tel développement et s'est répandu d'une telle manière dans l'éthique contemporaine des peuples d'Occident qu'il menace d'introduire l'anarchie et le désordre dans la vie intérieure des nations et d'affaiblir la puissance de leur politique extérieure. Perdant son caractère d'idéal religieux et philosophique, il s'est converti en un véritable sophisme juridico-politique. Ce sophisme est particulièrement dangereux, parce qu'il peut être accepté par une majorité ignorante et inintelligente dont les intérêts immédiats sont généralement contraires à la haute culture sociale.

§ 96.

Système anti-égalitaire de l'éthique contemporaine en Orient.

Réagissant contre les exagérations du principe égalitaire et philanthropique de l'éthique européenne contemporaine, Max Stirner et Nietzsche se sont placés, avec leur doctrine de l'égoïsme pur, sur un terrain exclusivement philosophique, tandis que les partisans de la tendance biologique et ethnique, que j'ai appelée « théorie spécifique », comme Novicow et Gumplowicz, ont opéré dans le domaine sociologique. Mais soit philosophes, soit sociologues, ils ont porté de préférence leur attention sur la civilisation occidentale. Cependant l'éthique contemporaine de certains peuples orientaux me paraît se prêter à des observations très intéressantes. La culture du Japon, par exemple, qui est peut-être aujourd'hui la plus puissante et la plus originale après celle de l'Europe, nous présente une éthique distincte de celle des peuples blancs et qui pourrait très bien lui être supérieure, en ce qui concerne certains concepts d'utilité et de réalisme... L'ancienneté beaucoup plus reculée de cette éthique pourrait fournir l'explication de cette sagesse fortifiée par une plus longue expérience ; le dicton populaire ne dit-il pas que si le diable en sait tant, c'est non parce qu'il est diable, mais parce qu'il est vieux ?

Le vieil antagonisme des peuples d'Asie et d'Europe a causé une guerre tout au commencement du XXe siècle. Et à la différence de ce qui s'est passé jadis, quand les Grecs combattaient les Perses et les Romains, les Carthaginois, la dernière guerre asiatique, entre la Russie et le Japon, a été un triomphe de l'Orient sur l'Occident. Des deux belligérants en Extrême-Orient, les barbares — pour nous, Occidentaux, — étaient les Japonais. Pour eux, les Russes, et en général les Occidentaux sont les barbares. Au point de vue de ce que l'on appelle la civilisation matérielle, le doute ne peut exister : ce sont les Européens et non les Orientaux qui ont inventé les chemins de fer, le télégraphe, le machinisme industriel. La supériorité européenne en art et en philosophie me paraît également indiscutable. Mais au point de vue purement moral, essentiellement *affectif*, ce serait un problème bien digne de trouver une solution que de savoir lequel des deux partis en présence était le plus « barbare ». De là vient précisément l'intérêt d'une étude comparative de l'éthique contemporaine des peuples occidentaux et des peuples orientaux.

Pour établir cette comparaison, je commencerai par rappeler que nous vivons, nous, peuples occidentaux, sous l'empire d'une morale chrétienne. Nos principales idées éthiques partent d'une religion de charité et d'égalité. Nous supposons tous les hommes égaux en droits et en devoirs, et nos sentiments pieux nous inclinent à favoriser le faible plus que le fort. Selon notre éthique, il n'y a de *bon* que le sentiment chrétien de « fraternité » nationale ou internationale. Un homme voit un « frère » en un autre homme, l'un fût-il allemand et l'autre hottentot ; un homme possède toujours une âme immortelle capable de se sauver ou de se damner pour l'éternité, ou du moins, comme le proclament les philosophes romantiques, un homme possède toujours sa dignité d'homme. Une morale, une religion, qui supposent *mauvais* ce sentiment primaire d'amour de l'homme, nous paraissent une religion « barbare », une morale « barbare ».

Cependant, l'histoire ne nous dit pas que les haines de castes, de races et d'espèces aient toujours été un sentiment *contraire au progrès*. Loin de là, toute civilisation est plus ou moins l'œuvre d'une aristocratie oppressive. C'est ce qu'enseigne fort justement Mommsen, Renan, Sumner Maine ; et il n'y a aucun esprit impartial qui puisse le nier, en général, en étudiant consciencieusement le passé de l'humanité. Comme nous l'avons vu, ce phénomène historique s'explique par la théorie spécifique, laquelle repose, à son tour, sur la biologie. La biologie nous corrobore les données de l'histoire.

Nous tenons pour acquit, par conséquent, que l'idéal d' « amour humain » des Occidentaux n'est fondé ni sur la nature, ni sur l'histoire. C'est plutôt une fiction, un mensonge conventionnel, destinés à racheter les opprimés... Quand ce mensonge concerne l'ordre intérieur d'un peuple ou d'une race, on peut le regarder comme de haute valeur sociale. C'est l' « amitié » de Platon et de Cicéron, c'est la « charité » de Jésus, c'est la « fraternité » de la Révolution française. C'est ce que Mæterlinck appelle « l'esprit de la ruche ». Mais, comme je l'ai exposé, la question change complètement d'aspect, quand il s'agit de différentes sociétés, de différents peuples, de différentes races. Le mensonge de l'égalité devient alors trop violent :

il n'y a pas, il ne peut y avoir d'égalité en droits et en devoirs entre un boschiman et un londonien, parce qu'il n'y a même pas une vague équivalence apparente entre la conscience psycho-physique de l'un et de l'autre. Le concept d'égalité se trouve ainsi plus admissible dans l'ordre de la cohésion intérieure d'un peuple que dans l'ordre de ses relations internationales. L' « amour humain » est plus applicable à la politique nationale qu'à l'internationale.

C'est ce qui était bien compris dans les temps antérieurs au Christ. Nul n'ignorait alors qu'un Perse pour un Grec, un Carthaginois pour un Romain était un *hostis*, un *ennemi naturel*. De là, l'isolement bien connu des nations de l'antiquité. Le christianisme a changé ces idées chez les nations modernes d'Occident. Un étranger n'est plus un ennemi, mais un « frère ». En théorie du moins... Car, dans la pratique, on tourne à l'ordinaire le dos à ce principe. Mais, somme toute et malgré toutes les tergiversations, les guerres et les conquêtes modernes ont presque complètement perdu, en dépit des progrès de l'armement, l'horreur des luttes antiques. Le christianisme a adouci les guerres, il leur a donné parfois jusqu'à une apparence humanitaire, l'apparence d'actes de bienveillance, de compassion même ! C'est la compassion chrétienne et non la force brutale (*Ego nominor leo*) qui a fait conquérir l'Inde par l'Angleterre, l'Indo-Chine par la France. Ce n'est pas pour leur profit particulier, c'est pour tirer les pays conquis de l'état lamentable où ils croupissaient que ces nations disent avoir fait ces conquêtes...

Or, parmi les nations de civilisation européenne, nulle part peut-être l'esprit évangélique n'est porté si loin que chez les Russes des basses classes. Le *moujik* endoctriné par ses *popes*, le prolétariat intellectuel sous la fascination de ses grands apôtres laïcs, de l'étoffe de Tolstoï et de Kropotkine, le peuple entier ressent l'amour universel et en fait le principe du bien absolu...

Voyons maintenant le Japon... Tous les peuples se ressemblent dans leur existence intérieure : la lutte pour la vie est pareille n'importe où. Où se remarquent surtout les différences de race, c'est dans la psychologie des peuples ; où s'accentue surtout leur psychologie, c'est dans leur concept de l'Inconnaissable... Pour bien comprendre l'âme d'un peuple il faut donc étudier son sentiment religieux, qui est, peut-or dire, la pierre angulaire, la base géologique de son éthique.

Deux cultes religieux existent à la fois au Japon : le shintoïsme et le bouddhisme. Le shintoïsme date des temps les plus reculés, de l'époque mythologique ; c'est la religion nationale. Le bouddhisme a été importé par les Coréens. Et peu après, les Chinois ont introduit les doctrines philosophiques de Confucius, qui ont eu et ont encore une grande influence sur les classes lettrées.

Il est difficile de comprendre et de définir le shintoïsme. Il semble être un paganisme nébuleux, beaucoup moins précis que la mythologie grecque ou scandinave. La bible shintoïste, le *Koriki*, qui est le livre le plus remarquable de l'ancienne littérature japonaise, ne renferme que des données et des indications apocalyptiques, « incompréhensibles pour un cerveau européen ». La seule chose évidente, c'est que pour aujourd'hui, sous son aspect rude et grotesque, le shintoïsme n'est que le culte de la patrie, incarnée par le mikado, à qui ce dogme religieux suppose une origine divine. Le Japonais moderne, qui ne peut plus croire aux fables candides de la très vieille religion de ses ancêtres, respecte cependant cette religion ; il la professe même, pour l'hommage traditionnel qu'elle représente envers son bien-aimé, vénérable et merveilleux pays.

Par une coïncidence étrange, le peuple juxtapose, sans les amalgamer, les deux cultes, le bouddhisme et le shintoïsme. Il y a ainsi, dans son âme, une bizarre antinomie, dont nous ne pouvons nous rendre exactement compte, nous autres, Occidentaux, parce que nous avons professé pendant tant d'années un sombre exclusivisme religieux, qui contraste avec l'aimable tolérance légendaire en Extrême-Orient. Sans s'exclure, sans se haïr, sans rivaliser même, les deux cultes co-existent et vont jusqu'à s'entr'aider, à la façon de deux choses congruentes et nécessaires... Comme cadre, un sol enchanteur, entre-coupé de montagnes, aux flancs échelonnés et revêtus de pins, avec leurs cimes neigeuses et leurs vallées fleuries au printemps d'azalées et de camélias ; des champs et des cultures irriguées, qui paraissent des jardins tracés au cordeau, des étangs bordés d'élégants iris et débordant des pâles fleurs des lotus, qui s'ouvrent au baiser du crépuscule ; et dans ce cadre, — des temples, et des temples, et toujours et encore des temples du Shinto ou du Bouddha. Les premiers, mystiques et primitifs, bâtis en bois, vides, avec une odeur humide de terre ; les seconds, en pierre, massifs, solennels, avec leurs idoles ventrues aux yeux taillés en amandes. On compte dans le pays un total de 300.000 temples, dont un tiers sert aux bouddhistes et les deux autres aux shintoïstes. — Et par dessus cette curieuse dualité, il y a encore le scepticisme raffiné de Confucius !

L'éthique qui se dégage de tout cela pourrait se concréter sous forme d'un double principe, immense, perpétuel : *Amour aux nôtres, Haine aux étrangers.* Tout est là. L'*amour aux nôtres*, enseigné spécialement par Bouddha, la *haine aux étrangers* que proclame le Shinto.

Peu de peuples peut-être ont poussé aussi loin l'amour des leurs. Par là, par son respect pour les vieillards, par sa tendresse pour les enfants, le peuple japonais révèle sa haute culture traditionnelle. On dirait que son affection pour tout ce qui l'entoure est si intense qu'il donne la vie humaine à la nature même de son sol natal, pour mieux lui donner son amour. « Leur sentiment de la nature est tel, que si j'en voulais rendre l'acuité, nous dit un voyageur (1), je le qualifierais d'égoïste. Ils chérissent dans le brin d'herbe ou le papillon ce qu'ils ont en eux-mêmes d'énigmatique et d'éternel. Leur langue renferme un mot intraduisible et dont le sens est indéfinissable : *giri*. Le giri c'est l'obligation morale la plus ténue et la plus forte ; c'est le fil invisible où deux cœurs sont joints, alors même qu'ils n'éprouvent l'un pour l'autre aucune tendresse. On se tue par giri, on fait le bien, quelquefois le mal par giri. Le giri explique, excuse ou justifie des milliers d'actes dont le mobile nous échappe. Un jeune bonze propose à une courtisane de s'enfuir avec lui. Elle refuse et tous deux s'empoisonnent. On arrive, on les sauve, on demande à la femme pourquoi elle a voulu mourir. Est-ce par amour ? Son amant n'était qu'un hôte de passage. Par misère ? Elle secoue la tête et répond : « Le giri l'ordonnait ». On dirait qu'à certains moments l'âme se reconnaît dans une autre âme et, passive, s'y abandonne à sa destinée ».

Telle est la « sympathie » bouddhiste chez les Japonais. Partant, le *giri* représente le *sentiment de la cohésion sociale* porté à un degré d'exaltation inconnu des autres peuples. C'est la forme japonaise de l'amitié de Platon et de Cicéron, de la « charité » du Christ, de la « fraternité » de la Révolution française, enfin de la « sympathie » de Bouddha. Pour comprendre une abnégation sociale pareille, un pareil raffinement de la sympathie humaine, l'Européen n'a qu'à recourir à une source aussi puissante et terrible que Schopenhauer : « Si, par un effort de ta haine, tu peux pénétrer dans le plus détesté de tes adversaires et y arriver à ce qui est tout au fond, alors tu t'épouvanteras assez : ce que tu y découvriras sera toi-même. Tu seras lui ! »

Si l'on applique l'admirable notion du *giri* à la dernière guerre, à la question de l'Extrême-Orient, il serait

---

(1) ANDRÉ BELLESORT, *La Société japonaise*, p. 220.

d'un haut intérêt de discerner *jusqu'où* peut pénétrer ce *giri*... Bien certainement, il n'atteint pas les peuples blancs et encore moins les nègres ; mais est-il commun à tous les peuples jaunes, à la Chine, à la Corée, à l'archipel Indo-Malaisien, aux Philippines ? C'est l'idéal de *Pan-mongolisme* qu'acclament déjà de nombreux journaux japonais, férus d'ardeur guerrière. La dernière guerre sino-japonaise n'aurait ainsi servi qu'à établir l'hégémonie du plus fort des peuples mongols ; et ensuite, ainsi, sous sa direction, tous ces peuples unis revendiqueraient aux peuples chrétiens détestés, les vieilles possessions qu'ils ont en Asie.

Il n'y a qu'une exception à l'extrême tolérance religieuse de l'Extrême-Orient et spécialement de l'empire japonais : c'est l'intolérance à l'égard du christianisme. Les peuples de race jaune entretiennent, contre lui, une sourde et instinctive prévention, quand ce n'est pas une haine déclarée... Le fait est hautement symptomatique et mérite une étude très prolongée. Dans ce pays où toutes les croyances prospèrent, peut-on dire, depuis les plus grossières superstitions fétichistes jusqu'au scepticisme philosophique de Confucius, une seule croyance ne peut prospérer ; et cette croyance est en même temps la plus pure et la plus accessible, et celle pour la diffusion de laquelle on fait les plus grands efforts.

Le catholicisme, malgré les immenses travaux des missionnaires espagnols et portugais a fait au Japon une sanglante banqueroute, sous les *Togukawa*. Le protestantisme faillit y avoir plus de succès. « Les *clergymen* des Etats-Unis se présentèrent aux yeux des Japonais, comme les annonciateurs d'une religion nouvelle, optimiste, pratique, accommodée aux transformations du monde moderne, individualiste et telle que chaque peuple pût l'adapter à ses convenances et la modeler à ses fantaisies. Leur assurance d'Anglo-Saxons et leur appareil scientifique aidèrent encore à leur premier succès. Beaucoup de ces pasteurs étaient des hommes distingués, professeurs, historiens, médecins, naturalistes. Leur chapelle avait des lumières de laboratoire. Les Japonais, charmés qu'on s'adressât à leur raison, s'empressèrent de feuilleter la Bible et conçurent une église nationale qui restituerait au christianisme son ingénuité galiléenne et qui même nous apprendrait à débrouiller, mieux que nous le fîmes, les petites difficultés de notre théologie ». C'était toute une *trouvaille* pour ceux qui luttaient contre l'excessive rudesse de la cosmogonie shintoïste et contre la plasticité démesurée du bouddhisme : enfin, on allait élever sur de solides bases une église nationale. « Mais il se produisit ce curieux phénomène que le protestantisme entre les mains de ces nouveaux convertis à la Réforme, comme si la logique interne échappait à tout régulateur, atteignit du premier coup le dernier terme de son évolution : le rationalisme. En 1893, dans une assemblée des presbytériens de Tokio, on décida que les doutes qu'ils pourraient avoir de la divinité de Jésus-Christ n'empêcheraient point les pasteurs scrupuleux de rester en charge, car, disait-on, « si la foi en la divinité de Jésus-Christ était exigée, un grand nombre de ministres devraient abandonner leur chaire » (1).

C'est que, par son essence, le christianisme est radicalement opposé à la tendance shintoïste de haine à l'étranger, tendance innée et indélébile de l'âme japonaise. Les Japonais pourront mettre des étiquettes chrétiennes et européennes aux idées et aux sentiments qui sont les leurs. Mais, dans leur fond, virtuel et positif, ces idées et ces sentiments, au moins en ce qui concerne les étrangers, seront toujours anti-chrétiens en définitif. Il n'y a que des esprits superficiels pour pouvoir s'illusionner sur le « libéralisme » des réformes japonaises. Leur libéralisme ne peut être qu'apparent, puisqu'il engendre la passion anti-

(1) André Bellesort, *op. cit.* p. 230.

libérale par excellence : la haine. Ce n'est qu'au jour reculé et peut-être impossible, où les Japonais, ayant complètement modifié leur caractère actuel, appliqueront le *giri* à tous les peuples et à tous les hommes de la terre, de même que les blancs appliquent, au moins comme un idéal lointain et comme une tendance élevée, la charité du Christ, ce n'est qu'à ce jour qu'ils pourront nous être sympathiques, à nous peuples blancs et chrétiens... Pour aujourd'hui, nous ne pouvons oublier que, victorieux ou battus, ils ressentent toujours eux, envers nous, ce qu'ils appellent le *Jo-hi*.

Restés en dehors des atteintes du christianisme, les Japonais professent donc, comme dogme religieux-moral, tacite ou exprès, la haine de l'étranger. Le *Jo-hi* (« chassons l'étranger ! ») est le plus populaire de leurs proverbes, la première de leurs maximes morales, le fond même de leurs croyances religieuses... Le front haut et le bras tendu, ils proclament la *sainteté* de cette haine, qui pour nous, Occidentaux, est une passion sauvage et exécrable. « Le *vice* capital, (c'est un Occidental, un Français qui l'écrit) de l'enseignement japonais à tous ses degrés, depuis la plus modeste école de village jusqu'à la Faculté universitaire, est un esprit étroit, vaniteux et hostile à l'élément européen. Ce que l'on cherche avant tout c'est de faire des *Japonais japonisants*, c'est d'enseigner à la jeunesse que le Japon est l'unique pays chéri des Dieux, que tout y est parfait, qu'aucune nation du monde ne peut être comparée à la japonaise au point de vue de la vaillance, de la puissance et de la vertu, en un mot, que les Occidentaux... ne sont que des barbares en comparaison des peuples japonais. » (1).

Tous les voyageurs sont d'accord pour avoir toujours observé, spécialement chez le bas peuple, un esprit de sourde hostilité, sous des apparences courtoises et même

---

(1) Félix Martin, *Le Japon vrai*, p. 82.

affectueuses... Ce sont les jeunes gens, chez qui on remarque surtout cet esprit de malveillance occulte, parce que la jeunesse est d'elle-même franche et expansive... « Dans une rue de Tokio, un jeune Japonais, mis avec une certaine recherche, vous regarde au passage d'un regard insolent.. Vous l'entendez murmurer des injures à l'égard des étrangers... Il n'y a pas d'erreur possible : c'est un étudiant ». (1)

Il y a peu d'années encore, la haine du vieux Nippon pour l'étranger prenait des formes franches et naïvement primitives. Ses ports étaient fermés au commerce étranger comme ceux de la Chine ; on y expulsait les commerçants, on y massacrait les missionnaires chrétiens. Mais, voici qu'à un moment donné, cette haine se civilise, s'affine, adopte des formes courtoises, prend des armes exotiques... puis bat un jour la Chine et l'autre jour la Russie !

Elle est véritablement merveilleuse, la renaissance actuelle du Japon. Elle date de la Révolution de 1868. Jusqu'à cette année, le pays vivait dans l'isolement et le silence ; à partir de cette année, il s'ouvre à l'étranger et emprunte à l'Occident tout ce qui peut lui être utile... A quel phénomène intérieur et psychologique obéit une transformation extérieure aussi subite ? Il serait enfantin de supposer que tout cela est l'œuvre exclusive de deux hommes exceptionnels, Ito et Inouyé, qui, mettant à profit leur grand ascendant sur le mikado et le peuple, auraient déterminé la Révolution de 1868, la constitution de 1886, la guerre sino-japonaise, l'annexion de la Corée... Non, Ito et Inouyé n'ont fait que représenter et interpréter un mouvement social qui devait venir de causes plus profondes... Les grands hommes ne créent pas les torrents, ils les canalisent. Des foules prédisposées, des forces en fermentation, des germes vigoureux durent inspirer et pousser Ito et Inouyé dans leur campagne de progrès et

(1) JEAN DASP, *Le Japon contemporain*, p. 263.

de grandeur. Quels furent ces germes, ces forces, ces foules ? Il serait bien téméraire de prétendre donner l'explication catégorique de phénomènes aussi complexes et obscurs. Mais si j'essayais d'en donner une, ce serait celle-ci : évidemment, c'est l'âme japonaise, c'est la psychologie japonaise, qui a fait éclater ce mouvement ; or dans l'âme japonaise, dans la psychologie japonaise, le trait le plus saillant que je découvre, c'est la haine de l'étranger... Donc, la haine de l'étranger a été l'idée mère de la renaissance du Japon.

En effet, il n'est pas difficile d'interpréter ainsi les faits. Vers la seconde moitié du xixe siècle, les Japonais durent se convaincre que tant qu'ils demeureraient barricadés dans leur isolement traditionnel, ils courraient le même risque que la Chine : celui d'être conquis par les Occidentaux. Et il fallait l'éviter. Mais comment l'éviter, alors que les Occidentaux possédaient de si admirables machines de guerre ? Voilà ce que comprirent très bien Ito et Inouyé, en prenant aux Occidentaux, ces machines de destruction. Mais ces machines n'étaient rien par elles-mêmes, sans personnel instruit pour les manier, sans capitaux pour les construire, sans organisation, sans hygiène, sans discipline,... enfin sans civilisation, capitalisme, parlements, chemins de fer, universités, journaux. Introduire tout cela fut l'œuvre d'Ito et d'Inouyé, et ils donnèrent une forme légale à leurs conquêtes par la constitution de 1889.

Il fallait *battre l'étranger avec ses propres armes*. Et pour lui prendre ses armes, il était indispensable de montrer des manières aimables et tolérantes en apparence... C'est ce que conseilla le ministre Saionjy, ministre de l'instruction publique, dans un discours célèbre prononcé en 1895 devant une réunion de directeurs d'écoles normales. « Il n'y a pas de pires ennemis de la nation, dit-il, que ceux qui se bornent à se vanter de ce qu'on appelle le *hamatadamashi* (le vieil esprit japonais) et se refusent d'être au courant du progrès, en admettant avec une confiance exagérée les préjugés nationaux et en négligeant d'enseigner au peuple la vérité par rapport aux peuples étrangers ». « Croyez-vous que ces sages conseils furent accueillis avec déférence ? dit un témoin oculaire. Ce serait bien mal connaître l'esprit japonais. Le discours du marquis Saionjy provoqua des réclamations générales et le personnel même de son ministère protesta contre des idées aussi subversives ». On méconnaissait la véritable intention du ministre, son *arrière-pensée* patriotique... Ce fut au point qu'une puissante association d'enseignement national, ayant des ramifications dans tout le pays, se réunit immédiatement pour repousser ces dangereuses théories et vota un ordre du jour déclarant : « qu'il était nécessaire de redoubler d'attention pour propager le patriotisme dans les écoles du Japon et pour développer davantage l'instruction militaire ». A partir de ce moment jusqu'en 1896, époque où tomba le cabinet dont Saionjy faisait partie, ce dernier échoua dans tous ses projets. « C'était un homme jugé » (1).

Le grand homme d'État chinois Li-Hung-Chang, munit aussi ses armées de canons Krupp et Armstrong ; mais ces armées furent toujours vaincues, moins à cause de la lâcheté de leurs soldats que de l'incapacité de leurs chefs. Éloquent exemple pour le Japon ! L'armement n'était pas tout, il était encore indispensable de faire des chefs... Et il n'y avait qu'une voie à suivre pour en faire : adopter, dans la mesure du possible, la civilisation détestée de l'Occident, s'instruire dans tous ses arts et dans toutes ses sciences. A cet effet, Ito et Inouyé inventèrent le système de deux courants de communication entre l'empire du Soleil-Levant et l'Europe : l'un centrifuge et l'autre centripète. Le courant centrifuge envoyait des natifs étudier et se former en Europe ; le centripète en tirait des édu-

---

(1) F. Martin, *op. cit.* p. 84.

cateurs pour le Japon. Les articles de la presse nous montrent chaque jour de quelle efficacité a été ce système, quels résultats étonnants il a produit déjà en deux ou trois lustres... Même en Chine, le parti moderne des *Boxers* a compris que pour battre les Européens, il ne suffit pas d'avoir des mitrailleuses, mais qu'il faut aussi acquérir leurs idées scientifiques et industrielles. Mais il l'a compris tardivement.

Le vulgaire naïf pense que « le Japon s'européanise »... Je crois plutôt que plus il adopte les procédés européens de guerre — de civilisation dis-je — et plus il s'isolera. Ceci, qui semble un paradoxe, apparaît clairement, si l'on se rappelle l'objet défensif de la révolution de 1868, les sentiments nationalistes qui inspirèrent les réformes. L'antique *Jo-hi* subsiste, bien que transformé en un nouvel axiome : « Le Japon aux Japonais ! » Le *Japon japonisant* n'a donc d'autre idéal que de maintenir, dans la mesure du possible, son orgueilleux et ancien exclusivisme. Les temps ont changé... Sans armes et sans civilisation à l'européenne, le Japon courrait le danger d'être, quelque jour, la victime, sinon la proie, des grandes puissances occidentales coalisées. C'est pour cela que les circonstances ont forcé le vieux Nippon à sortir de son mutisme et à crier par la bouche de ses canons : *Jo-hi !*

Les Japonais ont appris l'art très difficile de vivre et de mourir en souriant. *Les Japonais sont toujours gais !* (1) Le christianisme n'a pas attristé, assombri leurs âmes ; il ne pèse pas sur leurs âmes. Il ne leur a pas inculqué la terrifiante notion de l'au-delà ; il ne leur a pas enseigné les mots d'égalité et de dignité humaines... Ils vivent aimablement leur vie animale ; ils savent, mieux que les Occidentaux, le *bonheur de vivre* (2). Mais l'éternel sourire japonais ne recouvre pas toujours l'allégresse, comme pourrait le faire croire le couplet burlesque de l'opérette...

(1) En français dans le texte original.
(2) Id.

Parfois, il masque la colère ou la haine. Une longue, très longue, immémoriale expérience de discipline et de cohésion sociale, de gouvernement aristocratique et autocratique ont appris au peuple à dissimuler ses passions antisociales sous le masque de la politesse, du plus profond respect, même de la gaieté la moins motivée... Deux pousseurs de voitures, deux *jinriskiskas*, se rencontrent dans les rues de Tokio, et heurtent leurs véhicules ; les deux conducteurs rient, se sourient, se demandent pardon, se font des compliments, ils plaisantent... Un Occidental les croirait en parfait accord, quand soudain la situation change... Des mots vifs se croisent, bien que dans le vocabulaire japonais il n'y ait pas de mots qui soient des injures proprement dites... une menace suit le mot vif, et derrière la menace vient, rapide comme l'éclair, un coup de poignard. Puis, sa vengeance accomplie, le meurtrier s'ôte la vie, comme le commande la coutume très ancienne.

C'est qu'au fond de toute âme japonaise vibre encore, avec toute sa sauvage, sa primitive rudesse, le sentiment de la *vendetta*, de la loi du *talion*. Sous son apparente urbanité, elle le conserve intact, ainsi que toutes ses idées que j'appellerai préhistoriques. Ce sont ses seules idées enracinées, *sincères*. C'est pourquoi l'on a pu dire que « les Japonais manquent d'idées, non d'esprit » (1). Ils possèdent une série d'idées élémentaires reculées, sur lesquelles ils travaillent furieusement. Mais leur travail a cela de curieux qu'ils vident ces notions, sans jamais les enrichir. Ils taillent ces idées, ils les sculptent, les peignent, les liment, les grattent, les défigurent au point de les rendre méconnaissables ; mais ils ne les renouvellent pas. Elles restent ainsi toujours élémentaires. Il en est de leur morale, comme de leurs maisons, dont la structure primitive persiste, malgré qu'ils l'aient compliquée

---

(1) André Bellessort, *op. cit.*, p. 143.

d'interminables détails nouveaux et inutiles. Dans leurs habitations, un art fantastique et raffiné contraste avec d'humbles nattes naïvement tissées et avec des troncs d'arbres à peine dépouillés de leur écorce. Leurs âmes, de même, paraissent aussi neuves, aussi rudes que celles des héros d'Homère.

Il ne faut donc pas se tromper sur la psychologie japonaise. Sous son apparence souriante, elle a toute la férocité antique. On dirait que Phèdre a mis par erreur le masque de Bacchus. Ce devait être en prenant ce déguisement pour la réalité que saint François-Xavier a pu appeler les Japonais : « les délices de son âme » ! Ce sont de vieux enfants et de terribles vieux enfants. Ils ont la fraîcheur d'impressions et l'égoïsme du jeune âge, et aussi toute la malice de la vieillesse. Mais ils manquent, hélas ! des impulsions généreuses de l'âge de la maturité et de la fraternité.

Étant donnés ce qui précède, je ne comprends pas qu'il y ait des Occidentaux, des hommes de civilisation européenne, des hommes de race blanche et chrétienne, pour sympathiser avec ces autres hommes de race jaune. Qu'ils soient admirables et dignes d'être étudiés à fond, avec leurs puérilités et leurs malices, avec leurs candeurs et leurs haines, cela ne fait aucun doute. Mais ils sont quelque chose de si distinct de nous, quelque chose de si en dehors de notre psychologie que franchement ils me font à moi l'effet d'appartenir à une autre espèce animale, et même à une espèce antipathique, comme celle des félins, et non à l'espèce des qaudrumanes francs et vivaces.

Il m'arrive donc de croire que dans la guerre russo-japonaise, il s'est débattu quelque chose de plus transcendental encore que la question d'Extrême-Orient... qu'il s'est débattu rien moins que de savoir quelle tendance rend les peuples plus forts : la tendance européenne et moderne (sous toutes ses formes, depuis la forme évangélique jusqu'à la forme socialiste) ou la tendance antique et païenne ;... enfin qu'il s'est débattu quel est ce qui donne le triomphe, dans les affaires *internationales* : si c'est l'amour ou la haine... Et je crains bien que ce soit la haine. Nous pourrions donc dire alors : « Malheur aux peuples qui ne savent pas haïr l'étranger ! », comme nous avons dit précédemment : « Malheur aux peuples dont les citoyens ne savent pas s'aimer ! » Cette dernière vérité est déjà bien démontrée ; il reste à démontrer la première, contrairement aux affirmations des Bebel et des Liebknecht... Et qu'on ne me dise pas que la Russie ne représentait pas, dans la dernière guerre, l'amour international, puisque ses généraux détestent les Japonais... Ne me dites pas cela, parce que ses généraux ne sont pas son peuple, ne constituent pas la masse de ses moujiks. Ceux-ci, corrompus par leurs petits popes officiels et par leurs grands popes laïques sont de ceux qui, pour leur malheur, ne savent pas haïr avec assez de force, qui considèrent comme des frères, oh ! ironie ! les braves petits soldats jaunes. Les Japonais, en revanche, ne voient dans les blancs que des étrangers et des inférieurs. Lesquels ont raison ? Je crains bien que ce ne soit le Shinto plutôt que le pope, ou si l'on veut poser le dilemme sous une forme plus humaine et plus concrète, que ce soit le marquis Ito, plutôt que le comte Tolstoï...

La majorité des gens, spécialement les romantiques, qui se délectent des triomphes du Japon, croient la barbarie japonaise très ressemblante à la barbarie russe, et cela parce que les deux pays sont des empires absolus. Une pareille opinion est un faux mirage, une confusion d'apparences trompeuses. Je pense, en effet, qu'il est difficile de rencontrer dans le monde contemporain, deux peuples plus différents, de psychologie plus opposée, que les Russes et les Japonais. Il est vrai que les uns ont un tsar et les autres un mikado, deux despotes... Mais dans le pays du mikado, la religion de la masse est la haine shintoïste, et dans celui du tsar l'amour évangélique. Et il n'y a peut-être pas un peuple moderne qui se fanatise plus pour l'amour universel que le Russe, ni qui cultive mieux la haine de l'étranger que le Japonais. C'est là pourquoi je les juge aussi différents que pourraient l'être, par exemple, les Chinois et les Allemands ; pourquoi, je me les représente, malgré qu'ils aient tous deux des monarques absolus, comme des prototypes d'opposition. On dirait que le Destin s'est plu, dans les deux dernières guerres, à mettre en vis-à-vis les tendances les plus antagoniques : dans la civilisation européenne, le Cid et l'Oncle Sam ; dans l'univers entier, un peuple par excellence du *Nouveau Testament* et un peuple du *Shinto*, c'est-à-dire à certains égards très *Vieux Testament*...

Grande leçon ! Leçon immortelle ! Tu as appris, antique empire du Soleil-Levant, tu as appris à l'imprudent Européen, la sainteté de la haine. Les peuples qui ne savent pas haïr ne savent pas se battre. La pyramide de crânes qui se dresse en Mandchourie, les flots à jamais rougis de sang des mers d'Orient, diront à l'avenir aux nations chrétiennes : « Apprenez à haïr ! Aimez-vous, frères, entre vous ; pratiquez l'amitié, la charité, la fraternité, le *giri* ; mais n'oubliez pas que l'amour pour l'ennemi naturel est le principe de la déroute et que la déroute est le héraut de la mort ! Saluez, peuples, le soleil nouveau qui se lève en Extrême-Orient, saluez le *Jo-hi !* »

§ 97.

Ébauche d'un système positif d'éthique.

Dans les paragraphes précédents, j'ai déjà examiné génériquement ce que serait ma conception d'un système moderne d'éthique, théorique et pratique ; il convient ici de mieux le préciser...

Les philosophes de nos jours accomplissent de préférence un travail négatif de démolition. Leur analyse et leurs critiques jettent par terre les monuments séculaires et les immenses hypostyles de la morale humaine. Mais ils n'ont pas encore élevé le nouveau temple sur les ruines des anciens. On peut dire que bien peu de tentatives de reconstruction systématique de l'éthique ont été faites avec succès de nos jours. En dehors des extravagances de Nietzsche, il ne se présente à nous aucun système complet ; Guyau, seul, en aurait peut-être terminé un, s'il avait plus vécu... Cependant la tâche ne me paraît ni impossible, ni même très difficile, si l'on sait mettre à profit les nombreux matériaux dispersés çà et là. Ma théorie de l'éthique et du du droit comprend une doctrine morale, ample et claire, dont la systématisation sera peut-être facile et opportune...

Tout d'abord, la nature cyclique de la lutte humaine nous impose un premier principe :

Tu aimeras ton frère et ton semblable.

L'amour humain trouve ainsi sa première base dans la ressemblance spécifique. La ressemblance spécifique fomente, si elle ne la crée pas, la sympathie humaine. La sympathie humaine, à son tour, enchaîne les intérêts de certains hommes et de certains groupes, et en forme des cercles : famille, classe, patrie. Or, plus la ressemblance des membres du cercle est intime, plus leur sympathie mutuelle est nécessaire. D'où le corollaire suivant :

La vertu suprême sera de savoir t'identifier aux joies et aux peines de ton frère et de ton semblable.

Et de ce corollaire découle le principe suivant de conduite pratique et même juridique :

Quand tes intérêts sont en conflit avec les intérêts de

ton frère et de ton semblable, solutionne ce conflit par la paix, la loyauté, l'amour.

Jusqu'ici, nous restons dans la morale égalitaire, bouddhiste et chrétienne. La haine demeure reléguée dans la catégorie des sentiments ignobles et indignes. Mais, la haine ne sera-t-elle pas nécessaire à certaines luttes pour la vie ? Ne sera-t-elle point parfois un sentiment *absolument* utile, et partant, vertueux ? Elle doit l'être selon la théorie spécifique. Selon la théorie spécifique que je professe, l'amour de l'ennemi est une *fausse orientation ethnique ;* c'est un instinct inharmonique et pervers comme celui qui attire les papillons de nuit vers la lumière. Dans la guerre russo-japonaise, la douloureuse déroute a été produite, à mon avis, non par la corruption et la vénalité de la classe dirigeante de la nation vaincue, mais bien plutôt par l'*incapacité évangélique de haïr* de ses soldats, L'exagération gauche et trompeuse des sentiments chrétiens a fini par développer, dans les masses incultes qui peuplent l'empire russe, une orientation éthique aussi fausse, un instinct aussi inharmonique de lâcheté, de déroute et de mort...

Je déduis de tout cela la convenance du principe de la haine et aussi du principe de la méfiance, qui peut, d'une certaine façon, le remplacer au point de vue préventif et défensif.

Tu te défieras de l'étranger et tu haïras l'ennemi

La difficulté consiste maintenant à distinguer l'étranger et l'ennemi du frère et du semblable... La dissemblance peut nous servir de critérium théorique ; mais, en pratique, tous les hommes ont leurs différences et leurs ressemblances que l'on ne peut pas toujours apprécier empiriquement et superficiellement. Il y a cependant, je pense, trois ou quatre éléments externes et un élément interne pouvant servir à discerner ceux qui méritent notre sympathie et ceux qui méritent notre défiance. Comme éléments externes, il y a : la communauté de patrie, l'affinité ethnique, la communauté de langue et celle de religion. L'élément interne est l'antipathie intuitive que nous éprouvons pour une profonde dissemblance... Plutôt que de lutter contre les théories chimériques de l'uniformité et de l'internationalisme, ce qu'il faut faire, c'est renforcer cette antipathie à l'aide des arguments de la science et des prédications de la morale. Ne pas se défier de l'ennemi, ne pas savoir le haïr, c'est une preuve de faiblesse et de décadence. Voilà ce que tout peuple grand et fort doit se dire et s'affirmer. La grande œuvre morale de la fin du XXe siècle ou peut-être du XXIe sera, d'après ma thèse, de donner un critérium et un régulateur à la haine. Dans les écoles européennes, on arrivera à enseigner à haïr, comme on le fait dans les écoles japonaises. Nous avons donc, nous peuples blancs, à arracher de notre poitrine la plante vénéneuse de l'amour de l'ennemi, malgré que ses racines aient pénétré dans les fibres les plus cachées de notre cœur. De même qu'au début de l'ère chrétienne l'amour universel ne s'imposa que par un pénible sacrifice et un noble effort de volonté, de même aujourd'hui notre volonté doit faire un sacrifice et un effort, sur l'autel de la victoire et de la vie, et apprendre que la haine peut, elle aussi, être une vertu.

De mon concept de la spéciéité et de ses conséquences de défiance et de haine, dérive cet autre aphorisme pratique :

Quand les intérêts sont en conflit avec les intérêts de l'étranger ou de l'ennemi, fais cesser le conflit en ta faveur, en employant, à ta convenance, la raison ou la force.

Sans doute, cette maxime scandalisera les timorés, les naïfs et les hypocrites ; mais je leur demanderai, moi, si ce n'est pas sur ce principe anti-égalitaire que s'est exclusivement basée, durant tout le XIXᵉ siècle, la politique de l'Allemagne, de l'Angleterre et des Etats-Unis de l'Amérique du Nord ? Pourquoi ne pas nous scandaliser alors de la civilisation yankee, allemande ou anglaise ? *A tout seigneur, tout honneur !* (1).

Il y a lieu de se demander ici si, en vertu du dernier précepte, on peut employer la fraude comme moyen de lutte contre l'étranger et l'ennemi... Je rappellerai, à cet égard, deux observations déjà faites : 1° l'immoralité de la fraude dépend des liens entre le trompeur et le trompé ; si c'est une faute très grave que de tromper son père ou son ami, c'en est une bien peu grave que de tromper pour se défendre d'une agression étrangère... ; 2° un consensus universel de loyauté est convenable, surtout pour les forts qui n'ont pas besoin du mensonge pour vaincre... C'est pourquoi il me semble que la fraude ne doit s'employer que dans les cas extrêmes, comme moyen de défense et dans la mesure où elle est autorisée par l'injustice et la perversité de l'attaque. On ne doit donc jamais donner l'exemple de la fraude ; mais on ne doit pas non plus se laisser vaincre impunément par la fraude.

La légitimité des deux sentiments extrêmes, haine et amour, étant ainsi établie, l'éthique doit procéder à *graduer* ces sentiments selon les cas et les personnes. L'amour absolu du semblable et la haine absolue de l'ennemi ne sont que des formes idéales extrêmes, susceptibles de se présenter sous des aspects très distincts. Il faudrait, par suite, échelonner une série de valeurs affectives, qui partirait de l'affection des parents pour leurs enfants, se continuerait à travers les affections de famille, de classe sociale, de patrie, et arriverait au cas opposé de l'inimitié guerrière. De la nature de chaque cycle dépendrait ainsi l'amour mutuel de ses co-associés ; de la nature de chaque

(1) En français dans le texte.

rivalité ou jalousie anti-cyclique, dépendrait la défiance ou la haine.

En dehors de ce qui précède, la haine ou du moins l'aversion envers un co-associé ne pourrait-elle pas se justifier ? Et, à l'inverse, l'amour pour un étranger ne pourrait-il se justifier ?... Pour résoudre ces questions il y aurait toujours deux critériums : l'un critique, l'utilité sociale, et l'autre que j'appellerais intuitif, la sympathie ou l'antipathie que nous causent une ressemblance ou une dissemblance relatives.

Ainsi seraient justifiées l'aversion pour un co-associé immoral et anarchique et l'affection pour un étranger ayant des tendances communes aux nôtres. Mais, en pareil cas, le système positif d'éthique que j'ébauche, imposerait la règle suivante :

L'éthique doit réfréner et modérer l'aversion pour le co-associé et la sympathie pour l'étranger.

En effet, le co-associé, tant qu'il appartient à notre cycle, peut se corriger et être utilisé ; et, de son côté, le cycle auquel appartient l'étranger peut arriver à être ennemi du nôtre. D'où la convenance de tempérer l'aversion que nous cause le co-associé et la sympathie que nous inspire l'étranger.

Tel est, en termes généraux, le système d'éthique que je proposerai comme le plus sincère et le plus convenable. La grande objection qu'on pourra lui faire, c'est qu'il est excessivement vieux et par suite rétrograde... Il y a cependant une raison pour que toute éthique soit vieille et d'autant plus véridique qu'elle est vieille ! Cette raison consiste dans la nature animale de l'homme, toujours la même à travers les luttes et les temps. Les vingt siècles de morale tendancieuse basée sur l'égalité chrétienne ont changé les valeurs de cent siècles de morale préchrétienne. Par suite, l'éthique nouvelle devrait, à mon avis, prendre à la morale chrétienne, le principe de l'amour pour le co-associé à son plus haut degré, et à la morale préchrétienne, son particularisme, sa défiance envers l'étranger. Naturellement, cette défiance ne prendra plus le caractère de guerre perpétuelle ; les temps ont marché, et on est arrivé à un commode *modus vivendi* d'harmonie internationale. Il faut maintenir ce *modus vivendi*, mais sans nous laisser duper par lui. Il faut se rappeler que le peuple qui en serait le plus dupe, serait le premier à devenir victime de sa fausse orientation affective. En quelque sorte, l'éthique particulière de chaque peuple contient à l'avance son destin, de même qu'il y a déjà, dans l'œuf du papillon de nuit, l'instinct inharmonique, qui le pousse à mourir dans la flamme, dont la clarté l'attire.

§ 98.

Avenir de l'éthique.

Le problème de l'avenir de l'éthique comprend les deux phases de l'éthique-phénomène et de l'éthique-science. Et, à son tour, l'avenir de l'éthique-phénomène contient deux questions connexes et fondamentalement intéressantes : 1° l'éthique imposera-t-elle toujours des obligations et des sanctions, ou pourra-t-elle exister comme forme de conduite sans obligation ni sanction ? ; 2° notre éthique actuelle, d'origine gréco-chrétienne se perpétuera-t-elle toujours, ou bien ses règles et son critérium changeront-ils ? — Analysons successivement les deux questions.

1° Les obligations et sanctions éthiques ont continuellement varié, depuis leur genèse historique jusqu'à nos jours. Et je pense que ces variations pourraient se synthétiser par deux mouvements parallèles et simultanés : la sanction est devenue de plus en plus bénigne pour les lasses dominées, — de plus en plus sévère pour les classes dominatrices. Dans l'antiquité, les classes dominatrices jouissaient d'une impunité presque complète et imposaient des peines et des châtiments terribles aux classes dominées. Dans l'ère chrétienne, ces classes dominatrices sont de plus en plus soumises à la responsabilité de leur conduite et de leurs actes, et en même temps, les sanctions perdent, en général, de leur vigueur.

Une fois établi ce fait de la généralisation et du moins de sévérité des obligations et des sanctions éthiques — morales et juridiques — il est opportun de se demander si elles pourraient disparaître complètement quelque jour. L'humanité suffisamment instruite et éduquée, arrivera-t-elle à accorder de telle sorte sa conduite à une éthique idéale que les sanctions ne soient plus nécessaires ? En vertu de la longue éducation de la race produite par l'hérédité physio-psychologique, l'obligation morale arrivera-t-elle à se constituer dans la conduite d'une manière si spontanée et si organique qu'on ne puisse plus la regarder comme une obligation, mais comme la forme fatale de l'activité de tous et de chacun ?... Je ne crois pas à la possibilité d'un pareil avenir. La spécicité humaine implique tant de façons de sentir le devoir et de pratiquer la vertu qu'il y aura toujours des hommes bons et justes et des hommes mauvais et injustes. De plus, les conditions de la vie moderne rendent aussi possibles que fréquentes les névroses et les psychoses. Il y aura donc, tout au moins, des hommes plus ou moins sains et des hommes plus ou moins malades. Il faudra, par suite, contenir, au moyen des obligations et des sanctions les impulsions égoïstes et antisociales des hommes mauvais et injustes et des malades et des névropathes.

Tout ce que nous pouvons désirer, à cet égard, c'est, d'une part, la plus grande diminution possible de l'immoralité et de l'injustice, pour que la sanction n'ait plus un caractère aussi urgent de prévention et d'intimidation, et d'autre part, l'avancement des études médicales pour guérir ou éviter les cas anormaux et pathologiques. Mais tout cela ne pourra que réduire, sans jamais les faire disparaître, l'obligation et la sanction qui me semblent des formes et des manifestations essentielles de la vie humaine. Tant qu'il y aura la vie, il y aura des obligations et des sanctions !

2° Chaque système éthique est le produit de son milieu historique. Notre éthique est un amalgame de concepts de la culture païenne et de concepts de la culture chrétienne. Ces concepts satisfont-ils encore à toutes les exigences de la vie sociale de notre temps ?... Je ne le crois pas... à tel point que j'ai esquissé, dans le paragraphe précédent, un système d'éthique positive, qui me paraît plus réaliste et plus convenable que celui généralement adopté par les peuples occidentaux contemporains. Et je ne crois pas davantage — je dois le faire remarquer — que ce système, au cas même où il arriverait à être la véritable expression de la conscience sociale au XX° siècle, le serait pour toujours. De nouvelles circonstances historiques détermineront de toutes façons, à l'avenir, de nouvelles tendances éthiques. — Les deux questions, posées au sujet de l'éthique-phénomène, sont ainsi résolues.

Quant à *l'avenir de l'éthique-science*, la première question qui surgit pourrait être formulée dans les termes suivants : L'éthique, sous ses deux formes classiques du droit et de la morale, continuera-t-elle à constituer une étude de choix, parmi les nombreuses connaissances humaines, ou, à l'inverse, ira-t-elle toujours en perdant de son importance, à mesure qu'en prendront davantage les autres études, spécialement celles qui concernent les sciences naturelles et la technologie ?

Dans la culture grecque, l'étude des sciences morales formait la partie principale et presque le total de la « philosophie », laquelle était en quelque sorte, sinon l'unique, du moins la plus haute connaissance digne de l'attention de l'homme libre et intelligent. A Rome, l'étude du droit était peut-être la plus complète et la plus étendue, et celle de la philosophie la plus élevée. Dans la première moitié du moyen-âge, la théologie l'emportait sur tout, et on se la représentait comme le *summum* du savoir. Depuis la Renaissance, les études juridiques reprennent du corps et de la transcendance, ainsi que les études de philosophie et de rhétorique qui portent le nom d' « humanités » La théologie, le droit et les humanités, c'étaient les principales et les plus nobles connaissances... Mais voici qu'à partir du xixe siècle, les études scientifiques et technologiques vont en s'accroissant de plus en plus, et qu'en revanche, les études théologiques et les humanités vont en diminuant. Les études juridiques se maintiennent alors, elles augmentent même en raison de la division du droit qui se diversifie en une série de branches. Mais, en général, l'éthique-science perd du terrain, sinon dans l'enseignement du moins dans l'esprit public. Nous sommes donc dans le cas de préciser la question posée et de nous demander si cette décadence continuera et atteindra aussi le droit, en même temps que se développera l'étude des sciences naturelles et de la technologie...

Nous avons vu, dans le chapitre précédent, que le droit peut avoir dans ce siècle-ci un grand avenir, si on l'étudie positivement, à la façon de tout autre phénomène naturel. Cet ouvrage n'est pas autre chose qu'un effort dans ce sens... Or, il me semble qu'on peut en dire autant de l'éthique. Le progrès des sciences physico-naturelles pose déjà le problème moral sur un autre terrain que celui de la métaphysique. En vertu de ce progrès, on appliqua les connaissances acquises à l'étude des véritables causes efficientes de la morale, sans préjugés théologiques, sans généralisations romantiques. D'où vient que la science de l'éthique, que toutes les sciences sociales peuvent arriver à former comme une branche des sciences physico-naturelles. L'avancement de ces dernières, au lieu de nuire aux études d'ordre social les stimulera donc et les précisera. La science sera une, au physique et au moral, comme l'homme est une seule unité, morale et physique.

FIN

TABLE DES MATIÈRES

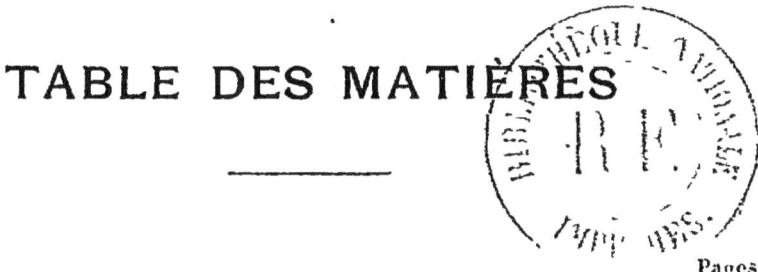

	Pages
Préface du Traducteur	v
Introduction. — Le droit et l'éthique	xi

LIVRE PREMIER

Théories et écoles de l'éthique

CHAPITRE PREMIER

CLASSIFICATION DES THÉORIES ET ÉCOLES DE L'ÉTHIQUE

§ 1. La tendance spéculative et la tendance positive dans le développement de la philosophie 1
§ 2. Le positivisme moderne et les connaissances scientifiques. 9
§ 3. La tendance perfectionniste et la tendance eudémonique dans les conceptions de l'éthique 15
§ 4. Classification des théories et écoles de l'éthique 21

CHAPITRE II

ÉTHIQUE DE LA CIVILISATION ANTIQUE

§ 5. Éthique de la religion naturelle des Grecs 25
§ 6. Éthique de la métaphysique religieuse des Grecs 33
§ 7. Éthique de la philosophie grecque 37
§ 8. Bifurcation théorico-pratique dans la culture gréco-latine. 46

CHAPITRE III

ÉTHIQUE DE LA CIVILISATION MODERNE

Pages

§ 9. Ethique du christianisme 52
§ 10. Ethique de la scolastique................................. 59
§ 11. Ethique perfectionniste de l'idéalisme ou métaphysique rationaliste 63
§ 12. Ethique eudémonique ou utilitaire du sensualisme........ 71
§ 13. Ethique de la civilisation contemporaine................. 73

LIVRE II

Théories et écoles du droit

CHAPITRE IV

THÉORIES MÉTAPHYSIQUES ET EMPIRIQUES DU DROIT

§ 14. Tableau général des diverses écoles juridiques.......... 79
§ 15. La conception théologique............................... 81
§ 16. Ecoles de droit naturel................................. 83
§ 17. La théorie formelle du droit............................ 86
§ 18. L'école organique 89
§ 19. L'école analytique anglaise............................. 92

CHAPITRE V

LES ÉCOLES JURIDIQUES POSITIVES

§ 20. Origine de l'école historique........................... 95
§ 21. La controverse de la codification et la théorie de l'école historique 98
§ 22. Développement de l'école historique..................... 104
§ 23. L'école économique 109
§ 24. Critique de l'école économique.......................... 117

CHAPITRE VI

THÉORIES DE L'ÉTAT

Pages

§ 25. Définition de l'Etat 120
§ 26. Théorie du droit divin.................................. 123
§ 27. Théorie du contrat social............................... 125
§ 28. Théorie analytique anglaise............................ 127
§ 29. Bifurcation des écoles positives par rapport à la notion de l'Etat 130
§ 30. La théorie patriarcale 134
§ 31. La théorie matriarcale 138

CHAPITRE VII

THÉORIES DE LA SOCIÉTÉ

§ 32. La théorie mécanique 145
§ 33. La théorie organique 147
§ 34. Tableau général des principales théories de l'éthique, du droit, de l'Etat et de la Société......................... 152
§ 35. Double application de la biologie à la sociologie.......... 154

LIVRE III

Théorie du droit

CHAPITRE VIII

L'ÉTHIQUE

§ 36. Le phénomène du droit comme partie positive de l'éthique. 161
§ 37. Origine des règles techniques et des règles éthiques...... 164
§ 38. Base biologique de l'éthique........................... 167
§ 39. Principes biologiques généraux de la conduite humaine. 173
§ 40. L'hérédité et l'évolution de la conduite humaine.......... 180
§ 41. La spécialité biologique de l'homme dans la formation de l'éthique. 190
§ 42. Classification des règles éthiques....................... 195

CHAPITRE IX

LE DROIT

	Pages
§ 43. Définition du droit selon sa forme et ses procédés......	199
§ 44. Définition du droit selon son objet et son contenu........	203
§ 45. La croissance spontanée du droit.....................	206
§ 46. La lutte pour le droit...............................	213
§ 47. Bases biologiques du droit...........................	218
§ 48. Télèse et logique du droit............................	223

CHAPITRE X

LE DROIT SUBJECTIF ET LE DROIT OBJECTIF

§ 49. Phase subjective du droit............................	230
§ 50. Phase objective du droit.............................	234
§ 51. Inégalité subjective du droit..........................	236
§ 52. Egalité objective du droit............................	240
§ 53. Bases du droit de punir..............................	245
§ 54. L'essence du droit	251

LIVRE IV

Théorie de l'Etat et de la Législation

CHAPITRE XI

L'ÉTAT

§ 55. Origine de l'Etat....................................	255
§ 56. Nature de l'Etat....................................	260
§ 57. Fins de l'Etat......................................	265
§ 58. Base biologique de l'Etat.............................	269
§ 59. Caractère politique et juridique de la lutte pour la vie dans l'humanité	273
§ 60. Nature psychique de la société........................	277
§ 61. Base biologique de la théorie psychique................	283

CHAPITRE XII

LA LOI

	Pages
§ 62. Définition de la loi	283
§ 63. Parties constitutives de la loi	291
§ 64. Confection de la loi	294
§ 65. La coutume et la jurisprudence des tribunaux	296
§ 66. Base biologique de la législation	300

CHAPITRE XIII

INTERPRÉTATION ET APPLICATION DE LA LOI

§ 67. Importance et conception de l'application de la loi	307
§ 68. Interprétation rationaliste de l'école philosophique	312
§ 69. Interprétation de l'école historique	314
§ 70. Interprétation scientifique	316
§ 71. L'application de la loi	321
§ 72. Effets généraux de la loi	324
§ 73. Effets de la loi en relation avec l'espace et le temps	326

CHAPITRE XIV

DIVISIONS DU DROIT ET DE LA LÉGISLATION

§ 74. Distinctions essentielles et formelles entre le droit public et le droit privé	330
§ 75. Différenciation du droit public et du droit privé	335
§ 76. Théorie d'un droit unique, privé et public	338
§ 77. Divisions du droit positif	344

CHAPITRE XV

UNITÉ SOCIALE DU DROIT ET DE LA LÉGISLATION

§ 78. L'unité psychologique du droit et de la conscience sociale	351
§ 79. Facteurs psychiques de la conscience sociale	355
§ 80. Le facteur religieux dans la conscience sociale	360
§ 81. L'unité intrinsèque et les divisions extrinsèques du droit et de la législation	365

LIVRE V

Evolution du droit

CHAPITRE XVI

L'ÉVOLUTION UNIVERSELLE DU DROIT

	Pages
§ 82. La spéciéité humaine et le principe aristocratique........	371
§ 83. La dégénérescence et le principe égalitaire...............	378
§ 84. La réaction égalitaire en Orient........................	382
§ 85. La réaction égalitaire en Occident.....................	386

CHAPITRE XVII

ÉVOLUTION DU DROIT EUROPÉEN

§ 86. Evolution de la tendance égalitaire dans l'ère chrétienne.	393
§ 87. Critique de la doctrine démocratique...................	399
§ 88. Critique de la doctrine socialiste.....................	404
§ 89. Schémas de l'évolution égalitaire......................	412

CHAPITRE XVIII

AVENIR DU DROIT

§ 90. Caractères du droit contemporain......................	415
§ 91. La tendance conservatrice et la tendance innovatrice dans le droit contemporain...........................	417
§ 92. Formes de la tendance innovatrice et critique de cette tendance	420
§ 93. Avenir du droit......................................	423
§ 94. Avenir de la science juridique........................	433

CHAPITRE XIX

AVENIR DE L'ÉTHIQUE

§ 95. Le principe égalitaire dans l'éthique contemporaine en Occident	438
§ 96. Système anti-égalitaire de l'éthique contemporaine en Orient	442
§ 97. Ebauche d'un système positif d'éthique................	459
§ 98. Avenir de l'éthique...................................	465

IMPRIMERIE DE CHOISY-LE-ROI

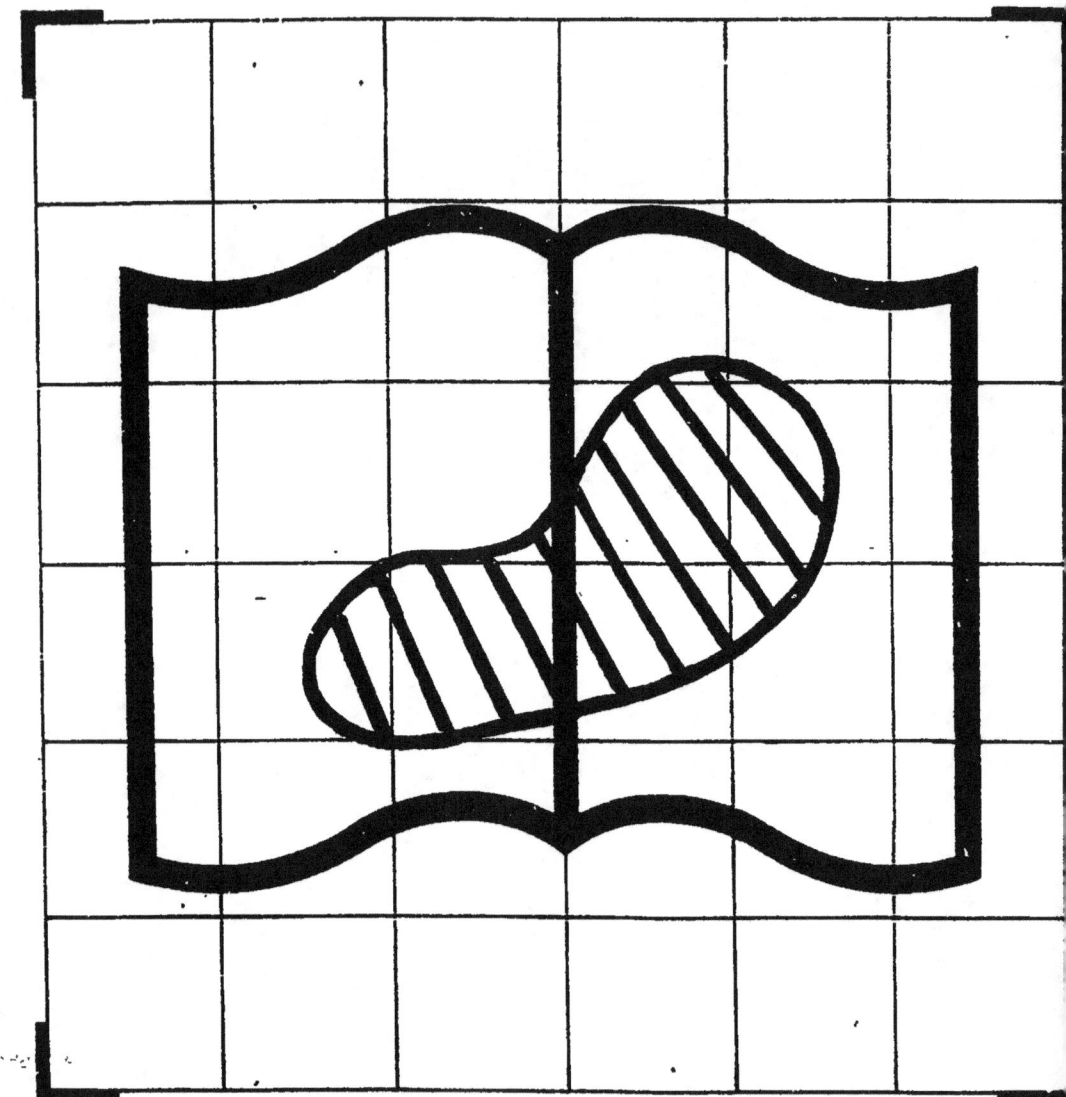

Librairie SCHLEICHER Frères
Paris. — 8, rue Monsieur-le-Prince, 8. — Paris (VIe)

BIBLIOTHÈQUE DES SCIENCES CONTEMPORAINES

Une Encyclopédie complète en 25 volumes illustrés de 500 à 800 pages
Brochés. . **1 fr. 95** net (Franco 2.25)
Cartonnés. **2 fr. 45** net (Franco 2.85)
écrits par les célébrités scientifiques de notre époque
et publiée sous la Direction d'un Comité composé de

MM. le Docteur Henri Thulié, ancien président du Conseil municipal de Paris, directeur de l'École d'Anthropologie de Paris ;

Yves Guyot, ancien ministre, rédacteur en chef du *Journal des Économistes*;

le Docteur Paul Topinard, ancien Secrétaire général de la Société d'Anthropologie de Paris ;

le Docteur Georges Hervé, professeur à l'École d'Anthropologie de Paris;

le Docteur Georges Papillault, professeur à l'École d'Anthropologie de Paris, directeur-adjoint du Laboratoire d'Anthropologie de l'École des Hautes-Études.

En vente :

H. GUÉDE. — La Géologie, Origine et Histoire de la Terre.
1 vol. in-8 couronne de xii-724 pages avec 151 figures.

Dr Ch. LETOURNEAU. — La Biologie, Origine et Lois de la vie.
1 vol. in-8 couronne de xii-506 pages, avec 113 figures.

G. et A. de MORTILLET. — La Préhistoire, Origine et antiquité de l'Homme.
1 vol. in-8 couronne de xx-710 pages avec 121 figures.

J.-L. de LANESSAN. — La Botanique, Évolution du règne végétal.
1 vol. in-8 couronne de viii-574 pages avec 142 figures.

Dr LAUMONIER. — La Physiologie générale.
1 vol. in-8 couronne de xvi-582 pages avec 28 figures.

Dr FAUVELLE. — La Physico-chimie. Son rôle dans les phénomènes naturels.
1 vol. in-8 couronne de 512 pages.

Dr Ch. LETOURNEAU. — La psychologie ethnique. Mentalité des races et des peuples.
1 vol. in-8 couronne de viii-556 pages.

Dr ROULE. — L'embryologie générale. Origine et évolution des êtres.
1 vol. in-8 couronne de xiv-512 pages avec 121 figures.

Dr NICATI. — La psychologie naturelle. Histoire naturelle de la pensée.
1 vol. in-8 de xxii-424 pages avec 25 figures.

Il paraît un volume par mois.

IMP. RENAUDIE, 19, RUE DE SÈVRES. — PARIS.